Die Anwendung islamischen Scheidungs- und Scheidungsfolgenrechts im Internationalen Privatrecht der EU-Mitgliedstaaten

Berliner Schriften zum internationalen und ausländischen Privatrecht

Herausgegeben von Prof. Dr. Helmut Grothe, Freie Universität Berlin

Band 7

PETER LANG

Frankfurt am Main · Berlin · Bern · Bruxelles · New York · Oxford · Wien

Julia Koch

Die Anwendung islamischen Scheidungs- und Scheidungsfolgenrechts im Internationalen Privatrecht der EU-Mitgliedstaaten

Eine rechtsvergleichende Analyse unter besonderer Berücksichtigung des nationalen und europäischen ordre public

PETER LANG
Internationaler Verlag der Wissenschaften

Bibliografische Information der Deutschen Nationalbibliothek
Die Deutsche Nationalbibliothek verzeichnet diese Publikation in der Deutschen Nationalbibliografie; detaillierte bibliografische Daten sind im Internet über http://dnb.d-nb.de abrufbar.

Zugl.: München, Univ., Diss., 2012

Gedruckt auf alterungsbeständigem, säurefreiem Papier.

D 19
ISSN 1865-486X
ISBN 978-3-631-63773-9

www.peterlang.de

Vorwort

Die vorliegende Arbeit wurde im Wintersemester 2011/2012 von der Rechtswissenschaftlichen Fakultät der Ludwig-Maximilians-Universität als Dissertation angenommen.

Ganz herzlich bedanke ich mich bei meinem Doktorvater, Herrn Prof. Dr. Stephan Lorenz, für die hilfreiche Unterstützung und unkomplizierte Betreuung der Arbeit.

Bedanken möchte ich mich auch bei Herrn Prof. Dr. Peter Kindler für die zügige Erstellung des Zweitgutachtens.

Ein ganz besonderer Dank gilt außerdem Frau Britta Kuld, die mir nicht nur als gute Freundin immer mit Rat und Tat zur Seite stand, sondern auch umfassende Korrekurhilfen leistete.

Schließlich möchte ich mich ganz herzlich bei meinen Eltern bedanken, die immer für mich da sind und mich tatkräftig bei allen meinen Vorhaben unterstützen.

Inhaltsverzeichnis

Einleitung

I. Einführung in das Thema

In Deutschland leben heute ungefähr 3, 7 bis 4, 3 Millionen Muslime,[1] von denen noch viele die Staatsangehörigkeit ihres Heimatstaates besitzen. Und auch in unseren europäischen Nachbarländern ist der Anteil der islamischen Bevölkerung gewachsen. So sind gegenwärtig ca. 16 Millionen Muslime in der Europäischen Union ansässig, davon alleine 11 bis 12 Millionen in Westeuropa. Die meisten der hier lebenden Moslems stammen aus Asien, Nordafrika und dem Nahen Osten, wobei vor allem die Maghrebstaaten, die Türkei und der indische Subkontinent wichtige Herkunftsländer darstellen. Welche Nationalitäten in den einzelnen Staaten dominieren, ist vor allem historisch-politisch, oft durch die Kolonialgeschichte der Länder bedingt. So stammen die meisten der ca. 5 Millionen in Frankreich lebenden Muslime aus Algerien, Marokko oder Tunesien, während die rund 3 Millionen Moslems in England ihre Wurzeln in der Regel in Pakistan, Indien oder Bangladesch haben. In Deutschland sind ungefähr die Hälfte der hier lebenden Muslime türkische Staatsangehörige und in den Niederlanden kommt die Mehrzahl der ungefähr 900000 Muslime aus der Türkei oder Marokko.[2]

Aufgrund der relativ hohen Anzahl muslimischer Mitbürger stellt es keine Seltenheit dar, dass sich ein Moslem mit ausländischer Herkunft an ein europäisches Gericht wendet, um eine inländische Scheidung zu erwirken oder eine bereits im Heimatland vorgenommene Scheidung anerkennen zu lassen. Vor den Gerichten aller Mitgliedstaaten der EU kann es deshalb zur Überprüfung von traditionellem islamischem Recht kommen, das mitunter erheblich von den Grundprinzipien der

1 Vgl. die Studie „Muslimisches Leben in Deutschland" vom 25.06.2009 des Bundesamts für Migration und Flüchtlinge, http://www.bmi.bund.de/cae/servlet/contentblob/566008/publicationFile/32019/vollversion_studie_muslim_leben_deutschland_.pdf.

2 Die Angaben zu der Anzahl der in Europa lebenden Muslime beruhen auf groben Schätzungen. Denn eine Volkszählung mit verpflichtenden Angaben zur Religion gibt es in der Europäischen Union nicht. Es verwundert deshalb auch nicht, dass die Schätzungen von 13 bis 20 Millionen Muslimen reichen, vgl. Muslims in European Politics, EURO ISLAM-INFO, http://www.euro-islam.info/key-issues/political-representation/. Die hier verwendeten Zahlen beruhen auf folgenden Berichten: Muslime in Europa, http://www.orientdienst.de/muslime/muslimeeuropa.shtml; Muslims in the European Union, Discrimination and Islamophobia (2006), S. 24–29, http://fra.europa.eu/fraWebsite/attachments/Manifestations_EN.pdf.

europäischen Rechtsordnungen abweicht. Es stellt sich deshalb für den nationalen Richter die Frage, in welchen Fällen die nach dem Kollisionsrecht berufenen Sharia-geprägten Normen derart mit den Grundrechten und völkerrechtlichen Gewährleistungen kollidieren, dass deren Anwendung wegen eines ordre public Verstoßes ausscheidet. Gerade im Hinblick auf die immer weiter voranschreitende Harmonisierung des Kollisionsrechts durch die Europäische Union sollte deshalb nicht außer Acht gelassen werden, wie andere Mitgliedstaaten mit der Problematik der islamischen Privatscheidung und deren Rechtsfolgen umgehen. Denn es wurde am 20.12.2010 die EU-Verordnung „zur Durchführung einer Verstärkten Zusammenarbeit im Bereich des auf die Ehescheidung und Trennung ohne Auflösung des Ehebandes anzuwendenden Rechts“[3] erlassen, die aufgrund ihres universellen Charakters[4] auch zur Anwendung einer islamischen Rechtsordnung führen kann.

1. Die Scheidung und Scheidungsfolgen in islamisch-geprägten Rechtsordnungen

Im traditionellen islamischen Recht ist die Scheidung ein Vorrecht des Mannes, die zwar nach der religiösen Lehre unerwünscht ist, aber materiellrechtlich an keinerlei Voraussetzungen geknüpft ist. Anders als in den europäischen Mitgliedstaaten ist die Beteiligung einer staatlichen Behörde für die Herbeiführung der Statusänderung nicht erforderlich, sondern der Mann kann die Ehe durch einseitige Willenserklärung jederzeit nach seinem Ermessen auflösen.[5] Der Frau steht hingegen nur ein sehr eingeschränktes gerichtliches Scheidungsrecht zu, wobei die Ungleichbehandlung der Geschlechter regelmäßig mit dem Argument gerechtfertigt wird, dass der Mann weniger emotional und daher besser geeignet sei, eine so weit reichende Entscheidung zu treffen.[6]

Allerdings wird das klassische islamische Recht heute nur noch in wenigen Ländern uneingeschränkt angewendet. Denn auch wenn es gerade im Westen häufig als starres und unabänderliches Konstrukt angesehen wird, wurde das Familienrecht in den letzten Jahrzehnten in vielen islamischen Staaten[7] reformiert und modernisiert. Das gilt vor allem für die maghrebinischen Länder, wo

---

3 Verordnung (EU) Nr. 1259/2010 des Rates vom 20. Dezember 2010 (im Folgenden Rom III VO).

4 Art. 11 Rom III VO.

5 Vgl. ausführlich zum traditionellen Scheidungsrecht unten 1. Kapitel, III. 1.

6 Gordon, Foreign Divorces: English Law and Practice, S. 13; Rohe, StAZ 2001, 193 (194); Denker, in: Beiträge zum Islamischen Recht IV, Band 15, 125 (133 f.).

7 Mit islamischen Staaten sind im Folgenden immer Länder mit einer islamisch-geprägten Rechtsordnung gemeint.

die Rechte der Frau deutlich gestärkt wurden,[8] auch wenn die Auflösungsmöglichkeit der Ehe durch Talaq[9] fast überall dem Mann vorbehalten bleibt.[10] In den meisten Staaten ist zudem mittlerweile eine zumindest deklaratorische Mitwirkung staatlicher Behörden vorgeschrieben und eine reine Privatscheidung wird mit Sanktionen geahndet oder sogar für unwirksam angesehen.[11]

Trotz dieser Modernisierungen wird die Frau aber in allen islamischen Staaten bei der Beendigung der Ehe weiterhin gegenüber dem Mann benachteiligt.[12] Das gilt nicht nur für den Zugang zur Scheidung, sondern auch für die Verteilung der elterlichen Sorge. So stehen die Vermögenssorge und das Aufenthaltsbestimmungsrecht auch nach Erlass der reformierten Familiengesetzbücher weiterhin alleine dem Vater zu.[13] Aber es darf auch nicht übersehen werden, dass auch eine Diskriminierung des Mannes in Betracht kommt, wenn das islamische Recht bis zu einem gewissen Alter des Kindes immer der Mutter die Personensorge zuspricht. Das immer noch stark durch die religiösen Traditionen geprägte islamische Familienrechtskonzept lässt sich deshalb, auch heute noch, nur schwer mit den westlichen Menschenrechtsvorstellungen vereinbaren,[14] was häufig dazu führen dürfte, dass europäische Gerichte die Anwendung des fremden Rechts mit Hilfe des ordre public abwehren.

2. Der ordre public

Der Gedanke des ordre public ist Bestandteil jeder Rechtsordnung. Er findet sich als kodifizierte Vorschrift[15] oder auf gewohnheitsrechtlicher Grundlage[16] im

---

8 Vgl. dazu ausführlich unten 1. Kapitel, III. 2. a).

9 Mit Talaq wird das einseitige Auflösungsrecht des Mannes im islamischen Recht bezeichnet, vgl. näher unten 1. Kapitel, III. 1. a).

10 Nur in Tunesien sind die Scheidungsgründe und die Scheidungsmodalitäten für beide Ehegatten gleich ausgestaltet, vgl. hierzu näher unten 1. Kapitel, III. 2. a) bb).

11 Das ist etwa in Marokko und Algerien der Fall, wo die Beteiligung eines Gerichts zwingend vorgeschrieben ist, vgl. Art. 78, 88 des marokkanischen Familiengesetzbuches (Gesetz Nr. 70–03 vom 6.10.2005. Der Gesetzestext ist in englischer Sprache abrufbar unter: http://www.hrea.org/moudawana.html) und Art. 45 des algerischen Familiengesetzbuches (Gesetz Nr. 84–11 vom 9.6.1984. Der Gesetzestext ist in französischer Sprache abrufbar unter: http://www.consulat-algerie-montpellier.org/pdf/code.pdf).

12 Nur in Tunesien sind die Scheidungsvoraussetzungen für Männer und Frauen gleich.

13 Vgl. zur Verteilung des Sorgerechts nach der Scheidung unten 1. Kapitel, III. 2.

14 Vgl. Kreuzer, RW 2010, 143 f.

15 Art. 6 EGBGB, Art. 12. 3 Código Civil, § 6 österreichisches IPRG; Art. 954 Abs. 3 LEC (Ley de Enjuiciamiento), § 328 Abs. 1 Nr. 4 ZPO, Art. 21; 25 belgisches IPRG, Art. 59 Buch 10 des niederländischen Bürgerlichen Gesetzbuches.

16 So etwa in Frankreich und England, vgl. die Darstellung bei Morris, The Conflict of Laws, S. 47 ff. und Mayer/Heuzé, Droit international privé, S. 147 ff.

Internationalen Privat- und Verfahrensrecht aller Mitgliedstaaten und dient dem Schutz tragender Rechtsgrundsätze der lex fori.[17] Er ist zudem in fast allen bilateralen und multilateralen Staatsverträgen sowie unionsrechtlichen Verordnungen enthalten.[18]

In allen Rechtsordnungen wird dabei zwischen dem anerkennungsrechtlichen und dem kollisionsrechtlichen ordre public Vorbehalt unterschieden.

a) Der kollisionsrechtliche ordre public

Im Internationalen Privatrecht greift die Vorbehaltsklausel ein, wenn die Anwendung des fremden Rechts im konkreten Fall gegen wesentliche Grundsätze der inländischen Rechtsordnung verstößt. Es ist aber zu beachten, dass es sich hierbei um eine Vorschrift handelt, die nur in Ausnahmefällen anzuwenden ist. Es genügt deswegen nicht, dass es sich bei den zu schützenden Normen der lex fori um im nationalen Recht zwingende Vorschriften handelt. Insofern ist Vorsicht geboten bei der Terminologie im französischen Recht, die traditionell zwischen dem *ordre public interne* und dem *ordre public international* unterscheidet.[19] Denn während der internationale ordre public der romanischen Rechtsordnungen mit dem Rechtsgedanken der deutschen Vorbehaltsklausel übereinstimmt, geht der interne ordre public wesentlich weiter und erfasst alle zwingenden Vorschriften des nationalen Rechts.[20]

Mit der ordre public Klausel wird mithin verhindert, dass fremde Rechtserscheinungen im Inland Wirksamkeit entfalten. Dies wird als negative Funktion des ordre public bezeichnet und setzt voraus, dass ausländisches Recht zur Anwendung berufen wurde.[21] Unter dem positiven ordre public versteht man hingegen alle international zwingenden Normen, die nach dem Willen des Gesetzgebers auch dann zur Anwendung gelangen, wenn die Kollisionsnormen an sich auf ein anderes Recht verweisen.[22]

Heute steht im Internationalen Privatrecht überall die negative Funktion des ordre public im Vordergrund.[23] Das bedeutet aber nicht, dass die Mitgliedstaaten auf die Anwendung international zwingender Vorschriften verzichten. Es ist viel-

17 Vgl. Staudinger-Blumenwitz, Art. 6 EGBGB Rn. 6; 177.

18 Vgl. beispielsweise Art. 23 Abs. 2 lit. d KSÜ; Art. 22 lit. a Brüssel IIa VO; Art. 12 Rom III VO.

19 Vgl. Basedow, in: FS für Sonnenberger, 293 (295).

20 Vgl. ausführlich zu der Terminologie Loussouarn/Bourel/Vareilles-Sommières, Droit international privé, S. 334 ff.

21 Vgl. Basedow, in: FS für Sonnenberger, 293 (295).

22 Vgl. Thoma, Die Europäisierung und Vergemeinschaftung des nationalen ordre public, S. 18; Kropholler, Internationales Privatrecht, S. 244 f.

23 Vgl. Hoffmann/Thorn, Internationales Privatrecht, S. 270.

mehr so, dass diese Vorschriften mittlerweile anderweitig durchgesetzt werden. Im Anwendungsbereich der Rom I VO ist der Rückgriff auf Eingriffsnormen ausdrücklich zugelassen (Art. 9 Rom I VO) und in England und in den skandinavischen Ländern wird die Anwendung fremden Rechts häufig schon dadurch ausgeschlossen, dass immer die lex fori angewendet wird. Es ist deshalb auch Vorsicht mit der Annahme geboten, dass in England die *public policy* eine geringere Anwendung findet als in den kontinentaleuropäischen Ländern.[24] Denn auch wenn eine Rechtsordnung ihre wesentlichen Grundsätze als *lois de police* durchsetzt, anstatt auf die Vorbehaltsklausel zurückzugreifen, so ändert das nichts an der Tatsache, dass es sich dabei um eine Ausprägung des ordre public Vorbehalts handelt.[25]

b) Der anerkennungsrechtliche ordre public

Im Internationalen Zivilverfahrensrecht wird mit Hilfe des anerkennungsrechtlichen ordre public verhindert, dass eine ausländische Gerichtsentscheidung im Inland Wirksamkeit entfaltet. Die Ablehnung der Anerkennung kann dabei sowohl wegen eines Verstoßes gegen tragende Grundsätze des materiellen Rechts als auch wegen der Nichteinhaltung wesentlicher Verfahrensgarantien erfolgen.[26] Dabei wird überwiegend vertreten, dass dem materiellen ordre public im Anerkennungsrecht wegen der geringeren Inlandsbeziehung nur eine abgeschwächte Wirkung zukommt.[27]

c) Die Europäisierung des ordre public

Der ordre public ist grundsätzlich ein Konstrukt das nationalen Rechts. Das bedeutet aber nicht, dass die Voraussetzungen für das Eingreifen des ordre public völlig losgelöst von den europäischen Vorgaben festgelegt werden dürfen. Vielmehr wird die Anwendung der Vorbehaltsklausel durch die Entwicklungen im Europarecht beeinflusst und begrenzt. Die genauen Auswirkungen des Europarechts auf den nationalen ordre public sind deshalb auch Gegenstand einer regen Debatte in der rechtswissenschaftlichen Literatur.[28]

---

24 Vgl. Clarkson/Hill, Jaffey on the Conflict of Laws, S. 55 ff.; Thoma, Die Europäisierung und Vergemeinschaftung des nationalen ordre public, S. 17.

25 Vgl. auch Basedow, in: FS Sonnenberger, 293 (311).

26 Vgl. Thoma, Die Europäisierung und Vergemeinschaftung des nationalen ordre public, S. 19.

27 Vgl. Schlosser, EuZPR, Art. 15 Brüssel IIa VO Rn. 3; Müko-Sonnenberger, Art. 6 EGBGB Rn. 22; Basedow, in: FS Sonnenberger, 291(299); Staudinger-Blumenwitz, Art. 6 EGBGB Rn. 100 f. m.w.N; Loussouarn/Bourel,/Vareilles-Sommières, Droit international privé, S. 765.

28 Vgl. etwa Sonnenberger, ZvglRWiss. 95 (1996), 3 ff.; Föhlisch, Der gemeineuropäische ordre public; Thoma, Die Europäisierung und die Vergemeinschaftung des nationalen ordre public; Renfert, Über die Europäisierung der ordre public Klausel; Martiny, in: FS Sonnenberger,

3. Die Bedeutung des islamischen Scheidungs- und Scheidungsfolgenrechts im Internationalen Privat- und Verfahrensrecht der Mitgliedstaaten

Die zunehmende Immigration von Muslimen nach Europa führt dazu, dass europäische Gerichte häufiger mit familienrechtlichen Streitigkeiten befasst sind, an denen Parteien muslimischen Glaubens beteiligt sind.[29] Allerdings bedeutet die wachsende Anzahl ausländischer und internationaler Ehen nicht zwangsläufig, dass die nationalen Richter auch häufiger mit der Anwendung fremden Rechts konfrontiert werden. Denn dies hängt maßgeblich von der Ausgestaltung des eigenen Kollisionsrechts ab. So wenden etwa englische und skandinavische Gerichte im Scheidungs- und Kindschaftsrecht immer die lex fori an,[30] wenn sie sich für international zuständig erklärt haben, so dass es hier nie zur Verweisung auf islamisches Recht kommen kann. Und auch die in vielen Mitgliedstaaten gewählte Anknüpfung an den gewöhnlichen Aufenthalt begünstigt die Anwendung des eigenen Rechts. Stellt das Kollisionsrecht dagegen auf die Staatsangehörigkeit ab, dann führt das nicht selten zur Berufung fremden Rechts und die Gerichte werden auch häufiger über die Frage zu entscheiden haben, ob die islamisch-geprägten Normen mit dem ordre public vereinbar sind. Die neueren staatsvertraglichen und europarechtlichen Regelungen zur Vereinheitlichung des Internationalen Privatrechts zeigen jedoch eine Tendenz weg vom Staatangehörigkeitsprinzip. So sieht das 2011 in Deutschland in Kraft getretene KSÜ[31] vor, dass sich die Zuweisung der elterlichen Verantwortung kraft Gesetz nach dem Recht des Staates am gewöhnlichen Aufenthalt des Kindes bestimmt (Art. 16 KSÜ). Und auch die geplante Rom III Verordnung erklärt im Rahmen der objektiven Anknüpfung (Art. 8 lit. a Rom III VO) vorrangig den gemeinsamen gewöhnlichen Aufenthalt der Ehegatten für maßgeblich.

Im Scheidungs- und Kindschaftsrecht wird es deswegen häufig zu einem Gleichlauf von Zuständigkeit und anwendbarem Recht kommen, so dass mitgliedstaatliche Gerichte in Zukunft nicht mehr so oft mit der Anwendung islamischen Familienrechts befasst sein werden. Das bedeutet aber nicht, dass die Problematik an Relevanz verliert. Denn erstens kann es auch noch im Anwendungsbereich

523 ff.; Basedow, in: FS Sonnenberger, 291 ff. Vgl. ausführlich hierzu in Kapitel 3 dieser Arbeit.

29 Vgl. Kreuzer, RW 2010, 143 f.

30 Vgl. Bergmann/Ferid, Länderteil Schweden, S. 32 f.

31 Das Haager Übereinkommen über die Zuständigkeit, das anzuwendende Recht, die Anerkennung, Vollstreckung und Zusammenarbeit auf dem Gebiet der elterlichen Verantwortung und der Maßnahmen zum Schutz von Kindern vom 19. Oktober 1996 ist in Deutschland am 1.1.2011 in Kraft getreten. Der Text des Übereinkommens ist einsehbar über die Website der Haager Konferenz unter: htpp://www.hcch.net.

der Rom III VO zur Berufung islamischen Rechts kommen und zweitens bleiben die Schwierigkeiten im Rahmen der Anerkennung von drittstaatlichen Familienrechtsentscheidungen im vollen Umfang bestehen. Im Bereich der zivilprozessualen Außenbeziehungen zu Drittstaaten fehlt es nämlich bisher an gemeinsamen europäischen Vorschriften und auch vorrangige Staatsverträge bestehen zwischen den europäischen und den islamischen Staaten nur vereinzelt.

II. Gegenstand und Methode der Untersuchung

1. Ziele der Rechtsvergleichung

Die Frage nach dem richtigen Umgang mit den fremdartigen Rechtsinstituten des islamischen Rechts stellt sich somit in allen Mitgliedstaaten und wird in Literatur und Rechtsprechung kontrovers diskutiert. Es sollte deswegen nicht unberücksichtigt bleiben, wie andere Mitgliedstaaten mit der Problematik umgehen. Denn auf diese Weise lassen sich oftmals relevante Schlüsse für das eigene Recht ziehen und Verbesserungsmöglichkeiten aufzeigen und begründen. Eine bedeutsame Funktion kommt der Rechtsvergleichung zudem für die Rechtsvereinheitlichung zu,[32] was vor dem Hintergrund der immer weiter reichenden Harmonisierung des Internationalen Privatrechts durch das Europarecht besonders interessant erscheint.[33] Sie kann deshalb für die Harmonisierungsbestrebungen der EU fruchtbar gemacht werden, indem man die übereinstimmenden Regelungen übernimmt und das national Verschiedene durch die aus der Vergleichung gewonnene praktikabelste Lösungsmöglichkeit ersetzt.[34]

2. Methode der Untersuchung

Jede rechtsvergleichende Analyse beginnt mit der deskriptiven Darstellung der unterschiedlichen Regelungstechniken und Lösungsmöglichkeiten der untersuchten Rechtsordnungen. Allerdings darf sich die Arbeit nicht in der Präsentation der Länderberichte erschöpfen, sondern dieser muss ein vertiefter Vergleich folgen, der sich mit den gewonnenen Ergebnissen kritisch auseinandersetzt.[35] Insofern wird sich diese Arbeit auch von den bereits durchgeführten vergleichenden Untersuchungen zur Behandlung des islamischen Rechts in der spanischen und fran-

32 Vgl. Zweigert/Kötz, Einführung in die Rechtsvergleichung, S. 23.

33 Vgl. Großfeld, Rechtsvergleichung, S. 15.

34 Vgl. Zweigert/Kötz, Einführung in die Rechtsvergleichung, S. 23 f.

35 Vgl. Zweigert/Kötz, Einführung in die Rechtsvergleichung, S. 6.

zösischen Literatur unterscheiden, die sich weitestgehend auf eine beschreibende Darstellung der Unterschiede in ausgewählten europäischen Staaten beschränken, ohne Rückschlüsse auf das eigene Recht oder das Europarecht zu ziehen.[36] Zudem liegt dieser Arbeit naturgemäß ein anderer Blickwinkel zu Grunde, in dem vor allem die Rechtsprechung der deutschen Gerichte analysiert und kritisch hinterfragt wird. Schließlich wurde aber auch das zentrale Thema dieser Arbeit in keiner der bisher vorliegenden Arbeiten näher untersucht: Es ist die Frage nach den genauen Anforderungen an das Eingreifen des ordre public Vorbehalts und wie sich die Konzepte in den einzelnen Mitgliedstaaten unterscheiden. Dabei wird nach dem methodischen Grundprinzip der Funktionalität[37] ein weiter ordre public Begriff zugrunde gelegt, der nicht nur die negative Funktion des ordre public berücksichtigt, sondern auch die Ausgestaltung des Kollisionsrechts und den Umgang mit international zwingenden Normen.

3. Gegenstand und Gang der Untersuchung

Mit der nachstehenden Untersuchung soll mithin geklärt werden, inwieweit staatliche Gerichte in den europäischen Mitgliedstaaten islamisches Scheidungs- und Scheidungsfolgenrecht anwenden, bzw. Familienrechtsentscheidungen aus islamischen Ländern anerkennen und in welchen Fällen der ordre public eingreift. Dabei wird der Schwerpunkt auf den westeuropäischen Ländern liegen, die eine hohe muslimische Bevölkerungsdichte aufweisen, wie insbesondere Frankreich, Spanien Deutschland, England, Belgien und die Niederlande.[38] Im Zentrum der Analyse steht hier die Frage, wie die mitgliedstaatlichen Gerichte den unbestimmten Rechtsbegriff des ordre public ausfüllen und inwieweit die nationalen Erwägungen mittlerweile durch die europarechtlichen Entwicklungen beeinflusst und beschränkt werden. Zu diesem Zweck ist die Arbeit in drei Kapitel gegliedert:

Das erste Kapitel widmet sich dem islamischen Recht, in dem zunächst die Entstehungsgeschichte überblicksartig dargestellt wird, bevor näher auf das klas-

36 Vgl. Aldeeb/Bonomi, Le droit musulman de la famille et des successions à l'épreuve des ordres juridiques occidentaux; Quiñones Escámez, Derecho e inmigración: el repudio islamico en Europa.

37 Vgl. Zweigert/Kötz, Einführung in die Rechtsvergleichung, S. 33.

38 In Südosteuropa leben zwar viele muslimisch gläubige Menschen, wie etwa in Bulgarien, das Land mit dem prozentual größten muslimischen Bevölkerungsanteil in der Europäischen Union. Doch handelt es sich hierbei in der Regel nicht um Einwanderer, sondern um Menschen, die schon seit Jahrhunderten auf dem Balkan leben. Folglich unterliegt ihr Personalstatut nicht klassischem islamischem Recht, sondern beurteilt sich zumeist nach dem Recht des Staates, dem sie angehören oder in dem sie sich dauerhaft niedergelassen haben.

sische Scheidungsrecht und die Besonderheiten der modernen Kodifikationen eingegangen wird.

Im zweiten Kapitel wird dann geprüft unter welchen Voraussetzungen mitgliedstaatliche Gerichte islamisches Scheidungs- und Scheidungsfolgenrecht anwenden, bzw. eine Privatscheidung oder eine islamische Sorgerechts- oder Unterhaltsentscheidung anerkennen und in welchen Fällen der ordre public eingreift.

Im dritten Kapitel wird die Verfasserin schließlich untersuchen, inwieweit der nationale ordre public durch das Europarecht beeinflusst wird und der Frage nachgehen, ob ein einheitlicher Umgang der Mitgliedstaaten im Umgang mit dem islamischen Scheidungsrecht sinnvoll oder sogar im Hinblick auf die Freizügigkeitsgarantie des Art. 21 AEUV erforderlich ist.

1. Kapitel: Das islamische Recht

Das islamische Recht wird auch heute noch ganz überwiegend als Teil des Islam angesehen; die Grenzen zum Transzendenten sind fließend.[39] Bei der – im westlichen Sprachgebrauch üblich gewordenen – Gleichsetzung des islamischen Rechts mit dem Begriff der Sharia ist jedoch Vorsicht geboten. Denn die Sharia enthält neben rechtlichen Normen, die das Verhältnis der Menschen untereinander und zum Staat regeln auch rituelle Vorschriften und allgemeine ethische Vorgaben zum Umgang der Menschen untereinander.[40] „Zusammenfassend lässt sich sagen, dass die Sharia die Summe [aller aus] der göttlichen Offenbarung abgeleiteten Regeln [darstellt], denen der gläubige Muslim folgen muss, wenn er seinen religiösen Pflichten gerecht werden will".[41] Das bedeutet aber nicht, dass all diese Regeln in einem umfassenden Werk erfasst sind, sondern es obliegt vielmehr dem einzelnen Menschen, mit Hilfe der Wissenschaft die für ihn bestehenden Pflichten zu erkennen.[42] Daneben gibt es aber auch ein enges Verständnis der Sharia, mit dem nur die Regeln gemeint sind, die bei uns üblicherweise unter den Rechtsbegriff subsumiert werden; nämlich die Gesamtheit aller Normen einer Gesellschaft, die dem friedlichen Zusammenleben der Menschen dienen und notfalls mit staatlicher Gewalt durchgesetzt werden können.[43] Dieser enge Shariabegriff wird auch dieser Arbeit zugrundegelegt, da es im Folgenden nur um die Untersuchung der Vorschriften geht, die die Beziehung von Menschen untereinander betreffen. Eine vollständige Trennung von Recht und Religion ist aber in einem nicht säkularisierten Staat nicht möglich. Aus diesem Grund wird im ersten Teil zunächst überblicksartig die Entstehung und Geschichte des Islam dargestellt, bevor im zweiten Teil näher auf die Grundlagen des islamischen Rechts eingegangen wird. Der dritte Teil ist dann dem islamischen Scheidungsrecht gewidmet.

---

39 Vgl. Rohe, Das islamische Recht, S. 14.

40 Vgl. Pattar, Islamisch inspiriertes Erbrecht und deutscher Ordre public, S. 56.

41 Iskander, hinkende Ehen zwischen islamischem Recht und europäischem internationalen Privatrecht, S. 33.

42 Vgl. Pattar, Islamisch inspiriertes Erbrecht und deutscher Ordre public, S. 56.

43 Dieses enge Verständnis ist zum Beispiel auch unter Muslimen in der Türkei verbreitet. Manchmal werden hier sogar nur die traditionellen Regeln im Familien- und Erbrecht und das koranische Strafrecht als Sharia bezeichnet, vgl. Rohe, Das islamische Recht, S. 15.

I. Die Geschichte des Islam

Will man die Geschichte des Islam rekonstruieren, ist das nur durch einen Rückgriff auf die muslimischen Quellen möglich, die erst Generationen nach dem Tod des Propheten aufgeschrieben oder überarbeitet wurden. Kernpunkt dieser literarischen Quellen bilden die Berichte über das Leben des Propheten Muḥammad und das Wirken der frühen Gemeinde, die von Predigern und Geschichtenerzählern überliefert und verbreitet wurden. Der Wahrheitsgehalt dieser „Erzählungen" wird von westlichen Wissenschaftlern zwar häufig als gering eingeschätzt,[44] doch spielt es für die Ermittlung des Selbstverständnisses und des Systemdenkens des islamischen Rechts keine Rolle, was sich im Einzelnen wirklich zugetragen hat. Entscheidend ist vielmehr die muslimische Binnensicht, bei der das idealisierte Bild von den tatsächlichen Geschehnissen der Frühzeit einen Eigenwert erlangt hat, die als Primärquelle anerkannt wird.[45]

1. Anfänge

Den Überlieferungen zufolge wurde Muḥammad als Angehöriger der Sippe Banū Hāshim und des Stammes Qurayš um das Jahr 570 n. Chr. in Mekka geboren.[46] Er ist früh verwaist und zunächst bei seinem Großvater und später bei seinem Onkel aufgewachsen, bevor er im Alter von 25 Jahren die um einige Jahre ältere, wohlhabende Großkauffrau Khadījah ehelichte, mit der er mehrere Kinder hatte. Die Quellen berichten von einem jungen Mann, der sich auf religiöser Sinnsuche befand und sich regelmäßig mit seiner Familie in die Einsamkeit zurückzog, um zu meditieren und zu fasten. Nach den Überlieferungen hatte der damals etwa 40-jährige Muḥammad um das Jahr 610 n. Chr. sein erstes Offenbarungserlebnis, wo ihm der Erzengel Gabriel erschien, der ihm die ersten Verse des Korans offenbarte.[47] Es folgten daraufhin in unregelmäßigen Abständen weitere Berufungserlebnisse, die bis zu seinem Tod andauerten.[48] Zunächst war Muḥammad sehr verunsichert, doch seine Frau Khadījah, „die nach islamischer Auffassung erste Muslimin",[49] glaubte und bestärkte ihn. Schon bald nach der ersten Erscheinung Gabriels begann Muḥammad, die göttlichen Offenbarungen zu verkünden

44 Vgl. Krämer, Geschichte des Islam, S. 9; Nagel, Das islamische Recht, S. 166 ff.

45 Vgl. Rohe, Das islamische Recht, S. 23 f.

46 Das genaue Geburtsjahr des Propheten ist nicht bekannt, vgl. Pattar, Islamisch inspiriertes Erbrecht und deutscher Ordre public, Fn. 2.

47 Vgl. Heine, Der Islam, S. 47.

48 Vgl. Krämer, Geschichte des Islam, S. 19.

49 Pattar, Islamisch inspiriertes Erbrecht und deutscher Ordre public, S. 50.

und warb erste Anhänger. Allerdings waren die Reaktionen der Mekkaner nicht sehr positiv und er konnte anfangs nur eine relativ kleine Anhängerschar um sich versammeln.[50] Im Jahre 619 n. Chr. starben dann kurz hintereinander seine Frau und sein Onkel und die Anfeindungen von Seiten der mekkanischen Adligen nahmen immer mehr zu. Um dem wachsenden Druck zu entgehen, nahm er die Einladung an, als Schlichter zwischen zwei verfeindeten Stämmen in Yathrib, der späteren Medina, zu fungieren. Im Jahre 622 n. Chr. übersiedelte Muḥammad deshalb mit ungefähr 70 seiner Anhänger in das etwa 3000 Kilometer entfernte Yathrib. Dieses Ereignis (die so genannte *Hijra*) markiert den Beginn der islamischen Zeitrechnung.[51] In Medina wurde ihm die Leitung der frisch zum Islam bekehrten neu entstandenen Gemeinde übertragen und seine Stellung als Schlichter für Streitigkeiten schlug sich in der Verkündung weiterer göttlicher Offenbarungen nieder, die zunehmend ordnungsrechtlichen Gehalt aufwiesen.[52] Durch zahlreiche Überfälle auf mekkanische Karawanen baute Muḥammad seine Position weiter aus, wobei die militärischen Kämpfe mit Mekka sich über 10 Jahre hinzogen. Erst im Jahre 630 n. Chr. konnte schließlich die Heimatstadt des Propheten eingenommen und die führenden Familien der Qurayš zum Islam bekehrt werden.[53]

Nach anfänglichen Schwierigkeiten hatte Muḥammad somit als religiöser und politischer Führer großen Erfolg. Bereits bei seinem Tode im Jahre 632 n. Chr. war beinahe die gesamte arabische Halbinsel islamisiert[54] und auch unter dem zweiten Kalifen ʿUmar ibn walh-al-Ḫaṭṭāb und dem dritten Kalifen ʿUṯmān ibn ʿAffān ging die Verbreitung des Islams ungebrochen weiter.[55] Die schnelle Expansion des islamischen Reichs, das nach wenigen Jahrzehnten bis zum Indus reichte,[56] brachte aber auch Schwierigkeiten mit sich. So galt es nicht nur Spannungen in der inneren Gesellschaft beizulegen,[57] sondern es musste auch das Verhältnis zu den Untertanen geklärt werden. Auch die Organisation des Landes konnte zunächst nur mit der Hilfe der bereits bestehenden Rechts- und Verwaltungsstrukturen bewältigt werden. Das traditionelle islamische Recht hat sich deshalb wohl erst allmählich bis ins 10 Jahrhundert nach Chr. entwickelt.[58]

---

50 Vgl. Heine, Der Islam, S. 48.

51 Vgl. Krämer, Geschichte des Islam, S. 20 f.

52 Vgl. Rohe, Das islamische Recht, S. 21.

53 Vgl. Heine, Der Islam, S. 53.

54 Vgl. Pattar, Islamisch inspiriertes Erbrecht und deutscher Ordre public, S. 51.

55 Vgl. Krämer, Geschichte des Islam, S. 36.

56 Vgl. Rohe, Das islamische Recht, S. 21.

57 Konflikte gab es hierbei vor allem bei der Verteilung der Kriegsbeute, vgl. Krämer, Geschichte des Islam, S. 36.

58 Vgl. Rohe, Das islamische Recht, S. 21 f.

2. Die Aufspaltung zwischen Sunniten und Schiiten

Der Islam ist heute in zwei große Glaubensrichtungen aufgespalten: Sunniten und Schiiten, wobei letztere ca. 18 – 20 % der Weltmuslimbevölkerung ausmachen.[59]

Die Entwicklung zu einer Konfessionalisierung begann sehr früh. Ursache war die ungeklärte Nachfolge in die Stellung Muḥammads als Oberhaupt der muslimischen Gemeinde (*Umma*) nach dessen Tod im Jahre 632. Der Prophet besaß weder männliche Nachkommen, noch hatte er eine Nachfolgeregelung getroffen. Anspruch auf die Führungsposition erhoben deshalb sowohl ʿAlī b. Abī Ṭālib, Cousin und Schwiegersohn Muḥammads, als auch Abū Bakr, ein alter Kampgefährte und Schwiegervater des Propheten. Ein Teil der Muslime war der Auffassung, dass nur ein enger Angehöriger aus der Familie Muḥammads als Leiter der Gemeinde in Betracht kam, wobei sie sich auf ein angebliches Testament stützten, in dem der Prophet kurz vor seinem Tod ʿAlī als seinen Nachfolger auserkoren haben soll. Die Mehrheitsmeinung bestritt dagegen die Existenz eines solchen Testaments und hielt die Nachfolgefrage für ungelöst. Sie benannten schließlich Abū Bakr als ersten Kalifen, der in der muslimischen Gemeinde großes Ansehen genoss und es folgten die beiden Kalifen ʿUmar (reg. 634 – 644) und ʿUṯmān (reg. 644 – 659), die beide ermordet wurden.[60] Nach dem Tod ʿUṯmāns wurde schließlich doch noch ʿAlī, der Schwiegersohn und Vetter Muḥammads zum Kalifen erklärt.[61] Seine Herrschaft war jedoch von Anfang an umstritten, da ihm eine Verwicklung in die Ermordung ʿUṯmāns vorgeworfen wurde. Es gab eine Reihe von gewaltsamen Auseinandersetzungen mit seinen Gegnern, die er zunächst für sich entscheiden konnte. Für den späteren geschichtlichen Verlauf war die Schlacht von Siffin besonders bedeutsam, bei der ʿAlī dem Statthalter der Provinzen Syrien und Jazira Muʿāwiya gegenüberstand, der dem Kalifen den Gehorsam verweigerte und eine Aufklärung des Mordes an ʿUṯmāns forderte. ʿAlī erklärte sich schließlich zur Einsetzung eines Schiedsgerichts bereit, das über die Schuld an ʿUṯmāns Tod entscheiden sollte. Seine freiwillige Unterstellung unter ein Schiedsgericht führte jedoch dazu, dass ein großer Teil seiner Anhänger (die so genannten *Kharijiten*) sich von ihm abwandte. Sie waren der Ansicht, dass nur der Ausgang der Schlacht hätte Gottes Willen offenbaren können und kritisierten, dass er sich stattdessen einem menschlichen Urteilsspruch unterwarf.[62]

---

59 Vgl. Heine, Der Islam, S. 202.

60 Vgl. Rohe, Das islamische Recht, S. 25.

61 Nur die ersten vier Kalifen – Abū, ʿUmar, ʿUṯmān und ʿAlī – werden von den Sunniten als rechtsgeleitete Kalifen bezeichnet.

62 Vgl. Heine, Der Islam, S. 206; Klüng, Der Islam, Geschichte, Gegenwart und Zukunft, S. 238 f.

Auf diese Ereignisse ist die noch heute bestehende Dreiteilung des Islam in Sunniten, Schiiten und *Kharijiten* zurückzuführen.[63] Innerhalb der Schiiten ist wieder zwischen drei Hauptrichtungen zu unterscheiden: den Zwölfer-Schiiten, den Fünfer-Schiiten und den Siebener-Schiiten. Diese Trennung innerhalb der schiitischen Glaubensrichtung beruht dabei auf unterschiedlichen Auffassungen zur Legitimation einzelner Imame.[64] Die Fünfer-Schiiten sind der Meinung, dass die auf ʿAlī zurückgehende Legitimierung bereits nach dem fünften Imam Zaid abbricht; während Siebener- und Zwölfer-Schiiten die genealogische Kette erst nach dem siebten Imam Isma'il bzw. nach dem zwölften Inam für abgeschlossen halten. Die Zwölfer-Schiiten warten dabei immer noch auf das Hervortreten des zwölften Imam, der nach der Überlieferung von Gott im 9. Jahrhundert aus Sicherheitsgründen in eine geheimnisvolle Verborgenheit versetzt worden sein soll.[65] Noch heute gibt es Spannungen zwischen den beiden großen Hauptrichtungen des Islams. Dennoch erkennen sich Sunniten und Schiiten gegenseitig als Muslime an.[66] Einige sunnitische Autoritäten der Rechtsüberlieferung werden jedoch von den Schiiten nicht als verbindlich angesehen.[67] Im schiitischen Recht gibt es deswegen einige Besonderheiten,[68] auf die in der Arbeit hingewiesen wird.

II. Die Grundlagen des islamischen Rechts

Über die frühe Entwicklung des islamischen Rechts nach dem Tod Muḥammads ist wegen der dünnen Quellenlage nur wenig bekannt. Es ist jedoch davon auszugehen, dass schon die damaligen Richter den Koran und die überlieferte Rechtspraxis des Propheten als Leitlinien für ihre Tätigkeit verwendeten. Aber auch die eigene Meinung der Richter dürfte zunächst wegen der vielen ungeklärten Rechtsfragen eine entscheidende Rolle gespielt haben.[69]

---

63 Vgl. Pattar, Islamisch inspiriertes Erbrecht und deutscher Ordre public, S. 52.

64 Nach der Vorstellung der Schiiten bedarf jede Glaubensgemeinschaft der Führung durch einen Imam. Es kann dabei immer nur einen lebenden Imam geben, der kurz vor seinem Tod sein besonderes Wissen an einen seiner Söhne weitergibt. Ursprünglich wurden nur die unmittelbaren männlichen Nachkommen Muḥammads als Imame bezeichnet, vgl. Heine, Der Islam, S. 211 f.

65 Vgl. Heine, Der Islam, S. 212.

66 Vgl. Heine, Der Islam, S. 223.

67 Bei den Schiiten ist sogar die Verfluchung der ersten drei Kalifen üblich, vgl. Rohe, S. 30.

68 Vgl. Rohe, Das islamische Recht, S. 26.

69 Vgl. Rohe, Das islamische Recht, S. 44.

1. Die Ausbildung von Rechtsschulen

Zur Weiterentwicklung des islamischen Rechts wurden bereits seit dem achten Jahrhundert nach Chr. mehrere sunnitische Rechtsschulen gebildet, von denen heute noch vier existieren. Die hanafitische, die malikitische, die schafiitische und die hanbalitische Rechtsschule, wobei ihre Bezeichnungen auf die Namen der Personen zurückgehen, die sie begründet haben: Abū Ḥanīfa, Mālik ibn Anas, Muḥammad ibn Idrīs al-Shafiʿī und Aḥmad ibin Ḥanbal.[70]

Mit der Entwicklung der Rechtsschulen wurde die Rechtslehre institutionalisiert. Es wurde ein Kanon von Methoden zur Rechtsfindung ausgearbeitet, der in den Werken des al-Schafii erstmals schriftlich fixiert wurde.[71]

Die Rechtsschulen erkennen sich dabei gegenseitig als gleichwertig an, auch wenn ihre Auffassungen zum Teil erheblich divergieren und sie sich in verschiedenen Regionen entwickelt haben. Die malikitische Rechtslehre ist heute vor allem in Nordafrika verbreitet, mit Ausnahme von Ägypten, wo – wie auf dem indischen Subkontinent – die hanafitische Auffassung vorherrscht. In den Golfstaaten und Ostafrika wird überwiegend der schafiitische Rechtslehre gefolgt und im Königreich Saudi-Arabien dominiert die hanbalitische Richtung – die strengste der vier sunnitischen Rechtsschulen.[72]

2. Die Rechtsquellen des islamischen Rechts

Dem Rechtsgelehrten stehen verschiedene Rechtsquellen zur Verfügung, mit deren Hilfe er das islamische Recht erkennen kann. Die ranghöchste Rechtsquelle stellt der Koran dar, bei dem es sich aus islamischer Sicht um das geoffenbarte Wort Gottes handelt. Er ist in 114 Suren gegliedert, die wiederum aus einzelnen Versen bestehen. Nur die wenigsten Verse haben unmittelbar rechtlichen Gehalt. Die meisten von ihnen betreffen das Strafrecht sowie das Familien- und Erbrecht, die jedoch nicht zusammengefasst an einer Stelle geregelt sind. Vielmehr finden sich die einzelnen Vorschriften über den gesamten Koran verstreut.[73] Am ausführlichsten ist das Familienrecht geregelt, auf das an 70 Stellen Bezug genommen wird.[74] Die Auslegung des Korans ist zuweilen schwierig, da nur wenige Formulierungen ganz eindeutig sind. Die muslimischen Juristen unterscheiden

70 Vgl. Heine, Der Islam, S. 192 f.

71 Vgl. Pattar, Islamisch inspiriertes Erbrecht und deutscher Ordre public, S. 63 f.

72 Vgl. Heine, Der Islam, S. 192 f.; Pattar, Islamisch inspiriertes Erbrecht und deutscher Ordre public, S. 58.

73 Vgl. Pattar, Islamisch inspiriertes Erbrecht und deutscher Ordre public, S. 59 f.

74 Vgl. Heine, Der Islam, S. 187.

deshalb zwischen Versen, die so klar formuliert sind, dass sie sich jeder Interpretation entziehen und solchen, die eine derartige Eindeutigkeit nicht aufweisen.[75] Letztere überwiegen deutlich. Zudem widersprechen sich die Aussagen im Koran teilweise. Zur Auflösung dieser Konkurrenzfrage wurde die so genannte Abrogationslehre entwickelt, wonach der früher offenbarte Vers von dem später offenbarten verdrängt wird.[76]

Im Koran sind viele Rechtsfragen nicht abschließend geregelt. Schon früh wurden deshalb die Überlieferungen des Propheten zur Rechtsfindung herangezogen, um die Entscheidung auf eine religiös gesicherte Grundlage zu stellen. Das Vorbild des Propheten wurde somit zur zweiten, weithin unumstrittenen Quelle des islamischen Rechts. Die Aussprüche und Taten des Propheten (*Hadith*) wurden gesammelt und zusammengetragen. Die noch heute von den Sunniten verwendeten Standardwerke wurden bereits im 9. Jahrhundert nach Chr. verfasst. Diese Kompendien werden auch als Sunna bezeichnet.[77] Darunter versteht man alles, was an Aussprüchen, Taten und stillschweigender Billigung oder Ablehnung des Propheten Muḥammads überliefert ist, sofern diese auf seine Eigenschaft als Prophet und nicht als gewöhnlicher Mensch zurückgehen. Die Einordnung der Sunna als Rechtsquelle wird durch die Vorbildfunktion des Propheten legitimiert, die im Koran an mehreren Stellen erwähnt wird. Wegen der Fälschungsgefahr werden die Überlieferungen als unterschiedlich verlässlich eingestuft. Dem eigentlichen Text muss deswegen immer eine Kette der Personen vorangestellt werden, die den jeweiligen Inhalt überliefert haben.[78] Die Sunniten beziehen in den Sunna-Begriff oftmals auch die bestätigte Praxis der ersten vier rechtsgeleiteten Kalifen mit ein, die Zwölfer-Schiiten die Überlieferung der zwölf unfehlbaren Imame.[79]

Koran und Sunna stellen mithin die primären Rechtsquellen im islamischen Recht dar. Fraglich ist, wie ein Widerspruch zwischen beiden Methoden der Rechtsfindung aufgelöst werden kann. Nach wohl überwiegender Meinung kann eine Offenbarung im Koran nicht durch eine Sunna abrogiert werden;[80] sie kann

---

75 Allerdings gehen die islamischen Rechtswissenschaftler davon aus, dass es sich nur um scheinbar widersprüchliche Anweisungen handelt und der Mensch nur nicht in der Lage ist, die Übereinstimmung zu erkennen, vgl. Heine, Der Islam, S. 187.

76 Vgl. Rohe, Das islamische Recht, S. 49 ff.

77 Teileweise wird die Gleichstellung von Sunna und *Hadith* aber auch kritisiert; so verwendet etwa Dutton die Begriffe unterschiedlich: mit Sunna werden ihrer Meinung nach nur die Handlungen und Taten des Propheten bezeichnet, während sie den Begriff *Hadith* ausschließlich für Texte verwenden möchte, vgl. Dutton, The Origins of Islamic Law, S. 3.

78 Vgl. Nagel, Das islamische Recht, S. 162 f.

79 Vgl. Rohe, Das islamische Recht, S. 52 ff.

80 Nach anderer Auffassung handelt es sich auch bei der Sunna um das geoffenbarte Wort Gottes. Eine Abrogation von Koranversen durch die Tradition des Propheten sei deshalb möglich, vgl. Rohe, Das islamische Recht, S. 56.

jedoch zur Klärung von Zweifelsfragen herangezogen werden. So sieht der Koran beispielsweise „lediglich“ 100 Peitschenhiebe für den unrechtmäßigen außerehelichen Geschlechtsverkehr vor. Unter Berufung auf eine heute umstrittene Überlieferung wird dagegen zwischen unverheirateten und verheirateten „Tätern“ unterschieden. Ehebrechern droht danach die Steinigung.[81]

Als sekundäre Rechtsquelle ist der Konsens der Rechtsgelehrten (sog. *Idschma*) anerkannt. Darunter ist die übereinstimmende Meinung aller anerkannten muslimischen Gelehrten zu verstehen, die zu einer bestimmten Zeit gelebt haben.[82] Legitimiert wird der Rückgriff auf die *Idschma* durch einen Ausspruch des Propheten, wonach eine Gemeinschaft nie in ihrer Gesamtheit in die Irre gehen kann.[83] Im Einzelnen ist jedoch vieles umstritten; so ist unklar, wer genau zu denen gehört, die einen Konsens herbeiführen können[84] und auf welche Weise die Entscheidung zustande kommen muss.[85] Zweifelhaft ist auch die Bindungswirkung einer solchen Übereinstimmung. Denn mit der Zeit stieg die Anzahl der anerkannten Konsensentscheidungen und es verblieb nur noch wenig Spielraum für die eigenständige Ermittlung des Rechts. Das führte soweit, dass sich unter den Gelehrten die Auffassung durchsetzte, dass nun alle Rechtsfragen ausdiskutiert seien und der Einzelne nicht mehr frei räsonieren könne, sondern durch die verbindlichen Konsensualentscheidungen früherer Rechtsgelehrter gebunden sei. Dadurch wurde die Lehre von der Schließung des Tores zum *Idschtihad* begründet. Teilweise wird diese Doktrin von modernen Gelehrten kritisiert, da dadurch die Anpassung des islamischen Rechts an die aktuellen Bedürfnisse der Gesellschaft beeinträchtigt werde. So wurde das Tor des *Idschtihad* von der ägyptischen Akademie für islamische Studien im Jahre 1964 für wieder geöffnet erklärt.[86] Andere sprechen sich dagegen weiterhin für die Bindungswirkung der Konsensentscheidungen aus.[87]

Im sunnitischen Recht[88] sind daneben weitere Methoden zur Erkenntnis des Rechts entwickelt worden. Sämtliche Formen juristischer Schlussverfahren werden dabei unter dem Sammelbegriff *Quias* zusammengefasst. Zumeist wird dieses arabische Wort mit Analogieschluss übersetzt, was aber nicht ganz korrekt ist, da unter diesen Begriff auch alle anderen juristischen Schlüsse

---

81 Vgl. Rohe, Das islamische Recht, S. 56 f.

82 Vgl. Pattar, Islamisch inspiriertes Erbrecht und deutscher Ordre public, S. 62 f.

83 Vgl. Heine, Der Islam, S. 188.

84 Insbesondere vertreten hier Schiiten und Sunniten unterschiedliche Auffassungen. Das gilt vor allem im Hinblick auf die ersten vier Kalifen, vgl. Rohe, Das Islamische Recht, S. 58.

85 Vgl. Rohe, Das islamische Recht, S. 59.

86 Vgl. Pattar, Islamisch inspiriertes Erbrecht und deutscher Ordre public, S. 64 ff.

87 Vgl. Rohe, Das islamische Recht, S. 191.

88 Im schiitischen Recht finden sich ähnliche Rechtsinstitute, die allerdings unter dem Stichwort der Vernunft diskutiert werden, vgl. Rohe, Das Islamische Recht, S. 62.

gefasst werden, wie der Umkehrschluss oder der Erstrechtschluss.[89] Andere Argumente sind das Für-Besser-Halten[90] und die Berücksichtigung des allgemeinen Nutzens, die allerdings nicht als Rechtsquellen anerkannt sind.[91]

Schließlich hat das Gewohnheitsrecht in der Praxis eine nicht zu unterschätzende Bedeutung, da es immer dann für anwendbar gehalten wird, wenn es den zwingenden Vorgaben der Sharia nicht widerspricht.[92] Und auch die Bedeutung der Rechtsprechung sollte vom europäischen Rechtsanwender nicht unterschätzt werden. Zwar wird diese ebenfalls nicht als Rechtsquelle anerkannt, doch bleibt zu bedenken, dass es für den europäischen Richter ausschließlich darauf ankommt, wie die einschlägigen Rechtsnormen in der Rechtspraxis angewendet werden. Zudem haben Urteile der Kassationshöfe in den islamischen Ländern heute die gleiche Funktion wie in anderen Ländern des civil law Rechtskreises: Sie sind zwar nicht bindend, entfalten aber doch präjudizierende Wirkung in anderen Verfahren.[93] In der Praxis spielen zudem die Rechtsgutachter eine wichtige Rolle, an die sich der Einzelne bei Zweifelsfragen wenden kann. Die erstellten Rechtsgutachten (sog. *Fatwa*) haben zwar ebenfalls keine Bindungswirkung, werden aber regelmäßig in Kompendien gesammelt und veröffentlicht.[94]

III. Das islamische Scheidungsrecht

Zunächst ist festzuhalten, dass es das islamische Scheidungsrecht als solches nicht gibt. Auch wenn die unterschiedlichen Ausrichtungen des Islam in den Grundstrukturen, insbesondere wegen der koranischen Quellen, vielfach übereinstimmen, gibt es nicht nur Unterschiede zwischen den imamitischen Schiiten und den Sunniten, sondern auch zwischen den vier sunnitischen Rechtsschulen untereinander.[95] Das klassische islamische Familienrecht spielt aber heute noch in allen islamischen Staaten eine wichtige Rolle. Dennoch zeigen sich in manchen

89 Vgl. Pattar, Islamisch inspiriertes Erbrecht und deutscher Ordre public, S. 63.

90 Dieses Argument wird besonders von der hanafitischen Rechtslehre häufig zur Begründung herangezogen. Die anderen Rechtsschulen lehnen das Institut weitgehend ab, bedienen sich aber Methoden, die eine ähnliche Funktion aufweisen, vgl. Rohe, Das Islamische Recht, S. 64 f.

91 Vgl. Pattar, Islamisch inspiriertes Erbrecht und deutscher Ordre public, S. 64.

92 Vgl. Rohe, Das islamische Recht, S. 68.

93 Vgl. Krüger, in: Internationales Familienrecht für das 21. Jahrhundert, 171 (182 f.).

94 Vgl. Pattar, Islamisch inspiriertes Erbrecht und deutscher Ordre public, S. 65.

95 Vgl. Krüger, in: Internationales Familienrecht für das 21. Jahrhundert, S. 171 f.

Ländern Modernisierungstendenzen. Das gilt insbesondere für die nordafrikanischen Staaten.[96]

1. Das traditionelle islamische Scheidungsrecht

Im traditionellen islamischen Recht ist die Scheidung grundsätzlich ein Privileg des Ehemannes. Die Frau kann dagegen nur unter ganz engen Voraussetzungen die gerichtliche Auflösung der Ehe verlangen, wobei die Anforderungen je nach Doktrin und Rechtsschule variieren. Zudem haben die Parteien die Möglichkeit, die Ehe außergerichtlich im gegenseitigen Einverständnis aufzuheben.

a) Einseitige Auflösung der Ehe durch den Mann (Talaq)

Talaq ist ein arabisches Wort und bedeutet wörtlich Entfesselung oder Freigabe. Wird dieser Begriff von muslimischen Juristen verwendet, ist damit das einseitige Scheidungsrecht des Mannes gemeint, das diesem im Koran in den Suren 2, 229 und 65, 1 f. zugesprochen wird.[97] Der Mann hat danach die Möglichkeit, die Ehefrau jederzeit und ohne Angabe von Gründen zu verstoßen.[98] Der Frau steht dieses Recht im umgekehrten Fall nicht zu. Die Ehegatten können jedoch vertraglich vereinbaren, dass die Frau sich selbst verstoßen darf, wenn sie die eheliche Gemeinschaft beenden möchte (*Talaq al- Tafwid*). Die Frau handelt dann als Vertreter des Mannes, was nach allen Auffassungen im islamischen Recht zulässig ist.[99]

aa) Die unterschiedlichen Formen des Talaq

Die Verstoßung der Ehefrau kann widerruflich oder unwiderruflich erfolgen. Insoweit sind sich Schiiten und die vier sunnitischen Rechtsschulen untereinander einig; zu fast allen Einzelfragen gibt es dagegen unterschiedliche Auffassungen, die hier jedoch nur in den Grundzügen dargestellt werden können.

---

96 Vgl. Krüger, in: Internationales Familienrecht für das 21. Jahrhundert, 171 (204 f.).

97 Im Islam wird die Scheidung unter gewissen Voraussetzungen als notwendig erachtet. Dennoch wird sie nicht gutgeheißen, wie sich aus einem *Hadith* (wiedergegeben bei Abū Dāwūd, Sunan, Kānpūr, I: 296; zitiert nach Ahmad, Muslim Law of Divorce, Fn. 2) des Propheten ergibt, in dem es heißt, „[dass] von allen erlaubten Dingen die Scheidung bei Allah am meisten verabscheut [ist].“

98 Der Talaq ist die mit Abstand am meist gebrauchte Form der Scheidung in der islamischen Welt.

99 Vgl. Ahmad, Muslim Law of Divorce, S. 183 f.; El Alami/Hinchcliffe, Islamic Marriage and Divorce Laws of the Arab World, S. 25.

Sowohl Sunniten als auch Schiiten unterscheiden zwischen dem *Talaq al-Sunna* und dem *Talaq al-Bid'a*.[100] Die Eheauflösung durch *Talaq al-Sunna* wird dabei als regulär und am wenigstens verabscheuungswürdig angesehen und kann auf zwei unterschiedlichen Wegen erwirkt werden; durch *Talaq al-Ahsan* und durch *Talaq al-Hasan*. Beim *Talaq al-Ahsan* spricht der Mann die Verstoßung einmal im Zeitraum zwischen zwei Menstruationen aus, in dem kein Geschlechtsverkehr stattgefunden hat.[101] Der Mann hat die Möglichkeit, die Scheidung während der Wartezeit (*Idda*102) zu widerrufen und auf diese Weise seine Frau zurückzuerlangen, ohne dass der Abschluss eines neuen Ehevertrags nötig wäre. Der Widerruf erfolgt durch einseitige Willenserklärung des Mannes und kann auch gegen den Willen der Frau durchgesetzt werden. Die Rücknahme der Frau kann dabei ausdrücklich mit Worten geschehen oder konkludent durch den Austausch von Intimitäten.[103] Widerruft der Mann die Scheidung nicht, so wird die Ehe nach Ablauf der Wartezeit endgültig aufgelöst.[104] Beim *Talaq al-Hasan* muss der Ausspruch der Verstoßungsformel dreimal während drei aufeinanderfolgenden Menstruationspausen erfolgen und es dürfen in dem gesamten Zeitraum keine geschlechtlichen Beziehungen stattfinden. Mit dem Ausspruch der dritten Verstoßung wird die Scheidung dann unwiderruflich wirksam.[105] Wurde die Ehe noch nicht vollzogen, darf die Verstoßung auch während der Menstruationsphase erfolgen.[106] Die Scheidung vor Aufnahme des ehelichen Verkehrs ist dabei immer unwiderruflich.[107]

Bei der Scheidung durch *Talaq al-Bid'a* wird die Ehe sofort unwiderruflich aufgelöst. Diese Form der Eheauflösung wird als sündhaft und theologisch unsau-

---

100 Vgl. Qureshi, Muslim Law Of Marriage, Divorce and Maintenance, S. 220; Nasir, The Islamic Law of Personal Status, S. 111.

101 Vgl. Ahmad, Muslim Law of Divorce, S. 64 f.; Qureshi, Muslim Law Of Marriage, Divorce and Maintenance, S. 216.

102 Die Wartezeit ist die Zeit, die eine Frau nach der Beendigung der Ehe abwarten muss, bevor sie wieder heiraten darf. Im Falle der Scheidung beträgt die Wartezeit für Menstruierende drei Monatsregeln (Koran, Sure 2, 228), für Frauen ohne Periode drei Monate, vgl. ausführlich zu den Anforderungen an die Wartezeit: Nasir, The Islamic Law of Personal Status, S. 137 ff.

103 Vgl. Rohe, Das islamische Recht, S. 92. Nach der schafiitischen Rechtslehre muss der Widerruf dagegen mit Worten geschehen. Die konkludente Rücknahme der Scheidung durch die Wiederaufnahme der geschlechtlichen Beziehungen ist unzulässig, vgl. Rauscher, Sharī'a, islamisches Familienrecht der Sunna und shī'a, S. 106.

104 Vgl. Iskander, hinkende Ehen zwischen islamischem Recht und europäischem internationalen Privatrecht, S. 189.

105 Vgl. Ahmad, Muslim Law of Divorce, S. 65; Qureshi, Muslim Law Of Marriage, Divorce and Maintenance, S. 216 f.

106 Vgl. Ahmad, Muslim Law of Divorce, S. 66.

107 Vgl. Iskander, hinkende Ehen zwischen islamischem Recht und europäischem internationalen Privatrecht, S. 188.

ber bezeichnet, aber dennoch von den meisten sunnitischen Rechtsgelehrten als wirksam angesehen.[108] Sie ist zudem in der Praxis weit verbreitet.[109] Eine solch unwiderrufliche Scheidung liegt beispielsweise dann vor, wenn der Ehemann die Scheidung drei Mal ausspricht, entweder direkt hintereinander[110] oder zu verschiedenen Zeitpunkten innerhalb einer Menstruationsperiode. Der dreimalige Scheidungsausspruch ist aber keine Wirksamkeitsvoraussetzung, sondern es reicht aus, wenn der Mann deutlich zum Ausdruck bringt, dass er einen *Tala*q *al-Bid'a* erklären will, also eine unwiderrufliche Scheidung, was auch durch einen einmaligen Ausspruch geschehen kann.[111] Auch eine Verstoßung während der Menstruationsperiode oder während einer Menstruationspause, in der geschlechtliche Beziehungen stattgefunden haben, wird von hanafitischen Juristen als wirksam erachtet. Im erstgenannten Fall ist es aber zulässig, dass der Mann die Scheidung widerruft und sie erneut während der reinen Zeit der Frau erklärt. Auf diese Weise hat er die Möglichkeit, sich von der begangenen Sünde zu befreien.[112]

Im schiitischen Recht ist hingegen der *Talaq al-Sunna* die einzige zulässige Form der Eheauflösung. Ein dreimaliger Scheidungsausspruch ist deshalb in der Regel unwirksam. Wurden die drei Verstoßungen allerdings nicht gleichzeitig ausgesprochen, so kann der ersten Scheidungserklärung Wirksamkeit beigemessen werden, die dann jedoch nur eine widerrufliche Scheidung begründet.[113]

Findet nach der Scheidung eine Versöhnung zwischen den Eheleuten statt, so ist – bei Abschluss eines neuen Ehevertrags – grundsätzlich eine Wiederheirat möglich. Das gilt jedoch nicht, wenn der Ehemann die Scheidung zum dritten Mal ausgesprochen hat. In diesem Fall können die Parteien unter Berufung auf Sure 2, 230 erst wieder heiraten, wenn die Frau nach der Wartezeit in gültiger und vollzogener Ehe mit einem anderen Mann gelebt hat und von diesem verstoßen worden ist. Diese Rechtsfolge tritt ein, unabhängig davon, ob die drei Scheidungen direkt hintereinander oder zu verschiedenen Zeitpunkten erklärt

108 Vgl. Rohe, Das islamische Recht, S. 92.

109 Vgl. Moinuddin, Divorce and Muslim Women, S. 95.

110 Welche Wirkung einem dreifachen Scheidungsausspruch zukommt ist unter muslimischen Juristen sehr umstritten. Nach der h. M. begründet er die sofortige Auflösung der Ehe, die nicht widerrufen werden kann. Andere Juristen weisen dagegen darauf hin, dass diese rigide Rechtsfolge unerwünscht sei und vertreten die Auffassung, dass drei Scheidungen, die hintereinander ausgesprochen werden, nur als eine Scheidung gewertet werden sollten, vgl. Ahmad, Muslim Law of Divorce, S. 85 f.

111 Vgl. Qureshi, Muslim Law Of Marriage, Divorce and Maintenance, S. 220.

112 Vgl. Ahmad, Muslim Law of Divorce, S. 68 ff.

113 Vgl. Ahmad, Muslim Law of Divorce, S. 72 ff.

worden sind,[114] so dass eine erneute Eheschließung auch dann ausscheidet, wenn die Scheidung in der regulären *Hasan* Form vollzogen wurde.[115]

bb) Materielle Anforderungen an den Talaq

Grundsätzlich kann der Mann die Frau grundlos verstoßen. Die materiellen Anforderungen an eine wirksame Verstoßung sind gering. Die strengsten Vorgaben gelten im schiitischen Recht.[116]

aaa) Sunniten

Ein Talaq kann nur dann wirksam erklärt werden, wenn der Ehemann mündig, geistig gesund, und muslimischen Glaubens ist.[117] Zudem wird teilweise verlangt, dass der Mann eine bestimmte Verstoßungsformel verwendet, die das Wort Talaq enthält. Die hanafitische Rechtsschule schreibt dagegen keine bestimmte Formel vor und kennt eine Vielzahl von Ausdrücken, mit denen die Scheidung erklärt werden kann, wie etwa „du bist mir verboten" oder „ich habe dich aus der Ehe entlassen".[118] Die Scheidung kann sowohl mündlich als auch schriftlich erklärt werden und es sind keine Zeugen erforderlich, um den Vorgang zu bekunden. Die Anwesenheit der Frau ist ebenfalls keine Wirksamkeitsvoraussetzung, aber solange sie von der Scheidung nicht in Kenntnis gesetzt wurde, hat sie weiterhin Anspruch auf Unterhalt durch den Ehemann.[119] Auch ein Scheidungswille ist nach der sunnitischen Mehrheitsmeinung nicht notwendig, sofern die Verstoßung objektiv unzweideutig erklärt wurde. Bei den Hanafiten wird sogar eine Scheidung, die unter Zwang oder im Zustand der selbstverschuldeten Trunkenheit ausgesprochen wurde, für wirksam gehalten, während die anderen Rechtsschulen dies überwiegend ablehnen.[120]

---

114 Vgl. Ahmad, Muslim Law of Divorce, S. 84 f.; Ali/Ahmad, Divorce in Mohammedan Law, S. 22 f.

115 Vgl. Esposito, Women in Muslim Family Law, S. 31; Qureshi, Muslim Law Of Marriage, Divorce and Maintenance, S. 217.

116 Vgl. Khan, Law of Marriage and Divorce in Islam, S. 384.

117 Vgl. Pauli, Islamisches Familien- und Erbrecht und ordre public, S. 20.

118 Vgl. Khan, Law of Marriage and Divorce in Islam, S. 392.

119 Vgl. Khan, Law of Marriage and Divorce in Islam, S. 390 f.

120 Vgl. Rohe, Das islamische Recht, S. 91 f. Eine Erklärung, die im Zustand der selbstverschuldeten Trunkenheit abgegeben wurde, wird bei den Schafiiten als wirksam erachtet, bei den anderen Rechtsschulen dagegen nicht, vgl. Kahn, Law of Marriage and Divorce in Islam, S. 387.

bbb) Schiiten

Bei den Schiiten werden zusätzliche Anforderungen an eine wirksame Verstoßung gestellt. So muss der Talaq durch die Anwendung einer bestimmten Formel[121] ausdrücklich erklärt werden und der Mann muss mit Scheidungswillen handeln. Eine Scheidung, die unter Zwang oder im Zustand der Trunkenheit ausgesprochen wurde, ist nichtig;[122] eine befristete oder bedingte Erklärung ist im Gegensatz zu der sunnitischen Mehrheitsmeinung unzulässig. Der Talaq muss zudem in Anwesenheit von zwei verlässlichen Zeugen erklärt werden und darf nur dann in Schriftform erfolgen, wenn der Mann sich nicht anders verständlich machen kann.[123]

b) Auflösung der Ehe durch gerichtliches Urteil

Sowohl die Frau als auch der Mann haben unter gewissen Umständen die Möglichkeit, eine gerichtliche Scheidung zu erlangen. Für den Mann beschränken sich diese auf den Fall, dass die Frau an einer geistigen oder körperlichen Krankheit leidet, insbesondere bei ansteckenden oder ekelerregenden Geschlechtskrankheiten, die den ehelichen Verkehr unmöglich machen.[124] Im hanafitischen Recht steht dem Mann gar keine gerichtliche Auflösungsklage zu. Möchte er die Ehe beenden, dann muss er den Talaq erklären.

Unter welchen Voraussetzungen die Frau ein gerichtliches Scheidungsurteil erwirken kann, ist umstritten und wiederum abhängig von Doktrin und Rechtsschule. Die hanafitische Rechtslehre ist am strengsten und erlaubt die Scheidung nur in dem Fall, in dem der Ehemann an Impotenz leidet und die Ehefrau bei Eingehung der Ehe von diesem Umstand keine Kenntnis hatte.[125] Die Schiiten und die anderen sunnitischen Rechtsschulen erkennen dagegen auch bestimmte gravierende Gesundheitsmängel, wie ansteckende Geschlechtskrankheiten oder Geisteskrankheit, als Scheidungsgrund an.[126] Am weitreichendsten ist die Scheidungsmöglichkeit für die Frau unter Anwendung des malikitischen Rechts. Danach kann die Frau die Scheidung auch in den Fällen verlangen, in denen der Mann nicht ausreichend für

121 Im schiitischen Recht sind nur zwei Formeln zulässig, die das Wort Talaq enthalten und in arabischer Sprache gesprochen werden müssen, vgl. Kahn, Law of Marriage and Divorce in Islam, S. 391.

122 Vgl. Kahn, Law of Marriage and Divorce in Islam, S. 385.

123 Vgl. Khan, Law of Marriage and Divorce in Islam, S. 389 ff.

124 Vgl. Ahmad, Muslim Law of Divorce, S. 346 ff.

125 Vgl. El Alami/Hinchcliffe, Islamic Marriage and Divorce Laws of the Arab World, S. 29; siehe auch Rohe, Das islamische Recht, S. 93, der wohl zu Recht anmerkt, dass die Beweisführung schwierig sein kann, vor allem wenn die Frau keine Jungfrau mehr ist.

126 Vgl. Rauscher, Sharī'a, islamisches Familienrecht der Sunna und shī'a, S. 115; Nasir, The Islamic Law of Personal Status, S. 120.

ihren Unterhalt sorgt, er für längere Zeit abwesend ist oder er sie grausam behandelt.[127] Gerade der letzt genannte Auflösungsgrund dürfte in der Praxis eine wichtige Rolle spielen, da er grundsätzlich weit ausgelegt wird und nicht nur körperliche Angriffe erfasst, sondern auch Beleidigungen, psychische Misshandlungen und einen unsittlichen Lebenswandel des Ehemannes.[128] Die Frau muss dem Mann die Verfehlungen jedoch durch vertrauenswürdige Zeugen nachweisen können,[129] was gerade in Fällen der nicht körperlichen Misshandlung schwierig sein dürfte. Gelingt ihr der Nachweis nicht, wird die Scheidungsklage abgewiesen.[130]

Auch die schafiitische und die hanbalitische Rechtsschule erkennen die Nichtleistung des Unterhalts als Scheidungsgrund an. Das gilt nicht nur in den Fällen, in denen der Ehmann zahlungsunwillig ist, sondern auch dann, wenn er zu arm ist, um den Unterhalt zu bestreiten.[131] Hat sich der Mann der grausamen Behandlung schuldig gemacht, so ist die Meinung gespalten.[132] Der Streit entzündet sich überwiegend an der Frage, ob den bei einem Ehezwist nach dem Koran[133] zu bestellenden „Schiedsrichtern“ Gestaltungsbefugnisse zukommen oder ob diese lediglich als Vertreter der Eheleute auftreten[134] mit der Folge, dass die Scheidung nicht ohne Zustimmung des Mannes ausgesprochen werden kann.[135]

c) Die einvernehmliche Scheidung

Neben der gerichtlichen Scheidung und der Verstoßung haben die Ehegatten die Möglichkeit, eine einvernehmliche Scheidung herbeizuführen. Dies kann in Form des *Khul'* oder in Form des *Mubara'a* geschehen.

Wünschen beide Ehegatten die Beendigung der ehelichen Gemeinschaft, so spricht man von einer *Mubara'a*-Scheidung, die mit oder ohne Gegenleistung erfolgen kann.[136]

---

127 Vgl. Iskander, hinkende Ehen zwischen islamischem Recht und europäischem internationalen Privatrecht, S. 186; Nasir, The Islamic Law of Personal Status, S. 120; 128; 131; Bergmann/ Ferid, Die religiösen Eherechte –Islam, S. 20 ff.

128 Vgl. Kahn, Law of Marriage and Divorce in Islam, S. 502.

129 Vgl. Kahn, Law of Marriage and Divorce in Islam, S. 502.

130 Vgl. Nasir, The Islamic Law of Personal Status, S. 120.

131 Vgl. Ahmad, Muslim Law of Divorce, S. 745.

132 Vgl. Ahmad, Muslim Law of Divorce, S. 772 f.

133 Koran Sure 4, 39: „Und so ihr einen Bruch zwischen beiden befürchtet, dann sendet einen Schiedsrichter von ihrer Familie und einen Schiedsrichter von seiner Familie. Wollen sie sich aussöhnen, so wird Allah Frieden zwischen ihnen stiften. Siehe, Allah ist wissend und weise.“

134 Vgl. Rauscher, Sharī'a, islamisches Familienrecht der Sunna und shī'a, S. 111.

135 Bei den Schiiten kann die Scheidung durch den Richter nur erfolgen, wenn der Ehemann zustimmt, vgl. Ahmad, Muslim Law of Divorce, S. 773.

136 Vgl. Mannan, Mulla on The Principles of Mohomedan Law, S. 338; Qureshi, Muslim Law Of Marriage, Divorce and Maintenance, S. 234.

Eine *Khul'*-Scheidung liegt immer dann vor, wenn die Frau die Scheidung initiiert und der Mann mit der Auflösung der Ehe gegen eine Kompensationsleistung der Frau einverstanden ist.[137] Nach hanafitischem Recht ist in der Erklärung des Mannes der Antrag zu sehen, den die Frau nur sofort annehmen kann.[138] Die Ehe wird dann durch Ausspruch des *Khul'* oder eines vergleichbaren Wortes[139] gelöst und begründet nach der überwiegenden Auffassung eine unwiderrufliche Scheidung.[140] Voraussetzung für eine wirksame rechtsgeschäftliche Einigung ist, dass beide Ehegatten geschäftsfähig sind, was Mündigkeit und geistige Gesundheit voraussetzt; die Frau muss darüber hinaus in der Lage sein, die Bedeutung und Wirkung des rechtlichen Vorgangs zu verstehen.[141] Wurde die Frau zu ihrer Erklärung durch Drohung oder unter Anwendung von Gewalt gezwungen, ist die Vereinbarung über die Gegenleistung nichtig, die Scheidung dagegen wirksam.[142]

Das Recht, für die Auflösung der Ehe eine Kompensationsleitung zu verlangen, wird im Koran ausdrücklich für erlaubt erklärt.[143] Üblicherweise wird als Abstandszahlung die bereits gezahlte Brautgabe zurückerstattet oder auf die noch nicht gezahlte Brautgabe verzichtet. Als Gegenleistung können aber auch alle anderen Vermögenswerte vereinbart werden, die ein Muslim legal besitzen darf.[144] Auch der Verzicht auf den Unterhalt für die minderjährigen Kinder ist zulässig; die Personensorge der Mutter steht dagegen nicht zur Disposition der Parteien und kann nicht zum Gegenstand der Vereinbarung gemacht werden.[145] Im hanafitischen Recht gilt die Regel, dass der Mann nicht mehr verlangen sollte, als die Frau von ihm während der Ehe erhalten hat. Tut er es trotzdem, ist die Vereinbarung nach überwiegender Auffassung gültig, wenn auch religiös miss-

---

137 Vgl. Bergmann/Ferid, Länderteil Pakistan, S. 51; Qureshi, Muslim Law Of Marriage, Divorce and Maintenance, S. 233.

138 Vgl. Ahmad, Muslim Law of Divorce, S. 247.

139 Die Verwendung der arabischen Sprache ist nicht erforderlich nach schiitischem Recht, aber wünschenswert. Die sunnitische Mehrheitsmeinung verlangt nicht, dass beim Scheidungsausspruch der Begriff *Khul* verwendet wird. Bei den Hanbaliten muss hingegen entweder das Wort *Khul* oder ein entsprechender Begriff gebraucht werden, bei den Schiiten das Wort Scheidung, vgl. Ahmad, Muslim Law of Divorce, S. 250 f.; 275 f.

140 Diese Meinung ist bei den Hanbaliten und bei den Schafiiten nicht ganz unumstritten, vgl. Ahmad, Muslim Law of Divorce, S. 271 f.

141 Vgl. Ahmad, Muslim Law of Divorce, S. 252.

142 Vgl. Rauscher, Sharī'a, islamisches Familienrecht der Sunna und shī'a, S. 112.

143 Koran Sure 2, 229.

144 Vgl. Ahmad, Muslim Law of Divorce, S. 260. In der Praxis führt das häufig dazu, dass der Mann seine Stellung mißbraucht und von der Frau mehr verlangt als die Rückzahlung der Brautgabe, vgl. El Alami/Hinchcliffe, Islamic Marriage and Divorce Laws of the Arab World, S. 28.

145 Vgl. Ahmad, Muslim Law of Divorce, S. 269 f.

billigt.[146] Das gleiche gilt für den Fall, in dem die Frau die Scheidung wegen einer Verfehlung des Ehemanns begehrt und trotzdem eine Abstandszahlung verlangt wird.[147] Haben die Parteien die Höhe der Gegenleistung nicht spezifiziert, ist die Ehefrau nur zur Rückzahlung der *Mahr* verpflichtet.[148]

Heutzutage ist unter muslimischen Juristen besonders umstritten, ob die Frau die Auflösung der Ehe durch *Khul'* auch ohne Zustimmung des Ehemannes vor Gericht erwirken kann. Von der Mehrheitsmeinung der muslimischen Juristen wird diese Frage verneint.[149] Gegen diese Ansicht lässt sich jedoch eine Überlieferung des Propheten anführen,[150] in der sich die Ehefrau über die Hässlichkeit ihres Ehemannes Ṯābit beschwert und Muḥammad bat die Ehe aufzulösen. Sie erklärte, dass sie fürchte, die Gesetze des Islam nicht mehr einhalten zu können, obwohl sie dem Mann keinen Vorwurf hinsichtlich seines Verhaltens oder seiner Frömmigkeit machen konnte. Muḥammad fragte sie daraufhin, ob sie bereit sei, ihre Brautgabe an Ṯābit zurückzugeben. Als sie diese Frage bejahte, forderte Muḥammad den Ehemann auf, die Scheidung auszusprechen. Aus dieser Überlieferung folgert die Mindermeinung, dass die Zustimmung des Mannes für den *Khul'* nicht erforderlich ist. Der Prophet habe in dem Fall als Richter agiert; er habe den Mann weder nach seiner Meinung noch nach seiner Zustimmung gefragt; seine Aufforderung an Ṯābit sei deshalb als Befehl zu werten.[151] Allerdings ist zu beachten, dass die so eben dargestellte Tradition in verschiedenen Variationen zu finden ist, die sich einer einheitlichen Interpretation entziehen. So geht aus manchen Überlieferungen nicht genau hervor, ob die Aufforderung des Propheten als Befehl zu werten ist, oder ob sie lediglich einen empfehlenden Charakter aufweist.[152] Wie so oft ist auch hier die Auslegung der islamischen Vorgaben nicht eindeutig. Dennoch wurde die Scheidungsreform in Ägypten, die

---

146 Ahmad vertritt hier die Auffassung, dass die Ansicht der herrschenden Meinung im Widerspruch zu einer Aussage des Propheten steht. Denn in einem *Hadith* hatte Muḥammad auf das Angebot der Ehefrau mehr als die erhaltene Mahr als Gegenleistung für die Auflösung zu zahlen geantwortet: „Nein nicht mehr als das“, vgl. Ahmad, Muslim Law of Divorce, S. 257.

147 Eine kleine Mindermeinung hält in einem solchen Fall eine Abstandszahlung – unter Berufung auf den Koran (Sure 4, 20) – für unzulässig, vgl. Ahmad, Muslim Law of Divorce, S. 256f.

148 Vgl. Ahmad, Muslim Law of Divorce, S. 261; a. A. Rauscher, der meint, dass die Frage, ob die Mahr zurückerstattet werden muss, nur durch Auslegung der Willenserklärungen im Einzelfall beantwortet werden kann, vgl. Rauscher, Sharī'a, islamisches Familienrecht der Sunna und shī'a, S. 113.

149 Vgl. Ahmad, Muslim Law of Divorce, S. 240.

150 Wiedergegeben bei Fatḥ al-Bārī Bd. 9 S.309, Spruch Nr. 5277, in: ᶜAbla al-Kaḥlāwī, S. 63 Fn. 1; zitiert nach Iskander, hinkende Ehen zwischen islamischem Recht und europäischem internationalen Privatrecht, Fn. 846.

151 Vgl. Ahmad, Muslim Law of Divorce, S. 241 f.

152 Vgl. ausführlich zu dieser Problematik, Denker, in: Beiträge zum Islamischen Recht IV, Band 15, 125 (135 ff.).

erstmals Frauen die Möglichkeit einräumt, eine Scheidung auch ohne Nachweis der Schadenszufügung gegen den Willen des Mannes zu erlangen, mit just diesen Argumenten gerechtfertigt.[153]

d) Auflösung der Ehe durch Religionswechsel

Aufgrund des Ehehindernisses der Religionsverschiedenheit kann der Abfall oder die Bekehrung zum Islam zu einer automatischen Auflösung der Ehe führen, je nachdem, wer von den beiden Ehegatten konvertiert und welcher Religion sie vorher angehört haben.

Konvertiert nur der Mann zum Islam und gehört die Frau einer Buchreligion an, dann bleibt die Ehe bestehen, denn ein Muslim darf eine solche Frau heiraten. Ist die Ehefrau dagegen Heidin, so wird die Ehe ipso jure aufgelöst und die gleiche Rechtsfolge tritt ein, wenn nur die Frau sich zum Islam bekehrt. In beiden Fällen steht das Verbot der Religionsverschiedenheit dem Fortbestehen der Ehe entgegen.[154]

Fällt der Ehemann vom Islam ab, so wird die Ehe ebenfalls automatisch aufgelöst, da es einer Muslima verboten ist, einen Nicht-Muslim zu ehelichen. Der umgekehrte Fall ist dagegen umstritten.[155] Denn sollte die Frau sich zu einer anderen Offenbarungsreligion bekehren, so steht dem Fortbestand der Ehe zumindest nicht das Verbot der Religionsverschiedenheit entgegen. Dennoch wird überwiegend vertreten, dass auch die Apostasie der Ehefrau die Ehe unmittelbar beendet. Diese rigide Rechtsfolge stelle eine Sanktion für den Abfall vom islamischen Glauben dar. Einzelne muslimische Juristen vertreten dagegen die Auffassung, dass die Ehe in diesem Fall fortbestehen könne. Zur Begründung dieser Ansicht wird auf die Fälle verwiesen, in denen sich der Mann eines christlichen oder jüdischen Ehepaars zum Islam bekehrt, wo an die Konversion auch nicht die Rechtsfolge der Eheauflösung geknüpft wird.[156]

e) Sonderformen der Scheidung: Li`an, Ila` und Zihar

Im traditionellen islamischen Recht gibt es noch weitere Varianten der Scheidung,[157] denen heutzutage aber wohl nur eine geringe Bedeutung zukommt.

153 Vgl. näher unten 1. Kapitel III. 2. a) cc).

154 Vgl. Rauscher, Sharī'a, islamisches Familienrecht der Sunna und shī'a, S. 107 f.

155 Vgl. Qureshi, Muslim Law Of Marriage, Divorce and Maintenance, S 284 ff.

156 Vgl. Ahmad, Muslim Law of Divorce, S. 895 f.

157 Diese Scheidungsformen stammen noch aus vorislamischer Zeit, vgl. Rauscher, Sharī'a, islamisches Familienrecht der Sunna und shī'a, S. 104.

Beim *Li`an* beschuldigt der Mann seine Frau des Ehebruchs, was er in bestimmter Form vor Gericht beschwört. Beschwört die Frau nun in gleicher Form das Gegenteil, wird die Ehe nach überwiegender Auffassung sofort beendet. Nach hanafitischer Rechtslehre besteht die Ehe dagegen fort bis der Mann oder das Gericht die Scheidung ausspricht.[158] Eine Scheidung in Form des *Li`an* ist nur möglich, wenn die Frau sie fordert und der Mann nicht den erforderlichen Vier-Zeugenbeweis für den Ehebruch der Frau erbringen kann.[159]

Im Falle des *Ila`* schwört der Ehemann bei Gott, dass er für mindestens vier Monate keine geschlechtlichen Beziehungen zu seiner Frau unterhalten werde. Hält er diesen Schwur ein, so wird nach hanafitischer Auffassung die Ehe automatisch nach Ablauf von vier Monaten aufgelöst. Die Schiiten und die anderen Rechtsschulen halten die Ehe dagegen solange für wirksam bis der Ehemann die Scheidung ausspricht. Tut er das nicht, kann die Frau ein gerichtliches Verfahren beantragen, in dem der Richter den Ehemann zur Wiederaufnahme der ehelichen Beziehungen oder zum Ausspruch der Scheidung auffordert. Weigert sich der Ehemann dieser Anweisung nachzukommen, so spricht das Gericht die Scheidung selbst aus.[160]

Beim *Zihar* vergleicht der Mann seine Ehefrau mit einer weiblichen Verwandten, zu der ein gesetzliches Eheverbot besteht, wie beispielsweise der Mutter oder Schwester des Mannes. Die übliche Formel lautet dabei: „Du bist mir wie der Rücken meiner Mutter."[161] Dieser Vergleich hat zur Folge, dass es dem Mann solange untersagt ist, geschlechtliche Beziehungen mit seiner Frau zu unterhalten, bis er ein gesetzlich festgelegtes Bußgeld gezahlt hat.[162] Eine Scheidung ist mit dem *Zihar* jedoch nicht verbunden,[163] sondern der Frau wird lediglich das Recht eingeräumt, ein gerichtliches Verfahren einzuleiten, in dem der Richter den Mann mit Hilfe von Zwangsmitteln dazu anhalten soll das Bußgeld zu zahlen oder die Frau zu scheiden. Sollte der Mann sich weigern der Aufforderung Folge zu leisten, hat der Richter keine Möglichkeit die Scheidung selbst auszusprechen.[164]

---

158 Vgl. Rohe, Das islamische Recht, S. 93.

159 Vgl. Ahmad, Muslim Law of Divorce, S. 468. A. A. Kahn, wonach das *Li`an*-Verfahren nach sunnitischem Recht auch eingeleitet werden darf, wenn der Mann den Ehebruch durch Zeugen beweisen kann, vgl. Kahn, Law of Marriage and Divorce in Islam, S. 505.

160 Vgl. Ahmad, Muslim Law of Divorce, S. 112 f.; 114 f.

161 Qureshi, Muslim Law Of Marriage, Divorce and Maintenance, S. 248.

162 Vgl. Rohe, Das islamische Recht, S. 93.

163 Beim *Zihar* handelt es sich somit nicht um eine Scheidung im eigentlichen Sinn. Da es aber von muslimischen Juristen immer in diesem Kontext diskutiert wird, wurde es der Vollständigkeit wegen angeführt.

164 Vgl. Ahmad, Muslim Law of Divorce, S. 124.

2. Die modernen Kodifikationen

Die genannten traditionellen Scheidungsformen spielen auch heute noch in allen islamisch-geprägten Rechtsordnungen eine wichtige Rolle. Allerdings wurden mittlerweile vielerorts Reformen durchgeführt und das Familienrecht kodifiziert, so dass die rechtlichen Besonderheiten der einzelnen Länder zu berücksichtigen sind. Die Darstellung der Arbeit beschränkt sich dabei auf die Staaten, aus denen die in Westeuropa lebenden Muslime überwiegend stammen. Das sind die Türkei, Nordafrika (Marokko, Tunesien, Algerien, Ägypten), der indische Subkontinent (Indien, Pakistan) und der Iran. Da die Sharia aber in der Türkei keine Anwendung findet, wird die Rechtordnung dieses Staates außer Betracht bleiben.

a) Nordafrika (Marokko, Tunesien, Algerien, Ägypten)

Das nordafrikanische Recht ist von unterschiedlichen Rechtstraditionen geprägt. Dabei spielt neben dem islamischen Rechtsdenken die koloniale Rechtsetzung eine wichtige Rolle, so dass die Rechtsordnungen bis heute durch das französische und englische Recht beeinflusst sind. Das gilt allerdings nicht für das Personenstandsrecht, das in der Protektoratszeit nicht angetastet wurde und das weiterhin auf dem traditionellen islamischen Recht basiert.[165]

Die erste moderne Kodifikation wurde in Tunesien erlassen,[166] die wesentliche Neuerungen gegenüber dem traditionellen islamischen Familien- und Erbrecht mit sich brachte und zu einer deutlichen Verbesserung des Frauenstatus führte.[167] Ein Bezug auf muslimische Referenzen fehlt; dennoch handelt es sich bei der Gesetzesnovelle nicht um einen laizistischen Gesetzestext. Der Islam ist – wie in allen anderen nordafrikanischen Staaten – Staatsreligion (Art. 1 der tunesischen Verfassung)[168] und die Rechtsprechung greift bei Gesetzeslücken auf klassische islamisch-malikitische Grundsätze zurück.[169] So gilt beispielsweise weiterhin das Erbverbot der Religionsverschiedenheit, auch wenn das CSP keine diesbezüg-

165 Vgl. Bergmann/Ferid, Länderteil Marokko, S. 21 f.

166 Gesetz vom 13.8.1956 über den Personenstand (im Folgenden CSP). Der Gesetzestext ist in französischer Sprache abrufbar unter: http://www.e-justice.tn/fileadmin/fichiers_site_francais/codes_juridiques/Statut_personel_Fr.pdf. Das Gesetz gilt seit dem 1.10.1957 für alle tunesischen Staatsangehörigen jeglicher Glaubensrichtung.

167 So wurde etwa die polygame Ehe verboten (Art. 18 CSP) und ein Mindestalter für die Eheschließung eingeführt (Art. 5 CSP).

168 Der Text der Verfassung ist in deutscher Sprache abgedruckt in: Baumann/ Ebert, Die Verfassung der Mitgliedsländer der Liga der arabischen Staaten, S. 713 -725.

169 Vgl. Krüger, in: Internationales Familienrecht für das 21. Jahrhundert, 171 (188).

liche Regelung enthält.[170] Und auch in Marokko,[171] Algerien[172] und Ägypten[173] sind bei Fehlen einer gesetzlichen Regelung die Bestimmungen des traditionellen islamischen Rechts maßgeblich.

In den meisten maghrebinischen Staaten wurde die interreligiöse Rechtsspaltung mittlerweile aufgegeben.[174] Bestimmte Rechtsinstitute wie die polygame Eheschließung und die Scheidung durch Talaq bleiben jedoch den Angehörigen des islamischen Glaubens vorbehalten.[175]

aa) Das marokkanische Scheidungsrecht

Die familienrechtlichen Beziehungen von Muslimen unterliegen aktuell dem neuen Familiengesetzbuch vom 3. Februar 2004,[176] das gegenüber der alten *Moudawwana* aus dem Jahre 1957 gewisse Neuerungen mit sich bringt. Als maßgebliche Grundsätze für die Reform wurden unter anderem Gerechtigkeit und die Gleichheit zwischen Männern und Frauen angeführt, sowie die Sicherung der Kinder und des familiären Zusammenhalts.[177] Allerdings liegt auch der Gesetzesnovelle die klassische sunnitisch–malikitische Lehre zugrunde, auf die immer dann zurückzugreifen ist, wenn das positive Recht Lücken offen lässt, Art. 400 FamGB. Die Modernisierung des Scheidungsrechts bleibt deshalb moderat, auch wenn sie zu einer Stärkung der Rechte der Frau beigetragen hat. Das gilt sowohl für die Scheidung selbst als auch für die Folgen der Auflösung der ehelichen Gemeinschaft.

170 Vgl. Waletzki, Ehe und Ehescheidung in Tunesien, S. 133 f. mit Verweis auf ein gerichtliches Urteil vom 31.1.1966.

171 Für Marokko ergibt sich das aus Art 400 des marokkanischen Familiengesetzbuches, der ausdrücklich auf die mailkitische Rechtsschule verweist.

172 Für Algerien ergibt sich das aus Art. 222 des algerischen Familiengesetzbuches.

173 Kann für eine bestimmte Fragestellung nicht auf gesetzliche Bestimmungen zurückgegriffen werden, so ist die vorherrschende Meinung der hanafitischen Rechtslehre zu berücksichtigen, Art. 3 Abs. 1 des Gesetzes Nr. 1 vom 20.1.2000.

174 Vgl. Nelle, StAZ 2004, 252 (257). Nur in Ägypten ist das Familienrecht weiterhin interreligiös gespalten. Bei Rechtsstreitigen zwischen Parteien verschiedener Religionen findet das islamische Recht Anwendung, vgl. Iskander, Hinkende Ehen zwischen islamischem Recht und europäischem internationalen Privatrecht, S. 60. Auch in Marokko gilt für die jüdische Gemeinschaft bis heute ihr eigenes Personalstatut. Die interreligiöse Rechtsspaltung zwischen Muslimen und Christen wurde dagegen nach der Unabhängigkeit im Jahre 1957 weitestgehend aufgegeben, vgl. Bergmann/Ferid, Länderteil Marokko, S. 24.

175 Vgl. Nelle, StAZ 2004, 252 (257).

176 Im Folgenden FamFG. Der Gesetzestext ist in englischer Sprache abrufbar unter: http://www.hrea.org/moudawana.html.

177 Vgl. Nelle, StAZ 2004, 253 (276 ff.).

aaa) Die Scheidungsvoraussetzungen

Nach traditionellem islamischem Recht herrscht für den Mann Scheidungsfreiheit ohne formalisiertes Verfahren, während der Frau nur unter sehr engen Voraussetzungen ein Scheidungsrecht zugestanden wird. Die moderne marokkanische Gesetzgebung nähert dagegen die Scheidungsmöglichkeiten für beide Geschlechter inhaltlich an, auch wenn immer noch Unterschiede bestehen,[178] die den Mann gegenüber der Frau bevorzugen. So bleibt die einseitige Verstoßung grundsätzlich ein Vorrecht des Mannes, das jedoch an eine bestimmte Formalisierung geknüpft wird, um die Rechte der Ehefrau zu gewährleisten. In allen Fällen ist zudem ein Gerichtsurteil Voraussetzung für die Wirksamkeit der Scheidung, unabhängig davon, von welcher Partei sie initiiert worden ist, Art. 78, 88 FamGB. Die Auflösung der Ehe ist dabei als letztes Mittel anzusehen. Aus diesem Grund ist vor jeder Scheidung ein obligatorisches Versöhnungsverfahren durchzuführen,[179] das nach Ablauf von 30 Tagen gegebenenfalls wiederholt werden muss, wenn gemeinsame, minderjährige Kinder vorhanden sind, Art. 81 f. FamGB.

(1) Die Scheidung auf Initiative des Ehemannes

Wie bisher auch kann der Ehemann die Ehe weiterhin einseitig und ohne Angabe von Gründen durch den Ausspruch der Verstoßungsformel auflösen. Allerdings ist die Scheidung nur wirksam, wenn das in Art. 73 ff. FamGB festgeschriebene, mehrstufige Justizverfahren eingehalten wird. Eingeleitet wird die Talaq-Scheidung durch eine Verstoßungserklärung des Mannes, die auch mündlich oder durch ein eindeutiges Zeichen erfolgen kann, Art. 73 FamGB.[180] Die Erklärung muss frei von Willensmängeln sein (Art. 90 FamGB), darf nicht an eine Bedingung geknüpft werden (Art. 93 FamGB) und hat immer nur eine einmalige Wirkung, auch wenn sie mit einer Zahlenangabe versehen wird (Art. 95 FamGB). Das bedeutet, dass die für eine unwiderrufliche Scheidung erforderlichen drei Verstoßungserklärungen jeweils gesondert erklärt werden müssen.[181]

Allein durch den Ausspruch des Talaqs kann die Ehe jedoch nicht mehr aufgelöst werden. Der Mann bedarf vielmehr einer gerichtlichen Genehmigung, die nur erteilt werden darf, wenn das obligatorische Versöhnungsverfahren

178 Vgl. Bergmann/Ferid, Länderteil Marokko, S. 44.

179 Eine Ausnahme bildet die Scheidung wegen Abwesenheit des Ehemannes, wo der Versöhnungsversuch schon aus praktischen Gründen nicht stattfinden kann.

180 Art. 73 FamGB lautet: „Eine Scheidungserklärung kann mündlich durch ausdrückliche Erklärung, schriftlich oder durch unzweideutiges Zeichen erfolgen, wenn es sich um eine Person handelt, die sich nicht schriftlich ausdrücken kann.“

181 Vgl. Bergmann/Ferid, Länderteil Marokko, S. 45.

zwischen den Ehegatten erfolglos verlaufen ist, das Gericht die Unterhaltsansprüche der Ehefrau und Kinder festgesetzt hat und der Ehemann einen entsprechenden Betrag bei Gericht hinterlegt hat, Art. 79 i. V. m. Art. 80ff., 87 FamGB. Wurde die Genehmigung erteilt, so muss die Scheidungserklärung von zwei islamischen Zivilstandsnotaren (sog. *Adoule*) beurkundet werden, Art. 79 FamGB. Das Gericht erlässt das verfahrensbeendende Scheidungsurteil erst, wenn ihm eine Ausfertigung dieser Beurkundung zugeht, Art. 87f. FamGB.

In Art. 94 FamGB sieht die Gesetzesnovelle einen weiteren Scheidungsgrund für den Mann vor. Danach ist neuerdings auch eine gerichtliche Scheidung auf Antrag eines der Ehegatten wegen Uneinigkeit möglich *(Chiqaq)*. Allerdings ist für den Mann die Talaq-Scheidung immer noch der einfachere Weg, da an diese keine materiellen Voraussetzungen geknüpft werden. Eine Scheidung wegen Uneinigkeit könnte jedoch in Bezug auf die Scheidungsfolgen günstiger sein, da bei der Festsetzung der Ausgleichsansprüche wohl das Verschulden beider Parteien an der Ehe zu berücksichtigen sein wird. Dennoch dürfte die Scheidung wegen Uneinigkeit in erster Linie in den Fällen Bedeutung erlangen, in denen die Frau die Scheidung begehrt.

(2) Die Scheidung auf Initiative der Ehefrau

Im klassischen islamischen Recht kann sich die Frau nur unter engen Voraussetzungen scheiden lassen. Entweder muss sie beweisen, dass einer der bereits oben erörterten kasuistisch definierten Fälle der Schädigung vorliegt oder dass der Ehemann seiner gesetzlich festgelegten Unterhaltsverpflichtung nicht nachkommen ist. Darüber hinaus hat sie die Möglichkeit, sich gegen Rückerstattung der Brautgabe loszukaufen (*Khul'*), was aber grundsätzlich eine Einigung der Ehegatten voraussetzt.

Im neuen marokkanischen Familiengesetzbuch sind all diese Scheidungsgründe weiterhin vorgesehen. Allerdings wurden durch die Reform neue Scheidungsgründe eingeführt, die der Frau zu einer größeren Scheidungsfreiheit verhelfen. Zudem schreibt die Gesetzesnovelle gemäß Art. 113 FamGB ein straffes Verfahren vor, wonach über eine Scheidungsklage der Frau grundsätzlich innerhalb einer Frist von höchstens sechs Monaten zu entscheiden ist.

Ein Verstoßungsrecht der Frau ist auch im neuen Familiengesetz nicht enthalten. Allerdings kann der Ehemann der Ehefrau vertraglich das Recht einräumen, sich selbst zu verstoßen. Macht sie von dieser Möglichkeit Gebrauch, so unterliegt die Ausübung des Rechts den gleichen Restriktionen wie die Verstoßung der Frau durch den Mann selbst, Art. 89 FamGB. Auch schon vor Inkrafttreten des neuen Familiengesetzbuches wurde von dieser Möglichkeit Gebrauch gemacht.

Art. 89 FamGB dient somit lediglich der Klarstellung und der Einhaltung eines geordneten Verfahrens.

Als neuer Scheidungsgrund wurde hingegen die polygame Eheschließung (Art. 45 FamGB) eingeführt, wonach die Ehefrau sich scheiden lassen kann, wenn der Mann eine weitere Ehe eingehen möchte, was vor der Reform nur möglich war, wenn die Parteien eine entsprechende Regelung im Ehevertrag getroffen hatten.

Die größte Neuerung ist jedoch, dass die Frau jetzt auch eine Scheidung wegen Uneinigkeit (*Chiqaq*) beantragen kann. Die Zerrüttung der Ehe muss dabei nicht nachgewiesen werden, sondern ergibt sich bereits aus der Tatsache, dass die Frau die Scheidung beantragt.[182] Vor dem Ausspruch der Scheidung ist wie bei allen anderen Scheidungsformen ein obligatorischer Versöhnungsversuch durchzuführen. Welche Bedeutung dieser Scheidungsgrund in Zukunft haben wird, wird sich jedoch erst noch zeigen und auch die Reaktionen in der europäischen Literatur sind sehr unterschiedlich. Während manche Autoren kaum noch einen Unterschied zwischen den Scheidungsvoraussetzungen für den Mann und für die Frau erkennen wollen,[183] sind andere zurückhaltender und wollen zunächst abwarten, wie die marokkanische Rechtsprechung reagieren wird.[184] Teilweise wird sogar die Auffassung vertreten, dass es sich bei dem neuen Scheidungsgrund nur um eine Auffangregelung handele, für die, aufgrund der ohnehin weitgespannten Möglichkeiten eine Scheidung zu erreichen, kaum ein Bedarf bestehe.[185] Dieser letzten Ansicht ist nicht zu folgen. Zwar mag es sein, dass der Scheidungsgrund der Schädigung in der malikitischen Lehre weit interpretiert wird, so dass auch Beleidigungen oder sittenwidriges Verhalten unter diesen Begriff subsumiert werden können.[186] Doch muss die Frau die Schädigung immer nachweisen, was sich gerade in Fällen der nicht-physischen Gewalt als schwierig erweisen kann. Zudem ist der Begriff der Schädigung sehr unbestimmt, so dass für die Frau im Vorhinein nie sicher sein dürfte, ob ihrem Scheidungsantrag stattgegeben wird oder nicht. Es überrascht deshalb nicht, dass eine Studie zum marokkanischen Scheidungsrecht ergeben hat, dass der Antrag auf Scheidung wegen einer Schädigung in der Praxis nur selten Erfolg hat.[187] Zudem besteht die Gefahr, dass der Ehemann die Frau des Ungehorsams bezichtigt, was nach traditioneller islami-

182 Vgl. Bergmann/Ferid, Länderteil Marokko, S. 48.

183 Vgl. Jordens-Cotran, Some aspects of the new Moroccan family law, http://www.internationaldialogues.nl/islamic_arab_world/part_soc_e_a_dialogue/conf_part_women/ReportLegalPractAspectsParticipWomenArabW.htm.

184 Vgl. Foblets, Rev. crit. internat. privé 2006, 521 (527).

185 Vgl. Bergmann/Ferid, Länderteil Marokko, S. 48.

186 Vgl. Bergmann/Ferid, Länderteil Marokko, S. 47.

187 Vgl. Mir-Hosseini, Marriage on Trial, S. 111 f.

scher Lehre ein Züchtigungsrecht nach sich zieht und dem Scheidungsbegehren der Frau die Grundlage entzieht.[188] All dies kann dazu führen, dass die Frau verpflichtet wird zu ihrem (potentiell) gewalttätigen Mann zurückzukehren und weiterhin ihren ehelichen Pflichten nachzugehen, was nichts anderes bedeutet, als dass sie ihrem Mann auch noch sexuell weiterhin zur Verfügung stehen muss. Die Einführung der Zerrüttungsscheidung ist deshalb nicht nur als wichtiger Schritt in Richtung Gleichbehandlung von Männer und Frauen zu werten, sondern vor allem führt die Reform dazu, dass die Frau der (potentiellen) Willkür des Mannes nicht länger hilflos ausgesetzt ist. Ob diese Scheidungsform hingegen tatsächlich als Pendant zum Verstoßungsrecht des Mannes angesehen werden kann, bleibt abzuwarten. Denn es ist möglich, dass manche Richter die Scheidung wegen Uneinigkeit als Unterfall der Verschuldensscheidung einordnen werden, was zur Folge hätte, dass der Erlass des Scheidungsurteils im Ermessen des Gerichts steht. Denkbar ist auch, dass der Frau in einem solchen Fall das Scheitern der Ehe angelastet wird und der Mann deshalb ein Anspruch auf Schadensersatz geltend machen kann.[189] Eine solche Interpretation des Art. 94 FamGB würde die Frau bei der Beendigung der Ehe weiterhin benachteiligen.[190]

(3) Die einvernehmliche Scheidung

Die Ehegatten haben gemäß Art. 114 ff. FamGB auch die Möglichkeit, eine einvernehmliche Scheidung herbeizuführen. Einigen sich die Ehegatten über die Beendigung der ehelichen Gemeinschaft, so ist vor Gericht zunächst ein Versöhnungsversuch durchzuführen. Scheitert dieser und stehen der Vereinbarung der Parteien weder gesetzliche Bestimmungen noch die Interessen der Kinder entgegen, so ist die Scheidung auszusprechen. Neben der allgemeinen Konsensualscheidung ist in den Art. 115 ff. FamGB die traditionelle islamische Scheidung gegen Ausgleich geregelt (*Khul`*), die jedoch gewissen Restriktionen unterworfen wurde, um Missbräuchen vorzubeugen. So ist die Vereinbarung der Ehegatten nur wirksam, wenn die Erklärung der Ehefrau frei von Willensmängeln (Art. 117 FamGB) ist, und die Ausgleichszahlung weder rechtsmissbräuchlich, noch über-

188 Vgl. Haeri, in: Islamic Family Law, 55 (67).

189 Gemäß Art. 97 FamGB berücksichtigt das Gericht bei der Bemessung des Ersatzanspruchs den Anteil an Verantwortlichkeit eines jeden Ehegatten an der Trennung.

190 Vgl. Foblets, Rev. crit. internat. privé 2006, 521 (527 f.). Siehe auch den Tagungsbericht der GTZ, Frauenrechte in der arabischen Welt: Überblick über den Status von Frauen im Familienrecht unter besonderer Berücksichtigung islamischer Einflussfaktoren, S. 22, wo die Autoren davon auszugehen scheinen, dass die Frau jeglichen Anspruch auf finanziellen Ausgleich verliert, wenn sie eine Scheidung wegen Uneinigkeit beantragt. Der Artikel ist abrufbar unter: http://www.gtz.de/de/dokumente/de-frauenrechte-arabische-welt-2008.pdf.

trieben hoch ist (Art. 118 FamGB). Zudem darf die Zahlungsverpflichtung für die Frau nicht dazu führen, dass den Kindern die Grundlage ihres Unterhalts entzogen wird (Art. 119 FamGB).

bbb) Die Scheidungsfolgen

Das traditionelle islamische Recht billigt der Frau im Falle einer Scheidung nur wenige finanzielle Ausgleichsansprüche zu; sie beschränken sich auf nachehelichen Unterhalt bis zum Ende der Wartezeit (*Idda*), sowie die Zahlung der noch nicht geleisteten Teile der Brautgabe. Und auch bei der Verteilung der elterlichen Sorge benachteiligt die islamrechtliche Tradition die Mutter gegenüber dem Vater, wobei zwischen der tatsächlichen Personensorge (sog. *Hadana*) einerseits und der Vermögenssorge und der gesetzlichen Vertretungsmacht (sog. *Walayat*) andererseits zu differenzieren ist. Letztere steht immer dem Mann zu, während die Personensorge[191] grundsätzlich der Mutter übertragen wird.[192] Die Dauer des mütterlichen Sorgerechts ist jedoch traditionell für Jungen und Mädchen unterschiedlich ausgestaltet und variiert je nach Rechtsschule. Nach der in Marokko vorherrschenden malikitischen Rechtsschule endet sie bei Jungen bereits mit Eintritt der Pubertät, bei Mädchen dagegen erst mit Vollzug der Ehe.[193]

Die dargestellten Grundsätze des islamischen Scheidungsfolgenrechts gelten heute jedoch nur noch eingeschränkt. Denn mittlerweile wurde die Gesetzgebung an die geänderte soziale Wirklichkeit angepasst und die Rechte der Frau nach der Ehe deutlich gestärkt. Initiiert der Mann die Scheidung, hat die Ehefrau nun Anspruch auf den aufgeschobenen Teil der Brautgabe, auf Unterhaltszahlungen während der Wartezeit, sowie ein Trostgeschenk, dessen Umfang sich nach der Dauer der Ehe, den wirtschaftlichen Verhältnissen des Ehemannes, und den Gründen für die Ehescheidung richtet, Art. 84 FamGB. Wurde die Ehe wegen eines erlittenen Schadens geschieden, so kann das Gericht der Frau zudem einen Schadensersatzanspruch zusprechen, Art. 101 FamGB.

Auch der Zeitraum der Personensorge der Mutter wurde ausgeweitet und dauert nach der Reform von 2004 nun grundsätzlich für Mädchen und Jungen gleichermaßen bis zur Volljährigkeit. Hat das Kind jedoch das 15. Lebensjahr bereits vollendet, so kann es selbst wählen, wem das Sorgerecht anvertraut werden soll.[194] Die gesetzliche Vertretungsmacht obliegt hingegen nach wie vor

191 Die Personensorge umfasst in erster Linie die Erziehung des Kindes und die persönlichen Fürsorgepflichten, vgl. Art. 163 FamGB.

192 Vgl. Bergmann/Ferid, Länderteil Marokko, S. 53.

193 Vgl. Bergmann/Ferid, Länderteil Marokko, S. 55.

194 Vgl. Art. 166 FamGB.

ausschließlich dem Vater.[195] Die Gründe für die Entziehung des mütterlichen Sorgerechts wurden eingeschränkt; problematisch bleiben aber weiterhin die Fälle, in denen die Frau eine neue Ehe eingehen[196] oder ihren Wohnsitz ins Ausland verlegen möchte.[197] Die Angehörigkeit der Mutter zum Christen- oder Judentum beeinträchtigt dagegen das Sorgerecht der Mutter nicht, solange sie das Kind dem islamischen Glauben nicht entfremdet.[198]

bb) Das tunesische Scheidungsrecht

Das tunesische Scheidungsrecht ist im zweiten Buch des Personenstandsgesetzes (Art. 28 – 33 CSP) geregelt, das zuletzt durch das Gesetz Nr. 74 vom 12.7.1993 geändert worden ist.

aaa) Die Scheidungsvoraussetzungen

Im Gegensatz zum klassischen islamischen Recht stellt die Scheidung im tunesischen Recht kein Privileg des Ehemannes dar, sondern steht beiden Parteien gleichermaßen offen.[199] Die Ehe kann nur noch durch Gerichtsurteil aufgelöst werden (Art. 30 CSP), eine einseitige, außergerichtliche Verstoßung der Frau ist nicht mehr möglich. Die Scheidungsgründe sind in Art. 31 CSP abschließend geregelt. Danach kann die Scheidung ausgesprochen werden, wenn beide Ehegatten mit der Scheidung einverstanden sind (1), ein Ehegatte die Scheidung wegen einer erlittenen Schädigung verlangt (2) oder einer der beiden Parteien die Scheidung beantragt (3). Vor jeder Scheidung muss zudem ein obligatorischer Versöhnungsversuch durchgeführt werden (Art. 32 CSP). Erst wenn dieser gescheitert ist, darf die Ehe durch Gerichtsurteil aufgelöst werden. Sind gemeinsame minderjährige Kinder vorhanden, müssen drei öffentliche Sitzungen durchgeführt werden, um eine Versöhnung zu erreichen, wobei der Abstand zwischen zwei Schlichtungsversuchen mindestens 30 Tage betragen muss. Ein Anspruch auf Schadensersatz

195 Vgl. Art. 231 FamGB.

196 Die erneute Eheschließung der Mutter führt nur dann nicht zum Verlust der Personensorge, wenn das Kind das siebte Lebensjahr noch nicht vollendet hat, es an einer Krankheit oder Behinderung leidet, die die Betreuung durch die Mutter erforderlich macht, der neue Mann mit dem Kind in einem die Ehe ausschließenden Verhältnis verwandt bzw. sein gesetzlicher Vertreter ist, oder die Mutter die gesetzliche Vertretungsmacht für das Kind inne hat, Art. 175 FamGB.

197 Vgl. Bergmann/Ferid, Länderteil Marokko, S. 56 f.

198 Vgl. Bergmann/Ferid, Länderteil Marokko, S. 57.

199 Der im arabischen Gesetzestext verwendete Begriff Talaq meint hier nicht die außergerichtliche Verstoßung, sondern die gerichtliche Scheidung, die von beiden Parteien gleichermaßen beantragt werden kann.

kann nur geltend gemacht werden, wenn die Auflösung der Ehe auf Initiative eines einzelnen Ehegatten erfolgt, Art. 31 Abs. 3 CSP.

(1) Die einvernehmliche Scheidung

Beantragen die Parteien eine einvernehmliche Scheidung nach Art. 31 Abs. 1 CSP, müssen beide Ehegatten vor Gericht ihre Zustimmung zur Scheidung bekunden; die Angabe von Gründen ist nicht erforderlich. Die Ehe wird dann durch Ausspruch des Gerichts endgültig aufgelöst. Die Einlegung von Rechtsmitteln ist nicht möglich.[200]

(2) Die Scheidung aufgrund einer erlittenen Schädigung

Eine Scheidungsklage nach Art. 31 Abs. 2 CSP setzt voraus, dass die erlittene Schädigung dem Antragssteller die Fortsetzung der ehelichen Lebensgemeinschaft subjektiv unmöglich macht.[201] Als Schädigung kommt sowohl ein Fehlverhalten des anderen Ehegattens in Betracht, wie beispielsweise Ehebruch, Ungehorsam der Ehefrau oder körperliche Gewalt, als auch körperliche und gesundheitliche Beeinträchtigungen des Antragsgegners. Die Schädigung muss zweifelsfrei feststehen und kann nur durch die Zeugenaussage zweier vertrauenswürdiger Personen nachgewiesen werden,[202] wobei hinsichtlich deren Beweiskraft nicht zwischen den Geschlechtern differenziert wird.[203] Ein schädigendes Verhalten, das lediglich als Reaktion auf eine unmittelbar vorangegangene Schädigung durch den Antragssteller zu werten ist, berechtigt nicht zur Scheidung nach Art. 31 Abs. 2 CSP.[204] Schadensersatz kann nur dann geltend gemacht werden, wenn der erlittene Schaden von dem anderen Ehegatten persönlich zu verantworten ist, was bei körperlichen und psychischen Krankheiten zu verneinen ist.[205]

---

200 Vgl. Landuris, in: Rieck, Ausländisches Familienrecht, Länderteil Tunesien, Rn. 17.

201 Das setzt einen gravierenden Verstoß gegen die in Art. 23 CSP niedergelegten ehelichen Pflichten voraus.

202 Nach traditionellem islamischem Recht (Koran, Sure 2, 282, wo es heißt, dass bei Schuldprozessen entweder mindestens zwei Männer oder mindestens ein Mann und zwei Frauen den Tatbestand bezeugen müssen) kommt der Zeugenaussage einer Frau nur die Hälfte der Beweiskraft zu wie einem Mann.

203 Vgl. Waletzki, Ehe und Ehescheidung in Tunesien, S. 213.

204 Vgl. Waletzki, Ehe und Ehescheidung in Tunesien, S. 213, wonach es nicht als Schädigung des Mannes gewertet werden kann, wenn die Frau aufgrund eines von Seiten des Ehemannes verübten gewaltsamen Angriffs die Ehewohnung verlässt.

205 Vgl. Landuris, in: Rieck, Ausländisches Familienrecht, Länderteil Tunesien, Rn. 17.

(3) Der einseitige Antrag auf Scheidung ohne Angabe von Gründen

Beide Ehegatten haben die Möglichkeit, eine Scheidung auch ohne Angabe von Gründen zu erwirken. Weder der Antragsgegner, noch das Gericht haben die Möglichkeit, die Scheidung zu verhindern, wenn der obligatorische Versöhnungsversuch durchgeführt worden ist und der Antragssteller weiterhin auf die Auflösung der Ehe beharrt. Wer von dem Recht auf einseitige Scheidung Gebrauch macht, ist dem anderen Ehegatten jedoch zum Ausgleich des durch die Scheidung entstanden materiellen und ideellen Schadens verpflichtet, Art. 31 Abs. 3 CPS.

bbb) Die Scheidungsfolgen

(1) Das nacheheliche Unterhaltsrecht

In Tunesien wurde die familienrechtliche Gesetzgebung schon früh an das gewandelte Verständnis von Ehe und Familie angepasst. Das wird auch im Scheidungsfolgenrecht deutlich. So können beide Ehegatten Schadensersatz verlangen, wenn sie durch die von dem anderen initiierte Scheidung einen Schaden erleiden.

Bei der Bemessung der Ausgleichszahlung werden nur die negativen Folgen der Scheidung berücksichtigt und nicht die Ursachen für die Auflösung der ehelichen Gemeinschaft; es geht also nicht so sehr um eine Bestrafung des Schädigers, sondern mehr um eine Wiedergutmachung für den Geschädigten.[206] Auch wenn das Recht auf Schadensersatz beiden Geschlechtern zusteht, konkretisiert der Gesetzgeber die genauen Modalitäten der Schadensberechnung nur für den Fall, dass die Frau geschädigt worden ist, Art. 31 Abs. 3 CSP. Die Höhe der Ausgleichszahlung steht dabei im Ermessen des Gerichts. Geht es um die Kompensation des materiellen Schadens, so ist der gewohnte eheliche Lebensstandart zugrunde zu legen, einschließlich der Kosten für die Wohnung. Der Schaden ist in Form einer monatlichen Geldrente auszugleichen, die mit Ablauf der gesetzlichen Wartefrist fällig wird und erst mit dem Tod oder der Wiederheirat der geschiedenen Ehefrau endet. Auf Wunsch der Frau kann die Entschädigungszahlung aber auch auf einmal ausgezahlt werden, was in der Praxis jedoch selten vorkommt.[207] Geht es um die Wiedergutmachung des immateriellen Schadens so macht das Gesetz bezüglich der Zahlungsart und der für die Höhe der Zahlung ausschlaggebenden Faktoren keine Vorgaben. Die Rechtsprechung berücksichtigt bei der Festlegung des Betrags jedoch die

206 Vgl. Waletzki, Ehe und Ehescheidung in Tunesien, S. 239.
207 Vgl. Waletzki, Ehe und Ehescheidung in Tunesien, S. 240 f.

Begleitumstände der Ehescheidung wie beispielsweise die Dauer der Ehe und das Alter der geschiedenen Frau.[208]

Wie im traditionellen islamischen Recht kann die geschiedene, nicht schwangere Frau nachehelichen Unterhalt nur bis zum Ablauf der dreimonatigen Wartezeit geltend machen, Art. 38 CPS. Diese Härte wird jedoch durch die in Art. 31 Abs. 3 CPS vorgesehenen Schadensersatzansprüche ausgeglichen, die für die Frau immer dann eine lebenslange Scheidungsrente vorsehen, wenn sie an dem Scheidungsbegehren des Mannes kein Verschulden trifft oder sie selbst eine Scheidung aufgrund einer Schädigung durch den Mann initiiert hat. Obliegt der Mutter die Personensorge für die gemeinsamen, minderjährigen Kinder, kann sie zudem die Finanzierung ihrer Unterkunft durch den Mann verlangen, sofern sie über keine eigene Wohnung verfügt, Art. 56 CPS.

(2) Die elterliche Sorge

Bei der Entscheidung über die Personensorge ist alleine das Kindeswohl maßgeblich, Art. 67 CPS. In der Praxis wird das Sorgerecht aber zumeist der Mutter zugesprochen, während der Vater die Vormundschaft für die gemeinsamen Kinder innehat und ein Besuchsrecht erhält.[209] Das gilt auch für den Fall, dass die Frau Ausländerin ist und nicht dem muslimischen Glauben angehört. Der nichtmuslimischen Mutter wird aber in der Regel das Sorgerecht entzogen, wenn sie gegen den Willen des Mannes ihren Aufenthalt im Ausland begründet[210] oder wenn sie eine neue Ehe eingeht.[211]

cc) Das ägyptische Scheidungsrecht

In Ägypten fehlt es an einer umfassenden Kodifikation des Scheidungsrechts. Die maßgeblichen Regelungen finden sich im Gesetz Nr. 25 vom 12.7.1920, in dem Dekret-Gesetz Nr. 25 vom 10.3.1929 und in dem Gesetz Nr. 1 vom 20.1.2000.

---

208 Vgl. Waletzki, Ehe und Ehescheidung in Tunesien, S. 243.

209 Vgl. Landuris, in: Rieck, Ausländisches Familienrecht, Länderteil Tunesien, Rn. 20; Waletzki, Ehe und Ehescheidung in Tunesien, S. 261.

210 Vgl. Landuris, in: Rieck, Ausländisches Familienrecht, Länderteil Tunesien, Rn. 20; 21; Waletzki, Ehe und Ehescheidung in Tunesien, S. 262 f.

211 Das gilt nur dann nicht, wenn der Mann zu dem Kind in einem die Ehe ausschließenden Verwandtschaftsgrad steht oder der Ex-Mann nicht innerhalb eines Jahres nach Kenntniserlangung von der Eheschließung sein Recht zur Personensorge geltend macht, Art. 58 CPS.

aaa) Die Scheidungsvoraussetzungen

Das ägyptische Scheidungsrecht wird immer noch überwiegend durch das traditionelle islamische Recht bestimmt, das den Mann bei der Beendigung der Ehe bevorzugt. Doch auch die Frau wird nicht rechtlos gestellt und kann unter bestimmten Voraussetzungen die Scheidung verlangen. Durch den Erlass des Gesetzes Nr. 1/2000 ist es für eine muslimische Ägypterin nun erstmals möglich, eine gescheiterte Ehe auch ohne Nachweis der Schadenszufügung gegen den Willen ihres Mannes zu beenden.

(1) Die Scheidung auf Initiative des Ehemannes

Dem Ehemann steht ein umfassendes Verstoßungsrecht zu, das an keinerlei materielle Voraussetzungen gebunden ist,[212] so dass der Mann die Ehe jederzeit einseitig und ohne Angabe von Gründen auflösen kann. Eine bestimmte Scheidungsformel ist nicht vorgeschrieben,[213] die Erklärung ist jedoch bedingungsfeindlich und darf nicht mit Willensmängeln behaftet sein, Art. 1, 2 der Gesetzesverordnung Nr. 25/1929. Zudem müssen – entgegen der klassischen hanafitischen Lehre – gewisse Formalitäten eingehalten werden, die in erster Linie dem Schutz der Frau dienen. So muss der Ehemann die Verstoßung innerhalb von dreißig Tagen beim zuständigen Notar registrieren lassen, dessen Rechtshelfer die Ehefrau von der Scheidung in Kenntnis setzt. Erst mit der Benachrichtigung der Frau werden die Scheidungsfolgen wirksam, Art. 5 a der Gesetzesverordnung Nr. 25/1929.

(2) Die Scheidung auf Initiative der Ehefrau

Im Einklang mit der hanafitischen Lehre konnte die Frau die Scheidung früher nur erlangen, wenn der Mann impotent war und die Ehe in Unkenntnis dieses Umstands geschlossen wurde. Mittlerweile hat sich die Rechtsposition der Frauen jedoch verbessert. So wurden schon durch die Familienrechtskodifikationen von 1920 und 1926 neue Scheidungsgründe eingeführt, die der malikitischen Lehre entsprechen.[214] Seitdem haben Frauen unter bestimmten Voraussetzungen die

212 Die maßgeblichen Vorschriften finden sich in Art. 1–5 der Gesetzesverordnung Nr. 25/1929, abgedruckt in deutscher Sprache bei Bergmann/Ferid, Länderteil Ägypten, S. 79 ff.

213 Es ist nicht erforderlich, dass das Wort Talaq verwendet wird, vgl. Iskander, Hinkende Ehen zwischen islamischem Recht und europäischem internationalen Privatrecht, S. 189 f.

214 Vgl. Iskander, Hinkende Ehen zwischen islamischem Recht und europäischem internationalen Privatrecht, S. 186; 190.

Möglichkeit, eine Scheidung wegen einer Verfehlung des Ehemannes zu erwirken.[215]

Zudem kann die Ehefrau die Auflösung der Ehe verlangen, wenn der Mann eine weitere Ehe eingeht und sie nachweisen kann, dass ihr durch die zusätzliche Heirat ein materieller oder moralischer Schaden entsteht, Art. 11a der Gesetzesverordnung Nr. 25/1929 i. d. F. von 1985.[216]

Eine weitreichende Verbesserung des Frauenstatus brachte jedoch erst das Gesetz Nr. 1/2000, das am 29.1.2001 veröffentlicht wurde. Kernpunkt der Reform ist Art. 20, der es Frauen ermöglicht, die Ehe gegen Rückerstattung der Brautgabe und unter Verzicht auf alle gesetzlichen Vermögensansprüche auch gegen den Willen des Ehemannes aufzulösen.[217] Vereinbaren die Parteien selbst einen *Khul`*, so darf das vereinbarte Entgelt nicht die Unterhaltansprüche oder die tatsächliche Personensorge für die Kinder berühren, Art. 20 des Gesetzes Nr. 1/2000. Treffen die Ehegatten keine Vereinbarung, so kann die Frau Klage einreichen, mit der sie den *Khul`* einfordert. Die Anrufung des Gerichts ist dabei kostenlos und es besteht kein Anwaltszwang.[218] Die Scheidung nach Art. 20 des Gesetzes Nr. 1/2000 setzt voraus, dass die Frau ausdrücklich vor Gericht erklärt, dass sie das Leben mit ihrem Ehemann so verabscheut, dass die Fortführung der ehelichen Lebensgemeinschaft ausgeschlossen ist und sie fürchtet, dass sie wegen dieser Abscheu die von Gott gesetzten Grenzen nicht einhalten kann. Gründe für ihre Abscheu muss die Ehefrau nicht anbringen: Ihr Vorliegen ergibt sich vielmehr bereits aus der Tatsache der Scheidungsklage.[219] Sind minderjährige Kinder vorhanden, muss das Gericht zunächst zwei Versöhnungsversuche unternehmen, Art. 18 Abs. 2 des Gesetzes Nr. 1/2000. Scheitern diese, sind zwei Schlichter zu

215 Auch im ägyptischen Recht wird ein weiter Schädigungsbegriff zu Grunde gelegt, der auch psychische Beeinträchtigungen erfasst. Kann die Frau die Schädigung nicht nachweisen, hat sie die Möglichkeit, noch ein weiteres Mal eine Scheidung wegen eines Zerwürfnisses der Ehe zu beantragen. In diesem Fall können die Richter, nach einem fruchtlosen Versöhnungsversuch, die Scheidung auch gegen den Willen des Mannes aussprechen, wenn sie zu dem Ergebnis gelangen, dass ein nicht wiedergutzumachendes Zerwürfnis der Ehe vorliegt, vgl. Denker, in: Beiträge zum Islamischen Recht IV, Band 15, 125 (158f).

216 Eine weitere Eheschließung des Mannes stellt für sich alleine hingegen keinen Scheidungsgrund mehr da. Ein entsprechendes Gesetz (Gesetz Nr. 44 vom 17.6.1979), das durch ein Dekret des damaligen Präsidenten erlassen worden war, wurde für verfassungswidrig erklärt. Begründet wurde die Entscheidung des ägyptischen Verfassungsgerichts damit, dass für eine Änderung des Gesetzes Nr. 25/1926 durch ein Dekret des Präsidenten die verfassungsrechtliche Grundlage fehle, vgl. Arabi, Studies in Modern Islamic Law and Jurisprudence, S. 173 f.

217 Vgl. Iskander, Hinkende Ehen zwischen islamischem Recht und europäischem internationalen Privatrecht, S. 197.

218 Vgl. Iskander, Hinkende Ehen zwischen islamischem Recht und europäischem internationalen Privatrecht, S. 197.

219 Vgl. Bergmann/Ferid, Länderteil Ägypten, S. 33.

bestellen, die für eine Dauer von höchstens drei Monaten weiterhin auf eine Versöhnung hinwirken, Art. 19 Abs. 1, 2 des Gesetzes Nr. 1/2000. Erst wenn auch diese Schlichtungsversuche erfolglos bleiben, spricht das Gericht die unwiderrufliche Scheidung aus, die nicht durch Rechtsmittel angegriffen werden kann, Art. 20 Nr. 1/2000.

Der Erlass des sogenannten *Khul`-Gesetzes* war in Ägypten sehr umstritten; denn erstmals kann sich die Frau auch gegen den Willen des Ehemannes aus der Ehe loskaufen. Die vier sunnitischen Rechtsschulen verlangten dagegen bis dato das Einverständnis des Ehemannes für eine wirksame *Khul`-Scheidung.*[220] Es wird deshalb zwischen religiösen Gelehrten diskutiert, ob das Gesetz mit den Grundsätzen der Sharia im Einklang steht. Der Gesetzgeber berief sich jedoch zur Rechtfertigung der Gesetzesnovelle auf die bereits oben widergegebenen Überlieferungen, in denen der Prophet dem Ehemann befiehlt, die Scheidung auszusprechen.[221] Die Worte des Propheten sind somit auf der Seite der ägyptischen Juristen, die sich mit Erlass des Gesetzes Nr. 1/2000 über das Konsenserfordernis der vier sunnitischen Rechtslehren hinwegsetzten.[222]

Die Brisanz des Themas in den Medien und unter den ägyptischen Gelehrten zeigt aber deutlich,[223] wie schwer es immer noch ist, das traditionelle islamische Familienrecht zu reformieren, und das, obwohl es sich bei der gesetzlichen Verankerung des Selbstloskaufs nur um eine moderate Modernisierung handelt. Denn die größere Scheidungsfreiheit müssen sich die Frauen durch den Verzicht auf jegliche finanzielle Absicherung durch den Mann teuer erkaufen. Von einer Gleichbehandlung der Geschlechter bei Beendigung der Ehe kann deshalb keine Rede sein.

bbb) Die Scheidungsfolgen

Verstößt der Mann seine Ehefrau grundlos, kann sie neben dem traditionellen islamischen Unterhaltsanspruch während der gesetzlichen Wartezeit[224] eine Abfindung in Höhe des Unterhalts für mindestens zwei Jahre geltend machen. Bei der Bemessung des Abfindungsanspruchs werden die finanzielle Situation

---

220 Vgl. Arabi, Studies in Modern Islamic Law and Jurisprudence, S. 182.

221 Vgl. oben 1. Kapitel III. 1. c).

222 Vgl. Arabi, Studies in Modern Islamic Law and Jurisprudence, S. 188.

223 Vgl. ausführlich zu dem umstrittenen Gesetzgebungsverfahren, Welchmann, Women's Rights & Islamic Family Law, S. 58ff; vgl. auch Rohe, StAZ 2001, 193.

224 Der Anspruch auf nachehelichen Unterhalt ergibt sich aus der hanafitischen Rechtslehre und wird in Art. 16 der Gesetzesverordnung Nr. 25/1926 vorausgesetzt. Die Höhe des Unterhalts bestimmt sich nach den finanziellen Verhältnisses des Mannes, muss aber mindestens das Lebensnotwendige umfassen, Art. 16 Abs. 1 der Gesetzesverordnung Nr. 25/1926; vgl. auch Bergmann/Ferid, Länderteil Ägypten, S. 33.

des Mannes, die Dauer der Ehe und die Umstände der Verstoßung berücksichtigt, Art. 18bis der Gesetzesverordnung Nr. 25/1926.

Die Fragen der elterlichen Sorge sind in dem Gesetz Nr. 25/1926 geregelt. Danach stehen die Vermögenssorge und die gesetzliche Vertretungsmacht immer dem Vater zu, Art. 1 der Gesetzesverordnung Nr. 119/1952. Die Personensorge für das Kind obliegt dagegen grundsätzlich bis zur Vollendung des 15. Lebensjahres der Mutter. Danach kann das Kind selbst entscheiden, ob sie bei der Sorgeberechtigten verbleiben wollen. Gehört die Frau dem Christen- oder Judentum an, geht die Personensorge jedoch bereits in dem Zeitpunkt auf den Vater über, in dem das Kind die geistige Reife erreicht, um ein Unterscheidungsvermögen in Bezug auf die Religionen zu entwickeln; spätestens jedoch mit der Vollendung seines siebten Lebensjahres.[225] Sollte die Mutter eine neue Ehe eingehen, ist damit in der Regel ebenfalls der Verlust des Sorgerechts verbunden. Etwas anderes gilt nur dann, wenn der neue Mann in einem die Ehe ausschließenden Verwandtschaftsverhältnis zu den Kindern steht.[226]

dd) das algerische Scheidungsrecht

Die familienrechtlichen Beziehungen von Muslimen unterliegen gegenwärtig dem Familiengesetzbuch vom 9. Juni 1984,[227] das durch die Verordnung vom 27. Februar 2005 zuletzt geändert und modernisieret wurde.

aaa) Die Scheidungsvoraussetzungen

Die Ehe kann auf Wunsch des Mannes, der Frau oder im gegenseitigen Einvernehmen aufgelöst werden (Art. 48 des Familiengesetzbuches[228]), wobei eine gerichtliche Beteiligung bei jedem Scheidungsverfahren zwingend vorgeschrieben ist. Der Richter muss in jedem Fall zunächst einen Schlichtungsversuch unternehmen; erst wenn dieser erfolglos geblieben ist, wird die Scheidung durch Gerichtsurteil ausgesprochen, Art. 49 FGB.

Ein Verstoßungsrecht des Mannes ist im Familiengesetzbuch nicht ausdrücklich vorgesehen, dennoch besteht es durch die Auffangregel des Art. 222 FGB weiter fort.[229] Die Frau kann dagegen nur aufgrund der in Art. 53 FGB genannten

225 Vgl. Aldeeb/Bonomi, Le droit musulman de la famille et des successions à l`épreuve des ordres juridiques occidentaux, S. 283 f.; OLG Koblenz, IPRspr. 2005, Nr. 71, 150 (153).

226 Vgl. Bergmann/Ferid, Länderteil Ägypten, S. 36.

227 Der Gesetzestext ist in französischer Sprache abrufbar unter: http://www.droit.mjustice.dz/code%20de%20la%20famille.pdf.

228 Im Folgenden abgekürzt durch FGB.

229 Vgl. Bergmann/Ferid, Länderteil Algerien, S. 11.

Gründen eine Scheidung verlangen, die jedoch durch die Reform von 2005 noch einmal ausgeweitet worden sind. Neben dem ohnehin eher großzügig ausgestalteten Scheidungsrecht der malikitischen Lehre ist eine Scheidung nun auch bei einer dauerhaften Zerrüttung der Ehe möglich, Art. 53 Nr. 8 FGB oder wenn der Mann zeitgleich eine weitere Ehe eingehen möchte, Art. 8 FGB.

Darüber hinaus besteht für die Frau die Möglichkeit, sich gegen die Zahlung einer Gegenleistung aus der Ehe loszukaufen. Eine solche *Khul`-Scheidung* ist gemäß Art. 54 FGB auch ohne Zustimmung des Mannes möglich. Können sich die Ehegatten nicht über die Höhe der Abstandszahlung einigen, wird diese vom Gericht festgelegt, wobei die Summe nicht den Wert der gezahlten Brautgabe übersteigen darf.

bbb) Die Scheidungsfolgen

Entsprechend den islamischen Grundsätzen kann die Frau nachehelichen Unterhalt nur bis zum Ablauf der Wartefrist geltend machen, Art. 58 FGB. Hat die Frau einen Schaden erlitten, so kann das Gericht den Mann nach dem neu gefassten Scheidungsfolgenrecht aber zusätzlich zum Schadensersatz verpflichten. Das gilt sowohl für den Fall, dass der Mann willkürlich von seinem Scheidungsrecht Gebrauch gemacht hat, Art. 52 FGB als auch dann, wenn die Ehefrau berechtigterweise die Scheidung initiiert hat, Art. 53 bis FGB.

Die gesetzlichen Regelungen zur elterlichen Sorge entsprechen inhaltlich weitgehend denen im marokkanischen Recht. So erhält in der Regel die Mutter das Sorgerecht (Art. 64 FGB), während dem Vater die gesetzliche Vertretungsmacht (Art. 87 FGB) und das Aufenthaltsbestimmungsrecht[230] für die gemeinsamen Kinder zukommen. Das Sorgerecht der Mutter endet bei Jungen mit der Vollendung des 10. Lebensjahres,[231] bei Mädchen mit Erreichung des Ehefähigkeitsalters,[232] Art. 65 Abs. 1 FGB. Sollte die Mutter jedoch eine erneute Ehe eingehen, so ist damit der Verlust des Sorgerechts verbunden, sofern der Mann es nicht versäumt, innerhalb eines Jahres seit Kenntniserlangung von der Wiederheirat sein Recht zur Personensorge geltend zu machen, Art. 66, 68 FGB. Möchte der Inhaber des Sorgerechts seinen Wohnsitz ins Ausland verlegen, so steht der Entzug der Personensorge im Ermessen des Gerichts, Art. 69 FGB.

---

230 Vgl. Bergmann/Ferid, Länderteil Algerien, S. 12.

231 Das gilt jedoch nur, wenn die Mutter erneut geheiratet hat. Andernfalls verlängert der Richter ihr Recht zur Personensorge bis der Sohn das 16. Lebensjahr vollendet hat, Art. 65 Abs. 2 FGB.

232 Das Ehefähigkeitsalter erreichen algerische Mädchen mit Vollendung des 18. Lebensjahres, Art. 7 FGB.

b) Iran

Der zwölferschiitische Islam ist nach Art. 12 der iranischen Verfassung[233] Staatsreligion, so dass alle Gesetze und Vorschriften an den Grundvorstellungen des Islam auszurichten sind.[234] Das iranische Familienrecht basiert dabei auf dem traditionellen islamischen Recht schiitischer Prägung, dem 90 % der iranischen Muslime angehören.[235] Die maßgeblichen Regelungen finden sich im iranischen Zivilgesetzbuch,[236] das jedoch nicht abschließend ist, sondern teilweise durch später erlassene Normen ergänzt und verändert wurde. Daneben spielt das islamisch-geprägte Gewohnheitsrecht eine wichtige Rolle.[237]

aa) Die Scheidungsvoraussetzungen

Der Mann kann die dauerhafte Ehe[238] grundsätzlich jederzeit durch Scheidung beenden, §1133 ZGB. Der Frau steht dagegen nur unter den in § 1130 ZGB genannten Voraussetzungen ein gerichtliches Antragsrecht zu. Darüber hinaus können die Parteien eine Scheidung einvernehmlich herbeiführen.

Neben der Scheidung kennt das iranische Recht die Annullierung der Ehe. Eine Anfechtung der Ehe ist immer dann möglich, wenn ein Mangel, eine Täuschung oder ein Verstoß gegen die Klauseln im Ehevertrag vorliegt, § 1128 ZGB. Das Vorhandensein eines Mangels ist der häufigste Auflösungsgrund und ist als mangelnde persönliche Eigenschaft eines Ehegatten zu verstehen. Als Mangel der Frau wird beispielsweise eine unheilbaren Krankheit wie Lepra oder einer Lähmung gewertet, wobei ein Auflösungsrecht aber nur in den Fällen besteht, in denen die Ehe in Unkenntnis dieses Umstandes geschlossen wurde. Ist der Mann impotent oder leidet einer der Ehegatten an einer psychischen Anomalie, so kann die Ehe ebenfalls aufgelöst werden; das gilt auch dann, wenn die Krankheit erst nach der Heirat aufgetreten ist. Das Anfechtungsrecht kann von beiden Parteien gleichermaßen ausgeübt werden und setzt nicht die Anwesenheit von Zeugen

233 Der Text der Verfassung ist in englischer Sprache abrufbar unter: http://www.iranonline.com/iran/iran-info/government/constitution.html.

234 Vgl. An-Na'im, Islamic Family Law In A Changing World, S. 108.

235 Vgl. Bergmann/Ferid, Länderteil Iran, S. 5 f.

236 Im Folgenden abgekürzt als ZGB.

237 Vgl. Bergmann/Ferid, Länderteil Iran, S. 20 f.

238 Die nach schiitischem Recht zulässige Ehe auf Zeit kann dagegen nur durch Zeitablauf oder Verzicht von Seiten des Mannes beendet werden. Eine Scheidung ist nicht möglich, § 1139 ZGB.

voraus; sie kann –anders als die Scheidung – auch in der Menstruationsphase der Frau erklärt werden.[239]

aaa) Die Scheidung auf Initiative des Ehemannes

Die Scheidung der Ehe durch den Mann ist nur durch Talaq möglich, wobei die Anforderungen an die Wirksamkeit der Verstoßungsformel denen des traditionellen schiitischen Rechts entsprechen. Danach ist erforderlich, dass der Mann erwachsen ist,[240] er nicht unter dem Einfluss von Zwang oder Täuschung handelt und die geistigen Fähigkeiten besitzt, die Tragweite seiner Entscheidung zu überblicken, § 1136 ZGB. Zudem ist die Anwesenheit von zwei männlichen Zeugen notwendig, § 1134 ZGB.[241] Eine dreifach hintereinander ausgesprochene Scheidung ist unwirksam.

Die Ausübung des Scheidungsrechts ist darüber hinaus – zum Schutz der Frau – an gewisse Formalitäten gebunden. So muss der Mann vor der beabsichtigten Scheidung beim Gericht eine Bescheinigung über die Unmöglichkeit einer Versöhnung beantragen. Zu diesem Zweck wird zunächst ein gerichtlicher Schlichtungsversuch durchgeführt; erst wenn dieser fehlgeschlagen ist, stellt das Gericht die Bescheinigung über die Unmöglichkeit der Versöhnung aus, die notwendig ist, um die Scheidung beim Notar eintragen zu lassen. Verstößt der Mann bei der Ausübung des Scheidungsrechts gegen die genannten Formvorschriften, ist die Scheidung dennoch wirksam; es besteht aber die Gefahr der strafrechtlichen Ahndung.[242]

bbb) Die Scheidung auf Initiative der Ehefrau

Die Scheidungsgründe für die Frau sind im ZGB abschließend geregelt.[243] Danach kann die Frau eine Scheidung erwirken, wenn der Mann seiner Unterhaltsverpflichtung nicht nachkommt (§ 1129 ZGB), er seit mindestens vier Jahren als

239 Vgl. Siahpoosh, Das Familien- und Erbrecht im Iran, S. 95 ff.

240 Ein Mann gilt mit Vollendung des 15. Lebensjahres als erwachsen, § 1210, 1. Anmerkung ZGB.

241 Anders als nach klassischem islamischem Recht muss die Scheidungsformel nicht in arabischer Sprache gesprochen werden, vgl. Bergmann/Ferid, Länderteil Iran, S. 63.

242 Vgl. Bergmann/Ferid, Länderteil Iran, S. 63; Elwan/Menhofer/Otto, Gutachten zum ausländischen Familien- und Erbrecht, S. 213 f.

243 Das Gesetz zum Schutz der Familie von 1967, das erhebliche Änderungen zu Gunsten der Frau enthielt, gilt hingegen als stillschweigend aufgehoben, da dessen Scheidungsbestimmungen als unvereinbar mit dem traditionellen islamischen Recht gelten, vgl. Elwan/Menhofer/Otto, Gutachten zum ausländischen Familien- und Erbrecht, S. 211 f.

verschollen gilt (§ 1029 ZGB) oder die Fortführung der Ehe eine schwere Not für die Frau begründen würde (§ 1130 ZGB).

Der Scheidungsantrag nach § 1130 ZGB setzt den Nachweis von Tatsachen voraus, die beweisen, dass der Fortbestand der Ehe ein unerträgliches Leid für die Frau mit sich bringen würde. Eine schwere Not wird insbesondere bei Misshandlungen durch den Ehemann angenommen; aber auch eine Drogen- oder Alkoholabhängigkeit oder eine lange Haftstrafe kann eine Scheidung nach § 1030 ZGB begründen.[244] Die Beurteilung obliegt schlussendlich der freien Beweiswürdigung durch den Richter und setzt eine negative Prognose für die Zukunft voraus. Erforderlich sind in der Regel medizinische oder polizeiliche Unterlagen über Misshandlungen oder die Aussage von verlässlichen Zeugen.[245] Wegen der Unbestimmtheit des Rechtsbegriffs hängt der Ausgang des Verfahrens aber auch von der persönlichen Einstellung des Richters ab, wie folgende zwei Entscheidungen belegen:[246] Der eine Fall betraf ein junges Ehepaar mit einer guten Ausbildung und einem mittleren Einkommen. Die Frau machte geltend, dass ihr Ehemann sie regelmäßig schlage und sie nächtelang aus der gemeinsamen Wohnung aussperre und beantragte deshalb eine Scheidung wegen Schädigung. Ihr gelang es jedoch nicht das Gericht von ihren Behauptungen zu überzeugen, was schließlich zu einer Ablehnung ihres Gesuchs führte. In der Folgezeit versuchte sie immer wieder eine gerichtliche Scheidung zu erwirken, aber weder ein medizinisches Gutachten, noch die Zeugenaussage ihrer zwei männlichen Onkels wurde als hinreichender Beweis akzeptiert.[247] Sie wurde deshalb dazu verpflichtet, zu ihrem Mann zurückzukehren und ihre ehelichen Pflichten zu erfüllen.

In einer anderen Entscheidung stuften die iranischen Richter hingegen bereits die Tatsache, dass die iranische Frau gezwungen wurde in dem Restaurant ihres iranischen Ehemannes zu arbeiten, als eine Schädigung der Frau ein. Der Fall betraf ein junges, gut ausgebildetes iranisches Ehepaar, das seit der Eheschließung in Amerika lebte. Bereits vier Jahre nach der Heirat reichte die Frau die Scheidung ein und machte geltend, dass sie in dem Restaurant ihres Mannes in Amerika arbeiten müsse, was nicht mit ihrem familiären Hintergrund und ihrer Ausbildung zu vereinbaren sei. Sie konnte ihre Aussage durch mehrere verlässliche Zeugen belegen, was dazu führte, dass das iranische Gericht ihrem Antrag bereits nach der dritten Anhörung stattgab.

244 Vgl. Elwan/Menhofer/Otto, Gutachten zum ausländischen Familien- und Erbrecht, S. 215.

245 Vgl. Siahpoosh, Das Familien- und Erbrecht im Iran, S. 139 ff.

246 Vgl. ausführlich zu diesen beiden Fällen aus der iranischen Rechtsprechung: Mir-Hosseini, Marriage on Trial, S. 67 ff.

247 Die Parteien müsse grundsätzlich unbeteiligte Dritte als Zeugen benennen, vgl. Yassari, in: Beiträge zum islamischen Recht IV, Band 15, 59 (75).

Die Entscheidungen zeigen das Dilemma, in denen sich iranische Frauen befinden. Denn gerade in besonders schwerwiegenden Fällen der Schädigung, wie der häuslichen Gewalt, wird es den betroffenen Frauen oft schwer fallen, eine Scheidung zu erwirken. Denn hier fehlt es meistens an konkreten Beweisen, wie einem Polizeibericht. Und auch Augenzeugen werden in der Regel nicht zur Verfügung stehen, da sich der Mann mit der körperlichen Gewalt gegenüber seiner Frau in der Öffentlichkeit und in Anwesenheit ihrer Verwandten zurückhalten wird und seine Verwandten nicht gegen ihn aussagen werden.

ccc) Die einvernehmliche Scheidung

Sind sich die Parteien über die Scheidung einig, was in der Praxis häufig vorzukommen scheint,[248] haben sie auch die Möglichkeit, eine Konsensscheidung herbeizuführen. Ein gerichtliches Versöhnungsverfahren ist in diesem Fall nicht erforderlich, aber die Ehegatten müssen dem Notar eine gerichtliche Bescheinigung vorlegen. Andernfalls kann die Scheidung nicht eingetragen werden und die Parteien machen sich strafbar. Es ist im Gegensatz zu früher nicht mehr erlaubt, eine Ehe ohne gerichtliche Mitwirkung direkt beim Notar scheiden zu lassen.[249]

Neben dieser „echten" einvernehmlichen Scheidung kennt das iranische ZGB das traditionelle Rechtsinstitut des Selbstloskaufs (*Khul`* und *Mubara`a*, vgl. §§ 1145 ff. ZGB), das eine unwiderrufliche Scheidung begründet, § 1145 Nr. 3 ZGB. Wünschen beide Parteien die Scheidung (*Mubara`a*), darf die Gegenleistung der Frau nicht mehr als den Wert der Brautgabe betragen, § 1147 ZGB. Ist die Vereinbarung über die Abstandszahlung nichtig, bleibt die Scheidung dennoch wirksam; in einem solchen Fall kann der Mann den *Khul`* aber widerrufen.[250]

bb) Die Scheidungsfolgen

Der Frau steht nach der Scheidung nachehelicher Unterhalt nur bis zum Ende der Wartezeit zu. Ist sie schwanger, verlängert sich die Frist bis zur Niederkunft des Kindes, § 1109 ZGB. Daneben kann sie, wenn die Ehe gegen ihren Willen und ohne Grund geschieden worden ist, einen Ausgleich für Hausarbeiten und sonstige Dienste, zu denen sie nicht verpflichtet war, verlangen. Über die Höhe dieser Ausgleichszahlung entscheidet ein Gericht.[251]

248 Vgl. Yassari, in: Beiträge zum islamischen Recht IV, Band 15, 59 (74 f.).

249 Vgl. Siahpoosh, Das Familien- und Erbrecht im Iran, S. 108 f.

250 Vgl. Bergmann/Ferid, Länderteil Iran, S. 68.

251 Vgl. Siahpoosh, Das Familien- und Erbrecht im Iran, S. 159 f.; Krüger, in: Internationales Familienrecht für das 21. Jahrhundert, 171 (202 ff.).

Die Personensorge steht zunächst der Mutter zu, die aber grundsätzlich bereits mit Vollendung des siebten Lebensjahres endet. Danach obliegt das elterliche Sorgerecht dem Vater, während der Mutter fortan nur noch ein Besuchsrecht eingeräumt wird, §§ 1169, 1174 ZGB. Und auch die Vermögenssorge steht immer dem Vater zu, §§ 1180, 1183 ZGB. Gemäß Art. 12 FamSchutzG[252] kann die Personensorge der Mutter jedoch aus Kindeswohlgesichtspunkten verlängert werden. Allerdings ist zu vermuten, dass dieses Gesetz, das noch unter der Herrschaft des Shah Reza Pahlawi erlassen worden ist, als unislamisch und deshalb ungültig angesehen wird.[253] Die elterliche Sorge kann dem Vater deshalb wohl nur aus den gesetzlich normierten Gründen[254] entzogen werden, was voraussetzt, dass das körperliche Wohl oder die sittliche Erziehung des Kindes in Gefahr ist, § 1173 ZGB.

Am 31.12.2003 erfolgte jedoch eine Novellierung der Sorgerechtsvorschriften. Dabei wurde als Anmerkung in das ZGB eingefügt, dass das Gericht nunmehr unter Berücksichtigung des Kindeswohls über die Verteilung der elterlichen Sorge entscheidet, wenn das Kind das siebte Lebensjahr erreicht hat und sich die Eltern über die Sorgerechtsfrage nicht einigen können. Nach Auffassung des Max-Planck-Instituts und des OLG Koblenz handelt es sich bei dieser Anmerkung um einen Bestandteil des Gesetzestextes und mithin um eine Änderung der ursprünglichen Rechtslage.[255] Allerdings ist zu beachten, dass alle Gesetze an den Grundvorstellungen des Islam auszurichten sind. Es ist deshalb zu vermuten, dass die Richter ihre Entscheidungen weiterhin weitgehend an der von der schiitischen Rechtsschule vorgegebenen Altersgrenzen ausrichten werden. Zudem ist die Wiederheirat der Mutter immer mit dem Verlust der Personensorge an den Vater verbunden, § 1170 ZGB. Im iranischen Recht wird die Frau somit bei der Verteilung der elterlichen Sorge weiterhin gegenüber dem Mann benachteiligt. Die Ehegatten haben aber die Möglichkeit, im Ehevertrag abweichende Vereinbarungen zum Sorge- und Umgangsrecht zu treffen.[256]

c) Der indische Subkontinent (Pakistan, Indien)

Nach fast 200 Jahren britischer Kolonialherrschaft wurde Indien im Jahre 1947 unabhängig; allerdings um den Preis der Abspaltung des moslemischen Staates

252 Familienschutzgesetz von 1975.

253 Vgl. Grabau/Hennecka, in: Beiträge zum Islamischen Recht, Band 9, 91 (103 ff.).

254 Wann eine solche Gefährdung vorliegt, wird durch das Gesetz vom 2.11.1997 konkretisiert und zum Beispiel angenommen, wenn das sorgeberechtigte Elternteil spielsüchtig ist.

255 OLG Koblenz, FamRZ 2009, 611 (615); IPG 2003/2004, Nr. 28 (Iran) 409 (410 f.). I. E. so auch Unger , in: Rieck, Ausländisches Familienrecht, Länderteil Iran, Rn. 21.

256 Vgl. Unger, in: Rieck, Ausländisches Familienrecht, Länderteil Iran, Rn. 21.

Pakistan, der am 14. 8. 1947 gegründet wurde. In Pakistan sind 97 % der Einwohner muslimischen Glaubens; der Islam ist gemäß Sec. 2 der Verfassung vom 12.4.1973[257] Staatsreligion. In Indien sind dagegen viele Ethnien und Sprachgruppen zu finden, wobei die Muslime mit ca. 150 Millionen Menschen eine große Minderheit stellen, die sich wieder in verschiedene konfessionelle Richtungen aufspaltet.[258] Insbesondere zwischen den relativ gut ausgebildeten Anhängern der sunnitisch-schafiitischen Rechtsschule in Südindien und den armen, bildungsschwachen sunnitisch-hanafitischen Muslimen im Norden des Landes herrscht eine erhebliche Diskrepanz,[259] wobei sich insbesondere die in Nordindien ansässigen Traditionalisten gegen Reformen und Modernisierungstendenzen innerhalb des islamischen Rechts wenden.[260]

In beiden Ländern ist das Familienrecht interreligiös gespalten. Das Recht der Moslems bestimmt sich auch heute noch überwiegend nach dem klassischen islamischen Recht.[261]

aa) Das pakistanische Scheidungsrecht

Nach der Unabhängigkeitserklärung hat sich an dem davor geltenden Rechtszustand nur wenig geändert.[262] Lediglich das lokale Gewohnheitsrecht, das Frauen massiv benachteiligte, wurde durch den Erlass des *West Pakistan Personal Law* vom 12.4.1962 beseitigt.[263] Das islamische Recht findet seither auf das gesamte pakistanische Staatsgebiet Anwendung.[264] Weitergehende Versuche, die Rechte der Frauen zu stärken, sind dagegen überwiegend gescheitert.[265] Das Scheidungsrecht ist nicht umfassend kodifiziert, wichtige Regelungen finden sich aber in dem *Muslim Family Laws Ordinance* 1961 (im Folgenden MFLO) und dem noch vom kolonialen Gesetzgeber erlassenen *Dissolution of Muslim Marriages Act VIII* vom 17. März 1939. Im Übrigen muss zwischen dem Recht der Sunniten und Schiiten

257 Der Text der Verfassung ist in englischer Sprache abrufbar unter: http://www.pakistani.org/pakistan/constitution/.

258 Vgl. Rohe, Das islamische Recht, S. 277.

259 Vgl. Rohe, Das islamische Recht, S. 280.

260 Vgl. Rohe, Das islamische Recht, S. 304 f.

261 Vgl. für Pakistan: Bergmann/Ferid, Länderteil Pakistan, S. 21 ff. und für Indien: Leipold, in: Rieck, Ausländisches Familienrecht, Länderteil Indien, Rn. 4.

262 Vgl. Elwan/Menhofer/Otto, Gutachten zum ausländischen Familien- und Erbrecht, S. 419.

263 Vgl. Bergmann/Ferid, Länderteil Pakistan, S. 21 ff.

264 Mit Ausnahme der Stammesgebiete (Tribal Areas), wo vereinzelt noch lokales ungeschriebenes Gewohnheitsrecht gilt, vgl. Bergmann/Ferid, Länderteil Pakistan, S. 23.

265 So werden Vorschriften, die den Schutz der Frauen bezwecken, von konservativen Geistlichen bekämpft und teilweise auch von den Gerichten für unislamisch gehalten, wie etwa die Registrierungspflicht bei der Verstoßung durch den Mann gemäß Sec. 7 des *Muslim Family Laws Ordinance Act,* vgl. näher unten 1. Kapitel III. 2. c) aa) aaa).

differenziert werden, was zu unterschiedlichen Ergebnissen führen kann. Auf sunnitische Muslime findet ganz überwiegend das Recht der hanafitischen Rechtsschule Anwendung; für Schiiten gilt das Recht der *Ithna-Ashari*-Schule.[266]

aaa) Die Scheidung auf Initiative des Ehemannes

Das Verstoßungsrecht des Mannes war ursprünglich an keinerlei Voraussetzungen geknüpft. Erst mit dem Erlass des MFLO wurde dem Mann die Einhaltung gewisser Formalitäten auferlegt, um die Rechtsstellung der Frauen ein wenig zu verbessern. So muss er gemäß Sec. 7 MFLO die Ehefrau und den Vorsitzenden des zuständigen Schiedsgerichts schriftlich von der Talaq-Scheidung benachrichtigen, wodurch eine 90-tägige Wartefrist zu laufen beginnt, innerhalb derer der Richter einen Versöhnungsversuch unternehmen muss.

Auch wenn der Wortlaut der Vorschrift die Annahme nahelegt, dass die Scheidung erst wirksam wird, wenn der Versöhnungsversuch gescheitert und die Wartefrist abgelaufen ist, war die Frage, ob der Registrierungspflicht konstitutive Bedeutung zukommt, lange Zeit umstritten. Bis zum Ende der 70er Jahre tendierte die Rechtsprechung dazu, Sec. 7 des MFLO als zwingende Vorschrift anzusehen und hielt eine Verstoßung, die ohne Benachrichtigung erfolgt war, für unwirksam.[267] Mit der Wiedereinführung der klassischen Strafen für Ehebruch durch den *Hodood Ordinance* 1979 wurde jedoch der Sinn der Bestimmung, die Frau zu schützen, in sein Gegenteil verkehrt. Männer, die mit einer erneuten Eheschließung der Exfrau nicht einverstanden waren, beriefen sich darauf, dass die Verstoßung mangels Registrierung unwirksam sei und leiteten in mehreren Fällen strafrechtliche Verfahren aufgrund ehebrecherischer Beziehungen der Ehefrau ein.[268] Um die Frau vor schweren Strafen zu schützen, entschieden die Gerichte, dass ein Verstoß gegen die Benachrichtigungspflicht nicht zu einer Unwirksamkeit der Talaq-Scheidung führe. Zudem haben einige Gerichte, darunter auch der *Federal Shariat Court* entschieden, dass die Bestimmungen des MFLO islamischen Grundsätzen zuwiderlaufen und deshalb unwirksam seien.[269] Aus diesem Grund kann es heute als gesicherte Rechtsprechung gelten, dass eine Verstoßung auch dann Wirksamkeit entfaltet, wenn sie ohne die in sec. 7 des MFLO vorgeschriebene Benachrichtigung vorgenommen wurde.[270]

266 Vgl. Bergmann/Ferid, Länderteil Pakistan, S. 25.

267 Vgl. Bergmann/Ferid, Länderteil Pakistan, S. 50; Otto, in: Islamisches und arabisches Recht als Problem der Rechtsanwendung, 21 (24 f.).

268 Vgl. Otto, in: Islamisches und arabisches Recht als Problem der Rechtsanwendung, 21 (30); Bergmann/Ferid, Länderteil Pakistan, S. 50 m. w. N. zur Rechtsprechung.

269 Vgl. Bergmann/Ferid, Länderteil Pakistan, S. 50 m. w. N. zur Rechtsprechung.

270 Vgl. auch Otto, in: Islamisches und arabisches Recht als Problem der Rechtsanwendung, 21 (30).

bbb) Die Scheidung auf Initiative der Ehefrau

Lange Zeit herrschte auch Unsicherheit, unter welchen Bedingungen eine muslimische Frau eine gerichtliche Scheidung erlangen kann. Denn nach der schon im britischen Indien verbreiteten hanafitischen Rechtslehre kann die Ehefrau die Ehe nur unter ganz engen Voraussetzungen beenden. So war eine gerichtliche Scheidung früher selbst dann nicht möglich, wenn der Ehemann seiner Pflicht zur Unterhaltsleistung nicht nachkam oder er sie fortwährend schlecht behandelte. Manchmal griffen die Richter jedoch auch auf die Grundsätze der malikitischen Rechtsschule zurück, die eine Scheidung unter den genannten Voraussetzungen erlauben.[271] So wurde beispielsweise die grausame Behandlung durch den Ehemann als Scheidungsgrund anerkannt.[272] In den meisten Fällen waren die Gerichte im britischen Indien aber sehr zurückhaltend mit der Anwendung der malikitischen Rechtslehre, so dass die Auflösungsgründe umstritten waren und die Urteile uneinheitlich ausfielen.[273]

Um die Rechtslage zu klären und den Frauen die Möglichkeit zu geben, die eheliche Verbindung in bestimmten Konstellationen durch gerichtliche Klage zu beenden, erließ der koloniale Gesetzgeber den *Dissolution of MuslimMarriages Act VIII* vom 17.3.1939.[274] Danach kann die Ehefrau unter anderem bei mehrjähriger Abwesenheit des Ehemannes, Grausamkeit oder Nichtleistung des gesetzlich geschuldeten Unterhalts die Scheidung erwirken.[275] Als weiterer Scheidungsgrund ist in Sec. 2 (iia) des *Dissolution of Muslim Marriages Act VIII* die polygame Eheschließung durch den Mann vorgesehen. Möchte dieser eine

271 Vgl. Mannan, Mulla on The Principles of Mohomedan Law, S. 342.

272 Vgl. insoweit Mannan, Mulla on The Principles of Mohomedan Law, S. 348 mit Verweis auf den Rechtsstreit *Kadir v. Kolenan Bibi* aus dem Jahr 1935.

273 In Härtefällen halten hanafitische Gelehrte den Rückgriff auf Grundsätze der malakitischen Rechtsschule für zulässig, vgl. Mannan, Mulla on The Principles of Mohomedan Law, S. 342.

274 Dieses Gesetz ist durch den *Muslim Shariat Application Act* 1951 nicht aufgehoben worden, vgl. Farani, Manual of Family Laws in Pakistan, S. 45.

275 Gemäß Sec. 2 des *Dissolution of Muslim Marriages Act VIII* hat die Frau in folgenden Fällen einen Anspruch auf Scheidung: unbekannter Aufenthaltsort des Mannes über einen Zeitraum von mindestens vier Jahren (1), Nichtleistung des Unterhalts durch den Mann in einem Zeitraum von zwei Jahren (2), zusätzliche Eheschließung des Mannes unter Verstoß gegen die Bestimmungen des *Muslim Family Laws Ordinance* (3), mindestens siebenjährige Gefängnisstrafe des Mannes (4), grundlose nicht Erfüllung der ehelichen Pflichten durch den Mann, (5), Impotenz des Mannes (6), Geisteskrankheit des Mannes (7), Zurückweisung der Ehe vor Erreichen des 18. Lebensjahres durch die Ehefrau, sofern diese vor Erreichen des 16. Lebensjahres verheiratet worden ist und die Ehe noch nicht vollzogen wurde, Grausamkeit des Ehemannes (8), sowie jeder andere Scheidungsgrund, der vom islamischen Recht anerkannt wird (9), wie beispielsweise der Abfall der Ehefrau vom Islam, vgl. Mannan, Mulla on The Principles of Mohomedan Law, S. 342.

zusätzliche Ehe eingehen, so bedarf er gemäß Sec. 6 MFLO der Erlaubnis des zuständigen Schiedsgerichts. Verstößt er gegen diese Vorschriften, so kann die Frau die Scheidung verlangen, Sec. 13 MFLO. Allerdings ist fraglich, ob dieser Scheidungsgrund weiterhin gilt, nachdem der *Federal Sharia Court* entschieden hat, dass die Bestimmungen des MFLO gegen die Grundsätze der Sharia verstoßen und Sec. 13 MFLO aufgehoben wurde.[276] Um sicher zu gehen, sollte sich die Frau deshalb für den Fall einer zusätzlichen Heirat des Ehemannes ein vertragliches Recht zur Selbstverstoßung einräumen lassen. Ein solches Vorgehen wird von der pakistanischen Rechtsprechung als zulässig erachtet,[277] setzt aber das Einverständnis des Ehemannes voraus.

ccc) Die einvernehmliche Scheidung

Die meisten Ehen werden durch einseitige Verstoßung aufgelöst. Aber auch eine einvernehmliche Scheidung ist möglich. So machen Eheleute relativ häufig von der Möglichkeit der *Khul`-Scheidung* Gebrauch, bei der sich die Frau gegen Leistung einer Ausgleichszahlung aus der Ehe loskaufen kann. Üblicherweise erstattet die Frau dem Mann die gezahlte Brautgabe zurück, aber auch die Rückgewähr der während der Ehe erhaltenen Güter und Geschenke oder der Verzicht auf noch ausstehende Unterhaltszahlungen sind möglich.[278] Haben sich die Parteien über die Auflösung der Ehe geeinigt, müssen sie eine Kopie der Vereinbarung an das zuständige Schiedsgericht übersenden, das sodann die Ehe durch Urteil auflöst, Sec. 5 Ziff. 1 des *Family Court Act* 1964.

Mittlerweile hat die pakistanische Rechtsprechung entschieden, dass das Gericht eine *Khul`-Scheidung* auch gegen den Willen des Mannes aussprechen kann, wenn die Frau nachweist, dass sie andernfalls in den Fortbestand einer hasserfüllten ehelichen Lebensgemeinschaft gezwungen wird.[279] Wie der ägyptische Gesetzgeber berufen sich die Richter hierbei auf die oben geschilderten Überlieferungen des Propheten,[280] bei dem Muḥammad den Ehemann auffordert, die Scheidung auszusprechen, nachdem die Ehefrau erklärt hatte, dass sie wegen

276 Sec. 6 MFLO wurde dagegen nicht offiziell aufgehoben, so dass die Rechtslage nicht eindeutig ist, vgl. auch Otto, in: Islamisches und arabisches Recht als Problem der Rechtsanwendung, 21 (31).

277 Die Zulässigkeit einer solchen Vereinbarung wurde 1941 in dem Fall *Murfatali Mirja v. Jabedanessa Begum* (1941) gerichtlich bestätigt, vgl. Mannan, Mulla on The Principles of Mohomedan Law, S. 335.

278 Vgl. Bergmann/Ferid, Länderteil Pakistan, S. 51.

279 Vgl. Bergmann/Ferid, Länderteil Pakistan, S. 52.

280 Vgl. oben 1. Kapitel, III. 1. a) cc) aaa) (b).

ihrer Aversionen befürchte, die von Gott gesetzten Grenzen nicht mehr einhalten zu können.

Eine solche einvernehmliche Scheidung wird 90 Tage nach der Übersendung des Urteils rechtskräftig und bleibt selbst dann gültig, wenn die Frau die versprochene Ausgleichszahlung nicht erbringt. In einem solchen Fall verbleibt für den Mann nur die Möglichkeit der Zahlungsklage.[281]

ddd) Die Scheidungsfolgen

Nachehelichen Unterhalt kann die Frau in Übereinstimmung mit dem traditionellen islamischen Recht nur bis zum Ende der Wartezeit geltend machen und auch güterrechtliche Ansprüche kommen nicht in Betracht.[282] Die Frau verfügt deshalb nach der Scheidung oft über keinerlei finanzielle Absicherung und ist auf die Unterstützung durch ihre Familie angewiesen. Reformen auf dem Gebiet des Unterhaltsrechts sind in Pakistan ausgeblieben und in naher Zukunft auch nicht absehbar.

Fragen, die die elterliche Sorge betreffen, sind gesetzlich nur sehr unvollständig geregelt; Auch sie beurteilen sich deshalb in erster Linie nach den islamischen Rechtstraditionen.[283] Der Mutter obliegt danach zunächst die Personensorge für die Kinder, während der Vater als gesetzlicher Vertreter fungiert und die Kontrolle über das mütterliche Sorgerecht ausübt. Mit Vollendung des siebten Lebensjahres (bei Jungen) bzw. mit Beginn der Pubertät (bei Mädchen) geht dann auch die Personensorge auf den Vater über.[284] Möchte die Mutter nach Ablauf dieser Fristen das Sorgerecht weiter ausüben, so kann sie eine Entscheidung des Vormundschaftsgerichts erwirken. Dieses kann unter Anwendung des *Indian Guardian and Wards Act* von 1980, der für alle Pakistaner unabhängig von der Religionszugehörigkeit gilt, eine abweichende Regelung treffen. In der Regel halten sich jedoch die pakistanischen Richter an die von der hanafitischen Rechtsschule vorgegebenen Altersgrenzen.[285] Etwas anderes gilt nur dann, wenn die Frau nachweisen kann, dass der Mann seine Pflichten vernachlässigt und das Wohlergehen

281 Vgl. Mannan, Mulla on The Principles of Mohomedan Law, S. 337.

282 Vgl. Bergmann/Ferid, Länderteil Pakistan, S. 53f; Elwan/Menhofer/Otto, Gutachten zum ausländischen Familien- und Erbrecht, S. 439.

283 Gemäß Sec 2 *Muslim Personal Law (Shariat) Application Act* 1962 unterliegen Fragen der elterlichen Sorge islamischem Recht, sofern keine vorrangigen gesetzlichen Regeln eingreifen.

284 Vgl. Bergmann/Ferid, Länderteil Pakistan, S. 76. Sind die Eltern dagegen Angehörige des schiitischen Glaubens, endet die Personensorge der Mutter schon im Alter von zwei Jahren bei Jungen und im Alter von sieben Jahren bei Mädchen, vgl. Mannan, Mulla on The Principles of Mahomedan Law, S. 371.

285 Vgl. Bergmann/Ferid, Länderteil Pakistan, S. 76.

der Kinder gefährdet ist. Verbringt die Mutter das Kind gegen den Willen des Vaters an einen anderen Ort oder schließt sie eine neue Ehe, so ist damit in der Regel schon vor Ablauf der genannten Fristen der Verlust der Personensorge verbunden.[286] In diesem Fall erhält aber nicht der Vater die Personensorge, sondern eine weibliche Verwandte der Ehegatten, wobei der Großmutter mütterlicherseits der Vorrang gebührt.[287] Zudem haben pakistanische Gerichte entschieden, dass der Mutter im Falle der Wiederheirat die elterliche Sorge für das Kind belassen werden kann, wenn diese Entscheidung dem Kindeswohl entspricht.[288]

bb) Das indische Scheidungsrecht

In Indien fehlt es bis heute an einer gesamtstaatlichen Kodifikation des Familienrechts. Zwar wird in Art. 44 der indischen Verfassung[289] die Schaffung eines einheitlichen Zivilgesetzbuches als Zielbestimmung niedergelegt, bisher wurde aber noch nicht einmal eine parlamentarische Gesetzesinitiative vorgelegt.[290] Ein solcher Vorstoß scheitert insbesondere an dem Widerstand religiöser Minderheiten, die solche Initiativen oftmals als unliebsame Einmischung von außen werten.[291] Das anwendbare Familienrecht bestimmt sich somit vorwiegend nach der Religionszugehörigkeit. Daneben gibt es einige wenige Gesetze im Bundesgebiet, die – als optionales vereinheitlichtes Recht – auf alle indischen Staatsangehörigen Anwendung finden.[292]

Auch das indisch-muslimische Scheidungsecht ist nicht umfassend gesetzlich normiert. Es gelten überwiegend die Regeln der sunnitisch-hanafitischen, teilweise auch die der sunnitisch-malikitischen Rechtsschule.[293] Sind beide Ehegatten Moslems, gilt auch heute noch weitgehend das klassische islamische Recht.[294]

286 Vgl. Bergmann/Ferid, Länderteil Pakistan, S. 75 ff.

287 Vgl. Mannan, Mulla on The Principles of Mahomedan Law, S. 371 ff.

288 Vgl. Mannan, Mulla on The Principles of Mahomedan Law, S. 374; Verna's, Islamic Law, S. 340.

289 Der Text der indischen Verfassung ist in englischer Sprache abrufbar unter: http://lawmin.nic.in/coi/coiason29july08.pdf.

290 Vgl. Bergmann/Ferid, Länderteil Indien, S. 1.

291 Vgl. Rohe, Das islamische Recht, S. 306.

292 Von Bedeutung ist hier insbesondere der *Special Marriage Act* von 1954, der immer dann auf die Scheidung Anwendung findet, wenn die Ehegatten eine Zivilehe eingegangen sind oder sie ihre in einer religiösen Form geschlossene Ehe nachträglich unter dem Zivilehegesetz registrieren lassen, vgl. Elwan/Menhofer/Otto, Gutachten zum ausländischen Familien- und Erbrecht, S. 166 f.

293 Vgl. Bergmann/Ferid, Länderteil Indien, S. 1 f.

294 Gehört ein Ehepartner nicht dem Islam an, so kann die Scheidung nur nach dem *Special Marriage Act* oder dem *Indian Divorce Act* erfolgen, vgl. Bergmann/Ferid, Länderteil Indien, S. 24.

aaa) Die Scheidung auf Initiative des Ehemannes

Entsprechend der hanafitischen Rechtslehre hat der Mann keine Möglichkeit, ein gerichtliches Scheidungsurteil zu erwirken, sondern kann die Ehe nur außergerichtlich durch Verstoßung oder im Einvernehmen mit der Frau beenden. Die Auflösung der Ehe durch Talaq ist dabei an keinerlei Formalitäten geknüpft. Eine Registrierung der Scheidung ist nicht erforderlich und auch das in der Sharia vorgeschriebene Schlichtungsverfahren wird in der Praxis häufig nicht durchgeführt.[295] Der dreimalige sofortige Scheidungsausspruch des Mannes ist verpönt, wird aber dennoch als wirksam angesehen.[296] Die staatlichen Gerichte urteilen jedoch zum Teil anders und schränken auf diese Weise das nahezu unbeschränkte Scheidungsrecht des Mannes ein. So wurde etwa eine Verstoßung für unwirksam gehalten, die ohne Begründung vorgenommen wurde. Ein anderes Gericht hat den dreimaligen Scheidungsausspruch als verfassungswidrig und als Verstoß gegen Sec. 2 *Muslim Personal Law (Shariat) Application Act* 1937 angesehen.[297]

bbb) Die Scheidung auf Initiative der Ehefrau

Auch in Indien ist der *Dissolution of Muslim Marriage Act* 1939 immer noch in Kraft, der in Sec. 2 neun Scheidungsgründe vorsieht, darunter das Recht auf Scheidung bei grausamer Behandlung der Ehefrau oder bei einer Verletzung der Unterhaltspflicht.[298] Allerdings scheint dieses Gesetz in Indien weitgehend unbekannt zu sein,[299] so dass muslimische Frauen auch heute noch meist den Weg der außergerichtlichen Scheidung wählen, indem sie sich aus der Ehe loskaufen oder – falls möglich – selbst verstoßen. Ersteres setzt jedoch voraus, dass der Mann der Auflösung der Ehe gegen die Leistung einer Abstandszahlung von Seiten der Frau zustimmt. Denn anders als in Pakistan kann eine *Khul`-Scheidung* unter keinen Umständen gegen den Willen des Mannes durchgesetzt werden[300] und auch die Selbstverstoßung ist nur möglich, wenn der Mann der Frau vertraglich ein entsprechendes Recht eingeräumt hat.

Weitere gerichtliche Scheidungsmöglichkeiten eröffnet der *Special Marriage Act*, der vereinheitlichtes Recht darstellt und von allen Indern optional genutzt

295 Vgl. Rohe, Das islamische Recht, S. 291.
296 Vgl. Rohe, Das islamische Recht, S. 290.
297 Vgl. Bergmann/Ferid, Länderteil Indien, S. 24; Shaber, in: Islamic Law, 302 (304 ff.) m.N. zur Rechtsprechung indischer Gerichte.
298 Vgl. näher oben die Ausführungen zu Pakistan, wo das gleiche Gesetz in Kraft ist, 1. Kapitel, III. 2. c) aa) bbb), insb. Fn. 275.
299 Vgl. Rohe, Das islamische Recht, S. 291.
300 Vgl. Rohe, Das islamische Recht, S. 291 f.

werden kann. Allerdings wird auch von dieser Möglichkeit in der Praxis nur selten Gebrauch gemacht. Das gilt insbesondere für den muslimischen Teil der Bevölkerung.[301]

ccc) Die Scheidungsfolgen

Die Frau kann nachehelichen Unterhalt grundsätzlich nur bis zum Ablauf der Wartefrist geltend machen. Sind gemeinsame, minderjährige Kinder vorhanden, verlängert sich die Anspruchsdauer für zwei Jahre ab der Geburt des Kindes, Sec. 3 des *Muslim Woman Protection (of Rights of Divorce) Act*. Diese sehr kurzen Fristen werden zuweilen von der Rechtsprechung in Frage gestellt, die in manchen Fällen den Frauen höhere Ansprüche zusprechen, als ihnen nach dem traditionellen islamischen Recht zustehen würden.[302] Die indischen Richter stützen sich dabei in erster Linie auf den Wortlaut des Sec. 3 (1) (a) des *Woman Protection Act*[303], wonach der frühere Mann der Frau innerhalb der Wartezeit nicht nur zu Unterhalt, sondern auch zu einer fairen Vorsorge verpflichtet ist. Letzteres habe den Zweck, die Frau für die Zukunft über die Wartezeit hinaus abzusichern. Die Rechtsprechung ist aber aufgrund des unklaren Gesetzeswortlautes nicht einheitlich. So wird von der Gegenmeinung vertreten, dass Sec. 3 des *Muslim Woman Protection Act* kein Anspruch auf nachehelichen Unterhalt über die Wartezeit hinaus entnommen werden könne.[304]

Auch das Eltern-Kind-Verhältnis beurteilt sich überwiegend nach dem traditionellen islamischen Recht. Nach den Grundsätzen der sunnitisch-hanafitischen Rechtsschule steht der Mutter zunächst die Personensorge zu; für Jungen bis zur Vollendung des siebten Lebensjahres, für Mädchen bis zum Beginn der Pubertät. Nach dem Ablauf dieser Fristen geht das elterliche Sorgerecht auf den Vater über, dem zudem die Vermögenssorge und die gesetzliche Vertretungsmacht für die gemeinsamen Kinder obliegen.[305] Neben den religiösen Quellen

301 Vgl. Rohe, Das islamische Recht, S. 302.

302 Vgl. Bergmann/Ferid, Länderteil Indien S. 36.

303 Der englische Gesetzestext lautet: Notwithstanding anything contained in any other law fort he time being in force, a divorced woman shall be entitled to a reasonable and fair provision and maintenance to be made and paid to her within the iddat period by her former husband, abgedruckt bei Pearl, Muslim Family Law, S. 214.

304 Vgl. Pearl, Muslim Family Law, S. 216 ff. Teilweise wird auch eine vermittelnde Ansicht vertreten, wonach der Richter im Einzelfall einen weitergehenden Unterhaltsanspruch zusprechen kann. Dies soll aber im Ermessen des Gerichts liegen und keinen generellen Anspruch der geschiedenen Frau begründen, vgl. Mahmood, in: Islamic Family Law, 295 (300).

305 Vgl. die Rechtslage in Pakistan, die in Indien ähnlich sein dürfte, 1. Kapitel, III. 2. c) aa) ddd). A. A. Bergmann/Ferid, die davon ausgehen, dass die religiösen Vorschriften durch den *Indian*

ist der *Indian Guardian and Wards Act* von 1980 zu berücksichtigen, der auch für Moslems gilt und die islamisch geprägten Regelungen zum Teil überlagert.[306]

IV. Zwischenergebnis zu Kapitel 1

In fast allen untersuchten Staaten sind Bemühungen erkennbar, das Familienrecht an die bestehenden gesellschaftlichen Verhältnisse anzupassen. Das gilt insbesondere für die familienrechtlichen Entwicklungen im Maghreb. Insofern spielt vor allem die laufend modernisierte tunesische Gesetzgebung eine Vorreiterrolle, aber auch in Algerien und Marokko haben die Reformen der letzten Jahre einen Modernisierungsschub gebracht. Ägypten ist mit der Gesetzesnovelle aus dem Jahre 2001 ebenfalls einen Schritt vorangekommen, auch wenn die Neuerungen moderat bleiben. Auf dem indischen Subkontinent hat sich dagegen in den vergangenen Jahren nur wenig getan[307] und im Iran hat sich die Rechtsstellung der Frau nach der Revolution von 1979 sogar deutlich verschlechtert.[308]

Aber auch die Staaten, die in den letzten Jahren das Scheidungsrecht reformiert haben, sind von einer Gleichbehandlung der Geschlechter noch weit entfernt. So bleibt die einseitige Verstoßung in allen Ländern – außer Tunesien – ein Vorrecht des Mannes. In Ägypten ist eine Auflösung der Ehe gegen den Willen des Mannes zudem nur durch den Verzicht auf jegliche finanzielle Absicherung möglich, was arme Frauen von einer Scheidung abhalten wird.[309]

Aber die Probleme sind nicht nur rechtlicher Natur. So dürfen auch die durch die Scheidung verursachten, schweren sozialen Nachteile für die Frauen nicht übersehen werden, deren Wertschätzung beinahe ausschließlich von ihrer Rolle als Ehefrau und Mutter abhängt.[310] Die Rechtsfolgen für die verlassenen Ehefrauen sind zudem auch in finanzieller Hinsicht gravierend. Denn selbst die reformierten Familiengesetzbücher gestehen den Frauen in der Regel nur für kurze

---

Guardian and Wards Act von 1890 weitgehend gegenstandslos geworden sind, vgl. Bergmann/Ferid, Länderteil Indien, S. 52.

306 Vgl. oben 1. Kapitel, III. 2. c) aa) ddd).

307 So zeigt eine Studie über muslimische Frauen im indischen West Bengal, dass die Frauen nach der Scheidung meist ein Leben in Armut und am Rande der Gesellschaft erwartet, vgl. Moinuddin, Divorce and Muslim Women, S. 115.

308 Vgl. Elwan/Menhofer/Otto, Gutachten zum ausländischen Familien- und Erbrecht, S. 187 f. Allerdings weist Haeri darauf hin, dass das iranische Recht auch vor der Revolution weitestgehend durch die Sharia geprägt war, vgl. Haeri, in: Islamic Family Law, 55 (65).

309 Vgl. auch Haeri, in: Islamic Family Law, 55 (66). Das Scheidungsrecht ist somit wohl in erster Linie ein Scheidungsrecht für wohlhabende Frauen, vgl. Denker, in: Beiträge zum Islamischen Recht IV, Band 15, 125 (187 f.).

310 Vgl. Rohe, StAZ 2001, 193 (206); Welchmann, Women's Rights & Islamic Family Law, S. 27.

Zeit nachehelichen Unterhalt zu und auch ein Güterausgleich findet grundsätzlich nicht statt.[311] Eine Ausnahme bildet insofern das tunesische Recht, das der Ehefrau einen lebenslangen Unterhaltsanspruch zubilligt, wenn sie bedürftig ist und keine neue Ehe eingeht.[312] Die Leistung einer Brautgabe hat dagegen gerade in urbanen Regionen oft nur noch eine symbolische Funktion und vermag in Zeiten, in denen sich die gesellschaftlichen Verhältnisse sehr schnell ändern, keinen gerechten Interessenausgleich mehr zu sichern.[313] Die hohen Scheidungsraten in den arabischen Staaten zeigen zudem, dass die „empfindliche Geldbuße"[314] den Mann in der Praxis regelmäßig nicht davon abhält, die Scheidung auszusprechen.[315]

Hinzu kommt, dass die Ehefrau nach der Scheidung fast immer in ihr Elternhaus zurückkehrt. Verfügt die Frau deshalb nicht über ausreichende eigene finanzielle Mittel, dürfte sie gerade in armen Familien häufig gezwungen sein, möglichst bald eine neue Ehe einzugehen, was aber wiederum in allen islamischen Staaten dazu führt, dass sie die Personensorge über die gemeinsamen Kinder an den Ex-Mann verliert.

Die Modernisierung der Familienrechtsgesetzgebung in den maghrebinischen Staaten kann deshalb nur als erster Schritt in die richtige Richtung gewertet werden. Vor allem die Ausgestaltung des Scheidungsfolgenrechts scheint angesichts der veränderten gesellschaftlichen Realität nicht mehr zeitgemäß. So mag die Regelung, dass die Frau bei einer neuen Eheschließung die Personensorge über die Kinder verliert, in früheren Zeiten gerechtfertigt gewesen sein, um dem Kind das Aufwachsen in einer fremden Sitte zu ersparen.[316] Heute erscheint diese Regelung hingegen als bloße Schikane der Frau, die möglicherweise aufgrund familiären oder finanziellen Drucks gezwungen ist, möglichst rasch eine weitere Ehe einzugehen.

---

311 Vgl. Rohe, StAZ 2001, 193 (195). Allerdings sind im reformierten marokkanischen Recht die von beiden Seiten, während der Ehe, erwirtschafteten Vermögenswerte bei der Bemessung der finanziellen Ansprüche der Frau zu berücksichtigen, was dem Gedanken eines Zugewinnausgleichs ähnelt, vgl. Nelle, StAZ 2004, 253 (265). Zudem wurde in Tunesien, Algerien und Marokko ein Wahlgüterstand der Gütergemeinschaft eingeführt, vgl. Krüger, in: Internationales Familienrecht für das 21. Jahrhundert, 171 (200 ff.).

312 Dass sich aber die tatsächliche Durchsetzung der Unterhaltsforderungen häufig als schwierig erweist, beweist die Einrichtung eines staatlichen Garantiefonds in Tunesien, vgl. Nelle, StAZ 2004, 253 (264).

313 So bezeichnet Krüger die Funktion der Mahr ganz drastisch als ein „Entgelt für die sexuelle Nutzung der Ehefrau", Krüger, in: Internationales Familienrecht für das 21. Jahrhundert, 171 (190); siehe auch Nelle, StAZ 2004, 253 (264).

314 Vgl. auch Müko-Winkler v. Mohrenfels, Art. 17 EGBGB Rn. 112; a. A. Rauscher, IPRax 2000, 391 (393).

315 Vgl. Rohe, StAZ 2001, 193 (195).

316 Vgl. Bergmann/Ferid, Länderteil Marokko, S. 56.

2. Kapitel: Das islamische Scheidungsrecht im Internationalen Privat- und Verfahrensrecht der EU–Mitgliedstaaten

Der europäische Rechtsanwender kann im Bereich des internationalen Scheidungsrechts in verschiedenen Zusammenhängen mit Sharia-geprägten Normen konfrontiert werden. Das kann direkt geschehen, wenn das Kollisionsrecht eines Mitgliedstaates eine islamische Rechtsordnung zur Anwendung beruft. Die Auseinandersetzung kann aber auch indirekt erfolgen, wie im Falle der Anerkennung einer im In- oder Ausland erfolgten Privatscheidung. In diesem Kapitel wird zunächst untersucht, wie europäische Gerichte mit der Anwendung von islamischen Scheidungsvorschriften umgehen, insbesondere mit der Verstoßung durch den Mann und den unterschiedlich ausgestalteten Scheidungsgründen für Männer und Frauen. Gegenstand des zweiten Kapitels ist dann die Frage, unter welchen Voraussetzungen mit-gliedstaatliche Gerichte eine islamische Privatscheidung anerkennen. Dabei untergliedern sich die jeweiligen Abschnitte wieder in zwei Teile: So wird zunächst die mitgliedstaatliche Rechtsprechung und die vorherrschende Literaturansicht überwiegend deskriptiv dargestellt, bevor in einem zweiten Teil die Rechtsprechung der europäischen Gerichte in einer eigenen Stellungnahme verglichen, analysiert und kritisch hinterfragt wird.

Im Mittelpunkt der Untersuchung steht dabei die Behandlung des islamischen Scheidungsrechts in den EU-Mitgliedstaaten. Der Vollständigkeit wegen wird aber auch der Umgang mit dem islamischen Scheidungsfolgenrecht in die rechtsvergleichende Analyse mit einbezogen.

I. Die Berufung islamischen Rechts

Die Berufung islamischen Rechts als Scheidungsstatut wird durch ein Ineinandergreifen von kollisionsrechtlichen und verfahrensrechtlichen Normen bestimmt. Neben dem autonomen Kollisionsrecht sind die vorrangigen staatsvertraglichen und unionsrechtlichen Regelungen zu beachten.

1. Das Recht der Mitgliedstaaten de lege lata

Bisher bestimmt sich das internationale Scheidungskollisionsrecht fast ausschließlich nach dem autonomen Recht der europäischen Mitgliedstaaten. Nur vereinzelt bestehen vorgehende staatsvertragliche Regelungen, wie beispielsweise Art. 8 Abs. 3 des deutsch-iranischen Niederlassungsabkommens.[317] Das führt dazu, dass die europäischen Gerichte, je nach Ausgestaltung des autonomen IPR, unterschiedlich oft mit der Anwendung islamischen Rechts befasst sind. Das wird sich jedoch schon bald ändern. Denn am 21.6.2012 wird die Verordnung (EU) „zur Durchführung einer Verstärkten Zusammenarbeit im Bereich des auf die Ehescheidung und Trennung ohne Auflösung des Ehebandes anzuwendenden Rechts“ in Kraft treten.[318]

Im Kindschaftsrecht wurde das autonome Kollisionsrecht der Mitgliedstaaten bereits weitgehend durch das Inkrafttreten des KSÜ abgelöst[319] und auch im Bereich des nachehelichen Unterhaltsrechts wird die Vereinheitlichung im internationalen Scheidungsrecht zu einer indirekten Teilharmonisierung führen. Denn gemäß Art. 8 des Haager Unterhaltsübereinkommens,[320] das von einigen EU-Staaten unterzeichnet wurde, unterliegen die Unterhaltspflichten zwischen den geschiedenen Ehegatten dem auf die Ehescheidung angewandten Recht.

Den neuen staatsvertraglichen und europarechtlichen Regelungen zur Vereinheitlichung des Internationalen Privatrechts ist dabei gemeinsam, dass sie eine Tendenz, weg vom Staatangehörigkeitsprinzip und hin zum Aufenthaltsprinzip aufweisen. So sieht das Anfang 2011 in Deutschland in Kraft getretene KSÜ vor, dass sich die Zuweisung der elterlichen Verantwortung kraft Gesetz nach dem Recht des Staates am gewöhnlichen Aufenthalt des Kindes bestimmt (Art. 16 KSÜ). Und auch die Rom III Verordnung erklärt im Rahmen der objektiven Anknüpfung (Art. 8 lit a Rom III VO) vorrangig den gemeinsamen gewöhnlichen Aufenthalt der Ehegatten für maßgeblich.

Im internationalen Scheidungsrecht wird es deshalb häufig zu einem Gleichlauf von zuständigem Gericht und anwendbarem Recht kommen und im Bereich der elterlichen Sorge dürfte eine Berufung fremden Rechts sogar nahezu aus-

317 Niederlassungsabkommen zwischen dem Deutschen Reich und dem Kaiserreich Persien vom 13.8.1930. Sind alle Beteiligten am Familienverhältnis iranische Staatsangehörige, kommt iranisches Sachrecht zur Anwendung (Art. 8 Abs. 3 des Abkommens), http://www.datenbanken.justiz.nrw.de/ir_htm/dt-iran_niederlassungsabkommen.html.

318 Verordnung (EU) Nr. 1259/2010 des Rates vom 20. Dezember 2010.

319 Das KSÜ ist mittlerweile in den meisten EU-Mitgliedstaaten in Kraft getreten, so etwa am 1.1.2011 in Deutschland und Spanien, am 1.2.2011 in Frankreich und am 1.5.2011 in den Niederlanden, vgl. Mansel/Thorn/Wagner, IPRax 2011, 1 (12).

320 Haager Übereinkommen über das auf Unterhaltspflichten anzuwendende Recht vom 2.10.1973.

geschlossen sein, sofern nicht ausnahmsweise eine vorrangige staatsvertragliche Regelung eingreift.

Dennoch ist die Analyse der mitgliedstaatlichen Rechtsprechung zur Anwendung islamischen Scheidungsrechts für diese Arbeit von großem Nutzen, da der ordre public Vorbehalt in diesem Rechtsgebiet traditionell eine besonders große Rolle spielt, so dass die Rechtsprechungsbeispiele herangezogen werden können, um allgemeine Kriterien für die Anwendung der Vorbehaltsklausel herauszuarbeiten.

Des Weiteren kann die rechtsvergleichende Analyse aber auch wichtige Erkenntnisse für die einheitliche Auslegung des in dem Verordnungsvorschlag enthaltenen ordre public Vorbehalts (Art. 12 Rom III VO) liefern. Denn auch wenn die Anknüpfungsregeln der Rom III VO die Anwendung der lex fori begünstigen, sind durchaus noch Konstellationen denkbar, in denen die Scheidung in einem Mitgliedstaat islamischem Recht unterliegt. Das ist beispielsweise denkbar, wenn nur der Antragssteller seinen gewöhnlichen Aufenthalt im Inland hat und beide Ehegatten eine gemeinsame ausländische Staatsangehörigkeit besitzen (Art. 8 lit. b und c Rom III VO).

Schließlich ist zu berücksichtigen, dass die Verordnung bilaterale Übereinkommen unberührt lässt, die zum Zeitpunkt ihrer Annahme zwischen einem Mitgliedstaat und einem Drittstaat bestehen und Bereiche betreffen, die in dieser Verordnung geregelt sind (Art. 19 Abs. 1 Rom III VO). Relevant sind hier insbesondere das deutsch-iranische Niederlassungsabkommen und die französisch-marokkanische Konvention vom 10.8.1981[321], die beide primär an die gemeinsame Staatsangehörigkeit der Ehegatten anknüpfen, auch wenn beide Parteien ihren gewöhnlichen Aufenthalt im Gerichtsstaat haben (Art. 8 Abs. 3 des deutsch-iranischen Niederlassungsabkommens und Art. 9 der französisch-marokkanischen Konvention). Zudem beteiligt sich mit den Niederlanden bisher ein Mitgliedstaat nicht an der Rom III VO, in dem Muslime einen relativ großen Anteil der Bevölkerung ausmachen, so dass die Berufung islamischen Rechts in der EU auch nach dem Inkrafttreten der Rom III VO keine Seltenheit darstellen wird.[322]

Der erste Abschnitt des zweiten Kapitels beschäftigt sich deshalb mit der Frage, unter welchen Umständen europäische Gerichte nach dem geltenden Kollisionsrecht mit islamischen Scheidungsrecht befasst sind und in welchen Fällen

---

321 Convention franco-marocaine relative au statut des personnes et de la famille et à la coopération judiciaire vom 08.10.1981, veröffentlicht am. 1. Juni 1983 im Journal officiel, S. 1643.

322 Es ist jedoch zu beachten, dass in den Niederlanden zum 01.01.2012 ein neues IPR-Gesetz in Kraft getreten ist, das zu einer Veränderung der Scheidungskollisionsnormen geführt hat. Die neuen Anknüpfungsnormen führen fast immer zur Anwendung der lex fori, so dass auch niederländische Gerichte nur noch selten mit der Anwendung islamischen Rechts befasst sein werden, vgl. näher unten, 2. Kapitel, I. 1. e) aa).

die Anwendung islamischen Rechts aufgrund eines Verstoßes gegen den nationalen ordre public verweigert wird.

a) Länderbericht Deutschland

aa) Die Anwendung islamischen Scheidungsrechts durch deutsche Gerichte

Die primäre Anknüpfung an die gemeinsame Staatsangehörigkeit der Ehegatten im deutschen Recht (Art. 17 i. V. m. Art. 14 Nr. 1 EGBGB) begünstigt de lege lata die Anwendung islamischen Rechts. Denn hat etwa ein afghanisches Ehepaar seinen gewöhnlichen Aufenthalt in Deutschland, so sind deutsche Gerichte gemäß Art. 3 lit. a 1. Spiegelstrich Brüssel IIa VO[323] international zuständig und die Scheidung unterliegt nach Art. 17 i. V. m. Art. 14 Abs. 1 Nr. 1 EGBGB afghanischem Recht. Danach kann der Mann grundsätzlich jederzeit die Ehe durch einseitiges Rechtsgeschäft auflösen, während der Ehefrau nur äußerst eingeschränkte Scheidungsgründe zugebilligt werden. Die Anwendung des islamischen Rechts steht deshalb im Spannungsverhältnis zu den Garantien des Grundgesetzes (Art. 3 Abs. 2 und Art. 6 GG).

aaa) Problemstellung: ordre public

Deutsche Gerichte bejahen einen ordre public Verstoß jedoch nur dann, wenn die Anwendung der fremden Norm im konkreten Fall gegen wesentliche Grundsätze des deutschen Rechts verstößt (Art. 6 EGBGB). Es genügt deshalb nicht, dass die Sharia-geprägten Scheidungsvorschriften abstrakt gleichheitswidrig sind, sondern es ist erforderlich, dass deren Anwendung zu einem Ergebnis führt, das den dem deutschen Recht zu Grunde liegenden Gerechtigkeitsvor-

---

323 Die internationale Zuständigkeit mitgliedstaatlicher Gerichte in Scheidungssachen beurteilt sich vorrangig nach der Brüssel IIa VO (162. Verordnung (EG) Nr. 2201/2203 des Rates über die Zuständigkeit und die Anerkennung und Vollstreckung von Entscheidungen in Ehesachen und in Verfahren betreffend die elterliche Verantwortung), die einen universellen Anwendungsbereich hat und somit auch im Verhältnis zu Drittstaaten gilt. Für Entscheidungen in Ehesachen sieht die Verordnung sieben Zuständigkeitsgründe vor, die gleichrangig nebeneinander stehen, Art. 3 Brüssel IIa VO. Danach ist der gewöhnliche Aufenthalt das wichtigste Anknüpfungskriterium, Art. 3 lit. a 1. Spiegelstrich, aber auch die gemeinsame Staatsangehörigkeit der Eheleute begründet die Entscheidungszuständigkeit, Art. 3 Abs. 1 lit. b Brüssel IIa VO. Auf das autonome Prozessrecht darf dagegen nur zurückgegriffen werden, wenn sich aus der Verordnung keine Zuständigkeit eines mitgliedstaatlichen Gerichts ergibt und der Antragsgegner weder Staatsangehöriger eines Mitgliedstaates ist, noch seinen gewöhnlichen Aufenthalt in der Europäischen Union hat, Art. 6, 7 Abs. 1 Brüssel IIa VO.

stellungen krass zuwiderläuft.[324] Von einem so eklatanten Verstoß kann aber nur ausgegangen werden, wenn der inländische Rechtsverkehr durch die Entscheidung betroffen ist.[325] Das Eingreifen der Vorbehaltklausel ist deswegen von zwei Voraussetzungen abhängig: Zum einen muss der Sachverhalt einen hinreichenden Inlandsbezug aufweisen und zum anderen ist ein konkreter Verstoß gegen wesentliche Grundsätze des deutschen Rechts notwendig. Dabei bedingen sich die beiden Voraussetzungen gegenseitig. Denn je größer die Inlandsbeziehung ausgeprägt ist, desto weniger bedeutend müssen die verletzten inländischen Rechtsgüter sein.[326]

(1) Verstoß gegen wesentliche Grundsätze des deutschen Rechts

Die Anwendung des abstrakt gleichheitswidrigen islamischen Scheidungsrechts könnte eine Verletzung der Eheschließungsfreiheit (Art. 6 Abs. 1 GG), des grundrechtlichen Eheverständnisses (Art. 6 Abs. 1 GG) und des Gleichberechtigungsgrundsatzes (Art. 3 Abs. 2 GG) begründen.

(a) Scheidungsantrag durch die Frau

Begehrt die Frau die Auflösung der Ehe, so werden ihr nach dem anwendbaren islamischen Scheidungsrecht meist nur sehr eingeschränkte Scheidungsgründe zugestanden. Führt das im konkreten Fall dazu, dass sich die Frau trotz einer Zerrüttung der Ehe nicht von ihrem Mann scheiden lassen kann, dann verletzt das nach der h. M. den Gleichbehandlungsgrundsatz[327] der Geschlechter (Art. 3 Abs. 2 GG).[328] Denn der Mann könnte sich im umgekehrten Fall jederzeit von seiner Frau scheiden lassen, unabhängig davon, ob er eine Zerrüttung der Ehe oder ein Fehlverhalten der Frau nachweisen kann oder nicht. Ein ordre public Verstoß kann deshalb nach der ganz h. M. nur verhindert werden, indem das Scheidungsbegehren der Antragstellerin nach der lex fori beurteilt wird; insoweit sind sich

---

324 Nach dem BGH ist entscheidend, „ob das Ergebnis der Anwendung des ausländischen Rechts zu den Grundgedanken der deutschen Regelung und der in ihnen liegenden Gerechtigkeitsvorstellungen in so starkem Widerspruch steht, dass es von uns für untragbar gehalten wird" BGH, BGHZ 50, 370 (376).

325 Vgl. Siehr, Internationales Privatrecht, S. 491; Staudinger-Blumenwitz, Art. 6 EGBGB Rn. 154.

326 BGHZ 118, 312 (348); Staudinger-Blumenwitz, Art. 6 EGBGB Rn. 158; Kropholler, Internationales Privatrecht, S. 246.

327 Es ist allerdings fraglich, ob der Gleichbehandlungsgrundsatz tatsächlich den richtigen Bezugspunkt für die ordre public Kontrolle darstellt, vgl. unten 2. Kapitel, I. 1. g) bb) ddd).

328 Vgl. Andrae, Internationales Familienrecht, S. 209; Bolz NJW 1990, 620f; Müko-Winkler v. Mohrenfels, Art. 17 EGBGB Rn. 112; Rauscher, IPRax 2000, 391 (393).

Rechtsprechung und Literatur einig.[329] Umstritten ist hingegen, ob die Ehefrau ihr Scheidungsbegehren auch darauf stützen kann, dass der Ehemann seiner nach islamischem Recht bestehenden Unterhaltspflicht nicht nachkommt.

Sind beide Ehegatten Iraner, so beurteilt sich sowohl das Scheidungsbegehren als auch die Unterhaltsverpflichtung zwischen den Ehegatten nach iranischem Recht (Art. 8 Abs. 3 des deutsch-iranischen Niederlassungsabkommens), so dass sich die Frage des ordre public stellt, wenn der Ehemann seine Unterhaltspflicht aufgrund nicht verschuldeter Leistungsunfähigkeit nicht erfüllen konnte. Dieser Fall ist zwar von der Rechtsprechung noch nicht entschieden worden,[330] aber die Literatur geht davon aus, dass in einem solchen Fall der Gleichbehandlungsgrundsatz verletzt ist, so dass bei einem hinreichenden Inlandsbezug ein Verstoß gegen den inländischen ordre public vorliegen dürfte und das Scheidungsbegehren der Ehefrau zurückgewiesen werden müsste.[331] Im Verhältnis zu anderen Staaten mit islamischer Rechtsordnung ist hingegen von einer selbständigen Anknüpfung der materiellrechtlichen Vorfrage der Unterhalspflicht nach dem Haager Übereinkommen über das auf Unterhaltspflichten anzuwendende Recht vom 2.10.1973 auszugehen,[332] das in Art. 18 Abs. 4 EGBGB inkorporiert wurde. Leben beide Ehegatten in Deutschland, so beurteilt sich der Unterhaltsanspruch der Ehefrau nach deutschem Recht (Art. 4 des Haager Übereinkommens über das auf Unterhaltspflichten anzuwendende Recht), wonach der Ehefrau nur ein Unterhaltsanspruch gegen ihren Ehemann zusteht, wenn dieser leistungsfähig und sie selbst bedürftig ist, so dass bei einer unverschuldeten Leistungsunfähigkeit des

329 OLG Köln, FamRZ 2002, 166; OLG Frankfurt am Main, IPRspr. 2001 Nr. 60, 130 (131); OLG Hamm, IPRax 1995, 174 (177); Müko-Winkler v. Mohrenfels, Art. 17 EGBGB Rn. 112; Rauscher, IPRax 2000, 391 (393). Die Scheidungsfolgen müssen hingegen weiterhin dem nach Art. 17 EGBGB ermittelten Scheidungsstatut unterstellt werden, da der Frau sonst womöglich Unterhaltsansprüche zustehen würden, die der Ehemann im umgekehrten Fall nicht geltend machen könnte, vgl. Müko-Winkler von Mohrenfels, Art. 17 EGBGB Rn. 143; vgl. dazu auch OLG Hamm, IPRax 1995, 174 (177).

330 Anwendung des ordre public offengelassen durch BGH, IPRax 2005, 346 (352) = BGH, BGHZ 60, 332 (351); ebenso OLG Koblenz, FamRZ 2009, 611 ff.

331 So Andrae, Internationales Familienrecht, S. 210; vgl. auch die Ausführungen des OLG Hamm, IPRax 1995, 174 (176), das wohl bei einer unverschuldeten Leistungsunfähigkeit des Ehemannes ebenfalls von einem ordre public Verstoß ausgeht und keine Scheidung der Frau zulassen würde.

332 Grundsätzlich werden Vorfragen selbständig angeknüpft, was den internen Entscheidungseinklang fördert, da auf diese Weise ein und dasselbe Rechtsverhältnis in allen Fallkonstellationen gleich behandelt wird. Eine Ausnahme wird aber in den Fällen gemacht, in denen dem internationalen Entscheidungseinklang besonders große Bedeutung zukommt wie beispielsweise bei familienrechtlichen Vorfragen im Namensrecht oder im Rahmen von völkerrechtlichen Verträgen, vgl. Looschelders, Internationales Privatrecht, Vorbem. zu Art. 3–6 EGBGB Rn. 36 ff. m. w. N. zur Rechtsprechung; Hoffmann/Thorn, Internationales Privatrecht, S. 241 ff.

Ehemannes kein Scheidungsgrund für die Ehefrau gegeben wäre. Nach anderer Ansicht ist die Frage der Unterhaltspflicht dagegen untrennbar mit der Frage nach den ehelichen Pflichten verbunden, die sich nur aus dem anwendbaren islamischen Recht ergeben können.[333] Folgt man dieser Auffassung, stellt sich aber auch hier wieder die Frage eines ordre public Verstoßes, so dass beide Ansichten schlussendlich zu dem gleichen Ergebnis führen dürften, nämlich dass bei einer unverschuldeten Leistungsunfähigkeit des Ehemannes kein Scheidungsgrund zu Gunsten der Frau gegeben ist.[334]

(b) Scheidungsantrag durch den Mann

Verlangt der Mann die Scheidung durch Talaq, so ergibt sich ein Widerspruch zwischen dem deutschen Verfahrensrecht und dem ausländischen Sachrecht. Denn während in Deutschland die Scheidung nur durch Gestaltungsurteil möglich ist, lässt das islamische Recht die Auflösung der Ehe durch einseitige Erklärung des Mannes zu. Die h. M. sieht die Lösung darin, dass das ausländische Scheidungsstatut in das deutsche Verfahrensrecht derart integriert wird, dass die Ehe auf Grundlage des anwendbaren ausländischen Rechts durch Gestaltungsurteil geschieden wird.[335] Der vor dem deutschen Gericht erklärte Talaq stellt dann nur den Scheidungsgrund dar, während die Gestaltungswirkung erst durch das Urteil herbeigeführt wird.[336]

Ein konkreter Verstoß gegen den Gleichberechtigungsgrundsatz[337] wird deshalb in einem solchen Fall nur angenommen, wenn die Ehefrau der Scheidung nicht zustimmt[338] und auch die Voraussetzungen für eine Scheidung nach deutschem Recht nicht vorliegen.[339] Könnte sich der Ehemann dagegen auch auf der

333 Vgl. Henrich, IPRax 1995, 166.

334 Andrae möchte dagegen danach differenzieren, ob die Scheidung auch nach deutschem Recht möglich wäre oder nicht. Sollte dies der Fall sein, dann spricht sie sich für eine Anwendung des ausländischen Rechts aus, um hinkenden Statusverhältnisse zu vermeiden, vgl. Andrae, Internationales Familienrecht, S. 210; so auch das OLG Koblenz, FamRZ 2009, 611 ff.

335 KG, IPRspr. 1993, Nr. 67, 159 (160); OLG München, IPRspr. 1989, Nr. 88a, 198 (204); vgl. auch Müko-Winkler v. Mohrenfels, Art. 17 EGBGB Rn. 142.

336 Vgl. Andrae, Internationales Familienrecht, S. 216; Gärtner, Die Privatscheidung im deutschen und gemeinschaftsrechtlichen Internationalen Privat- und Verfahrensrecht, S. 88.

337 Auch hier stellt sich wieder die Frage, ob der Gleichbehandlungsgrundsatz den richtigen Maßstab für die ordre public Prüfung darstellt, vgl. 2. Kapitel, I. 1. g) bb) ddd).

338 OLG Hamm, IPRax 1995, 174 ff.; vgl. auch Müko-Winkler v. Mohrenfels, Art. 17 EGBGB Rn. 141; Staudinger-Mankowski, Art. 17 EGBGB Rn. 208; a. A. AG Frankfurt am Main, IPRax 1989, 237 (238).

339 OLG München, IPRax 1989, 238 (241) mit Anm. Jayme, IPRax 1989, 223; OLG Köln, FamRZ 1996, 1147; Müko-Winkler v. Mohrenfels, Art. 17 EGBGB Rn. 142; a. A. Staudinger-Mankowski, Art. 17 EGBGB Rn. 212 f.

Grundlage deutschen Rechts gegen den Willen seiner Ehefrau scheiden lassen, so liegt nach der h. M. kein Verstoß gegen die wesentlichen Grundsätze des deutschen Rechts vor.

(2) Vorliegen eines hinreichenden Inlandsbezugs

Das Eingreifen der ordre public Klausel setzt zudem voraus, dass der Sachverhalt einen hinreichenden Bezug zur inländischen Rechtsordnung aufweist. Wie genau der Inlandsbezug ausgestaltet sein muss, ist aber im Einzelnen umstritten und hängt zudem von der Schwere der in Rede stehenden Rechtsgutverletzung ab.[340] Bei der Anwendung ausländischen Familienrechts ist davon auszugehen, dass deutsche Gerichte die Vorbehaltsklausel nur anwenden, wenn zumindest einer der Parteien deutscher Staatsbürger ist oder in Deutschland seinen gewöhnlichen Aufenthalt hat.[341]

Die h. M. lehnt einen Verstoß des gleichheitswidrigen islamischen Rechts gegen den ordre public deshalb ab, wenn die oben genannten Kriterien nicht erfüllt sind.[342] Die Gegenmeinung ist dagegen der Auffassung, dass bei der Berufung islamischen Scheidungsrechts der erforderliche Bezug zum Forum bereits dadurch hergestellt wird, dass die Statusänderung durch das Urteil eines deutschen Gerichts herbeigeführt wird.[343]

bbb) Problemstellung: Mitwirkung eines geistlichen Gerichts

Neben den genannten materiellrechtlichen Problemen kann es auch zu verfahrensrechtlichen Schwierigkeiten kommen, wenn die verwiesene Rechtsordnung die Mitwirkung eines geistlichen Gerichts vorschreibt, wie beispielsweise das israelisch – jüdische oder das iranisch – islamische Recht. Hier stellt sich die Frage, ob das weltliche deutsche Gericht an die Stelle des geistlichen ausländischen Gerichts treten kann, was zu verneinen ist, wenn dem deutschen Richter dadurch eine Tätigkeit aufgegeben wird, die „von den sonstigen richterlichen

340 Vgl. Müko-Sonnenberger, Art. 6 EGBGB Rn. 82–86; Staudinger-Blumenwitz, Art. 6 EGBGB Rn. 158 f.

341 Ein hinreichende Inlandsbeziehung ist jedenfalls dann anzunehmen, wenn die Parteien seit längerer Zeit ihren gemeinsamen gewöhnlichen Aufenthalt in Deutschland haben, vgl. auch OLG Köln, FamRZ 2002, 166.

342 Denn nach der ganz h. M. ist auch bei der Verletzung von Grundrechten der hinreichende Inlandsbezug zu prüfen, vgl. Müko-Sonnenberger, Art. 6 EGBGB Rn. 82 m. w. N. Vgl. speziell für den Fall des Talaq: OLG Köln, FamRZ 2002, 166; OLG München, IPRspr. 1989, Nr. 88a, 198 (204); KG IPRspr. 1993 Nr. 67, 159 (160).

343 Vgl. Andrae, Internationales Familienrecht, S. 209; Looschelders, RabelsZ 65 (2001), 463 (476 f.).

Aufgaben so verschieden [ist], dass sie völlig aus dem in Deutschland dem Richter obliegenden Aufgabenbereich herausfiele".[344] In einem solchen Fall fehlt es an der wesenseigenen Zuständigkeit des angerufenen Familiengerichts.

Im Jahre 1998 hatte das Kammergericht[345] über eine Scheidung zu entscheiden, bei dem das anwendbare iranische Sachrecht die Mitwirkung eines Sharia-Richters vorschreibt. Der Fall betraf ein iranisches Ehepaar, das im Iran geheiratet hatte und seit 1995 in Deutschland lebte. Die Frau begehrte die Scheidung, aber der Ehemann war damit nicht einverstanden und verweigerte die erforderliche Verstoßungserklärung. In einem solchen Fall sieht das iranische Recht die Beteiligung eines Sharia-Richters vor, der die Scheidung durch Urteil aussprechen kann, Art. 1130 Satz 2 iranisches ZGB. Das Kammergericht musste entscheiden, ob es die Aufgabe des geistlichen Gerichts übernehmen und die Scheidung an dessen Stelle vornehmen durfte, was es jedoch mit der Begründung ablehnte, dass das Handeln des Sharia-Richters eine religiöse Handlung darstelle, die dem deutschen Rechtssystem wesensfremd sei und deshalb von einem deutschen Gericht nicht geleistet werden könne. Das materielle Recht und das Verfahrensrecht bilde eine untrennbare Ordnung, die nicht auseinandergerissen werden dürfe, wolle man den Anwendungsbefehl des Gesetzgebers nicht verletzen. Das Kammergericht qualifizierte somit die Zuständigkeit des Sharia-Richters als materiellrechtlich und verneinte deshalb seine wesenseigene Zuständigkeit.[346]

Die Ehefrau ging daraufhin in Revision, mit der sie ihren ursprünglichen Antrag auf Scheidung der Ehe weiterverfolgte. Der BGH[347] gab dieser mit der Begründung statt, dass deutsche Gerichte auch religiöse Rechtssätze anwenden müssen, wenn die nach dem deutschen Kollisionsrecht maßgebliche staatliche iranische Rechtsordnung auf das religiöse islamische Recht weiterverweist. Die Prüfung, ob die Scheidungsvoraussetzungen nach dem anwendbaren ausländischen Recht vorliegen, sei schlichte Rechtsanwendung, die dem deutschen Richter keine wesensfremde Tätigkeit abverlange. Vielmehr sei die Mitwirkung des Sharia-Richters als verfahrensrechtlich zu qualifizieren und könne deshalb ohne weiteres durch die Vorschriften des deutschen Eheprozesses ersetzt werden.

In der Literatur wird die Entscheidung des BGH zum Teil kritisch hinterfragt,[348] wenn auch im Ergebnis Einigkeit herrscht, dass die Unzuständigkeitserklärung des Kammergerichts einer Rechtsverweigerung gleichkommt, die im

344 BGH, BGHZ 47, 324 (333f).

345 KG, IPRax 2000, 126ff.

346 Krit. hierzu Herfarth, IPRax 2000, 101 (102).

347 BGH, BGHZ 160, 332ff.

348 Vgl. Gärtner, Die Privatscheidung im deutschen und gemeinschaftsrechtlichen Internationalen Privat- und Verfahrensrecht, S. 76ff.; Herfarth, IPRrax 2000, 101ff.

Interesse der Ehefrau nicht hingenommen werden darf. Die ganz überwiegende Auffassung folgt deshalb der verfahrensrechtlichen Qualifikation des BGH.[349]

Für diese Ansicht spricht, dass Gerichte in Ländern mit einer islamischen Rechtsordnung immer religiöse Rechtssätze bei der Scheidung anwenden müssen, unabhängig davon, ob nach dem anwendbaren Recht zivile oder religiöse Gerichte für das Scheidungsverfahren zuständig sind. Beide Gerichte wenden die gleichen familienrechtlichen Normen – im vorliegenden Fall die des iranischen ZGB – an, die letztendlich auf die Sharia, also religiöses islamisches Recht zurückgehen. Aus diesem Grund scheint es nicht verständlich, warum die Anwendung von religiösen Rechtssätzen durch ein geistliches Gericht eine Handlung darstellen soll, die von einem deutschen Gericht nicht zu leisten ist, während die Anwendung der gleichen oder ähnlicher Normen durch ein ziviles ausländisches Gericht keine Schwierigkeiten für unseren inländischen Rechtspflegeorgane bereitet. In fast allen Ländern mit einer islamisch-geprägten Rechtsordnung unterliegt die Scheidung der Sharia, aber nur die Wenigsten fordern das Mitwirken eines geistlichen Gerichts. Folglich kann auch nach islamischem Rechtsverständnis ein ziviles Gericht religiöses Recht nach seinem Sinn und Geist entsprechend anwenden, was gegen eine materiellrechtliche Einordnung der Scheidungszuständigkeit religiöser Gerichte spricht.

bb) Islamisches Scheidungsfolgenrecht und deutscher ordre public

Während die Anwendung von gleichheitswidrigen islamischen Scheidungsnormen Gegenstand einer ausführlichen wissenschaftlichen Debatte ist, wird der Ausgestaltung des islamischen Scheidungsfolgenrechts weit weniger Aufmerksamkeit gewidmet. Dabei sind die sehr geringen nachehelichen Unterhaltsansprüche der Ehefrau und die Bevorzugung des Mannes bei der Verteilung der elterlichen Sorge ebenfalls problematisch in Hinsicht auf die Grundsätze des deutschen Rechts.

aaa) Der nacheheliche Unterhalt

Das traditionelle islamische Scheidungsrecht gewährt nachehelichen Unterhalt nur während der dreimonatigen Wartezeit.[350] Diese sehr geringen finanziellen

349 Vgl. Staudinger-Mankowski, Art. 17 EGBGB Rn. 222; Müko-Winkler von Mohrenfels, Art. 17 EGBGB Rn. 142; Rauscher, IPRax 2005, 313 ff.; Gärtner, Die Privatscheidung im deutschen und gemeinschaftsrechtlichen Internationalen Privat- und Verfahrensrecht, S. 76 ff.; Herfarth, IPrax 2000, 101 ff.

350 Kinder sind hingegen grundsätzlich gegenüber ihrem Vater unterhaltsberechtigt bis sie in der Lage sind, ihren Lebensunterhalt selbst zu bestreiten. Insoweit sieht das islamische Recht also ausreichende finanzielle Gewährleistungen vor. Problematisch könnte allerdings sein, dass die Mutter nur subsidiär zur Leistung verpflichtet ist, wenn der Vater für den Unterhalt nicht

Ausgleichsansprüche könnten gegen die Grundsätze des deutschen Ehe- und Familienrechts verstoßen, wonach auch unter geschiedenen Ehegatten eine gewisse personale Verantwortung füreinander fortbesteht (Art 6 GG).[351]

Allerdings liegt nach der ganz h. M. in Deutschland eine Verletzung des inländischen ordre public nicht schon dann vor, wenn das tatsächliche Scheidungsstatut (Art. 18 IV EGBGB) keine oder nur sehr geringe Unterhaltsansprüche vorsieht. Vielmehr sei erforderlich, dass die Verweigerung eines Unterhaltsanspruchs eine besondere Härte für den betreffenden Ehegatten – meist die Ehefrau – darstellt.[352]

So führte auch der BGH mit Urteil vom 27.3.1991[353] aus, dass es noch keinen ordre public Verstoß begründe, wenn das nach Art. 18 IV EGBGB anwendbare Recht nachehelichem Unterhalt im geringerem Maße zubilligt als das deutsche Recht. Allerdings sei vorliegend zu berücksichtigen, dass die Frau die Pflege für die drei gemeinsamen minderjährigen Kinder übernommen habe und sie aufgrund einer schweren Krankheit nicht in der Lage sei, ihren Lebensunterhalt durch Erwerbstätigkeit zu verdienen. In einem solchen Fall sei der Ehefrau unter Anwendung des Art. 6 EGBGB ein höherer Unterhaltsanspruch zuzusprechen, als es das an sich anwendbare Recht vorsieht.

In einem anderen Fall wies das AG Paderborn[354] die Klage der syrischen Exfrau auf Zahlung von nachehelichen Unterhalt ab. Der Fall betraf ein syrisches Ehepaar, das in Syrien geschieden worden war, wobei die Parteien anlässlich der Scheidung eine Vereinbarung über eine Entschädigung für die Pflege der Kinder nach syrischem Recht getroffen hatten. Nach der Ehescheidung kam die Ehefrau mit den beiden gemeinsamen minderjährigen Kindern nach Deutschland und klagte dort auf Abänderung der Entschädigungsvereinbarung sowie auf Zahlung von nachehelichem Unterhalt. Das AG gab der Abänderungsklage statt. Den Anspruch auf nachehelichen Unterhalt wies es allerdings mit der Begründung ab, dass die Entschädigungsvereinbarung eine abschließende Regelung enthalte.

In einer Entscheidung vom 15.12.2000 hielt es das OLG Zweibrücken[355] demgegenüber bereits für ordre public-widrig, dass das iranische Recht nach Ablauf der Wartezeit überhaupt keinen nachehelichen Unterhalt vorsieht. Der Fall betraf

---

aufkommen kann, vgl. etwa für Marokko Art. 199 FamGB und für Algerien Art. 75; 76 FGB. Dies ist im Hinblick auf den Gleichbehandlungsgrundsatz des Art. 3 Abs. 2 GG bedenklich. Es ist deshalb ein ordre public Verstoß anzunehmen, wenn die Frau im konkreten Fall ebenfalls leistungsfähig ist.

351 BverfGE 55, 134 (141 f.); vgl. auch Gröschner, in: Dreier Komm. zum Grundgesetz, Art. 6 GG Rn. 42.

352 Müko-Winkler von Mohrenfels, Art. 17 EGBGB Rn. 196 m. w. N. Siehe zur Rechtsprechung sogleich.

353 BGH, NJW 1991, 2212 = IPRax 1992, 101.

354 AG Paderborn, IPRax 1989, 248 mit Anm. Jayme.

355 OLG Zweibrücken FamRZ 2001, 920 (921 f.).

ein in Deutschland lebendes iranisches Ehepaar, das durch deutsches Gestaltungsurteil geschieden worden war. Der Frau oblag die Sorge für ihre gemeinsame neunjährige Tochter. Das OLG entschied, dass es der Frau ohne erhebliche Vernachlässigung ihrer Elternpflicht nicht möglich sei, ihren eigenen ausreichenden Lebensunterhalt sicherzustellen und sprach ihr unter Anwendung des Art. 6 EGBGB einen Anspruch auf nachehelichen Unterhalt gegen ihren Exmann zu.

Eine besondere Härte nahm das OLG Zweibrücken auch in dem Fall an, in dem die Frau aufgrund einer schweren Erkrankung nicht in der Lage war, für ihren eigenen Lebensunterhalt aufzukommen. Das Gericht führte aus, dass die Tatsache, dass das pakistanische Recht auch unter diesen Umständen der Ehefrau keinen Unterhaltsanspruch gewähre, gegen wesentliche Grundsätze des deutschen Ehe- und Familienrechts verstoße und deswegen deutsches Recht als Ersatzrecht zu berufen sei.[356]

Den gerade dargestellten Gerichtsurteilen lässt sich entnehmen, dass deutsche Gerichte unterschiedliche Anforderungen an das Eingreifen der Vorbehaltsklausel stellen, je nachdem, ob die Scheidung im Inland oder im Ausland erfolgt ist. Sofern die Scheidung durch ein deutsches Gericht ausgesprochen wurde und die Parteien schon längere Zeit in Deutschland leben, scheinen deutsche Richter die geringen Unterhaltsansprüche im islamischen Recht bereits dann für ordre public-widrig zu halten, wenn die Frau das Sorgerecht für ein minderjähriges Kind innehat.[357] Ist die Scheidung dagegen im Ausland erfolgt, so wird die Vorbehaltsklausel nur berufen, wenn die Anwendung der ausländischen Vorschriften zu einer besonderen Härte für den benachteiligten Ehegatten führt, was wohl eine spezielle Bedürftigkeit, wie eine Krankheit der Mutter oder eine besondere Pflegebedürftigkeit eines der Kinder voraussetzt.

bbb) Die elterliche Sorge

Wird die Verteilung der elterlichen Sorge von dem Geschlecht der Eltern abhängig gemacht, ohne das Wohl des Kindes zu berücksichtigen, so könnte dies gegen die Gleichberechtigung von Mann und Frau (Art. 3 Abs. 2 GG) sowie das Recht des Kindes auf eine freie Entfaltung seiner Persönlichkeit verstoßen (Art. 1 Abs. 1 i.V.m Art. 2 Abs. 1 GG).[358]

356 OLG Zweibrücken, NJW-RR 1997, 1367.

357 Vgl. auch Aldeeb/Bonomi, Le droit musulman de la famille et des successions à l`épreuve des ordres juridiques occidentaux, S. 223.

358 Die elterliche Sorge muss wegen des Rechts des Kindes auf Entfaltung seiner Persönlichkeit (Art. 1 Abs. 1 i. V. m. Art. 2 Abs. 1 GG) so ausgeübt werden, dass sie dem Wohl des Kindes entspricht. Bei einem Interessenkonflikt zwischen den Rechten des Kindes und denen der Eltern gebührt den Interessen des Kindes deshalb der Vorrang, BverfGE 24, 119; 144.

(1) Rechtslage bis zum 1.1.2011

Wie immer ist bei der ordre public Kontrolle nur das konkrete Ergebnis der Rechtsanwendung maßgeblich. Die gesetzlich angeordnete Benachteiligung der Frau (bzw. des Mannes)[359] kann deshalb für sich alleine noch keine Anwendung des Art. 6 EGBGB rechtfertigen; vielmehr kommt es auf die konkreten Umstände des Einzelfalls an. Deutsche Gerichte stellen deshalb bei ihrer Entscheidung primär auf das Wohl des Kindes ab und prüfen, bei welchem Elternteil die Kinder die meiste Unterstützung für die Entwicklung ihrer Persönlichkeit erwarten können.[360]

Weist das anwendbare islamische Recht dem Vater die alleinige Personensorge zu, bejaht die h. M. einen Grundrechtsverstoß schon dann, wenn das Wohl der Kinder für ihren Verbleib bei der Mutter spricht (§ 1671 BGB),[361] während die Gegenansicht eine Gefahr für das Wohl der Kinder für erforderlich hält, um eine Verletzung des allgemeinen Persönlichkeitsrechts zu begründen.[362] Ein konkreter Verstoß gegen den in Art. 3 Abs. 2 GG verbürgten Gleichbehandlungsgrundsatz wird hingegen zumeist abgelehnt[363] oder mangels Entscheidungserheblichkeit offen gelassen.[364] Etwas anderes gilt jedoch dann, wenn die Beschränkung des mütterlichen Sorgerechts auf ihrer Religionszugehörigkeit zum Christentum beruht. Unter diesen Umständen geht die Rechtsprechung davon aus, dass die Anwendung des ausländischen Rechts Art. 3 Abs. 2 S. 1, Art. 4 Abs. 1 und 2 und Art. 6 Abs. 2 und 3 GG verletzt.[365]

359 Bis zu einem gewissen Alter des Kindes wird die Personensorge, unabhängig von den Interessen des Kindes im Einzelfall, immer der Mutter zugesprochen, so dass auch eine Diskriminierung des Vaters möglich ist.

360 BverfGE 55, 171 (181);.BGH, FamRZ 1993, 316 = BGH, IPRax 1993, 102 (103). Vgl. auch Dornblüth, Die europäische Regelung der Anerkennung und Vollstreckbarkeitserklärung von Ehe- und Kindschaftsentscheidungen, S. 120 f.

361 BGH, FamRZ 1993, 316 ff. = IPRax 1993, 102 ff.; OLG Karlsruhe, IPRax 1992, 97 (99); Coester, IPRax 1991, 236; krit. hierzu Rauscher, JR 1994, 184 (188); Andrae, Internationales Familienrecht, S. 317.

362 OLG Saarbrücken, IPRax 1993, 100 (101) mit Anm. Henrich, IPRax 1993, 81 ff.; OLG Celle, IPRax 1991, 258 (259); KG Korbach, IPRspr. 2001 Nr. 89, 185 ff.

363 So wohl BayObLG IPRspr. 1970, Nr. 61a, 176 (194 ff.); i. E. wohl auch Coester, die einen Verstoß gegen Art. 3 Abs. 2 GG nur dann annehmen möchte, wenn die auf Grundlage des ausländischen Rechts getroffene Entscheidung derjenigen widerspricht, die nach Maßgabe des § 1671 BGB zu treffen wäre. In diesem Fall liegt nach der von Coester vertretenen Auffassung aber bereits ein Verstoß gegen Art. 2 Abs. 1 GG vor, vgl. Coester, IPRax 1991, 236. A.A. OLG Frankfurt, IPRspr. 1981, Nr. 110, 251 (253 f.).

364 BGH, FamRZ 1993, 316; OLG Karlsruhe, IPRax 1992, 97 (99).

365 OLG Koblenz, IPRspr. 2005, Nr. 71, 150 (153); OLG Düsseldorf, FamRZ 1994, 644 (645); OLG Hamm, FamRZ 1990, 781 (782).

Ein ordre public Verstoß wird zudem nur dann angenommen, wenn der Sachverhalt eine genügende Inlandsbeziehung aufweist. Diese Voraussetzung ist nach der h. M. erfüllt, wenn die Parteien schon seit längerem ihren Daseinsmittelpunkt in Deutschland haben und sie sich in das hiesige wirtschaftliche und soziale Leben eingefügt haben.[366] Das gilt entgegen früher oft vertretener Auffassung auch dann, wenn die Beteiligten allesamt der gleichen ausländischen Staatsangehörigkeit angehören.[367]

Uneinigkeit besteht in der Rechtsprechung bezüglich der Frage, wie die Regelungslücke zu schließen ist, die in Folge des ordre public Vorbehalts entstanden ist. So wird es zum Teil für möglich erachtet, die islamrechtliche Trennung zwischen Personensorge und Vermögenssorge beizubehalten und letztere dem Vater zu belassen, wobei allerdings eine Anpassung an das deutsche Recht für erforderlich gehalten wird, die eine Erweiterung des mütterlichen Sorgerechts um die gesetzliche Vertretung des Kindes beinhaltet. Denn andernfalls sei es der Mutter nicht möglich, wichtige oder gar lebensnotwendige Belange des Kindes wahrzunehmen.[368] Nach anderer Ansicht ist dagegen deutsches Ersatzrecht anzuwenden, wenn das anwendbare Recht keine Möglichkeit vorsieht, bestimmte Befugnisse, wie etwa das Aufenthaltsbestimmungsrecht, auf die Mutter zu übertragen. In diesem Fall könne die Lücke nur dadurch geschlossen werden, dass der Mutter das alleinige Sorgerecht zugesprochen werde.[369] Besteht eine ernstliche Gefährdung des Kindeswohls, ist es nach Ansicht des AG Korbach auch zulässig, der Mutter das gemeinsame oder alleinige Sorgerecht auf Grund von Art. 8 MSA zu übertragen.[370]

(2) Rechtslage seit dem 1.1.2011

Die genannten Beispielsfälle zeigen, dass es aufgrund der beträchtlichen Unterschiede gerade im Kindschaftsrecht häufig zu einer Kollision zwischen den islamischen Traditionen und den dem deutschen Recht zugrundeliegenden Wertvorstellungen kommt. Zudem wurden deutsche Gerichte in der Vergangenheit relativ häufig mit der Anwendung von islamischen Sorgerechtsbestimmungen konfrontiert. Denn auch wenn Art. 21 EGBGB das Eltern-Kind-Verhältnis dem Recht des Staates unterstellt, in dem das Kind seinen gewöhnlichen Aufenthalt hat, mussten

366 Vgl. Aldeeb/Bonomi, Le droit musulman de la famille et des successions à l'épreuve des ordres juridiques occidentaux, S. 292; OLG Hamm, IPRspr. 2000, Nr. 81, 166 (167).

367 OLG Celle, IPRax 1991, 258.

368 OLG Frankfurt, IPRspr. 1981, Nr. 110, 251 (253 f.).

369 OLG Hamm, IPRspr. 2000, Nr. 81, 166 (167).

370 AG Korbach, IPRspr. 2002, Nr. 101, 233 (234).

deutsche Gerichte wegen Art. 3 MSA[371] die nach dem Heimatrecht des Kindes bestehenden Gewaltverhältnisse berücksichtigen.

Die Problematik wurde jedoch durch die neuesten rechtlichen Entwicklungen im internationalen Kindschaftsrecht erheblich entschärft. Denn das MSA wurde, wie bereits erwähnt, mit Wirkung vom 1.1.2011 von dem KSÜ abgelöst, das keine dem Art. 3 MSA entsprechende Vorschrift mehr vorsieht. Zudem enthält das neue Kinderschutzübereinkommen von 1996 selbständige Bestimmungen zum anwendbaren Recht, die universell ausgestaltet sind und somit auch im Verhältnis zu Nicht-Vertragsstaaten Anwendung finden. So wendet ein Vertragsstaat gemäß Art. 15 Abs. 1 KSÜ grundsätzlich sein eigenes Recht an, so dass es in Verbindung mit den Zuständigkeitsvorschriften des Übereinkommens zur Anwendung des Rechts am gewöhnlichen Aufenthalt des Kindes kommt. Nur ausnahmsweise ist nach Art. 15 Abs. 2 KSÜ das Recht eines anderen Staates anzuwenden, zu dem der Sachverhalt eine enge Verbindung hat. Die Berufung islamischen Rechts ist bei Fragen, die die elterliche Sorge betreffen, deswegen in Zukunft nahezu ausgeschlossen. Nur im Verhältnis zum Iran bleibt das deutsch-iranische Niederlassungsabkommen vorrangig zu berücksichtigen,[372] dass das Eltern-Kind-Verhältnis iranischem Recht unterstellt, wenn alle Beteiligten Iraner sind, Art. 8 Abs. 3 des Übereinkommens. In diesem einen Fall bleibt die geschilderte Problematik also auch weiterhin relevant.[373]

b) Länderbericht Frankreich

aa) Die Anwendung islamischen Scheidungsrechts durch französische Gerichte

aaa) Allgemeines

Nach der maßgeblichen Vorschrift des Art. 309 Code Civil (im Folgenden C.C.)[374] kommt es zur Berufung islamischen Scheidungsrechts nur dann, wenn die Par-

371 Haager Übereinkommen über die Zuständigkeit der Behörden und das anzuwendende Recht auf dem Gebiet des Schutzes von Minderjährigen vom 5. Oktober 1961.

372 Art. 52 KSÜ.

373 Allerdings hat das OLG Koblenz entschieden, dass nach dem geltenden iranischen Recht (vgl. oben Fn. 255) eine Entscheidung unter Berücksichtigung des Kindeswohls erfolgen könne, so dass ein Verstoß gegen den ordre public bei Anwendung iranischen Rechts ausgeschlossen sei, vgl. OLG Koblenz, FamRZ 2009, 611 ff.

374 Art. 309 C.C. bestimmt (Gesetz vom 11.7.1975), dass die Voraussetzungen der Scheidung und der Trennung von Tisch und Bett französischem Sachrecht unterliegen, wenn beide Ehegatten französische Staatsangehörige sind (1) oder sich ihr gemeinsames *domicile* in Frankreich befindet (2). Als Auffangklausel dient Art. 309 Abs. 3 C.C., wonach französisches Recht auch in den Fällen gilt, bei denen sich kein ausländisches Recht aufgrund seiner eigenen inter-

teien weder eine gemeinsame französische Staatsangehörigkeit noch ein gemeinsames *domicile*[375] in Frankreich besitzen und sich das Recht eines islamischen Staates für anwendbar erklärt. Das ist beispielsweise der Fall, wenn eine Französin mit einem Ägypter verheiratet ist und schließlich alleine nach Frankreich zurückkehrt und dort die Scheidung einreicht. Denn unter diesen Umständen sind französische Gerichte unter den Voraussetzungen von Art. 3 lit. a Brüssel IIa VO international zuständig[376] und das anwendbare Recht bestimmt sich gemäß Art. 309 Abs. 3 C.C.[377] nach ägyptischem Recht, das aufgrund seiner eigenen international privatrechtlichen Regeln die Verweisung annimmt.[378]

Aufgrund der lex-fori freundlichen Ausgestaltung des französischen Kollisionsrechts müssen sich die Gerichte an sich nur selten mit der Anwendung islamischen Rechts befassen. Eine Ausnahme gilt allerdings in Hinblick auf marokkanische Staatsangehörige, bei denen die Vorschriften der französisch-marokkanischen Konvention vorrangig zu berücksichtigen sind. Danach beurteilt sich die Scheidung von zwei Marokkanern auch dann nach dem gemeinsamen Heimatrecht, wenn sich das Domizil der Ehegatten in Frankreich befindet, Art. 9 der französisch–marokkanischen Konvention. Unabhängig von der einschlägigen

---

nationalprivatrechtlichen Regeln für anwendbar erklärt und französische Gerichte international zuständig sind.

375 Der französische Domizilbegriff darf nicht mit dem gleichlautenden englischen Ausdruck verwechselt werden. Ein *domicile* kann entweder freiwillig durch die betroffene Person selbst begründet werden (Art. 102 C.C.) oder kraft Gesetz (Art. 107–109 C.C.). Gemäß Art. 102 C.C. befindet sich das gewählte *domicile* eines jeden Franzosen dort, wo er seine hauptsächliche Niederlassung hat. Der Wille an einem bestimmten Ort sein *domicile* zu begründen, reicht dafür nicht aus. Vielmehr muss dieser Ort auch nach objektiven Gesichtspunkten die Hauptniederlassung der betreffenden Person darstellen. Dies setzt voraus, dass dort der Schwerpunkt ihrer familiären, beruflichen und vermögensrechtlichen Bindungen liegt, vgl. Voirin/Goubeaux, Droit civil, S. 74 f.

376 Die *Cour de cassation* hat entschieden, dass Art. 11 der französisch-marokkanischen Konvention den unionsrechtlichen Zuständigkeitsvorschriften nicht vorgehe, da dieser immer nur eine indirekte Zuständigkeit im Rahmen des Anerkennungsrechts begründen könnte, Cour de cassation (1re Ch. civ.) vom 28.3.2006, A.J Famille 2006, S. 247.

377 In einem solchen Fall muss das Gericht alle in Betracht kommenden ausländischen Rechtsordnungen auf die Frage hin untersuchen, ob diese in einem gleichgelagerten Fall aufgrund ihres Internationalen Privatrechts das eigene innerstaatliche Recht als Scheidungsstatut berufen würden. Dies kann mitunter eine sehr schwierige Aufgabe für den Richter darstellen, der von Amts wegen den Inhalt des fremden Rechts ermitteln und richtig anwenden muss. Denn es kann nicht nur eine Verbindung zu einer Vielzahl von Staaten bestehen, sondern auch Rück- und Weiterverweisungen zwischen den ausländischen Rechtsordnungen müssen berücksichtigt werden, was das Auffinden des anwendbaren Rechts weiter verkomplizieren kann, vgl. Loussouarn/Bourel/Vareilles-Sommières, Droit International Privé, S. 438 ff.

378 Vgl. Art. 13 Abs. 2 des Zivilgesetzbuches vom 16.7.1948. Demnach bestimmt sich die Verstoßung nach dem Heimatrecht des Ehemannes, in dem Zeitpunkt, in dem sie stattfindet.

Kollisionsnorm steht die Anwendung des ausländischen Rechts jedoch immer unter einem ordre public Vorbehalt.[379]

bbb) Problemstellung: ordre public

Früher beriefen sich französische Gerichte häufig auf die Vorbehaltsklausel, um die Anwendung fremd anmutender Rechtsinstitute zu vermeiden und ermöglichten somit eine Rückkehr zur lex fori.[380] Die Rechtsvergleichung und die fortschreitende Vereinheitlichung des Kollisionsrechts auf europäischer und völkerrechtlicher Ebene haben jedoch mittlerweile zu einem besseren Verständnis ausländischer Rechtsordnungen beigetragen, was dazu geführt hat, dass ein ordre public Verstoß heute nur noch bei besonders schweren Verstößen gegen grundlegende Prinzipien der französischen Rechtsordnung angenommen wird.[381] Das ist in Situationen der Fall, wo die Unterschiede in der moralischen, sozialen, politischen oder ökonomischen Ordnung so groß sind, dass die Anwendung der ausländischen Rechtsnorm vor französischen Gerichten schlichtweg unzulässig ist.[382]

Nach der modernen Rechtslehre soll ein Eingreifen der ordre public Klausel zudem nur noch in den Fällen möglich sein, in denen der Sachverhalt einen hinreichenden Bezug zum Forum aufweist[383] und die Anwendung der fremden Normen im konkreten Fall gegen wesentliche Grundsätze des französischen Rechts verstößt.[384]

(1) Scheidung auf Antrag des Mannes

Nach ständiger Rechtsprechung kann ein Talaq, der auf französischem Territorium stattgefunden hat, nicht anerkannt werden.[385] Das gilt unabhängig davon, ob

379 Grundsätzlich hat die Vorbehaltsklausel in Frankreich eine gewohnheitsrechtliche Geltung, vgl. Mayer/Heuzé, Droit international privé, S. 135–142; Im Staatsvertrag mit Marokko ist der ordre public jedoch ausdrücklich vorbehalten, Art. 4 französisch-marokkanische Konvention.

380 Wird das an sich berufene ausländische Recht wegen eines ordre public Verstoßes unangewendet gelassen, greifen französische Gericht immer auf die lex fori zurück. Eine Schließung der Lücke durch Anwendung des ausländischen Rechts wird hingegen nicht in Betracht gezogen, vgl. Audit, Droit international privé, S. 267–279; Mayer/Heuzé, Droit international privé, S. 135–142.

381 Vgl. Courbe, Droit International Privé, S. 95.

382 Vgl. Loussouarn/Bourel/Vareilles-Sommières, Droit international privé, S. 338 f.

383 Vgl. Loussouarn/Bourel/Vareilles-Sommières, Droit international privé, S. 349f; Courbe, Droit international privé, S. 99 ff.

384 Vgl. Loussouarn/Bourel/Vareilles-Sommières, Droit international Privé, S. 349; Mayer/Hezé, Droit international privé, S. 283 f.

385 Vgl. stellvertretend für viele Aldeeb/Bonomi, Le droit musulman de la famille et des successions à l'épreuve des ordres juridiques occidentaux, S. 172; Déprez, Rev.crit. internat. privé

die Verstoßungsformel in oder außerhalb des Rechtssaals ausgesprochen wird. Ein Talaq kann deshalb auch nicht als Scheidungsgrund in einem französischen Gerichtsverfahren geltend gemacht werden.[386]

Es stellt sich dem inländischen Richter mithin die Frage, ob es gegen den französischen ordre public verstößt, wenn das anwendbare islamische Recht dem Mann nicht die Möglichkeit einräumt, eine Scheidung wegen Verschuldens der Ehefrau zu beantragen. Allerdings gibt es nach Ansicht der *Cour d'appel de Paris* keine Notwendigkeit, das ausländische Recht durch die lex fori zu ersetzen, wenn das Wirkungsstatut andere Gründe vorsieht, die mit dem inländischen ordre public vereinbar sind.[387] In dem konkreten Fall ging es um die Scheidung eines marokkanischen Ehepaares mit Domizil in Frankreich. Folglich war gemäß Art. 9 der französisch-marokkanischen Konvention das reformierte marokkanische Familienrecht anzuwenden,[388] das de lege lata drei Scheidungsgründe für den Ehemann vorsieht: Die Verstoßung (Art. 73 ff. FamFG), die einvernehmliche Scheidung (Art. 114 FamGB) und die Scheidung aufgrund von Uneinigkeit (Art. 94 FamGB). Die letzt genannte Alternative gab dem Ehemann vorliegend die Möglichkeit, die Ehe im Einklang mit dem französischen ordre public aufzulösen, so dass die *Cour d'appel* die Anwendung des französischen Scheidungsrechts verneinte.

(2) Scheidung auf Antrag der Frau

Stellt die Frau den Scheidungsantrag und sieht das nach den französischen Kollisionsnormen maßgebliche Recht im konkreten Fall keinen Scheidungsgrund für die Frau vor, so stellt sich wiederum die Frage, ob anstelle des islamischen Scheidungsrechts die lex fori angewendet werden darf. Soweit ersichtlich wird diese Problematik weder in der Rechtsprechung noch in der Literatur diskutiert.

Gegen die Anwendung französischen Rechts könnte sprechen, dass es für sich noch keinen ordre public Verstoß begründet, wenn das ausländische Recht strengere Anforderungen an die Scheidbarkeit der Ehe stellt als die französische Rechtsordnung.[389] Allerdings besteht vorliegend die Besonderheit, dass das isla-

---

1995, 103 (107) mit Anm. zu den Urteilen der Cour de cassation (1re Ch. civ.) vom 4.5.1994 und 1.6.1994; näheres zur Rechtsprechung siehe bei den Ausführungen zur Anerkennung einer Inlandsprivatscheidung, unten 2. Kapitel, II. 3. b).

386 Diese Möglichkeit wird soweit ersichtlich gar nicht in Betracht gezogen.

387 CA Paris vom 2.12.2004, Droit et Patrimoine 2005, S. 105.

388 Das neue marokkanische Familiengesetzbuch vom 3.2.2004 hat neue Scheidungsgründe eingeführt. So hat nun auch die Frau die Möglichkeit, ein Scheidungsverfahren auf Grund von Uneinigkeit einzuleiten, Art. 94 ff. FamGB (siehe näher oben, 1. Kapitel, III. 2. a) aa) aaa) (2)).

389 Vgl. Loussouarn/Bourel/Vareilles-Sommières, Droit international privé, S. 449.

mische Recht die Scheidungsmöglichkeiten für Männer und Frauen unterschiedlich ausgestaltet, so dass die Anwendung des islamischen Rechts dazu führen könnte, dass muslimische Frauen vor französischen Gerichten weniger leicht eine Scheidung erwirken können, als deren Männer. Es ist deshalb davon auszugehen, dass auch die Ehefrau die Auflösung des Ehebandes wegen eines Verschuldens des Ehemannes nach französischem Recht verlangen kann, wenn nach dem an sich maßgeblichen Recht kein Scheidungsgrund für sie gegeben ist.[390] Allerdings dürfte dieser Problematik heute nur noch geringe Bedeutung zukommen. Denn wegen Art. 309 C.C. werden französische Gerichte fast nur noch mit dem islamisch–marokkanischen Scheidungsrecht konfrontiert, das seit Erlass des neuen Familiengesetzbuches auch der Ehefrau die Möglichkeit eröffnet, eine Scheidung aufgrund von Uneinigkeit zu initiieren (Art. 94 FamGB). Ein Rückgriff auf das französische Scheidungsrecht wird deshalb nur noch in Ausnahmefällen nötig sein.

bb) Die Anwendung islamischen Scheidungsfolgenrechts und französischer ordre public

Auch wenn das islamische Scheidungsrecht im konkreten Fall nicht gegen den ordre public verstößt, kann die Vorbehaltsklausel herangezogen werden, um eine Anwendung des islamischen Unterhalts- und Kindschaftsrechts zu vermeiden.

aaa) Die elterliche Sorge

Art. 3 MSA wird in Frankreich überwiegend als echte Kollisionsnorm angesehen,[391] die das autonome IPR[392] im Anwendungsbereich des Haager Überein-

390 In einer Entscheidung vom 17.5.1984 hat die *Tribunale de grande instance* d' Orléans das marokkanische Recht wegen eines Verstoßes gegen den ordre public nicht angewendet. Der Fall betraf eine marokkanische Frau, die sich von ihrem Mann scheiden lassen wollte, weil er zwei weitere Frauen geheiratet hatte und in Folge dessen nicht mehr ausreichend für ihren Unterhalt aufkommen konnte. Das Gericht führte aus, dass es einen Verstoß gegen den Gleichbehandlungsgrundsatz der Geschlechter darstelle, wenn das marokkanischem Recht das Verhalten des Mannes nicht als wesentliche Verletzung der ehelichen Pflichten gegenüber der Antragstellerin werte, mit der Folge, dass das ausländische Recht nicht angewendet werden könne, Tribunale de grande instance d' Orléans vom 17.5.1084, Rev. crit. internat. privé 1986, 307 ff. mit Anm. Monéger. Die Frage, ob ein Verstoß gegen den Gleichbehandlungsgrundsatz der Geschlechter anzunehmen sei, weil das islamische Recht Männern und Frauen keinen gleichen Zugang zur Scheidung gewährt, wurde hingegen nicht diskutiert.

391 Vgl. Aldeeb/Bonomi, Le droit musulman de la famille et des successions à l`épreuve des ordres juridiques occidentaux, S. 286.

392 Im autonomen Kollisionsrecht ist die Anknüpfung des Eltern–Kind–Verhältnisses umstritten. Überwiegend wird jedoch zwischen ehelichen und nichtehelichen Kindern differenziert.

kommens verdrängt. Bis zum Inkrafttreten des KSÜ[393] wurden ex lege Gewaltverhältnisse also grundsätzlich dem Recht des Staates unterstellt, dem das Kind angehörte, was die Anwendung fremden Rechts begünstigte. Französische Gerichte wurden deshalb in der Vergangenheit wiederholt mit der Berufung islamischen Scheidungsfolgenrechts konfrontiert, das oftmals eine Verteilung der elterlichen Sorge nach den, von den Rechtsschulen vorgegebenen Altersgrenzen, vorschreibt.[394] Im internen französischen Recht sind hingegen grundsätzlich die Interessen des Kindes ausschlaggebend.[395]

Die Rechtsprechung nimmt daher einen Verstoß gegen den ordre public an, wenn das anzuwendende Recht die Verteilung der elterlichen Sorge alleine vom Geschlecht und der Religionszugehörigkeit der Eltern abhängig macht, ohne das Kindeswohl zu berücksichtigen.[396] So hat die *Cour d`appel de Paris* in einem Urteil vom 1.7.1974 das ägyptische Recht unangewendet gelassen, da dieses, unabhängig von den Umständen des Einzelfalls und den Interessen des Kindes, die Personensorge immer dem Vater zusprach.[397] Lässt das Wirkungsstatut hingegen eine Übertragung des Sorgerechts an die Mutter zu, wenn es das Kindeswohl erfordert, so ist eine Vorschrift, die grundsätzlich dem leiblichen Vater die elterliche Sorge zuweist, nicht als ordre public-widrig anzusehen.[398]

Wurde das Kind innerhalb einer Ehe geboren, so soll das Recht maßgeblich sein, dem die Wirkungen der Ehe unterliegen, andernfalls das Recht, dem das Kind angehört. Andere befürworten hingegen eine einheitliche Anknüpfung, wobei wiederum umstritten ist, ob auf die Staatsangehörigkeit des Kindes abgestellt werden sollte oder auf das Heimatrecht der Mutter im Zeitpunkt der Geburt, vgl. Aldeeb/Bonomi, Le droit musulman de la famille et des successions à l`épreuve des ordres juridiques occidentaux, S. 296; Loussouarn/Bourel/Vareilles-Sommières, Droit International Privé, S. 470 ff.

393 Das KSÜ trat in Frankreich am 01.02.2011 in Kraft, vgl. Mansel/Thorn/Wagner, IPRax 2011, 1 (12).

394 Es ist aber zu beachten, dass die Vorschriften, die die elterliche Sorge betreffen, in vielen islamischen Staaten (insb. in den maghrebinischen Staaten) in den letzten Jahren reformiert worden sind, vgl. oben 1. Kapitel, III. 2. a).

395 Vgl. Aldeeb/Bonomi, Le droit musulman de la famille et des successions à l`épreuve des ordres juridiques occidentaux, S. 285; Ferid/Sonnenberger, Das französische Zivilrecht, Band III, S. 279 ff. Im französischen Recht üben die Eltern auch bei einer Scheidung grundsätzlich die elterliche Sorge weiterhin gemeinsam aus. Nur wenn es das Wohl des Kindes erfordert, wird das Sorgerecht auf eines der beiden Elternteile alleine übertragen (Art. 373 Abs. 2 C.C.), vgl. Courbe, Droit de la famille, S. 394 ff.

396 Vgl. Aldeeb/Bonomi, Le droit musulman de la famille et des successions à l`épreuve des ordres juridiques occidentaux, S. 297; Audit, Droit International Privé, S. 583.

397 CA Paris vom 1.7.1974, Rev. crit. internat. privé 1975, S. 266 ff. mit Anm. Foyer.

398 Vgl. Aldeeb/Bonomi, Le droit musulman de la famille et des successions à l`épreuve des ordres juridiques occidentaux, S. 298, der sich jedoch auf ein Urteil bezieht, dem ungarisches Recht zugrunde lag.

Durch das Inkrafttreten des KSÜ wird die Problematik jedoch, wie in Deutschland, erheblich an Bedeutung verlieren. Relevant bleibt sie wohl nur im Verhältnis zu Marokko, das zwar auch Vertragsstaat des KSÜ ist. Es ist aber zu beachten, dass die französisch–marokkanische Konvention vom 10.8.1981 spezielle Kollisionsregeln betreffend das Eltern-Kind-Verhältnis enthält (Art. 15 – 26). Danach bestimmt sich das anwendbare Recht in erster Linie nach dem gemeinsamen Heimatrecht der Eltern, so dass die Berufung marokkanischer Sorgerechtsvorschriften möglich bleibt.

bbb) Der nacheheliche Unterhalt

Anders als in Deutschland wenden französische Gerichte auch im nachehelichen Unterhaltsrecht häufig den ordre public Vorbehalt an.[399] Als Beispiel hierfür mag eine Entscheidung der *Cour de cassation* mit Urteil vom 28.11.2006[400] dienen, bei der es um die Scheidung eines marokkanischen Ehepaars mit Domizil in Frankreich ging. Die Scheidung unterlag gemäß Art. 9 der französisch-marokkanischen Konvention dem Heimatrecht der Ehegatten. Die Ehe wurde deshalb vom französischen Richter gemäß Art. 56 des marokkanischen FamGB (a.F.) geschieden. Gemäß Art. 8 des Haager Unterhaltsübereinkommens von 1973 beurteilten sich deshalb auch die Unterhaltsansprüche der Ehefrau nach marokkanischem Recht. Nach den damals noch geltenden Vorschriften hätte die Ehefrau jedoch nur Unterhaltszahlungen bis zum Ende der Wartezeit geltend machen können. Hierin sah die *Cour d'appel de Douai* einen ordre public Verstoß und wendete anstelle des marokkanischen Unterhaltsrechts die entsprechenden französischen Vorschriften an. Die Entscheidung wurde von der *Cour de cassation* in der Revisionsinstanz bestätigt.

Allerdings ist zu beachten, dass mit Inkrafttreten des neuen marokkanischen Familiengesetzbuches die Unterhaltsverpflichtungen des Ehemannes deutlich ausgeweitet worden sind. Die Frau hat nun Anspruch auf den aufgeschobenen Teil der Brautgabe, auf Unterhaltszahlungen während der Wartezeit, sowie ein Trostgeschenk, dessen Umfang sich nach der Dauer der Ehe, den wirtschaftlichen Verhältnissen des Ehemannes, und den Gründen für die Ehescheidung richtet, Art. 84 des marokkanischen FamGB. Die *Cour d'appel de Paris* hat der veränderten Rechtslage Rechnung getragen und mit Urteil vom 19.5.2005[401] entschieden, dass das marokkanische Gesetz das Recht auf Ausgleichszahlungen anerkenne und somit nicht gegen den inländischen ordre public verstoße. Das Urteil der

399 Cour de cassation (1re Ch. civ.) vom 4.5.1994; Cour de cassation (1re Ch. civ.) vom 1.6.1994, Rev. crit. internat. privé 1995, 103 mit Anm. Déprez.

400 Cour de cassation (1re Ch. civ.) vom 28.11.2006, N° de pourvoi: 04–11520.

401 CA Paris vom 19.5.2005, Droit de la Famille 2006, S. 34.

Cour de cassation vom 28.11.2006 lässt vermuten, dass sich das oberste Gericht dieser Rechtsprechung anschließen wird.[402] Zwar hat es das Urteil der Berufungsinstanz aufrecht erhalten und einen Verstoß gegen den ordre public bejaht, doch lag dem Urteil noch das alte marokkanische Familiengesetz zu Grunde. Darauf weist das Gericht in seiner Begründung auch ausdrücklich hin, indem es ausführt, dass es das damals anzuwendende marokkanische Recht nicht erlaube, der Frau nach der Scheidung ausreichende Unterhaltsleistungen zuzusprechen.

c) Länderbericht England

In Großbritannien wird das Internationale Privatrecht überwiegend durch das common law bestimmt. Eine umfassende Kodifikation fehlt, auch wenn in den letzten Jahrzehnten die Bedeutung von geschriebenem Gesetzesrecht stark zugenommen hat.[403] Auch das internationale Scheidungsrecht ist nicht gesetzlich geregelt. Kraft Gewohnheitsrecht wenden englische Gerichte aber immer die lex fori an, wenn sie sich für international zuständig erklärt haben.[404] Das gleiche gilt für Fragen, die das Eltern-Kind-Verhältnis betreffen.[405] Eine Anwendung von islamischen Scheidungs- oder Sorgerechtsvorschriften ist deshalb vor englischen Gerichten ausgeschlossen.

d) Länderbericht Spanien

Besitzen beide Ehegatten ein gemeinsames Heimatrecht, so unterliegt die Scheidung an sich gemäß Art. 107 Abs. 2 S. 1 Código Civil (im Folgenden C.C.) ausländischem Recht. Wird jedoch das Recht eines Staates mit islamischer Rechtsordnung berufen, so ist Art. 107 Abs. 2 S. 2 C.C. zu berücksichtigen, der durch die Gesetzesreform von 2003 neu eingeführt wurde. Danach wird spanisches Recht zur Anwendung berufen, wenn einer der Ehegatten Spanier ist oder seinen gewöhnlichen Aufenthalt in Spanien hat und das nach Absatz eins ermittelte

402 So auch Weltzer, Actualité du divorce en droit commun et conventions bilaterales, 1 (12), abrufbar unter: http://cdpf.unistra.fr/fileadmin/upload/CDPF/Colloques/Dernieres_actualites_en_DIP_13_avril_2007/Actualite_du_divorce_en_droit_commun.htm.

403 Das liegt zum einen an der immer weiter reichenden Harmonisierung des Kollisionsrechts durch internationale Konventionen und unionsrechtliche Vorschriften, zum anderen an dem Erlass von neuen Gesetzen durch das englische Parlament, die an die Stelle der alten common law Regeln treten und mehr Rechtssicherheit schaffen sollen, vgl. Stone, The Conflict Of Laws, S. 2.

404 Süß/Ring-Odersky, Länderteil Großbritannien, Rn. 39; Collier, Conflict of Laws, S. 320; Morris, The Conflict Of Laws, S. 242 f.

405 Clarkson/Hill, The Conflict of Laws, S. 393; Collier, Conflict of Laws, S. 334 ff.

Recht keine Scheidung anerkennt oder sie nur in diskriminierender Weise oder unter Verletzung des ordre public zulässt (Art. 107 Abs. 2 S. 2 lit. c C.C.)

Primärer Sinn und Zweck der Gesetzesnovelle war es, die Integration von Einwanderern in Spanien zu erleichtern. Dabei sollte vor allem die Rechtsstellung muslimischer Frauen mit gewöhnlichem Aufenthalt in Spanien verbessert werden, die nach ihrem Heimatrecht keine Möglichkeit haben, die Scheidung zu beantragen.[406]

aa) Heimwärtsstreben der spanischen Gerichte

Bereits vor der Reform des Scheidungskollisionsrechts wendeten spanische Gerichte häufig die lex fori an, anstelle des eigentlich berufenen islamischen Rechts. Ein Grund dafür ist, dass die Parteien nach der Rechtsprechung des *Tribunal Supremo* den Inhalt des ausländischen Rechts beweisen müssen.[407] Kommen sie dieser Pflicht nicht nach, so beurteilen die Richter das Scheidungsbegehren meist nach spanischem Recht. Allerdings haben die Ehegatten auf diese Weise die Möglichkeit, das nach Art. 107 C.C. (a. F.) anwendbare Recht „abzuwählen", was sich nur schlecht mit dem eindeutigen Wortlaut des Art. 12 Abs. 6 C. C. verträgt, wonach Gerichte und Behörden das Kollisionsrecht von Amts wegen anzuwenden haben.[408] In der Literatur wird deshalb vertreten, dass in einem solchen Fall der Antrag auf Scheidung als unbegründet abgewiesen werden müsste, da die Parteien einerseits verpflichtet seien, das ausländische Rechts zu beweisen (Art. 282 LEC), so dass das Gericht das ausländische Recht nicht *motu proprio* anwenden könnte, aber andererseits die Scheidung auch nicht nach spanischem Recht ausgesprochen werden dürfe, da es sich nicht um fakultatives Kollisionsrecht handele.[409] Dieser Ansicht folgte auch das Berufungsgericht Barcelona (*Audiencia Provincial de Barcelona*) mit Urteil vom 15.9.1998,[410] in dem es fest-

406 Die Gesetzesinitiative ist auf eine Beschwerde einer marokkanischen Frau zurückzuführen, die mit einem Landsmann verheiratet war, von dem sie sich in Spanien scheiden lassen wollte. Die spanischen Kollisionsnormen führten zur Anwendung marokkanischen Rechts, das nach den damals geltenden Vorschriften im konkreten Fall keine Scheidung auf Veranlassung der Frau zuließ. Daraufhin wurde die Klage der Frau von dem spanischen Gericht abgewiesen. Heute würde in einem solchen Fall spanisches Recht zur Anwendung gelangen, das die Scheidung nach Ablauf von drei Monaten nach der Eheschließung ohne Begründung und ohne Einhaltung einer Trennungszeit zulässt, Art. 81 und Art. 86 C.C., vgl. Martín Casals/Ribot, FamRZ 2004, 1433 (1434 f.).

407 Vgl. Caravaca/González, IPRax 2005, 170 ff.

408 Sentencia Audiencia Provincial de Barcelona (Sección 12.ª) vom 15.9.1998, REDDI 1999, 217 ff. mit Anm. Gonzáles Beilfuss.

409 Vgl. Caravaca/González, FamRZ 2004, 170 (173).

410 Sentencia Audiencia Provincial de Barcelona (Sección 12ª) vom 15.9.1998, REDDI 1999, 217 ff. mit Anm. Gonzáles Beilfuss.

stellte, dass die Parteien sonst de facto zwischen dem spanischen Recht und dem ausländischen Heimatrecht wählen könnten, was mit dem Wortlaut des Art. 12 Abs. 6 C.C. nicht vereinbar sei.

Zu einem anderen Ergebnis kam das Berufungsgericht allerdings in einer Entscheidung vom 8.6.2006,[411] das die Scheidung von zwei Marokkanern zum Gegenstand hatte. In diesem Fall hob es das erstinstanzliche Urteil auf, weil der Richter das islamisch–marokkanische Scheidungsrecht nicht von Amts wegen angewendet und somit den iura novit curia Grundsatz verletzt habe. Zur Begründung seiner Entscheidung verwies das Gericht auf ein Urteil des *Tribunal Constitucional* (TC) vom 17.1.2000.[412] Danach verletzt ein untätig bleiben des Gerichts den Anspruch der Parteien auf effektiven Rechtsschutz, wenn es diesen trotz hinreichender Anstrengungen nicht gelungen ist, den Inhalt des ausländischen Rechts zu beweisen. Vorliegend hatten die Parteien aber ihr Vorbringen ausschließlich auf spanisches Recht gestützt und gar nicht versucht, das ausländische Recht zu beweisen, so dass wohl keine Pflicht für den erstinstanzlichen Richter bestand, das islamisch–marokkanische Recht von Amts wegen anzuwenden. Es erscheint deshalb sehr zweifelhaft, ob die Scheidung tatsächlich marokkanischem Recht unterlag.

Auch durch die Einführung des neuen Scheidungskollisionsrechts konnte die Streitfrage, ob die Richter das Kollisionsrecht von Amts wegen anwenden müssen, nicht endgültig geklärt werden. Allerdings wurde die Problematik entschärft. Denn gemäß Art. 107 Abs. 2 C.C. gilt jetzt immer spanisches Scheidungsrecht, wenn einer der Parteien Spanier ist oder seinen gewöhnlichen Aufenthalt in Spanien hat und beide Ehegatten die Scheidung beantragen oder der eine mit der Zustimmung des anderen handelt (Art. 107 Abs. 2 Satz 2 lit. b C.C). In einem solchen Fall kann der Antrag auch dann nicht mehr als unbegründet abgewiesen werden, wenn die Parteien ein gemeinsames Heimatrecht besitzen, aber dem Begehren spanisches Recht zu Grunde liegt. Vielmehr kommt die lex fori sogar in den Fällen zur Anwendung, in denen die Parteien ausdrücklich auf das ausländische Recht Bezug nehmen. Zur Anwendung islamischen Rechts kann es also nur noch kommen, wenn einer der Ehegatten der Antragsstellung nicht zustimmt und er sein Vorbringen auf das ausländische Recht stützt.[413]

In der Literatur hat diese Gesetzesänderung Kritik ausgelöst, weil sie den internationalen Entscheidungseinklang zugunsten der lex fori opfere und somit die Gefahr hinkender Ehescheidungen fördere. Denn könnte die Ehe auch nach dem anwendbaren islamischen Recht im Einklang mit dem ordre public geschie-

---

411 Sentencia Audiencia Provincial de Barcelona (Sección 12.) vom 8.6.2006. R.E.D.I. 2006, 281 ff. mit Anm. Quiñones Escámez.

412 STC vom 17.1.2000, vgl. Calvo Caravaca/ Carrascosa González, IPRax 2005, 170 (173).

413 Vgl. Abarca Junco/Vargas Gómez-Urrutia, R.E.D.I. 2004, 918 (924), mit Anm. zu dem Urteil der Audiencia Provincial Almería (Sección 3.ª) vom 28.6.2004

den werden, so sei kein sachlicher Grund für die Anwendung des spanischen Ersatzrechts gegeben.[414] Allerdings scheint der Wortlaut des Art. 107 Abs. 2 Satz 2 lit. b C.C. in dieser Hinsicht eindeutig und wird auch von den Gerichten entsprechend angewendet.[415]

bb) Problemstellung: ordre public

aaa) Allgemeines

Im spanischen Recht findet sich eine allgemeine Vorbehaltsklausel in Art. 12 Abs. 3 C.C. Keinesfalls darf demnach ein ausländisches Recht angewendet werden, das mit dem ordre public unvereinbar ist. Dabei ist wie im französischen Recht zwischen dem internen und dem internationalen ordre public zu unterscheiden.[416] Eine Nichtanwendung der ausländischen lex causae kommt deshalb nur bei einem Verstoß gegen den internationalen ordre public in Betracht, mit dem die wesentlichen Grundsätze der spanischen Rechtsordnung geschützt werden.[417]

Wie im deutschen Recht ist die Relativität der Vorbehaltsklausel zu beachten, so dass die Voraussetzungen für ihre Anwendung danach variieren, ob eine Rechtsposition bereits im Ausland erworben wurde oder ob dieser Erwerb gerade in Frage steht.[418] Allerdings gilt das nicht für schwere Grundrechtsverletzungen, die die Menschenwürde oder das Gleichbehandlungsgebot der Geschlechter betreffen.[419] Die Frage, ob ein ordre public Verstoß vorliegt, muss zudem immer im konkreten Fall beurteilt werden, da eine abstrakte Überprüfung des ausländischen Rechts gerade nicht stattfinden soll.[420]

bbb) Der ordre public im internationalen Scheidungsrecht

Unterliegt das Scheidungsbegehren nach Art. 107 Abs. 2 S. 1 C.C. islamischem Recht, so findet dennoch die lex fori Anwendung, wenn die an sich berufene

414 Vgl. Quiñones, R.E.D.I. 2003, 417 (421), Anm. zu den Urteilen des Audiencia Provincial de Barcelona vom 30.4.2002, 18.6.2002, 30.7.2002.

415 Vgl. Sentencia Audiencia Provincial Almería (Sección 3.ª) vom 28.6.2004, R.E.D.I. 2004, 918 ff. mit Anm. Abarca Junco/Vargas Gómez-Urrutia.

416 Vgl. Carlos/Rozas/Sánchez Lorenzo, Derecho Internacional Privado, S. 215.

417 Vgl. Pérev Vera/Abarca Junco/González Campos/Guzmán Zapater/Miralles Sangro/Virgós Soriano, Derecho Internacional Privado, S. 164; Carlos/Rozas/Sánchez Lorenzo, Derecho Internacional Privado, S. 217 f.

418 Vgl. Calvo Caravaca/Carrascosa González, Derecho Internacional Privado, S. 258 f.

419 Vgl. Carlos/Rozas/Sánchez Lorenzo, Derecho Internacional Privado, S. 216.

420 Vgl. Pérev Vera/Abarca Junco/González Campos/Guzmán Zapater/Miralles Sangro/Virgós Soriano, Derecho Internacional Privado, S. 165.

Rechtsordnung keine Trennung oder Scheidung anerkennt oder sie nur in diskriminierender Weise oder unter Verletzung des ordre public zulässt. (Art. 107 Abs. 2 Satz 2 lit. c C.C.).

Bei der Prüfung, ob das ausländische Scheidungsrecht im Einzelfall mit dem inländischen ordre public vereinbar ist, sind wieder zwei Konstellationen zu unterscheiden.

Begehrt der Mann die Scheidung, stellt sich die Frage, ob er sich auf den Talaq als Scheidungsgrund berufen darf oder ob darin ein Verstoß gegen den in Art. 14 Constitución Española (im Folgenden: CE) verbürgten Gleichbehandlungsgrundsatz der Geschlechter zu sehen ist. Aufschlussreich ist insoweit ein Urteil des Berufungsgerichts Madrid,[421] bei dem allerdings die Frau das Scheidungsverfahren initiiert hatte. Das erstinstanzliche Gericht hatte das gemeinsame iranische Heimatrecht der Parteien zu Grunde gelegt und den Antrag als unbegründet abgewiesen, weil die Frau ihrer Pflicht nicht nachgekommen sei zu beweisen, dass das islamisch–iranische Recht gegen den ordre public verstoße. Das Berufungsgericht war hingegen der Auffassung, dass die Frau hinreichende Bemühungen unternommen habe um den Inhalt des iranischen Rechts zu beweisen und ermittelte deswegen von Amts wegen. Die Ermittlungen ergaben, dass die iranischen Vorschriften, die nur dem Mann das Recht geben sich einseitig und ohne Angabe von Gründen von seiner Frau zu trennen, während die Frau der Zustimmung des Ehemannes oder des Gerichts bedarf, gegen den Gleichbehandlungsgrundsatz des Art. 14 CE verstoßen. Auch das einseitige Recht des Mannes, die Scheidung zu widerrufen und somit die Ehe ohne Zustimmung der Frau und ohne eine weitere Eheschließung fortführen zu können, wurde als gleichheitswidrig angesehen. Das Gericht bejahte deshalb einen ordre public Verstoß und beurteilte das Begehren der Ehefrau nach spanischem Recht, das eine Scheidung im konkreten Fall zuließ.

Aus den Erwägungen des Gerichts lässt sich ableiten, dass der Talaq nicht als Scheidungsgrund geltend gemacht werden kann, da er gegen den Gleichbehandlungsgrundsatz der Geschlechter verstößt, Art. 14 CE, der die öffentliche Gewalt und somit auch die Richter und Gerichte bindet. In der Literatur wird dagegen teilweise vertreten, dass die Verstoßungserklärung vor spanischen Gerichten zugelassen werden sollte, wenn die Frau zustimmt und die Verfahrensvorschriften der spanischen lex fori eingehalten werden. Denn auf diese Weise könnten hinkende Ehen vermieden werden, was auch dem Interesse der Ehefrau entspreche.[422] Allerdings

421 Sentencia Audiencia Provincial de Madrid vom 28.9.2000, R.E.D.I 2001, 529 ff. mit Anm. Moreno.

422 Vgl. Aldeeb/Bonomi, Le droit musulman de la famille et des successions à l'épreuve des ordres juridiques occidentaux, S. 171; Quiñones, R.E.D.I. 2000, 416 (421), Anm. zu den Urteilen des Audiencia Provincial de Barcelona vom 30.4.2002, 18.6.2002, 30.7.2002.

ist diese Konstellation nach der Gesetzesreform gar nicht mehr denkbar. Denn gemäß Art. 107 Abs. 2 Satz 2 lit. b C.C findet jetzt immer die lex fori Anwendung, wenn zumindest einer der Ehegatten Spanier ist oder in Spanien seinen gewöhnlichen Aufenthalt hat und beide Parteien mit der Scheidung einverstanden sind, so dass es in einem solchen Fall gar nicht mehr zu Berufung islamischen Rechts kommen kann.

Verlangt die Frau die Scheidung und sieht das anwendbare ausländische Recht im konkreten Fall keinen Scheidungsgrund vor, so findet nach dem eindeutigen Wortlaut des Art. 107 Abs. 2 Satz 2 lit. c C.C. ebenfalls die lex fori Anwendung. Das gilt selbst dann, wenn die berufene Rechtsordnung nur die Scheidung, aber keine Trennung von Tisch und Bett kennt, wie sich aus einem Urteil des Berufungsgerichts Barcelona vom 18.6.2002 ergibt.[423] Der Fall betraf ein marokkanisches Ehepaar, bei dem die Frau die Trennung von Tisch und Bett nach spanischem Recht begehrte. Das Gericht gab dem Antrag der Ehefrau statt, obwohl die Frau auch nach marokkanischem Recht die Scheidung hätte erlangen können, da der Ehemann die gemeinsame Ehewohnung schon seit über einem Jahr verlassen hatte (Art. 98 Nr. 4 FamGB). Allerdings stützte das Gericht seine Entscheidung nicht auf einen ordre public Verstoß, sondern auf eine Gleichwertigkeit der inländischen und ausländischen Vorschriften, die im konkreten Fall eine vergleichbare Lösung bereithielten. Denn auch nach marokkanischem Recht hätte die Frau die Scheidung und ein Jahr lang Unterhaltszahlungen von dem Mann verlangen können, so dass dieses Ergebnis mit dem des spanischen Trennungsrechts vergleichbar sei. In der Literatur wurde diese Rechtsprechung jedoch erheblich kritisiert und eine restriktive Handhabung des Art. 107 Abs. 2 S. 2 C.C. angemahnt, um den internationalen Entscheidungseinklang nicht leichtfertig zu gefährden.[424]

cc) Zwischenergebnis zur Rechtsprechung spanischer Gerichte

Zusammenfassend lässt sich sagen, dass das neue autonome Kollisionsrecht häufig zur Berufung spanischen Rechts führt. Nur in den Fällen, in denen die Ehegatten nicht einverständlich handeln und das anwendbare islamische Recht einen Scheidungsgrund bereithält, der mit dem inländischen ordre public vereinbar ist, kann die Scheidung nach diesem Recht ausgesprochen werden. Seit Inkrafttreten des neuen marokkanischen Familiengesetzbuches kommt es aber wieder häufiger zur Anwendung marokkanisch-islamischen Rechts. Denn jetzt ist es auch für die Frau möglich, eine Scheidung wegen Uneinigkeit zu bean-

423 Sentencia de la Audiencia Provincial de Barcelona vom 18.6.2002, R.E.D.I. 2003, 418 ff. mit Anm. Quiñones.

424 Vgl. Quiñones, R.E.D.I. 2000, 416 (421), mit. Anm. zu den Urteilen des Audiencia Provincial Barcelona vom 30.4.2002, 18.6.2002, 30.7.2002.

tragen und die neuen Vorschriften sehen zudem weitreichendere Unterhaltszahlungen vor.[425] Das Berufungsgericht Barcelona hat dieser geänderten Rechtslage Rechnung getragen und in zwei Entscheidungen, bei denen die Frau das Verfahren initiiert hatte, eine Scheidung nach marokkanischem Recht ausgesprochen.[426] Auch die Scheidungsfolgen wurden in diesen Fällen gemäß Art. 8 Haager Unterhaltsübereinkommen marokkanischem Recht unterstellt. Das Gericht wies dabei in seiner Urteilsbegründung darauf hin, dass durch die Anwendung des marokkanischen Rechts die Anerkennung im Heimatstaat der Parteien erleichtert wird, so dass auch dieser Gesichtspunkt bei der Ermittlung des anwendbaren Rechts eine Rolle gespielt haben dürfte.[427]

e) Länderbericht Niederlande

aa) Allgemeines zur Anwendung islamischen Rechts durch niederländische Gerichte

Zum 01.01.2012 ist in den Niederlanden ein neues, umfassend reformiertes Gesetz zum Internationalen Privatrecht in Kraft getreten. Bislang fehlte es hingegen an einer systematischen Zusammenfassung des Kollisionsrechts, das nur bruchstückhaft und in verschiedenen Gesetzen verstreut geregelt war. Die IPR-Gesetzgebung findet nun eine abschließende Kodifizierung in Buch 10 des niederländischen Bürgerlichen Gesetzbuches (im Folgenden: Buch 10 BGB).

Die Vorschriften zum internationalen Scheidungsrecht sind in Art. 54 ff. Buch 10 BGB geregelt. Die Norm zum Scheidungskollisionsrecht findet sich in Art. 56 Buch 10 BGB. Die neuen niederländischen Anknüpfungsregeln begünstigen dabei in noch stärkerem Maße als bisher[428] die Anwendung der lex fori. Denn gemäß Art 56 Abs. 1 Buch 10 BGB unterliegt die Scheidung nun grundsätzlich immer niederländischem Recht. Eine Ausnahme gilt nur dann, wenn beide Ehegatten eine gemeinsame Staatsangehörigkeit besitzen und übereinstimmend für das gemeinsame Heimatrecht optieren (Art. 56 Abs. 2 lit. a Buch 10 BGB

425 Vgl. oben 1. Kapitel, III. 2. a) aa).

426 Sentencia Audiencia Provincial de Barcelona vom 17.11.2005 (R.E.D.I. 2006, 481 ff. mit Anm. Quiñones Escámez) und vom 8.6.2006 (R.E.D.I. 2007, 304 ff. mit Anm. Esteban de la Rosa/Ouald Ali/Saghir).

427 Sentencia Audiencia Provincial de Barcelona vom 8.6.2006, R.E.D.I. 2007, 304 ff. mit Anm. Esteban de la Rosa/Ouald Ali/Saghir.

428 Im internationalen Scheidungsrecht bestimmte sich das anwendbare Recht bisher nach dem Gesetz über das Kollisionsrecht der Eheauflösung und Trennung von Tisch und Bett und deren Anerkennung vom 25.3.1981 (GKEA).

[429]) oder nur einer der Ehegatten das Heimatrecht wählt und beide Ehegatten eine tatsächliche gesellschaftliche Verbundenheit zu dem Heimatstaat aufweisen (Art. 56 Abs. 2 lit. b Buch 10 BGB). Nach bisherigem Recht unterlag die Scheidung dagegen in erster Linie dem gemeinsamen Heimatrecht der Ehegatten, sofern nicht offensichtlich eine wirkliche gesellschaftliche Verbundenheit mit dem Land der gemeinsamen Staatsangehörigkeit fehlte. Die vorgeschriebene Realitätsprüfung führte jedoch schon damals sehr häufig zur Anwendung niederländischen Rechts.[430] Dieser Trend wird durch die Neuregelung des internationalen Scheidungsrechts noch verstärkt. Denn sollte nur ein Ehegatte die Anwendung des Heimatrechts wünschen, ist eine enge Verbindung beider Ehegatten zum Heimatstaat erforderlich, was bereits dann verneint werden dürfte, wenn zumindest einer der Ehegatten schon längere Zeit seinen Aufenthalt im Inland hat. Die Berufung islamischen Rechts dürfte deshalb in Zukunft die Ausnahme darstellen.

bb) Problemstellung: ordre public

Gilt dennoch einmal ein ausländisches Scheidungsstatut, so stellt sich die Frage des ordre public, der bisher gewohnheitsrechtliche Geltung beanspruchte und gerade im Familienrecht eine nicht unerhebliche Rolle spielt.[431] Seit der Neuregelung des Kollisionsrechts ist der ordre public Vorbehalt in Art. 6 Buch 10 BGB kodifiziert. Danach ist das ausländische Recht nicht anzuwenden, soweit seine Anwendung offensichtlich nicht mit dem ordre public vereinbar ist. Eine Anwendung der Vorbehaltsklausel kommt allerdings wie bisher wohl nur in Betracht, wenn eine ausreichende Verbindung zum Forum besteht und eine schwerwiegende Verletzung wichtiger Rechtsgüter droht.[432]

Geht es um die Anwendung islamischen Scheidungsrechts, so liegt nach der h. M. ein Verstoß gegen den Gleichbehandlungsgrundsatz der Geschlechter vor, wenn die Frau im umgekehrten Fall nicht ebenfalls die Möglichkeit hätte, die Auflösung der Ehe zu erwirken.[433] Aber selbst, wenn eine Diskriminierung der Frau unter den konkreten Umständen nicht feststellbar ist, lässt sich die islamische Ver-

---

429 Die Rechtswahl muss dabei ausdrücklich erfolgen oder sich unzweideutig aus dem Antrag ergeben (Art. 56 Abs. 3 Buch 10 BGB) und kann entweder gemeinschaftlich oder einseitig getroffen werden, sofern der andere Ehegatte nicht widerspricht (Art. 56 Abs. 2 lit. a Buch 10 BGB).

430 De Boer hat in diesem Zusammenhang in einer Studie mehr als 125 Gerichtsentscheidungen untersucht, vgl. Charisius, das niederländische Internationales Privatrecht, S. 207.

431 Vgl. Bergmann, Ferid, Länderbericht Niederlande, S. 29.

432 Vgl. Bergmann, Ferid, Länderbericht Niederlande, S. 29.

433 Vgl. Van der Velden, Talaq in de rechtszaal? S. 13.

stoßung nicht mit dem niederländischen Verfahrensrecht vereinbaren. Denn der Oberste Gerichtshof (*Hoge Raad*) hat entschieden, dass der Ausspruch des Talaq in einem inländischen Scheidungsverfahren eine Verletzung des verfahrensrechtlichen ordre public begründe.[434] Ein Talaq kann deshalb niemals wirksam vor einem niederländischen Gericht erklärt werden; auch nicht als Scheidungsgrund. Beantragt dagegen die Ehefrau die Scheidung und billigt das anwendbare islamische Recht ihr im konkreten Fall einen Scheidungsgrund zu, so ist davon auszugehen, dass niederländische Gerichte die Scheidung nach dem ausländischen Scheidungsstatut aussprechen.[435] Besteht hingegen nach dem anwendbaren Recht keine Möglichkeit die Ehe aufzulösen, so muss sich der Scheidungsantrag nach niederländischem Recht beurteilen.[436]

f) Länderbericht Belgien

aa) Allgemeines zur Anwendung islamischen Rechts vor belgischen Gerichten

Die primäre Anknüpfung an den gewöhnlichen Aufenthaltsort nach Art. 55 § 1 IPRG[437] macht die Berufung von islamischem Recht als Scheidungsstatut eher unwahrscheinlich. Denn wenn die Eheleute ihren gewöhnlichen Aufenthalt in einem islamisch geprägten Land haben, ist die Zuständigkeit belgischer Gerichte nicht eröffnet.[438] Denkbar ist allenfalls, dass einer der Eheleute später alleine seinen gewöhnlichen Aufenthalt in Belgien begründet und sich deshalb dort eine inländische Zuständigkeit nach Art. 3 Brüssel IIa VO ergibt. Zudem haben die Parteien die Möglichkeit, das gemeinsame Heimatrecht als Scheidungsstatut zu

434 HR 9.11.2001, NJ 2001, 279.

435 Teilweise wir jedoch vertreten, dass die Wahrung des Gleichbehandlungsgrundsatzes dazu führen müsste, dass sich das Scheidungsbegehren der Frau dann ebenfalls ausschließlich nach der niederländischen lex fori beurteilt, vgl. Van der Velden, Talaq in de rechtszaal? S. 14.

436 Vgl. Jordens–Cotran, some aspects of the new maroccan family law (a. A. o. Fn. 183); Van der Velden, Talaq in de rechtszaal? S. 13.

437 Machen die Parteien von der beschränkten Rechtswahlmöglichkeit keinen Gebrauch, bestimmt sich das anwendbare Recht nach Art. 55 § 1 IPRG (das Gesetz zum Internationalen Privatrecht ist am 1.10.2004 in Kraft getreten), der eine subsidiäre Anknüpfungsleiter bereithält. Scheidungsstatut ist demnach das Recht des Staates, in dem die Ehegatten bei Einreichung des Antrags ihren gemeinsamen gewöhnlichen Wohnort hatten. In Ermangelung eines solchen wird subsidiär an den letzten gemeinsamen gewöhnlichen Wohnort angeknüpft, sofern einer der Ehegatten immer noch auf dem Territorium dieses Staates wohnhaft ist. Fehlt es auch an diesem Anknüpfungspunkt, so ist hilfsweise auf das Heimatrecht der Ehegatten abzustellen, sofern diese zur Zeit der Antragsstellung eine gemeinsame Staatsangehörigkeit besitzen. Erfüllen die Ehegatten keine der genannten Voraussetzungen, so bestimmt Art. 55 § 1 Nr. 4, dass in allen anderen Fällen belgisches Recht anzuwenden ist.

438 Art. 3 Brüssel IIa VO; Art 42 IPRG.

wählen, so dass es auch bei einem gemeinsamen gewöhnlichen Aufenthalt in Belgien zur Berufung islamischen Rechts kommen kann.

Allerdings gibt es nur sehr wenige Gerichtsentscheidungen in Belgien, denen islamischen Scheidungsrecht zu Grunde liegt. Das dürfte mit unter daran liegen, dass belgische Richter vor der Gesetzesnovelle fast ausschließlich die lex fori auf Scheidungsverfahren angewendet haben.[439] Das gilt auch im Verhältnis zu Marokko. Denn die belgisch–marokkanische Konvention von 1991, die in erster Linie an die gemeinsame Staatsangehörigkeit der Ehegatten anknüpft, ist bis heute nicht in Kraft getreten.[440] Es gibt jedoch eine Entscheidung aus dem Jahre 1982, wo das Gericht feststellt, dass die Auflösung der Ehe durch den islamischen *Khul`* mit einer einvernehmlichen Scheidung im belgischen Recht gleichgesetzt werden kann und deswegen nicht gegen den ordre public verstößt. Dem Urteil ist aber nicht eindeutig zu entnehmen, ob der Entscheidung die islamischen oder die belgischen Vorschriften zugrunde gelegt wurden. In der Literatur wird letzteres angenommen.[441]

bb) Problemstellung: ordre public

Auch die neuen Anknüpfungsregeln begünstigen die lex fori. Dennoch ist es nicht ausgeschlossen, dass belgische Richter mit der Anwendung islamischen Rechts und der damit einhergehenden Frage des ordre public Vorbehalts[442] konfrontiert werden.

Im Zusammenhang mit dem Abschluss der belgisch–marokkanischen Konvention wurde die Problematik von der Literatur diskutiert.[443] Dabei standen zwei Überlegungen im Mittelpunkt. So wurde zum einen erwogen, die Verstoßung vor einem belgischen Gericht zuzulassen, um zu vermeiden, dass der Ehemann in sein Heimatland reist, um die Talaq-Scheidung dort vorzunehmen. Auf

439 Gemäß Art. 2 des Gesetzes vom 27.6.1960 kam belgisches Scheidungsrecht auch dann zur Anwendung, wenn beide Ehegatten ausländische Staatsbürger waren, sofern das Heimatrecht des Ehegatten, der die Scheidung beantragte, dem Scheidungsbegehren nicht entgegenstand.

440 Im Juli 1991 hat das Königreich Belgien drei bilaterale Abkommen mit dem Königreich Marokko auf dem Gebiet des Internationalen Privatrechts abgeschlossen. Darunter auch eine Konvention über das anwendbare Recht und die Anerkennung von Eheschließungen und deren Auflösung. In Art. 11 dieser belgisch–marokkanischen Konvention findet sich eine Norm zum Scheidungskollisionsrecht. Danach beurteilt sich die Scheidung von Eheleuten, die beide die gleiche Staatsangehörigkeit eines der beiden Vertragsstaaten besitzen, nach dem Recht dieses Staates. Die Konvention ist jedoch bis heute nicht vom belgischen Parlament ratifiziert worden.

441 Cour d`appel d`Anvers, (3e ch.) vom 30.6.1982, J.D.I 1981, 740 f.

442 Art. 21 belgisches IPR-Gesetz.

443 Vgl. Carlier, rev. trim. dr. fam. 1994, 447 (454).

diese Weise sollte garantiert werden, dass zumindest die Verfahrensrechte der Frau gewahrt werden. Auf der anderen Seite wurde es jedoch auch für möglich erachtet, dass das marokkanische Recht, welches nur dem Mann ein Recht zur einseitigen Verstoßung einräumt, gegen den Gleichbehandlungsgrundsatz der Geschlechter verstößt und deshalb durch die lex fori ersetzt werden müsse.

Allerdings ist zu berücksichtigen, dass die Erwägungen der Literatur zu einem Zeitpunkt angestellt wurden, als noch das alte Anerkennungsrecht in Kraft war. Heute können ausländische Privatscheidungen hingegen nur noch unter ganz engen Voraussetzungen anerkannt werden (Art. 57 IPRG).[444] Es ist deshalb davon auszugehen, dass der Talaq nicht als Scheidungsgrund vor belgischen Gerichten geltend gemacht werden kann. Es ist jedoch möglich die Ehe nach islamischem Recht zu scheiden, wenn dieses einen anderen Scheidungsgrund für den Mann vorsieht, wie beispielsweise das neue marokkanische Familiengesetzbuch, das eine Scheidung wegen Uneinigkeit zulässt[445] Ist das nicht der Fall, so werden belgische Richter die lex fori als Ersatzrecht anwenden, um dem Ehemann die Scheidung zu ermöglichen.[446] Sollte hingegen die Ehefrau die Scheidung begehren und lässt das anwendbare islamische Recht die Scheidung nur unter engen Voraussetzungen zu, die im konkreten Fall nicht vorliegen, so ist davon auszugehen, dass belgische Richter darin ebenfalls einen Verstoß gegen den Gleichbehandlungsgrundsatz der Geschlechter sehen und das ausländische Recht unangewendet lassen.

g) Das Recht der Mitgliedstaaten im Vergleich

Die bisherige Untersuchung hat ergeben, dass islamisches Scheidungsecht in den Mitgliedstaaten sehr unterschiedlich oft zur Anwendung gelangt. Das hängt sowohl mit den divergierenden Anknüpfungsregeln zusammen, als auch mit den verschiedenen Voraussetzungen, die an das Eingreifen des ordre public Vorbehalts gestellt werden.

aa) Das Scheidungskollisionsrecht

In Deutschland, Italien und Spanien wird de lege lata überwiegend an die gemeinsame Staatsangehörigkeit der Ehegatten angeknüpft, was die Wahrscheinlichkeit

444 Siehe näher unten 2. Kapitel, II. 3. c).

445 Vgl. die Cour d`appel de Liège vom 26.05.2009, Rev. dr. étr. 2009, S. 748 zitiert nach Watté/Barniche/Jafferali, Clunet 2011, 981 (1032). Das Berufungsgericht sprach hier eine Scheidung wegen Uneinigkeit nach marokkanischem Recht aus (Art. 97 des marokkanischen Familiengesetzbuches), da eine Versöhnung aufgrund des schuldhaften Verhaltens der Antragsgegnerin für unmöglich erachtet wurde.

446 Vgl. Watté/Barniche/Jafferali, Clunet 2011, 981 (1032).

erhöht, dass ausländisches und somit islamisches Recht zur Anwendung gelangt. Dennoch unterliegen Scheidungen in fast allen untersuchten Mitgliedstaaten ganz überwiegend der lex fori. In Spanien wird das Heimwärtsstreben der spanischen Gerichte durch die Reform des Scheidungskollisionsrechts begünstigt, da Art. 107 Abs. 2 S. 2 lit. b C.C. nun immer spanisches Recht für anwendbar erklärt, wenn einer der Ehegatten seinen gewöhnlichen Aufenthalt in Spanien hat und beide Ehegatten die Scheidung gemeinsam beantragen. Und auch in den Niederlanden führte bereits die nach altem Recht (Art. 1 Abs. 2 Satz 1 GKEA) vorgeschriebene Realitätsprüfung sehr häufig zur Berufung niederländischen Rechts als Scheidungsstatut. Dieser Trend zur Anwendung der lex fori wird durch die Neuregelung des internationalen Scheidungsrechts noch verstärkt, da die Scheidung nun auch in den Fällen niederländischem Recht unterliegt, in denen der Sachverhalt einen engen Bezug zu einer ausländischen Rechtsordnung aufweist. Die Anwendung islamischen Scheidungsrechts ist deshalb nur noch zulässig, wenn die Parteien von ihrer eingeschränkten Rechtswahlmöglichkeit Gebrauch machen.

Der Vergleich zeigt, dass es nur in Deutschland wegen der primären Anknüpfung an die gemeinsame Staatsangehörigkeit immer noch relativ häufig zur Berufung ausländischen Scheidungsrechts kommt. In den anderen Ländern besitzt dagegen die Anwendung des inländischen Rechts ein starkes Übergewicht. Aus diesem Grund wenden selbst Richter in Ländern mit einem vergleichbar hohen muslimischen Bevölkerungsanteil, wie etwa in den Niederlanden, nur selten islamisches Scheidungsrecht an. Eine Ausnahme gilt jedoch für französische Gerichte, die aufgrund der französisch–marokkanischen Konvention relativ häufig mit der Berufung islamisch–marokkanischen Scheidungsrechts konfrontiert werden. In England und den skandinavischen Mitgliedstaaten ist die Anwendung von islamischem Scheidungsrecht dagegen von vornherein ausgeschlossen, da hier immer die lex fori auf Scheidungsverfahren angewendet wird.

bb) Problemstellung: ordre public

Führen die innerstaatlichen Kollisionsregeln zur Anwendung islamischen Scheidungsrechts, so stellt sich die Frage des ordre public. Dabei besteht in allen untersuchten Mitgliedstaaten Einigkeit, dass die Vorbehaltsklausel nur angewendet werden darf, wenn die Anwendung des ausländischen Rechts im konkreten Fall gegen wesentliche Prinzipien und Grundsätze der inländischen Rechtsordnung verstößt.[447]

447 Vgl. Morris, The Conflict of Laws, S. 4; Loussouarn/Bourel/Vareilles-Sommières, Droit International Privé, S. 349; Pérez Àlvarez, Revista de Ciencias de las Religiones, 183 (217 f.);

aaa) Islamisches Scheidungsrecht

Alle Mitgliedstaaten bejahen eine ordre public Verletzung, wenn die Ehescheidung der Antragstellerin an den im ausländischen islamischen Recht genannten engen Voraussetzungen scheitert. Begründet wird diese in der Regel mit einem Verstoß gegen den Gleichbehandlungsgrundsatz der Geschlechter, der von allen Mitgliedstaaten der EU garantiert wird. In Deutschland wird zudem eine Verletzung der Eheschließungsfreiheit (Art. 6 Abs. 1 GG) für möglich gehalten, wenn die Ehefrau durch die Anwendung des Heimatrechts auf Dauer gegen ihren Willen an einer nicht mehr existierenden Lebensgemeinschaft festgehalten wird.[448] Kann die Scheidung nach dem ausländischen Recht nicht geschieden werden, so wird die lex fori als Ersatzrecht angewendet. Im spanischen Kollisionsrecht ist diese Rechtsfolge nun sogar gesetzlich festgeschrieben, Art. 107 Abs. 2 S. 2 lit. c C.C.

Verlangt der Ehemann die Scheidung auf Grundlage seines islamischen Heimatrechts, so gestaltet sich die Rechtslage nicht ganz so eindeutig. In fast allen untersuchten Ländern haben die Gerichte entschieden, dass ein Talaq nicht wirksam vor Gericht erklärt werden kann, da darin ein Verstoß gegen den Gleichbehandlungsgrundsatz der Geschlechter zu sehen sei. Das italienische Berufungsgericht Mailand hat ausgeführt, dass der einseitige und für die Frau beschämende Charakter des Rechtsinstituts einen ordre public Verstoß begründe und weigerte sich deshalb, die entsprechende Norm des iranischen Zivilgesetzbuches anzuwenden.[449] In den Niederlanden wird dagegen auf den verfahrensrechtlichen ordre public abgestellt, der der Anwendung entsprechender ausländischer Normen durch inländische Gerichte generell entgegensteht.[450] Und auch in Frankreich entspricht es ständiger Rechtsprechung, dass ein im Inland erklärter Talaq aufgrund des gerichtlichen Scheidungsmonopols keine Wirksamkeit entfalten kann.[451]

Soweit ersichtlich ist es nur in Deutschland zulässig, dass der Richter eine Scheidung auf der Grundlage eines nach dem Scheidungsstatut erklärten Talaqs ausspricht.[452] In allen anderen untersuchten Ländern kann die Verstoßungserklärung dagegen nicht einmal als Scheidungsgrund geltend gemacht werden. Vielmehr ist stattdessen zu prüfen, ob dem Mann ein anderer Grund für die Auflö-

---

Bergmann/Ferid, Länderteil Niederlande, S. 29; Bogdan, Svensk Internationell Privat-och Processrätt, S. 73.

448 Vgl. Andrae, Internationales Familienrecht, S. 208.

449 Corte di Apello Milano vom 17.12.1991, Dir. fam. pers. 1993, 10ff.

450 Vgl. oben 2. Kapitel, I. 1. e) bb).

451 Vgl. oben 2. Kapitel I. 1. b) aa) bbb) (1).

452 Allerdings spricht sich Qiñones Escámez für die Zulässigkeit des Talaq vor spanischen Gerichten aus, wenn beide Parteien die Scheidung begehren, vgl. Qiñones Escámez, Derecho e Inmigración: el repudio islamico en Europa, S. 187.

sung der Ehe zusteht, wie beispielsweise die Scheidung aufgrund von Uneinigkeit gemäß Art. 97 des marokkanischen Familiengesetzbuches. Ist das nicht der Fall, so wenden mitgliedstaatliche Gerichte die lex fori an.

Auffällig ist zudem, dass nur deutsche Gerichte prüfen, ob der Sachverhalt eine hinreichende Verbindung zum inländischen Forum aufweist. Dabei ist auch den anderen Mitgliedstaaten die Theorie vom Grad der Inlandsbeziehung nicht fremd. Es scheint aber, dass sie den erforderlichen Bezug zum Forum in einem solchen Fall bereits darin sehen, dass die Scheidung durch das Urteil eines inländischen Gerichts erfolgt. Allerdings sind auch im deutschen Recht nur wenige Konstellationen denkbar, in denen sich die Binnenbeziehung auf die internationale Zuständigkeit inländischer Behörden beschränkt.[453] Aus diesem Grund dürfte es bei der Anwendung islamischen Scheidungsrechts fast ausgeschlossen sein, dass deutsche Richter eine konkrete Grundrechtsverletzung bejahen, aber dennoch mangels hinreichender Inlandsbeziehung keinen ordre public Verstoß feststellen.

Im Ergebnis bestehen deshalb nur wenige Unterschiede in der Rechtsprechung der Mitgliedstaaten. Deutschland ist zwar das einzige Land, in dem der Talaq vor Gericht als Scheidungsgrund geltend gemacht werden kann, doch gilt das nur dann, wenn im konkreten Fall kein Verstoß gegen den materiellen ordre public vorliegt. Ein solcher wird angenommen, wenn die Ehefrau in die Scheidung nicht einwilligt und die Voraussetzungen für eine Scheidung nach deutschem Recht nicht vorliegen. In diesem Fall ist das Begehren des Antragsstellers dann unter Anwendung deutschen Rechts zurückzuweisen. Der einzige Unterschied zwischen Deutschland und den anderen untersuchten Mitgliedstaaten besteht in der Praxis somit darin, dass eine Scheidung vor deutschen Gerichten auch dann möglich ist, wenn die Voraussetzungen des inländischen materiellen Rechts nicht gegeben sind, aber die Ehefrau der Scheidung zustimmt. In den andern Ländern beurteilt sich das Scheidungsbegehren des Ehemannes dagegen selbst dann nach der lex fori, wenn die Ehefrau mit der Verstoßung durch den Ehemann einverstanden ist.

bbb) Islamisches Scheidungsfolgenrecht

Gestaltet sich die Rechtsprechung zum islamischen Scheidungsrecht noch recht einheitlich, so sind im Scheidungsfolgenrecht deutliche Unterschiede zu erkennen; das gilt insbesondere für die Ausgestaltung des nachehelichen Unterhaltsrechts.

453 Vgl. Müko-Sonnenberger, Art. 6 EGBGB Rn. 79.

(1) Der nacheheliche Unterhalt

Während nach der deutschen Rechtsprechung die ausländischen Unterhaltsvorschriften nur dann nicht angewendet werden, wenn sie im konkreten Fall eine besondere Härte für die Ehefrau begründen, wird in Frankreich und Spanien ein ordre public Verstoß schon dann bejaht, wenn das Unterhaltsstatut keinen oder nur einen geringen Ehegattenunterhalt vorsieht.[454] Aus diesem Grund berufen spanische und französische Richter regelmäßig die Vorbehaltsklausel, um eine Anwendung von islamischen Vorschriften zu vermeiden, die traditionell nur Unterhaltszahlungen bis zum Ende der Wartezeit vorsehen. Selbst wenn die Gerichte eine Scheidung nach islamischem Recht aussprechen, beurteilt sich der Anspruch der Ehefrau auf nachehelichen Unterhalt überwiegend nach der lex fori.[455] Dabei spielen auch staatliche Interessen eine Rolle. So soll die Anwendung des französischen Unterhaltsrechts unter anderem verhindern, dass die geschiedenen muslimischen Frauen der französischen Staatskasse zu Last fallen.[456]

Für die Rechtsprechung der französischen und spanischen Gerichte spricht insbesondere, dass gerade die geringen Unterhaltsansprüche für die geschiedenen Frauen eine besondere Härte darstellen. Denn viele Frauen gehen aufgrund der traditionellen Rollenverteilung in muslimischen Familien während der Ehe keiner Erwerbstätigkeit nach und kümmern sich ausschließlich um den Haushalt und die gemeinsamen Kinder. Sie werden es deshalb nach der Scheidung oft schwer haben eine adäquate Arbeit zu finden. Aus diesem Grund wäre es wünschenswert, dass deutsche Gerichte ebenfalls einen ordre public Verstoß annehmen würden, wenn das islamische Recht nur geringe Unterhaltszahlungen vorsieht. Das muss insbesondere dann gelten, wenn der Frau das Sorgerecht für ein minderjähriges Kind obliegt. Insofern ist das Urteil des OLG Zweibrücken[457] zu begrüßen, wo es die Richter für ordre public-widrig erachteten, dass das iranische Recht nur einen nachehelichen Unterhalt bis zum Ablauf der Wartezeit gewährt.

454 Vgl. Marchal Escalona, Revista Facultad de Derecho Univ. Gr. 2002, 367 (373); Cour de cassation (1re Ch. civ.) vom 4.5.1994; Cour de cassation (1re Ch. civ.) vom 1.6.1994, Rev. crit. internat. privé 1995, 103 mit Anm. Déprez.

455 So entbehrt es nach der Meinung von Quiñoses Escámez jeder Logik die Scheidung nach spanischem Recht zu beurteilen, aber auf die Scheidungsfolgen marokkanisches Recht anzuwenden, vgl. Quiñoses Escámez, Anm. zu dem Urteil der Audiencia Provencial de Huesca (Sec. 1.ª) R.E.D.I. 2008, 257 (260).

456 Vgl. El-Husseini Begdache, Le Droit International Privé Français Et La Répudiation Islamique, S. 164 mit Hinweis auf das Urteil der *Cour de Versailles* vom 9.10.1983, wo es jedoch um die Anerkennung einer ausländischen Talaq-Scheidung ging.

457 OLG Zweibrücken FamRZ 2001, 920.

(2) Die elterliche Sorge

In Sorgerechtssachen wird in allen Mitgliedstaaten ein ordre public Verstoß angenommen, wenn die Anwendung des ausländischen Rechts zu einer Entscheidung führt, die den Interessen des Kindes nicht gerecht wird. So haben Gerichte in Italien[458] und Frankreich[459] entschieden, dass ausländische Vorschriften nicht anzuwenden sind, wenn sie das Sorgerecht ab einem bestimmten Alter des Kindes, unabhängig von den Umständen des Einzelfalls, immer dem Vater zuweisen. In den Niederlanden wird es darüber hinaus für zulässig gehalten, Maßnahmen, wie den Entzug der elterlichen Sorge, nach Maßgabe des eigenen Rechts zu treffen, wenn es das Kindeswohl erfordert. In diesem Fall werden dann die entsprechenden Vorschriften des niederländischen Rechts unmittelbar angewendet, ohne das nach dem Kollisionsrecht berufene Recht zu ermitteln.[460] Und auch französische Gerichte wenden in der Praxis häufig französisches Sachrecht an, ohne das Problem des anzuwendenden Rechts zu diskutieren. Begründet wird diese Vorgehensweise auch hier mit dem Kindeswohl, das das Aufsuchen des nach den Kollisionsregeln berufenen Rechts überflüssig mache.[461] Im deutschen Recht wird hingegen zunächst immer das anwendbare Recht ermittelt und erst in einem zweiten Schritt geprüft, ob dieses wegen eines ordre public Verstoßes unangewendet bleiben muss oder Schutzmaßnahmen nach Art. 8 MSA zu treffen sind. Es wird dabei allein auf das Ergebnis der Rechtsanwendung abgestellt und untersucht, ob die Zuweisung der elterlichen Sorge im konkreten Fall den Interessen des Kindes entspricht, wobei die Voraussetzungen für den Eingriff der Vorbehaltsklausel umstritten sind.[462] So soll es nach der einen Ansicht schon ausreichen, dass die Anwendung des berufenen ausländischen Rechts zu einer Entscheidung führt, die von der nach § 1671 BGB durchzuführenden am Kindeswohl ausgerichteten Entscheidung abweicht, während die Gegenauffassung eine ernstliche Gefährdung des Kindeswohls für erforderlich hält.

Andere Aspekte, wie die Verantwortung der Eltern und der Gleichbehandlungsgrundsatz, spielen hingegen nur eine untergeordnete Rolle und treten in der Rechtsprechung der Mitgliedstaaten meist hinter dem Gedanken des Kindeswoh-

---

458 Das Recht des Kindes auf eine optimale Erziehung wird durch Art. 2 und 3 der italienischen Verfassung geschützt. Art. 155 des italienischen Zivilgesetzbuches (CCI), der festlegt, dass die Entscheidung über die elterliche Sorge allein am Kindeswohl auszurichten ist, ist nach der Auffassung des Kassationshofs dagegen kein Bestandteil des ordre public, Cass. vom 27.2.1985, Nr. 1714, Dir. fam. pers. 1985, S. 537 ff.

459 CA vom 1.7.1974, Rev. crit. internat. privé, 1975, 266.

460 Vgl. Bergmann/Ferid, Länderteil Niederlande, S. 35 Fn. 90 m. w. N.

461 Vgl. Déprez, revue de droit canonique 1995/1996, 7 (31).

462 Vgl. oben Fn. 361, 362.

les zurück.[463] Anders jedoch in Italien, wo der *Tribunale per minorenni dell`Emilia-Romagna* entschieden hat, dass die saudischen Vorschriften zur elterlichen Verantwortung, die immer dem Vater das Sorgerecht für die Kinder zusprechen, ohne die Interessen des Kindes zu berücksichtigen, nicht nur gegen das Recht des Kindes auf optimale Förderung (Art. 2 und 3 der ital. Verfassung) sondern auch gegen das verfassungsrechtlich geschützte Erziehungsrecht der Eltern (Art. 30 der ital. Verfassung) verstoßen.[464] In einem anderen Rechtsstreit hat die italienische *Corte di cassazione*[465] ganz ähnlich argumentiert und die starre Fristenlösung im iranischen Recht als unvereinbar mit dem Diskriminierungsverbot der Frau und dem Erziehungsrecht der Eltern im italienischen Recht angesehen und die entsprechenden ausländischen Vorschriften unangewendet gelassen. In Deutschland wird die Berufung der Vorbehaltsklausel wegen eines Verstoßes gegen Art. 3 Abs. 2 GG hingegen zumeist verneint.[466] Etwas anderes gilt jedoch dann, wenn der Entzug oder die Beschränkung des mütterlichen Sorgerechts auf ihrer Nichtzugehörigkeit zu einer Religionsgruppe beruht.[467]

Für die italienische Rechtsprechung spricht, dass sie neben dem Kindeswohl auch andere verfassungsrechtlich geschützten Aspekte berücksichtigt. Denn die Interessen des Kindes haben zwar Vorrang vor denen der Eltern, was aber nicht bedeutet, dass die Rechte der Eltern bei der Entscheidung völlig außer Acht gelassen werden dürfen.[468]

Es sollte deswegen zweistufig geprüft werden: Zunächst ist zu untersuchen, ob die Anwendung der islamischen Vorschriften im konkreten Fall zu einem Ergebnis führt, das offensichtlich gegen das aus Art. 2 Abs. 1 GG abgeleitete Recht des Kindes auf bestmögliche Förderung und Unterstützung seiner Persönlichkeitsentwicklung verstößt. In einem zweiten Schritt ist dann zu prüfen, ob nicht auch die Verletzung der Elternrechte eine Berufung der Vorbehaltsklausel begründen kann, sofern durch diese Entscheidung nicht das Kindeswohl negativ tangiert wird.

Wann ein konkreter Verstoß gegen das allgemeine Persönlichkeitsrecht des Kindes anzunehmen ist, ist wie bereits oben dargestellt wurde, umstritten.[469] Nach der hier vertretenen Auffassung liegt eine Verletzung des Art. 2 Abs. 1 GG schon dann vor, wenn die Anwendung des fremden Rechts dazu führt, dass

463 Vgl. für Deutschland Andrae, Internationales Familienrecht, S. 318 m. w. N.

464 Vgl. Aldeeb/Bonomi, Le droit musulman de la famille et des successions à l`épreuve des ordres juridiques occidentaux, S. 298 f.

465 Cass. vom 27.2.1985, Nr. 1714, Dir. fam. pers. 1985, S. 537 ff.

466 Vgl. oben Fn. 363, 364.

467 Vgl. oben Fn. 365.

468 I. E. so wohl auch Andrae, Internationales Familienrecht, S. 318.

469 Vgl. oben Fn. 361, 362.

die elterliche Sorge dem Elternteil zugewiesen wird, der nach Überzeugung des deutschen Richters (§1671 BGB) weniger geeignet ist, den Interessen des Kindes gerecht zu werden. Denn in einem solchen Fall ist das Recht des Kindes auf bestmögliche Unterstützung seiner Persönlichkeitsentwicklung beeinträchtigt, wobei eine Rechtfertigung unter Berufung auf die Rechte der Eltern wegen dem Vorrang des Kindeswohls nicht in Betracht kommt. Mit der Feststellung der Grundrechtswidrigkeit ist aber noch nichts über die Vereinbarkeit mit dem ordre public gesagt, denn die Voraussetzungen des Art. 6 EGBGB sind nur erfüllt, wenn ein schwerer und offensichtlicher Verstoß gegen Art. 2 Abs. 1 GG vorliegt und die Anwendung des ausländischen Rechts folglich unerträglich wäre. Dabei ist, wie immer im Internationalen Privatrecht, eine gewisse Toleranz gegenüber fremden Rechtsordnungen an den Tag zu legen;[470] es wäre deshalb verfehlt, die im deutschen Recht getroffene Bestimmung zur Verteilung der elterlichen Sorge als die einzige vertretbare Lösung anzusehen.[471] Es kann deshalb nicht für eine Anwendung der Vorbehaltsklausel wegen einer Verletzung der Rechte des Kindes ausreichen, wenn der deutsche Richter bei Anwendung des ausländischen Rechts zu einem anderen Ergebnis gelangt, als wenn er die Entscheidung am Maßstab des § 1671 BGB getroffen hätte.[472] Denn oftmals sind beide Elternteile zur Ausübung des Sorgerechts geeignet und eine genaue Prognose des Richters nur schwer möglich. Auf der anderen Seite legt man die Messlatte jedoch zu hoch, wenn man für einen offensichtlichen Verstoß gegen Art. 2 Abs. 1 GG verlangt, dass das Kindeswohl durch die Sorgerechtsentscheidung ernsthaft gefährdet wird,[473] sondern es sollte ausreichen, wenn das Gericht zu der Überzeugung gelangt, dass die Entwicklung des Kindes bei dem (nach dem anzuwendenden islamischen Recht) nicht sorgeberechtigten Elternteil wesentlich besser gefördert werden würde.[474]

Kann, aus den oben genannten Gründen, im konkreten Fall kein offensichtlicher Verstoß gegen Art. 2 Abs. 1 GG festgestellt werden, ist in einem zweiten Schritt zu prüfen, ob nicht die Verletzung der Elternrechte eine Verletzung des ordre public begründet. Denn die vom Geschlecht oder der Religionszugehörigkeit der Eltern abhängende Zuweisung der elterlichen Sorge nach starren Fristen im islamischen Recht verstößt gegen den Gleichbehandlungsgrundsatz der Geschlechter. Ein Verstoß gegen Art. 3 Abs. 2, 3 GG ist dabei auch nicht von

470 Vgl. Rauscher, JR 1994, 184 (188); Andrae, Internationales Familienrecht, S. 317.

471 Vgl. Rauscher, JR 1994, 184 (188). Ähnlich auch Fulchiron, in: Le droit de la famille à l'épreuve des migrations transnationales, 197 (205 ff.).

472 Etwas anderes ergibt sich aber möglicherweise aus den Vorgaben der EMRK, die den Inhalt des nationalen ordre public wesentlich beeinflussen, vgl. hierzu näher unten, 3. Kapitel.

473 So auch Andra, Internationales Familienrecht, S. 317.

474 So wohl auch Elwan/Menhofer/Otto, Gutachten zum ausländischen Familien- und Erbrecht, S. 225.

vornherein wegen des Vorrangs des Kindeswohls ausgeschlossen, da die Rechte der Eltern nach der hier vertretenen Auffassung nicht völlig hinter die des Kindes zurücktreten, sondern lediglich durch den Aspekt des Kindeswohls beschränkt werden. Geht man also davon aus, dass bei der Verteilung der elterlichen Sorge ein gewisser Toleranzbereich in Ansehung des Kindeswohls besteht, so verstößt die Anwendung der diskriminierenden islamischen Vorschriften immer dann gegen Art. 3 Abs. 2, 3 GG, wenn durch diese Entscheidung das Kindeswohl nicht negativ tangiert wird.[475] Von einem ordre public Verstoß ist deshalb jedenfalls dann auszugehen, wenn das (nach dem anzuwendenden Recht) nicht sorgeberechtigte Elternteil besser zur Wahrung der Interessen des Kindes geeignet wäre. Im Ergebnis ergeben sich somit keine Unterschiede zur h. M. Die unterschiedliche Herangehensweise wirkt sich jedoch bei der Anerkennung ausländischer Sorgerechtsentscheidungen aus.[476]

ccc) Analyse der Rechtsprechung: konkrete Prüfung des Einzelfalls oder abstrakte Überprüfung der ausländischen Rechtsordnung?

In allen gängigen Lehrbüchern zum Internationalen Privatrecht weisen die in- und ausländischen Autoren daraufhin, dass für die Anwendung der Vorbehaltsklausel immer die konkreten Umstände des Einzelfalls auschlaggebend sind. Es handelt sich dabei um ein Grundprinzip des Internationalen Privatrechts, das in allen Mitgliedstaaten Geltung beansprucht.[477] Allerdings wirft die Analyse der Rechtsprechung Zweifel auf, ob dieses Rechtsprinzip auch in der Praxis konsequent angewendet wird. Zu prüfen bleibt mithin, ob die mitgliedstaatlichen Gerichte tatsächlich immer nur das konkrete Ergebnis der Rechtsanwendung im Einzelfall untersuchen oder ob nicht doch eine abstrakte Überprüfung des ausländischen Rechts stattfindet.

(1) Islamisches Scheidungsrecht

Begehrt die Frau die Scheidung, und ist nach dem ausländischen Scheidungsstatut kein Scheidungsgrund gegeben, so entscheiden mitgliedstaatliche Gerichte regelmäßig, dass das islamische Scheidungsrecht, welches die Scheidungsgründe für Männer und Frauen unterschiedlich ausgestaltet, gegen den Gleichbehandlungsgrundsatz der Geschlechter und somit gegen den inländischen ordre public verstößt. So hat das OLG Rostock im Jahre 2005 entschieden, dass eine Ver-

475 I. E. so wohl auch Rauscher, JR 1994, 184 (188); Andrae, Internationales Familienrecht, S. 318.
476 Vgl. hierzu unten, 2. Kapitel III. 2.
477 Vgl. oben Fn. 447.

letzung des Gleichbehandlungsgrundsatzes gemäß Art. 3 Abs. 2 GG vorliegt, wenn die Ehescheidung einer algerischen Antragstellerin an den im algerischen Familiengesetzbuch genannten engen Voraussetzungen scheitert.[478]

Beantragt der Ehemann die Scheidung, so stellt sich die Frage, ob es gegen den inländischen ordre public verstößt, wenn die gerichtliche Scheidung aufgrund eines Talaqs ausgesprochen wird. Das wird von den meisten europäischen Gerichten bejaht, die bei einem einseitigen Verstoßungsrecht des Mannes regelmäßig eine Verletzung des verfassungsrechtlich verbürgten Gleichbehandlungsgrundsatzes feststellen oder ihn als unvereinbar mit dem inländischen Verfahrensrecht einstufen. Eine Scheidung nach den Normen des ausländischen Rechts soll selbst dann nicht möglich sein, wenn die Frau der Auflösung der Ehe zustimmt.

Deutsche Richter sehen dagegen in dem Talaq einen zulässigen Scheidungsgrund, der nur unter gewissen Voraussetzungen gegen den ordre public verstößt. Das ist der Fall, wenn die Ehefrau mit der Scheidung nicht einverstanden ist und die Ehe auch nicht nach deutschem Recht geschieden werden könnte.

Die Analyse zeigt, dass europäische Richter in erster Linie eine abstrakte Überprüfung der islamischen Normen vornehmen. Nur deutsche Richter versuchen einen differenzierten Ansatz, indem sie auf die konkreten Umstände des Einzelfalls abstellen. Fraglich ist aber, ob die deutschen Richter mit dem Gleichbehandlungsgrundsatz den richtigen Bezugspunkt wählen oder ob nicht vielmehr die Vereinbarkeit des islamischen Scheidungsrechts mit Art. 6 Abs. 1 GG Gegenstand der ordre public Kontrolle sein müsste.[479]

(2) Islamisches Scheidungsfolgenrecht

Geht es um das Eltern-Kind-Verhältnis, so hat das Wohl des Kindes oberste Priorität; insoweit sind sich alle Mitgliedstaaten einig. Divergenzen bestehen jedoch hinsichtlich der Anforderungen, die an den ordre public Vorbehalt gestellt werden. So lassen es französische und italienische Gerichte bereits genügen, dass die ausländischen Vorschriften im Allgemeinen keine Berücksichtigung des Kindeswohles zulassen. Deutsche Richter nehmen hingegen einen Verstoß gegen Art. 6 EGBGB nur dann an, wenn die Verteilung der elterlichen Sorge nach den starren Fristen der islamrechtlichen Tradition, im konkreten Fall den Interessen des Kindes widerspricht.

Auch hier zeigt sich wieder deutlich, dass mitgliedstaatliche Gerichte, ganz überwiegend, das anzuwendende islamische Rechts abstrakt überprüfen. Eine Ausnahme gilt allerdings für die deutsche Rechtsprechung, die im Eltern-Kind-

478 OLG Rostock, FamRZ 2006, 947.

479 Dazu näher unten unter 2. Kapitel, I. 1. g) bb) ddd).

Recht tatsächlich nur auf das konkrete Ergebnis der Rechtsanwendung Bezug nimmt.[480]

(3) Zwischenergebnis zur Analyse der mitgliedstaatlichen Rechtsprechung

Zusammenfassend lässt sich festhalten, dass mitgliedstaatliche Gerichte nicht immer nur das konkrete Ergebnis, losgelöst von dem Wertesystem des anwendbaren Rechts, überprüfen. Vielmehr liegt ihren Entscheidungen häufig auch eine generelle Wertentscheidung über die ausländische Rechtsordnung zu Grunde. Deutsche Gerichte versuchen dabei noch am stringentesten dem internationalprivatrechtlichen Grundsatz gerecht zu werden, die Vorbehaltsklausel nur anzuwenden, wenn die Anwendung des ausländischen Rechts im konkreten Fall gegen wesentliche Prinzipien und Grundsätze der inländischen Rechtsordnung verstößt. Ob dies allerdings auch im Falle der Berufung islamischen Scheidungsrechts gelingt, ist zweifelhaft.

ddd) Stellungnahme zur Rechtsprechung deutscher Gerichte bei der Anwendung islamischen Scheidungsrechts

Auch wenn islamisches Recht als Scheidungsstatut berufen wird, versuchen deutsche Gerichte Männern und Frauen die gleiche Scheidungsfreiheit zu gewährleisten. Da deutsche Gerichte keine Normen anwenden dürfen, die hier lebende muslimische Frauen gegenüber ihren Ehemännern eklatant benachteiligen, wird diese Rechtsprechung im Ergebnis wohl von Niemandem beanstandet. Fraglich ist jedoch, wie sich ein solches Ergebnis dogmatisch begründen lässt.

(1) Prüfungsmaßstab: Art. 3 Abs. 2 GG

Auf den ersten Blick scheint sich ein Verstoß gegen den Gleichbehandlungsgrundsatz geradezu aufzudrängen und zwar unabhängig davon, ob der Mann oder die Frau die Scheidung beantragt; denn das islamische Recht gewährt dem Mann eine wesentlich größere Scheidungsfreiheit als der Frau.

Fraglich ist aber, ob die Annahme einer Verletzung des Gleichbehandlungsgrundsatzes nicht gegen den klaren Wortlaut des Art. 6 EGBGB verstößt. Denn

480 Sofern allerdings immer eine Entscheidung am Maßstab des § 1671 BGB getroffen wird, kommt die abstrakte und konkrete Überprüfung des ausländischen Rechts immer zum gleichen Ergebnis, so dass das Abstellen auf den konkreten Fall hier ausnahmsweise überflüssig erscheint, wie Mayer/Heuzé zur vergleichbaren Rechtslage in Frankreich anmerken, vgl. Mayer/Heuzé, Droit international privé, S. 151 f.; 284 f.

der Wortlaut der Norm legt die Schlussfolgerung nahe, dass Prüfungsgegenstand nicht die abstrakte ausländische Norm ist, sondern ihre Rechtswirkungen im konkreten Einzelfall. Diese Auffassung entspricht auch der Rechtsprechung und der ganz h. M. in der Literatur.[481]

Die Analyse hat jedoch ergeben, dass eine sachgerechte Entscheidung oft schwierig zu begründen ist, wenn nur das konkrete Resultat der Rechtsanwendung losgelöst von der zugrunde liegenden Rechtsordnung betrachtet wird. Denn das konkrete Ergebnis ist für sich gesehen nur selten ordre public-widrig, sondern ergibt sich in der Regel erst aus den in der ausländischen Norm zum Ausdruck kommenden Wertvorstellungen.[482] Und auch die h. M. ist der Ansicht, dass immer das Gesamtergebnis der Anwendung des ausländischen Rechts ausschlaggebend ist und deshalb die Gesamtregelung des Lebenssachverhalts im ausländischen Recht Berücksichtigung finden müsse.[483]

Aus diesem Grund vertritt eine Mindermeinung in der Literatur die Auffassung, dass die Vorbehaltsklausel nur dann sinnvoll angewendet werden kann, wenn nicht nur das konkrete Ergebnis, sondern auch die dem Sachverhalt zugrunde liegende Norm und die in dieser Norm zum Ausdruck kommenden Ziele und Motive der ausländischen Rechtsordnung auf ihre Vereinbarkeit mit dem deutschen ordre public überprüft werden.[484] Erst in einem zweiten Schritt sei dann zu untersuchen, ob nicht im konkreten Fall Umstände vorliegen, die die Benachteiligung einer Partei ausgleichen oder dazu führen, dass die inländischen Gerechtigkeitsvorstellungen nicht oder nur unwesentlich tangiert werden. Liegen solche Umstände vor, so werde die Rechtsfolge des Art. 6 EGBGB auch dann nicht ausgelöst, wenn die ausländische Norm abstrakt gesehen grundrechtswidrig ist.[485] Folgt man dieser Auffassung und berücksichtigt auch die dem ausländischen Recht zu Grunde liegenden Wertvorstellungen, so stellt der Gleichbehandlungsgrundsatz tatsächlich den richtigen Bezugspunkt für die ordre public Kontrolle dar.

Für diese Ansicht spricht, dass die Problematik dort diskutiert wird, wo unsere Gerechtigkeitsvorstellungen tangiert werden, nämlich bei der Ungleichbehandlung der Geschlechter. Denn es wird Niemand bestreiten, dass deutsche Gerichte wesentlich weniger Probleme hätten, den Talaq als Scheidungsgrund zuzulassen, wenn diese Art der Eheauflösung auch Frauen zustände.

481 BGH, BGHZ 50, 370 (375 f.); BGH, BGHZ 75, 32 (43); BGH, BGHZ 104, 240 (243); Müko–Sonnenberger, Art. 6 EGBGB Rn. 47; Staudinger-Mankowski, Art. 6 EGBGB Rn. 105; Jayme, StAZ 1980, 301 (302).

482 Vgl. auch Dörner, IPRax 1994, 33 (35).

483 Vgl. Müko–Sonnenberger, Art. 6 EGBGB Rn. 47.

484 Vgl. Dörner, IPRax 1994, 33 (35).

485 Vgl. Dörner, IPRax 1994, 33 (35).

Gegen diese Ansicht spricht aber der eindeutige Wortlaut des Art. 6 EGBGB, wonach alleine das Ergebnis der Anwendung der Norm maßgeblich ist, die den konkreten Sachverhalt regelt. Eine abstrakte Überprüfung des ausländischen Scheidungsrechts ist deshalb nicht zulässig. Vielmehr ist danach zu differenzieren, ob der Mann oder die Frau die Scheidung beantragt.

Verlangt der Mann die Scheidung, unterliegen nur die Vorschriften, die das Scheidungsrecht des Mannes regeln, der ordre public Kontrolle. Denn im konkreten Fall möchte sich nur der Mann scheiden lassen, so dass es bei einer konkreten Betrachtungsweise keine Rolle spielen darf, ob sich die Frau im umgekehrten Fall scheiden lassen könnte. Für diese Ansicht spricht auch eine Gleichbehandlung mit den Fällen, bei denen die überlebende Ehefrau nach dem islamischen Erbstatut nur die Hälfte dessen erbt, was der Mann bei einem Vorversterben der Ehefrau erhalten würde. Auch hier geht die h. M. davon aus, dass die Tatsache, dass der Mann im umgekehrten Fall das Doppelte erben würde, rein hypothetisch ist und deswegen bei der ordre public Kontrolle außer Betracht bleiben muss.[486] Die entscheidende Frage kann deshalb nur lauten, ob es gegen wesentliche Rechtsgrundsätze der deutschen Rechtsordnung verstößt, wenn sich ein Ehegatte einseitig und ohne Angaben von Gründen von dem anderen Ehegatten trennen kann.[487]

Beantragt die Frau die Scheidung, gilt entsprechendes. Auch hier sind alleine die Vorschriften maßgeblich, die das Scheidungsrecht der Frau regeln. Denn die Tatsache, dass sich der Mann jederzeit nach seinem Ermessen und ohne Angabe von Gründen von seiner Frau scheiden lassen könnte, bleibt wieder rein hypothetisch, da der Mann die Ehe gerade nicht auflösen möchte. Der ordre public Verstoß kann deshalb nur darin begründet liegen, dass die Frau sich nicht scheiden lassen kann, obwohl die Ehe möglicherweise endgültig zerrüttet ist.

Die genaue Herausarbeitung der Fragestellung zeigt somit, dass das islamische Scheidungsrecht in konkreten Fall nie gegen den Gleichbehandlungsgrundsatz der Geschlechter verstoßen kann, und zwar unabhängig davon, ob der Mann oder die Frau die Scheidung begehrt.

---

486 OLG Hamm, FamRZ 1993, 111 (114); IPG 1996, Nr. 40 (Tunesien) 527 (538); IPG 1998, Nr. 35 (Iran) 527 (536 f.); Pauli, Islamisches Familien- und Erbrecht, S. 171 ff.; a. A. Pattar, Islamisch inspiriertes Erbrecht und deutscher Ordre public, S. 513 f.; Lorenz, IPRax 1993, 148 (150), der die Auffassung vertritt, dass nicht die Grundrechtsverletzung hypothetisch ist, sondern allenfalls der Vergleichsmaßstab, aus dem sich der gleichheitswidrige Charakter der Vorschrift ergibt.

487 Denn im konkreten Fall – und nur auf den kommt es nach der h. M. an – begehrt der Mann die Scheidung. Ob die Frau im umgekehrten Fall eine Scheidung erwirken könnte, dürfte aber bei einer rein konkreten Betrachtungsweise gar keine Rolle spielen, so dass das Ergebnis der Rechtsanwendung auch nicht gegen Art. 3 Abs. 2 GG verstoßen kann.

(2) Prüfungsmaßstab: Art. 6 Abs. 1 GG

Nach der hier vertretenen Auffassung kann die Anwendung islamischen Scheidungsrechts deshalb nur gegen Art. 6 Abs. 1 GG verstoßen.

(a) Scheidung auf Antrag der Frau

Beantragt die Frau die Scheidung, dann steht eine Verletzung der Eheschließungsfreiheit nach Art. 6 Abs. 1 GG im Raum. Zwar begründet es nach ständiger Rechtsprechung noch keinen ordre public Verstoß, wenn das ausländische Recht strengere Voraussetzungen an die Scheidung stellt als das deutsche Recht. Doch sollte den geänderten sozialen und gesellschaftlichen Verhältnissen Rechnung getragen werden und eine Verletzung der Eheschließungsfreiheit angenommen werden, wenn die Ehe trotz Zerrüttung nach dem anwendbaren islamischen Recht nicht geschieden werden kann.[488] Die Ehe ist dann – wenn die Voraussetzungen vorliegen – unter Anwendung deutschen Rechts zu scheiden.

Aus Gründen der Rechtsklarheit wäre aber auch der Erlass einer Norm nach Vorbild des spanischen IPRs denkbar, das immer die lex fori zur Anwendung beruft, wenn das anzuwendende islamische Recht keinen Scheidungsgrund für die Frau bereithält. Allerdings ist zu berücksichtigen, dass in Kürze die Rom III VO in Kraft treten wird. Diese erklärt gemäß Art. 10 Rom III VO immer die lex fori für anwendbar, wenn das an sich maßgebliche Recht eine Scheidung nicht zulässt oder einem der Ehegatten aufgrund seiner Geschlechtszugehörigkeit keinen gleichberechtigten Zugang zur Ehescheidung eröffnet.[489] Für eine entsprechende Gesetzesänderung auf nationaler Ebene besteht deshalb kein Bedürfnis mehr.

(b) Scheidung auf Antrag des Mannes

Begehrt der Mann die Auflösung der Ehe, so ist fraglich, ob die Tatsache, dass der Ehemann sich jederzeit einseitig und ohne Angabe von Gründen scheiden lassen kann, gegen das Eheverständnis des Art. 6 Abs. 1 GG verstößt.

Zumeist wird die Unvereinbarkeit des Talaq mit Art. 6 Abs. 1 GG ohne großen Begründungsaufwand bejaht.[490] Ganz eindeutig ist die Frage der Grundrechtswidrigkeit jedoch nicht; denn auch im deutschen Recht ist eine Scheidung nach einseitiger Zerrüttung durch einen der Beteiligten möglich (§ 1965 Abs. 1

488 Vgl. Andrae, Internationales Familienrecht, S. 208.
489 Vgl. hierzu näher unter 2. Kapitel, I. 2. c) aa).
490 Vgl. Rauscher, IPRax 2000, 391 (392 f.).

BGB). Allerdings könnte das Recht des muslimischen Mannes, die Ehe jederzeit durch Erklärung zu beenden, gegen wesentliche Grundsätze des deutschen Eherechts verstoßen, das u. a. den Schutz vor übereilten Entscheidungen und Rechtsmissbrauch bezweckt.[491] Es ist jedoch zu bedenken, dass auch in anderen europäischen Ländern eine Scheidung viel schneller erwirkt werden kann, als in Deutschland. So ist beispielsweise in Schweden eine Ehescheidung auch gegen den Willen des anderen Ehegatten bereits nach dem Ablauf einer sechsmonatigen Frist möglich.[492] Dennoch ist nicht davon auszugehen, dass deutsche Gerichte einer schwedischen Scheidung auf Grundlage von Art. 22 Brüssel IIa VO die Anerkennung versagen würden, nur weil die Bedenkzeit wesentlich kürzer ausgestaltet ist, als im deutschen Recht. Darüber hinaus ist auch die Scheidung nach islamischem Recht grundsätzlich widerruflich, so dass der Mann sein Handeln ebenfalls bis zum Ablauf der dreimonatigen Wartezeit überdenken kann. Auf der anderen Seite darf aber nicht übersehen werden, dass der Mann in vielen islamischen Staaten die Möglichkeit hat, die Ehe unmittelbar und unwiderruflich durch dreimaligen Ausspruch der Verstoßungsformel zu beenden. Es besteht somit durchaus die Gefahr einer unbedachten und übereilten Entscheidung, die nicht mehr rückgängig gemacht werden kann. So ist ein Fall aus der indischen Rechtspraxis bekannt,[493] bei der der Mann die Frau im Zorn durch dreimaligen Scheidungsausspruch unwiderruflich geschieden hat. Eine Wiederaufnahme der ehelichen Beziehung war deshalb nach dem maßgeblichen islamischen Recht nicht mehr möglich, obwohl beide Ehegatten dies wünschten.[494] Zudem ist es nicht auszuschließen, dass der Mann sein einseitiges Verstoßungsrecht willkürlich gebraucht. Denn in den meisten islamisch-geprägten Rechtsordnungen kann der Mann die Frau ohne deren Einwilligung während der Wartezeit zurücknehmen, so dass das einseitige Scheidungsrecht auch als Druckmittel missbraucht werden kann.[495] Gerade der einseitige Charakter des Verstoßungsrechts ist es, der sich nur schwer mit dem Eheverständnis des Art. 6 GG vereinbaren lässt. Ob die Verpflichtung des Mannes, im Falle einer Scheidung die Brautgabe zurückzuzahlen, als gerechte Verteilung der Risiken des Scheiterns einer Ehe bezeichnet werden kann, ist dagegen stark zu bezweifeln.[496] Denn diese Zahlung vermag die

491 Vgl. Rauscher, IPRax 2000, 391 (392).

492 §§ 2 und 3 des schwedischen Ehegesetzes vom 14.5.1987 abgedruckt bei: Bergmann/Ferid, Länderteil Schweden, S. 57.

493 Vgl. Rohe, Das islamische Recht, S. 283 f.

494 Was den Fall besonders tragisch macht, ist, dass auch eine Wiederheirat ausgeschlossen war, da gemäß Sure 2, 230 die Parteien erst wieder heiraten dürfen, wenn die Frau nach der Wartezeit in gültiger und vollzogener Ehe mit einem anderen Mann gelebt hat und von diesem wirksam verstoßen wurde.

495 Vgl. näher zum islamischen Scheidungsrecht oben 1. Kapitel, III.

496 So aber Rauscher, IPRax 2000, 391 (393).

sozialen und wirtschaftlichen Nachtteile kaum auszugleichen, die für die Frau mit der Scheidung einhergehen. Das muss umso mehr deshalb gelten, weil der *Mahr* heutzutage, besonders in städtischen Gebieten, oft nur noch ein symbolischer Wert zukommt. Das Verstoßungsrecht des Mannes ist deshalb, gerade wegen seiner Einseitigkeit, als unvereinbar mit dem Eheverständnis des deutschen Grundgesetzes einzustufen.

(3) Berücksichtigung der konkreten Umstände des Einzelfalls

Der Inhalt des ausländischen Rechts darf aber nicht losgelöst von dem zu entscheidenden Einzelfall abstrakt auf seine Grundrechtswidrigkeit untersucht werden. In einem zweiten Schritt ist deshalb zu prüfen, ob nicht im konkreten Fall Umstände vorliegen, die die Benachteiligung der Ehefrau ausgleichen oder dazu führen, dass die inländischen Gerechtigkeitsvorstellungen nicht oder nur unwesentlich tangiert werden. Liegen solche Umstände vor, kann die Talaq-Scheidung durch den Mann vor deutschen Gerichten zugelassen werden, ohne dass die Rechtsfolge des Art. 6 EGBGB eingreift. Zu diskutieren sind hier Sachverhalte, bei denen die Scheidungsvoraussetzungen auch nach deutschem Recht gegeben wären, die Frau der Scheidung zustimmt oder nur ein geringer Inlandsbezug vorliegt.

(a) Vorliegen der Scheidungsvoraussetzungen nach deutschem Recht

Deutsche Richter verneinen einen ordre public Verstoß in der Regel dann, wenn die Voraussetzungen für eine Scheidung auch nach deutschem Recht vorliegen. Dieses Vorgehen ist aber nur gerechtfertigt, wenn die deutschen Gerechtigkeitsvorstellungen durch die Anwendung der ausländischen Norm nicht berührt werden. Dafür könnte sprechen, dass sich der ordre public Verstoß in einem solchen Fall womöglich gar nicht auswirkt, da das deutsche Recht zu dem gleichen Ergebnis gelangen würde. Gegen die Anwendung lässt sich jedoch anführen, dass es gerade die Art und Weise der Auflösung der Ehe ist, die als herabwürdigend für die Frau angesehen wird. Es wäre deswegen konsequenter, die grundrechtswidrige Norm nicht anzuwenden und durch die lex fori zu ersetzen. Auf diese Weise wird verhindert, dass der Ehemann zu einer Prozesshandlung genötigt wird, die in das Verfahren nach der ZPO nicht hineinpasst und die Frau beschämt.[497] Nach dem heutigen Stand der Rechtsprechung findet dagegen eine weitgehende Vermischung zwischen der lex causae und der lex fori statt, die keiner der beiden Rechtsordnungen mehr so richtig gerecht wird. Im islamischen Recht hat die Verstoßungserklärung Gestaltungswirkung, ohne dass weitere Anforderungen

497 Vgl. Andrae, Internationales Familienrecht, S. 216 f.

an die Wirksamkeit der Scheidung gestellt werden. Vor deutschen Gerichten kann der Talaq dagegen – wegen des gerichtlichen Scheidungsmonopols – nur als Scheidungsgrund anerkannt werden, und dass auch nur dann, wenn die Ehefrau zustimmt oder die Scheidung auch nach deutschem Recht erlangt werden könnte. Aus diesem Grund wäre es vorzugswürdig, den Talaq – wie in allen anderen Mitgliedstaaten – gar nicht als Scheidungsgrund zuzulassen. Sollte das anzuwendende islamische Recht einen anderen Scheidungsgrund für den Mann kennen, der mit dem inländischen ordre public vereinbar ist, so ist dieser zu Grunde zu legen. Sollte der Ehemann dagegen nach dem anwendbaren Recht keine Möglichkeit haben, eine gerichtliche Scheidung zu erwirken, verstößt das Ergebnis der Rechtsanwendung gegen die Eheschließungsfreiheit des Art. 6 Abs. 1 GG und es ist die lex fori als Ersatzrecht anzuwenden.

Das Argument, dass durch den Ausspruch der Verstoßungsformel die Anerkennungsfähigkeit des Urteils im Ausland erhöht wird, vermag indessen nicht zu überzeugen. Denn begehrt der Ehemann die Scheidung, so wird ihm auch daran gelegen sein ein wirksames Urteil im Heimatstaat zu erwirken, so dass er die erforderlichen Handlungen auch außerhalb des deutschen Gerichts vornehmen wird. Problematisch sind deshalb eher die Fälle, in denen die Frau die Scheidung beantragt und der Mann die für die religiöse Scheidung notwendige Zustimmung verweigert. Denn unter diesen Umständen besteht die Gefahr, dass die Frau zwar nach deutschem Recht wirksam geschieden ist, aber keine Ehe nach islamischem Ritus mehr eingehen kann, da sie nach islamischem Recht noch als verheiratet gilt.

Es sollte deswegen bei der Prüfung, ob die Anwendung des ausländischen Rechts mit dem ordre public vereinbar ist, nicht zu viel Gewicht auf die Frage gelegt werden, ob das Scheidungsurteil auch im Heimatland der Ehegatten anerkannt werden kann. Denn es darf auch nicht übersehen werden, dass die Schwierigkeiten für hier lebende Muslime nicht mit dem Erlass eines anerkennungsfähigen Urteils enden. So ist etwa in vielen Ländern, wie beispielsweise in Marokko, ein Anerkennungsverfahren vorgeschrieben, das mit erheblichem Aufwand und Kosten verbunden ist.

Für die hier vertretene Ansicht spricht zudem, dass der tunesische *Tribunal de Première Instance de Tunis* schon im Jahre 1977 die Anwendung marokkanischen Scheidungsrechts mit der Begründung ablehnte, dass die außergerichtliche Verstoßung gegen den tunesischen ordre public verstoße.[498] Vor dem Hintergrund dieser Entscheidung mag man sich schon fragen, ob die Bedenken einiger Auto-

498 Tribunal de Première Instance de Tunis vom 19.4.1977, Rev. Tunisienne dr. 1977 (N° 1) 91 ff. mit krit. Anm. von Mezghani. Als ordre public-widrig wurde hierbei insbesondere die Tatsache angesehen, dass das damals geltende marokkanische Familienrecht keine Beteiligung eines staatlichen Gerichts vorsah und der Frau auch im Falle der unbegründeten Scheidung durch den Mann kein Schadensersatz zustand. Mezghani weist hingegen darauf hin, dass der

ren nicht zu weit gehen, die meinen, dass das Ersetzen des fremden Rechts durch das eigene Recht ein gewisses Überlegenheitsdenken widerspiegelt, das einen unangenehmen Beigeschmack hinterlasse.[499]

(b) Einverständnis der Ehefrau

Auch wenn die Ehefrau mit der Scheidung einverstanden ist, verstößt die ausländische Norm gegen Art. 6 Abs. 1 GG. Die Rechtsfolge des Art. 6 EGBGB greift aber nur ein, wenn die Anwendung der grundrechtswidrigen Vorschrift im konkreten Fall für die inländische Rechtsordnung unerträglich scheint. Das ist anzunehmen, wenn der Richter eine ausländische Norm anwenden muss und dadurch selbst gegen Art. 6 Abs. 1 GG verstößt. Stimmt die Ehefrau der Ehescheidung durch Talaq zu, dann ist sie mit der Grundrechtsbeeinträchtigung einverstanden, so dass nach allgemeinen Regeln schon gar kein Eingriff in Art. 6 Abs. 1 GG vorliegt.[500] Folglich werden die inländischen Gerechtigkeitsvorstellungen nicht tangiert und der Richter muss die ausländische Vorschrift an sich anwenden. Allerdings wurde gerade darauf hingewiesen, dass der Ausspruch der Verstoßungsformel eine Prozesshandlung darstellt, die nicht so recht in das Verfahren nach der ZPO hineinpasst. Aus diesem Grund wäre es konsequenter, den Talaq nicht einmal in den Fällen als Scheidungsgrund zuzulassen, in denen die Frau der Scheidung zustimmt. Für das Rekurrieren auf den Talaq als Scheidungsgrund besteht auch gar kein Bedürfnis. Begehren beide Ehegatten die Scheidung, haben sie nach islamischem Recht die Möglichkeit, eine einvernehmliche Scheidung herbeizuführen. Diese so genannte *Mubara'a* – Scheidung[501] kann auch ohne Gegenleistung der Frau erfolgen. Die Vereinbarung über die Auflösung der ehelichen Gemeinschaft stellt dann den Scheidungsgrund für den Ausspruch der Scheidung durch den deutschen Richter dar.

(c) Kein hinreichender Inlandsbezug

Art. 6 EGBGB kann nur eingreifen, wenn der Sachverhalt einen hinreichenden Bezug zur inländischen Rechtsordnung aufweist. Das gilt nach ganz h. M. selbst für die Verletzung von Grundrechten.[502] Begründet wird diese Auffassung damit,

wirkliche Grund für die Nichtanwendung des marokkanischen Rechts durch das tunesische Gericht wohl in der Ungleichbehandlung der Geschlechter begründet lag.

499 So aber Gärtner, Die Privatscheidung im deutschen und gemeinschaftsrechtlichen Internationalen Privat- und Verfahrensrecht, S. 97.

500 Vgl. Looschelders, RabelsZ 65 (2001), 463 (488).

501 Vgl. dazu näher 1. Kapitel, III. 1. c).

502 BGH, BGHZ 60, 68 (78 ff.); Müko–Sonnenberger, Art. 6 EGBGB Rn. 82; Staudinger-Blumenwitz, Art. 6 EGBGB Rn. 137; Lorenz, IPRax 1993, 148 (149).

dass die Vorbehaltsklausel nicht dazu gebraucht werden sollte, um der ganzen Welt unsere Gerechtigkeitsvorstellungen aufzudrängen.[503] Aus diesem Grund müssten fremdartige Regelungen anderer Staaten prinzipiell anerkannt werden, um hinkende Rechtsverhältnisse zu vermeiden.[504]

Nach anderer Ansicht genügt bei einer Grundrechtsverletzung schon die Zuständigkeit deutscher Gerichte, um die erforderliche Verbindung zum Forum herzustellen. Denn deutsche Gerichte seien auch bei der Anwendung ausländischer Gesetze nach Art. 1 Abs. 3 GG an die Grundrechte gebunden und dürften deshalb keine grundrechtswidrigen Entscheidungen erlassen.[505]

Nach der hier vertretenen Auffassung ist es alleine entscheidend, ob die Anwendung der grundrechtswidrigen Norm in konkreten Fall für unsere Rechtsordnung unerträglich ist. Bei einem geringen Inlandsbezug ist das fraglich, da der inländische Rechtsverkehr dann womöglich nur peripher betroffen ist, wie etwa dann, wenn die Parteien erst seit kurzem in Deutschland leben. Bei einer genaueren Betrachtung stellt sich allerdings die Frage, ob diese Aussage tatsächlich zutreffend ist. Denn kann man wirklich behaupten, dass die inländischen Gerechtigkeitsvorstellungen nur am Rande betroffen sind, wenn ein deutsches Gericht eine grundrechtswidrige Norm anwendet? Und das obwohl der deutsche Richter als Träger der öffentlichen Gewalt nach Art. 1 Abs. 3 GG an die Grundrechte und somit an das Eheverständnis des Art. 6 Abs. 1 GG gebunden ist?

Zudem sind die Argumente der h. M. nicht allzu überzeugend. Natürlich müssen fremdartige Rechtsinstitute grundsätzlich beachtet werden, wenn die deutschen Kollisionsnormen auf ausländisches Recht verweisen. Und es ist auch richtig, dass es im Interesse der Parteien wünschenswert ist, hinkende Rechtsverhältnisse zu vermeiden. Primäre Aufgabe des Internationalen Privatrechts ist es jedoch, nach wie vor, die für den Sachverhalt geeignetste Rechtsordnung zu finden. Den internationalen Entscheidungseinklang zu wahren ist daneben ein erstrebenswertes Idealziel, das aber in der Praxis nie vollständig verwirklicht werden kann und das gerade im Verhältnis zu den islamisch-geprägten Rechtsordnungen schwer fällt, denen Wertvorstellungen zu Grunde liegen, die zum Teil sehr stark von unseren abweichen. Die Frage, ob ein internationaler Entscheidungseinklang erzielt werde kann, hängt zudem von so vielen Faktoren ab, dass es fast schon zufällig erscheint. Ein Beispielsfall mag das verdeutlichen: Haben zwei Pakistani muslimischen Glaubens ihren gewöhnlichen Aufenthalt in Deutschland und wollen sich hier scheiden lassen, so findet de lege lata pakistanisches Recht auf die Scheidung Anwendung, wenn es im konkreten Fall

503 Vgl. Rauscher, Internationales Privatrecht, S. 129.

504 Vgl. Hoffmann/Thorn, Internationales Privatrecht, S. 270f.; Staudinger-Blumenwitz, Art. 6 EGBGB Rn. 154.

505 Vgl. Looschelders, RabelsZ 65 (2001), 463 (476).

mit dem inländischen ordre public vereinbar ist. Die Scheidung könnte demzufolge nach einem erfolgreichen Anerkennungsverfahren in Pakistan anerkannt werden und der internationale Entscheidungseinklang wäre gewahrt. Sollten die Ehegatten allerdings mittlerweile die deutsche Staatsbürgerschaft erworben haben, so beurteilt sich das Scheidungsbegehren nach deutschem Recht und die Anerkennungsfähigkeit im Ausland ist fraglich, da das pakistanische Kollisionsrecht nicht an die Staatsangehörigkeit, sondern an die Religionszugehörigkeit anknüpft.[506] Folglich käme nach dem pakistanischen Kollisionsrecht das inländische Familiengesetzbuch als islamisches Personalstatut zur Anwendung, auch wenn die beiden Ehegatten die deutsche Staatsbürgerschaft besitzen sollten.[507] Das Ergebnis wäre eine hinkende Ehe, die für die Parteien misslich ist, auch wenn ihr Lebensmittelpunkt in Deutschland ist. Denn zumindest für die Ehefrau ist es dann nicht mehr möglich, eine Ehe nach islamischem Ritus einzugehen, was ihre Eheschließungsfreiheit erheblich beeinträchtigen kann. Legen wir nun die Kollisionsnormen der noch nicht in Kraft getretenen Rom III VO zu Grunde, so ergibt sich folgendes Bild. Wählen die Parteien nicht ihr gemeinsames Heimatrecht als Scheidungsstatut, so ist nach Art. 8 Abs. 1 lit. a Rom III VO das Recht am gemeinsamen gewöhnlichen Aufenthalt der Ehegatten maßgeblich, was in den meisten Fällen zur Anwendung der lex fori führen wird. So würde auch in unserem Beispielsfall die Scheidung deutschem Recht unterliegen, auch wenn beide Ehegatten ausschließlich die pakistanische Staatsangehörigkeit besitzen. Eine Anerkennung der deutschen Gerichtsentscheidung wäre dann im Heimatstaat der Betroffenen wohl ausgeschlossen.

Der hypothetische Beispielsfall verdeutlicht, dass internationaler Entscheidungseinklang oft nicht zu erreichen ist. Nicht zuletzt haben es die islamischen Staaten selbst in der Hand, ihre Staatsbürger vor hinkenden Rechtsverhältnissen zu schützen, indem sie ausländische Statusurteile unter großzügigeren Voraussetzungen anerkennen, als es heute zumeist der Fall ist. Insofern ist die Gesetzesreform in Marokko zu begrüßen, nach der es nun auch erlaubt ist, ausländische Scheidungsurteile anzuerkennen, wenn sie auf Gründen beruhen, die mit dem marokkanischen Familiengesetzbuch vereinbar sind.[508]

---

506 Vgl. Elwan/Menhofer/Otto, Gutachten zum ausländischen Familien- und Erbrecht, S. 421.

507 Grundsätzlich knüpft das pakistanische Internationale Privatrecht an das Domizil an. Eine Ausnahme gilt jedoch gemäß Sec. 1 Abs. 2 MFLO für pakistanische Moslems, wonach das MFLO für „alle muslimischen Bürger Pakistans [anwendbar ist], wo immer diese sich befinden.“ Die Scheidung deutscher Staatsbürger mit deutschem Domizil würde deswegen an sich deutschem Recht unterliegen. In letzter Zeit berufen sich pakistanische Gerichte aber zunehmend auf ordre public Erwägungen und wenden auch auf muslimische Ausländer mit Domizil im Ausland islamisches Recht an, vgl. Otto, in: Islamisches und arabisches Recht als Problem der Rechtsanwendung, 21 (31).

508 Vgl. Foblets, Rev. crit. internat. privé 2006, 521 (544).

Damit soll aber nicht gesagt werden, dass dem internationalen Entscheidungseinklang keine Bedeutung eingeräumt werden sollte. Denn hinkende Statusverhältnisse können für die betreffenden Personen gravierende Folgen haben und sind deswegen weitestgehend zu vermeiden. Die Darstellung soll aber deutlich machen, dass das Streben nach Entscheidungsharmonie kein grundrechtsverletzendes Urteil eines deutschen Richters rechtfertigen kann.

Entscheidend ist vielmehr, dass es sich bei Art. 6 EGBGB um eine Ausnahmevorschrift handelt, die nicht dazu missbraucht werden sollte, um Ländern mit einer islamischen Rechtsordnung unsere Grundrechtswertungen aufzudrängen. Es sollte deswegen danach differenziert werden, ob der Richter durch die Anwendung der verfassungswidrigen Norm ein grundrechtswidriges Ergebnis selbst herbeiführt, oder ob dieses anstößige Ergebnis von ihm nur im Rahmen einer Vorfrage zu berücksichtigen ist.[509] Muss der deutsche Richter auf Grundlage ausländischen Rechts eine Scheidung aussprechen, so darf er wegen Art. 1 Abs. 3 GG keine grundrechtswidrige Entscheidung erlassen. Geht es dagegen um die Anerkennung einer ausländischen Talaq-Scheidung, so muss der Richter zwar gegebenenfalls auch verfassungswidriges ausländisches Recht anwenden, aber er begeht keinen eigenständigen Grundrechtseingriff, da die Parteien nach dem ausländischen Recht schon wirksam geschieden sind. Nur im erstgenannten Fall wird der erforderliche Inlandsbezug bereits dadurch hergestellt,[510] dass die Scheidung durch ein Urteil eines deutschen Gerichtes erfolgt. Eine weitergehende Verbindung zum Forum ist deshalb unter diesen Voraussetzungen nicht erforderlich.

h) Zwischenergebnis zur Rechtslage de lege lata

Die Analyse lässt erkennen, dass alle Mitgliedstaaten versuchen, mit Hilfe der Vorbehaltsklausel Männern und Frauen den gleichen Zugang zu einer Scheidung vor europäischen Gerichten zu gewähren. Allerdings ist den Urteilen nicht immer klar zu entnehmen, wie der ordre public Verstoß dogmatisch zu begründen ist. So wird zumeist eine Verletzung des Gleichheitsgrundsatzes der Geschlechter bejaht, ohne zu problematisieren, ob dieses Grundrecht überhaupt den richtigen Bezugspunkt darstellt oder ob Umstände vorliegen, die die Diskriminierung der Frau im konkreten Fall ausgleichen. Zwischen der Theorie, immer nur auf die konkreten Umstände des Einzelfalls abzustellen und alle Rechtsordnungen prinzipiell als gleichwertig anzusehen und der Rechtspraxis, die versucht, unse-

509 So wohl auch Hoffmann/Thorn, Internationales Privatrecht, S 274 f.; Im Ergebnis ebenfalls Looschelders, RabelsZ 65 (2001), 463(490), der geltend macht, dass die deutsche Staatsgewalt durch die Anerkennung der ausländischen Entscheidung nicht in die Abwehrrechte der Frau eingreift.

510 Vgl. Andrae, Internationales Familienrecht, S. 208 f.

ren Gerechtigkeitsvorstellungen zur größtmöglichen Wirksamkeit zu verhelfen, besteht somit eine unübersehbare Diskrepanz.

2. Vereinheitlichtes Scheidungskollisionsrecht durch Erlass der Rom III VO

De lege lata wird das Scheidungskollisionsrecht ausschließlich durch das autonome und völkerrechtliche IPR der Mitgliedstaaten bestimmt. Denn auf unionsrechtlicher Ebene existieren im internationalen Scheidungsrecht bisher nur Regelungen zur internationalen Zuständigkeit, sowie zur Anerkennung von mitgliedstaatlichen Entscheidungen in Ehesachen (Brüssel IIa VO). Der europäische Gesetzgeber strebt jedoch schon seit längerem eine Vereinheitlichung des internationalen Familienrechts an. In dem für diese Arbeit relevanten Scheidungsrecht wurde bereits im Jahr 2006 ein endgültiger Vorschlag für eine „Verordnung des Rates zur Änderung der Verordnung (EG) Nr. 2201/2003 im Hinblick auf die Zuständigkeit in Ehesachen und zur Einführung von Vorschriften betreffend das anwendbare Recht in diesem Bereich vorgelegt.[511] Ziel der Regelung war es, dass künftig immer das gleiche Scheidungsrecht angewendet wird, unabhängig von der Wahl des Forums.

Allerdings erwies sich der Entwurf vor allem für Mitgliedstaaten, die bisher ausschließlich die lex fori auf Scheidungsverfahren anwenden, wie beispielsweise England, Irland und die skandinavischen Staaten, als problematisch. Insbesondere die Tatsache, dass es aufgrund der universellen Ausgestaltung der Kollisionsnormen zur Berufung von islamischen Sharianormen kommen kann, hat zu Bedenken geführt. Der universelle Charakter der Verordnung war wohl einer der Gründe dafür, dass Großbritannien und Irland von ihrer Möglichkeit zum *opt-out*[512] Gebrauch gemacht haben[513] und Schweden sich gegen die Annahme des Entwurfs sträubte.[514] Der Rat hat deshalb auch bei seiner Tagung vom 5./6. Juni 2008 erklärt, dass das Vorhaben, das Scheidungskollisionsrecht zu harmonisieren, in absehbarer Zeit nicht zu realisieren sei.[515]

---

511 KOM (2006) 399 endg.

512 Nach Art. 1, 2 des Protokolls zum Vertrag über die Europäische Union und zum Vertrag zur Gründung der Europäischen Gemeinschaft – Protokoll über die Position des Vereinigten Königreichs und Irlands hinsichtlich der Politik betreffend Grenzkontrollen, Asyl und Einwanderung sowie der justiziellen Zusammenarbeit und der polizeilichen Zusammenarbeit, Abl. EG Nr. C 340 vom 10.11.1997, S. 99.

513 Vgl. Wagner, IPRax 2007, 290 (292).

514 Vgl. Gärtner, Die Privatscheidung im deutschen und gemeinschaftsrechtlichen Internationalen Privat und Verfahrensrecht, S. 251.

515 Vgl. Erwägungsgrund 5 der Verordnung (EU) Nr. 1259/2010 des Rates.

Dennoch bestand in einigen Mitgliedstaaten weiterhin der Wunsch, die erheblichen Unterschiede zwischen den einzelstaatlichen Kollisionsnormen zu beseitigen, um die Rechtssicherheit für internationale Ehepaare zu erhöhen. Denn nach der bestehenden Rechtslage ist es für Ehegatten mit internationalem Hintergrund kaum abzusehen, welches Recht in Scheidungs- oder Trennungsverfahren berufen wird. Zehn EU-Staaten[516] haben deshalb erklärt, dass sie eine verstärkte Zusammenarbeit i. S. v. Art. 20 EUV[517] wünschen.[518] Die Kommission hat daraufhin einen entsprechenden Vorschlag ausgearbeitet, den der Europäische Rat am 20.12.2010 formell angenommen hat. Diese Verordnung „zur Durchführung einer Verstärkten Zusammenarbeit im Bereich des auf die Ehescheidung und Trennung ohne Auflösung des Ehebandes anzuwendenden Rechts" wird mittlerweile von 14 Mitgliedstaaten[519] – darunter auch Deutschland – gestützt.[520]

a) Die Anknüpfungsregeln der Rom III VO

Die neue Regelung bezweckt insbesondere die Parteiautonomie zu stärken.[521] Auf die objektive Anknüpfung kommt es deshalb nur an, wenn die Parteien nicht von ihrer beschränkten Rechtswahlmöglichkeit nach Art. 5 Rom III VO Gebrauch gemacht haben. Die Parteien können dabei zwischen folgenden Rechtsordnungen wählen: dem Recht des Staates, in dem die Ehegatten zum Zeitpunkt des Abschlusses der Vereinbarung ihren gewöhnlichen Aufenthalt haben (Art. 5 Abs. 1 lit. a Rom III VO), dem Recht des Staates, in dem die Parteien zuletzt ihren gewöhnlichen Aufenthalt hatten, sofern sich noch einer von ihnen zum Zeitpunkt des Abschlusses der Vereinbarung dort aufhält (Art. 5 Abs. 1 lit. b Rom III VO), dem Recht des Staates, dessen Staatsangehörigkeit einer der Ehegatten im Vereinbarungszeitpunkt besitzt (Art. 5 Abs. 1 lit. c Rom III VO) und dem Recht des Mitgliedstaates, in dem der Antrag gestellt wird (Art. 5 Abs. 1 Rom III VO). Die Rechtswahl muss dabei schriftlich getroffen werden, um den Ehegatten die Trag-

516 Bulgarien, Griechenland, Spanien, Frankreich, Italien, Luxemburg, Ungarn, Österreich, Rumänien und Slowenien. Griechenland hat seinen Antrag später zurückgezogen.

517 Nach den neuen EU-Verträgen (Art. 20 Abs. 2 EUV) bedarf es der Unterstützung von mindestens neun Mitgliedstaaten, um eine Verordnung auf das Instrument der verstärkten Zusammenarbeit zu stützen. Auf diese Weise besteht die Möglichkeit, Maßnahmen einzuführen, die wichtig sind, aber nicht in Kraft treten können weil sie von einer kleinen Minderheit der Mitgliedstaaten blockiert werden. Diese Lösung darf dabei nur als letztes Mittel herangezogen werden, vgl. die Begründung zum Verordnungsvorschlag: KOM(2010) 105 endg.

518 Vgl. Erwägungsgrund 6 der Verordnung (EU) Nr. 1259/2010 des Rates.

519 Belgien, Bulgarien, Deutschland, Spanien, Frankreich, Italien, Lettland, Luxemburg, Ungarn, Malta, Österreich, Portugal, Rumänien, Slowenien.

520 Vgl. Schulte-Nölke, ZGS 2010, 296.

521 Vgl. Erwägungsgrund 14 der Verordnung (EU) Nr. 1259/2010 des Rates.

weite ihrer Entscheidung bewusst zu machen,[522] und ist spätestens bei Anrufung des Gerichts zu unterzeichnen (Art. 5 Abs. 2, Art. 7 Abs. 1 Rom III VO).

Mangels einer wirksamen Rechtswahl bestimmt sich das anwendbare Recht nach einer Reihe von objektiven Anknüpfungsmomenten (Art. 8 Rom III VO), die in einem Stufenverhältnis zueinander stehen. Danach unterliegt die Scheidung primär dem Recht des Staates, in dem die Ehegatten im Zeitpunkt des Scheidungsantrags ihren gemeinsamen gewöhnlichen Aufenthalt haben (Art. 8 lit. a Rom III VO). In Ermangelung eines solchen wird subsidiär an den letzten gemeinsamen gewöhnlichen Aufenthalt angeknüpft, sofern dieser nicht mehr als ein Jahr vor Anrufung des Gerichts geendet hat und sich noch einer von ihnen dort aufhält (Art. 8 lit. b Rom III VO). Besaßen die Parteien niemals einen gemeinsamen gewöhnlichen Aufenthaltsort oder endete dieser vor mehr als einem Jahr vor Anrufung des Gerichts, ist auf das gemeinsame Heimatrecht der Beteiligten abzustellen (Art. 8 lit. c Rom III VO). Sollten die Ehegatten hingegen keine der genannten Voraussetzungen erfüllen, so ist ersatzweise das Recht des Staates anzuwenden, in dem der Scheidungsantrag gestellt wird (Art. 8 lit. d Rom III VO).

b) Die Anwendung islamischen Scheidungsrechts im Anwendungsbereich der Rom III VO

Der gemeinsame gewöhnliche Aufenthalt der Parteien stellt das wichtigste Anknüpfungsmoment dar, was die allgemeine Tendenz zum Aufenthaltsprinzip im europarechtlichen und völkerrechtlichen IPR widerspiegelt.[523] Es wird deshalb häufig zu einem Gleichlauf von zuständigem Gericht und anwendbarem Recht kommen.[524] Die Berufung fremden Rechts dürfte deshalb im Anwendungsbereich der Rom III VO eher die Ausnahme darstellen. Allerdings sind durchaus noch Konstellationen möglich, bei denen die Ehescheidung islamischem Recht unterliegt. Das ist beispielsweise dann der Fall, wenn nur der Antragssteller seinen gewöhnlichen Aufenthalt in einem Mitgliedstaat hat, aber beide Ehegatten die Staatsangehörigkeit eines Landes mit einer islamischen Rechtsordnung besitzen (Art. 3 lit. a 3. Spiegelstrich Brüssel IIa VO i. V. m. Art 8 lit. c Rom III VO). Möglich ist aber auch, dass die Parteien Staatsangehörige eines Mitgliedstaates sind, aber sich ihr gemeinsames Domizil in einem Staat mit einer islamischen Rechtsordnung befindet. Auch in einem solchen Fall sind mitglied-

522 Vgl. Erwägungsgrund 19 der Verordnung (EU) Nr. 1259/2010 des Rates.

523 Vgl. Gärtner, die Privatscheidung im deutschen und gemeinschaftsrechtlichen Internationalen Privat- und Verfahrensrecht, S. 215.

524 Vgl. Gärtner, die Privatscheidung in deutschen und gemeinschaftsrechtlichen Internationalen Privat- und Verfahrensrecht, S. 219.

staatliche Gerichte nach Art. 3 lit b Brüssel IIa VO VO international zuständig[525] und müssen gegebenenfalls gemäß Art. 8 lit. a Rom III VO das drittstaatliche Recht am Aufenthaltsort anwenden, sofern dieses die Verweisung annimmt. Und schließlich ist denkbar, dass die Parteien eine entsprechende Rechtswahl nach Art. 5 Rom III VO treffen. Primär ist hier an Fälle zu denken, wo die Ehegatten ihren gemeinsamen gewöhnlichen Aufenthalt in einem Mitgliedstaat haben, aber zumindest einer von ihnen die Staatsangehörigkeit eines Staates mit einer islamischen Rechtsordnung besitzt und sie dieses islamische Recht als Scheidungsstatut wählen, Art. 5 Abs. 1 lit. c Rom III VO.

c) Der Ausschluss islamischen Scheidungsrechts gemäß Art. 10 und 12 Rom III VO

Die Anknüpfungsnormen der Rom III VO begünstigen die Anwendung der lex fori. Dennoch sind immer noch Konstellationen denkbar, bei denen die Scheidung einer islamisch-geprägten Rechtsordnung unterliegen kann. Allerdings wird diese Wahrscheinlichkeit durch die Vorschriften des Art. 10 und Art. 12 Rom III VO weiter verringert. Denn auch wenn nach Art. 5 oder 8 Rom III VO islamisches Recht als Scheidungsstatut berufen wird, kann es aufgrund von ordre public Erwägungen immer noch zur Anwendung des Rechts des angerufenen Gericht kommen.

aa) Art. 10 Rom III VO

Die neuen Anknüpfungsregeln wurden weitestgehend unverändert von der ursprünglich geplanten Verordnung[526] übernommen. Neu eingefügt wurde allerdings Art. 10 Rom III VO, der festlegt, dass das Recht des angerufenen Gerichts maßgeblich sein soll, wenn das nach Art. 5 oder 8 Rom III VO anzuwendende Recht eine Scheidung nicht zulässt oder einem der Ehegatten aufgrund seiner Geschlechtszugehörigkeit keinen gleichberechtigten Zugang zur Ehescheidung eröffnet.

Es besteht kein Zweifel, dass die Vorschrift darauf abzielt, die Diskussion um den richtigen Umgang mit dem islamischen Scheidungsrecht vor europäischen Gerichten zu beenden, indem sie die lex fori für anwendbar erklärt, wenn die Frau durch die anzuwendenden islamischen Bestimmungen gegenüber dem Mann diskriminiert wird. Die Verordnung greift somit eine Problematik auf, die sich

525 Besitzt nur ein Ehegatte (auch) die deutsche Staatsangehörigkeit, sind deutsche Gerichte ebenfalls zuständig gemäß Art. 7 Abs. 1 Brüssel IIa VO, 98 Abs. 1 Nr. 1 FamFG.

526 KOM (2006) 399 endg.

durch die steigende Anzahl muslimischer Einwanderer nach Europa zunehmend verschärft. Allerdings ist die Auslegung der Vorschrift in mehreren Hinsichten nicht ganz eindeutig. So stellt sich zunächst die Frage, ob die lex fori bereits dann anzuwenden ist, wenn das ausländische Recht die Scheidungsgründe und das Verfahren für Männer und Frauen unterschiedlich ausgestaltet. Eine solche abstrakte Überprüfung des ausländischen Rechts würde dazu führen, dass die Berufung gleichheitswidrigen islamischen Scheidungsrechts durch die Rom III VO von vornherein ausgeschlossen wäre, und zwar unabhängig davon, ob der Mann oder die Frau die Scheidung beantragt.

Allerdings lässt sich dem Wortlaut der Vorschrift ziemlich eindeutig entnehmen, dass nur die Diskriminierung des benachteiligten Ehegatten durch eine Anwendung der lex fori ausgeglichen werden soll. Denn ansonsten müsste die Vorschrift wohl lauten, dass das Recht des angerufenen Gerichts immer dann anzuwenden ist, wenn das nach Art. 5 oder 8 maßgebliche Recht den Ehegatten aufgrund ihrer Geschlechtszugehörigkeit (anstatt einem der Ehegatten) keinen gleichberechtigten Zugang zur Ehescheidung gewährt.

Art. 10 Rom III VO steht der Zulässigkeit der von dem Mann initiierten Talaq-Scheidung deshalb nicht entgegen. Allerdings ist insoweit die ordre public Klausel des Art. 12 Rom III VO zu beachten.

Art. 10 Rom III VO kann deshalb nur relevant werden, wenn die Frau die Scheidung beantragt. Allerdings ist auch in diesem Fall wieder fraglich, ob Art. 10 Rom III VO auf das konkrete Ergebnis der Rechtsanwendung Bezug nimmt, oder ob die lex fori schon dann anzuwenden ist, wenn das an sich maßgebliche Recht der Antragstellerin aufgrund ihrer Geschlechtszugehörigkeit keinen gleichberechtigten Zugang zur Ehescheidung gewährt.

Der Wortlaut der Vorschrift legt insoweit eine abstrakte Überprüfung des ausländischen Rechts nahe. Die Analyse der Rechtsprechung der nationalen Gerichte hat demgegenüber gezeigt, dass nahezu alle Mitgliedstaaten das abstrakt gesehen gleichheitswidrige islamische Scheidungsrecht anwenden, wenn es im konkreten Fall einen Scheidungsgrund für die Frau bereit hält. Diese Rechtsprechung entspricht dem Ausnahmecharakter des ordre public und trägt dazu bei die Anerkennungsfähigkeit der Scheidung im Heimatstaat der Beteiligten zu erhöhen und die Gefahr hinkender Ehen zu vermeiden.

Für ein Abstellen auf das konkrete Ergebnis spricht zudem die Rechtsprechung spanischer Gerichte zur nahezu wortgleichen Vorschrift des Art. 107 Abs. 2 S. 2 lit. c C.C., der ebenfalls die lex fori für anwendbar erklärt, wenn das nach Art. 107 Abs. 2 S. 1 C. C. berufene Recht die Scheidung nur in diskriminierender Weise zulässt. Auch hier ist dem Wortlaut der Anknüpfungsnorm nicht ausdrücklich zu entnehmen, dass nur das Ergebnis der Rechtsanwendung maßgeblich sein soll. Trotzdem wenden spanische Gerichte das immer noch gleichheitswidrige marokkanische Recht an, wenn es im konkreten Fall die Scheidung auf Bestreben der Frau zulässt.[527]

Schließlich lässt sich aber auch der Verordnung selbst entnehmen, dass der Unionsgesetzgeber keine Rechtsprechungsänderung in den Mitgliedstaaten bezweckt. Denn gemäß Erwägungsgrund 24 ist die lex fori nur in bestimmten Situationen anzuwenden, in denen das anzuwendende Recht eine Ehescheidung nicht zulässt oder einem der Ehegatten aufgrund seiner Geschlechtszugehörigkeit keinen gleichberechtigten Zugang zu einem Scheidungsverfahren gewährt. Es ist deshalb davon auszugehen, dass Art. 10 Rom III VO der Anwendung des ausländischen Rechts nur entgegensteht, wenn die maßgeblichen Scheidungsnormen der Ehefrau im konkreten Fall keinen Zugang zur Auflösung der Ehe gewähren, während der Mann im umgekehrten Fall die Scheidung verlangen könnte. Eine abstrakte Überprüfung des ausländischen Rechts würde dagegen dem Sinn und Zweck der Harmonisierung entgegenstehen, Rechtssicherheit zu schaffen und hinkende Statusverhältnisse zu vermeiden, was auch im Verhältnis zu Drittstaaten nicht völlig in den Hintergrund rücken darf.

Es ist deshalb zu vermuten, dass Art. 10 Rom III VO einen speziellen ordre public Vorbehalt begründet, um die Gleichberechtigung von Männern und Frauen bei der Beendigung der Ehe zu gewährleisten. Für diese Ansicht spricht auch der Erwägungsgrund 24 der Verordnung, wonach der ordre public Vorbehalt von der Regelung des Art. 10 Rom III VO unberührt bleiben soll.

Die Vorschrift erinnert mithin an Art. 17 Abs. 1 S. 2 des deutschen EGBGB, der ebenfalls eine spezielle Ausprägung des ordre public ist[528] und die lex fori für anwendbar erklärt, wenn der Antragsteller Deutscher ist, und das nach Art. 17 Abs. 1 S. 1 EGBGB anzuwendende Recht keine Scheidung zulässt. Während aber Art. 17 Abs. 1 S. 2 EGBGB nur deutsche Staatsangehörige privilegiert und diesen einen Mindeststandard an Scheidungsfreiheit gewährleistet,[529] geht der Schutzzweck des Art. 10 ROM III VO deutlich weiter. Denn die Ehegatten werden nicht nur vor einer lebenslangen Bindung an eine gescheiterte Ehe bewahrt, sondern es werden auch Diskriminierungen aufgrund des Geschlechts verhindert und dies unabhängig von dem Grad der Inlandsbeziehung. Primärer Sinn und Zweck der Gesetzesnovelle dürfte deshalb nicht der Schutz von Unionsbürgern sein, sondern die Verbesserung der Rechtsstellung und der Integrationsmöglichkeiten muslimi-

---

527 Sentencia Audiencia Provincial de Barcelona vom 17.11.2005 (R.E.D.I. 2006, 481 ff. mit Anm. Quiñones Escámez) und vom 8.6.2006 (R.E.D.I. 2007, 304 ff. mit Anm. Esteban de la Rosa/Ouald Ali/Saghir). Allerdings scheint hier die spanische Rechtsprechung nicht einheitlich zu sein, vgl. Esteban De La Rosa, R.E.D.I. 2007, 103 (125).

528 Vgl. Staudinger-Mankowski, Art. 17 EGBGB Rn. 165; Jayme, IPRax 1987, 167 (168).

529 Vgl. Staudinger-Mankowski, Art. 17 EGBGB Rn. 165.

scher Frauen mit gewöhnlichem Aufenthalt in der Europäischen Union, die nach ihrem Heimatrecht keine Möglichkeit haben, eine Scheidung zu beantragen.[530]

bb) Art. 12 Rom III VO

Entsprechend den anderen neueren Rechtsakten der EU[531] enthält auch Art. 12 Rom III VO einen allgemeinen ordre public Vorbehalt. Danach kann die Anwendung einer Vorschrift des nach der Verordnung bezeichneten Rechts nur bei einem offenkundigen Verstoß gegen die öffentliche Ordnung des Staates des angerufenen Gerichts versagt werden.

Der Wortlaut der Norm macht deutlich, dass der nationale ordre public der einzelnen Mitgliedstaaten maßgeblich sein soll.[532] Dieser kann bei der Anwendung islamischen Rechts jedoch nur noch relevant werden, wenn der Mann die Scheidung beantragt. Denn begehrt die Frau die Scheidung, wird eine etwaige Diskriminierung der Frau schon durch die Anwendung des Art. 10 Rom III VO ausgeschlossen.

d) Zwischenergebnis zu den Anknüpfungsregeln der Rom III Verordnung

Das Inkrafttreten der Rom III VO wird dazu führen, dass die Mitgliedstaaten nicht mehr allzu häufig mit der Anwendung islamischen Rechts konfrontiert werden. Insbesondere Staaten wie Deutschland, die bisher primär an die gemeinsame Staatsangehörigkeit der Ehegatten angeknüpft haben, werden in Zukunft viel öfter die lex fori auf Scheidungsverfahren anwenden. Dennoch wird die Problematik der ungleichen Ausgestaltung des Scheidungsrechts im islamischen Recht europäische Gerichte weiterhin beschäftigen. Das gilt vor allem im Anwen-

---

530 Ist die Antragstellerin hingegen deutsche Staatsangehörige, kommt die Anwendung islamischen Rechts nur in Betracht, wenn sie und ihr muslimischer Mann einen gemeinsamen gewöhnlichen Aufenthalt in dessen Heimatland besessen haben und sie alleine nach Deutschland zurückkehrt und im Zeitpunkt des Scheidungsantrags noch nicht mehr als 12 Monate (sonst kommt gemäß Art. 8 lit. b i. V. m. Art. 8 lit. d Rom III VO deutsches Recht zur Anwendung) seit ihrer Rückkehr vergangen sind.

531 Entsprechende Klauseln finden sich in der Rom I und Rom II Verordnung. Nur bei der Vollstreckungstitelverordnung (Verordnung (EG) Nr. 805/2004 des europäischen Parlaments und des Rates vom 21.4.2004 zur Einführung eines europäischen Vollstreckungstitels für unbestrittene Forderungen) hat der europäische Gesetzgeber bisher auf eine Vorbehaltsklausel verzichtet.

532 Dem nationalen ordre public werden allerdings aufgrund des Vorrangs des Europarechts Grenzen gesetzt, wie sich explizit aus dem Erwägungsgrund 25 der Verordnung (EU) Nr. 1259/2010 des Rates ergibt. Vgl. hierzu ausführlich die Ausführungen im 3. Kapitel dieser Arbeit.

dungsbereich von vorrangigen bilateralen Staatsverträgen und bei der Anerkennung von außergerichtlichen Scheidungen, wo noch keine vereinheitlichten europäischen Regeln bestehen.

II. Die Anerkennung von Privatscheidungen

Widmete sich der erste Teil dieses Kapitels der Frage, wie mitgliedstaatliche Gerichte mit der Problematik umgehen, islamisches Scheidungsrecht anzuwenden, soll im zweiten Teil die Anerkennung von inländischen und ausländischen Talaq- Scheidungen im Mittelpunkt stehen.

1. Überblick über das Rechtsinstitut

Wird die Ehe durch Talaq aufgelöst, handelt es sich in der Regel um eine Privatscheidung. Eine solche liegt vor, wenn die Parteien das Ende der Ehe durch eine rechtsgeschäftliche Erklärung selbst herbeiführen können. Das gilt auch dann, wenn ein ausländisches Gericht oder eine ausländische Behörde an der Scheidung mitwirkt. Denn für die Einordnung als Privatscheidung ist allein entscheidend, dass die rechtsgeschäftliche Erklärung eines oder beider Ehegatten für die Scheidung konstitutiv ist und nicht wie bei uns ein Gerichtsurteil als Hoheitsakt.[533] Privatscheidungen sind außerhalb der Europäischen Union in vielen Ländern möglich. Die bekanntesten Beispiele sind die Verstoßung in den islamisch-geprägten Rechtsordnungen und die Übergabe des Scheidebriefs im jüdisch-religiösen Recht. Aber auch in vielen ostasiatischen Staaten kann die Ehe durch zwei übereinstimmende Willenserklärungen geschieden werden.[534]

2. Anerkennung von Inlandsprivatscheidungen

Für die Anerkennung einer Talaq-Scheidung ist es entscheidend, wo die Verstoßung der Ehefrau stattgefunden hat. Insofern muss zwischen Inlandsprivat-

533 Vgl. Staudinger-Mankowski, Art. 17 EGBGB Rn. 58ff.; Gärtner, Die Privatscheidung im deutschen und gemeinschaftsrechtlichen Internationalen Privat- und Verfahrensrecht, S. 4; vgl. auch BayOLG, FamRZ 2003, 381 (382).

534 Vgl. Iskander, Hinkende Ehen zwischen islamischem Recht und europäischem internationalen Privatrecht, S. 212f.; Staudinger-Mankowski, Art. 17 EGBGB Rn. 59; Gärtner, Die Privatscheidung im deutschen und gemeinschaftsrechtlichen Internationalen Privat- und Verfahrensrecht, S. 23f.

scheidungen und solchen, die außerhalb Europas vorgenommen wurden, unterschieden werden. Zunächst wird untersucht, ob eine Privatscheidung anerkannt werden kann, die auf dem Territorium des Mitgliedstaates vorgenommen wurde, in dem die Anerkennung erfolgen soll.

a) Länderbericht Deutschland

Eine Ehe kann im Inland nur durch ein deutsches Gericht geschieden werden. Das gilt auch dann, wenn die Scheidung ausländischem Recht unterliegt und danach als wirksam betrachtet wird. Nach der Auffassung des BGH hat § 1564 BGB zumindest auch verfahrensrechtlichen Gehalt,[535] so dass sich das gerichtliche Scheidungsmonopol eigentlich schon aus dieser Vorschrift ergibt.[536] Art. 17 Abs. 2 EGBGB hat deshalb wohl nur deklaratorische Bedeutung.[537]

Eine unwirksame Inlandsprivatscheidung ist deshalb zweifelsohne gegeben, wenn der Ehemann seine Ehefrau ohne Mitwirkung einer staatlichen Behörde in Deutschland verstößt. Aber auch wenn der Mann die Erklärung vor einem nach Deutschland entsandten diplomatischen oder konsularischen Vertreter seines Heimatstaates abgibt oder ein religiöses Gericht an der Auflösung des Ehebandes mitgewirkt hat, kann die Scheidung in Deutschland keine Wirksamkeit entfalten. Denn Missionsgebäude gehören nach völkerrechtlichen Grundsätzen zu dem Territorium des Empfangsstaates[538] und religiöse Gerichte sind keine Gerichte i. S. v. § 1564 BGB.

Das Scheidungsmonopol der deutschen Gerichte greift aber nur ein, wenn die Verstoßung tatsächlich im Inland erfolgt ist. Das kann zweifelhaft sein, wenn Teilakte im Ausland vollzogen worden sind, wie etwa dann, wenn der Ehefrau die im Ausland erklärte Verstoßung in Deutschland zugeht. Die Rechtsprechung[539] stellt hier überwiegend auf den für die Auflösung der Ehe konstitutiven Rechtsakt ab, was bei einer Talaq-Scheidung wohl die Verstoßungserklärung durch den Mann ist. Da es sich dabei um eine einseitige nicht empfangsbedürftige Willenserklärung handelt, kann es keine Rolle spielen, wo sich die Frau zum Zeitpunkt der Verstoßung aufhält. Beauftragt der Ehemann einen Dritten mit der Scheidung, so kommt es darauf an, wo der Vertreter die Erklärung abgibt. Erfolgt

535 BGH, BGHZ 82, 34 (47).

536 Vgl. zu diesem Gedanken, Gärtner, Die Privatscheidung im deutschen und gemeinschaftsrechtlichen Internationalen Privat- und Verfahrensrecht, S. 48.

537 A. A. Gärtner, Die Privatscheidung im deutschen und gemeinschaftsrechtlichen Internationalen Privat- und Verfahrensrecht, S. 47 f.

538 Vgl. Müko-Winkler von Mohrenfels, Art. 17 EGBGB Rn. 97.

539 Präsidentin OLG Frankfurt am Main, StAZ 2001, 37 f.; OLG Stuttgart, IPRax 1988, 172 (173); LJV Bad.-Württ., IPRax 1988, 170 (171 f.).

die Verstoßungserklärung im Ausland, so liegt eine Auslandsscheidung vor und § 1564 steht der Wirksamkeit der Rechtshandlung nicht entgegen.[540]

Problematisch könnte allerdings sein, dass in einigen islamischen Ländern mittlerweile eine Registrierung oder eine sonstige Mitwirkung der Behörden bei der Scheidung vorgeschrieben ist. In Pakistan fordert etwa Sec. 7 *Muslim Family Laws Ordinance* 1961 die Benachrichtigung des Vorsitzenden des zuständigen Schiedsgerichts, der sodann einen Versöhnungsversuch einleitet. Erst wenn dieser scheitert und eine Frist von 90 Tagen abläuft ist die Scheidung wirksam. Aus diesem Grund könnte man argumentieren, dass der konstitutive Rechtsakt hier in der Registrierung durch das pakistanische Gericht zu sehen ist und nicht in der Verstoßungserklärung durch den Mann, so dass es für die Einordnung als Auslandsscheidung möglicherweise gar keine Rolle spielt, ob der Ehemann die Erklärung im In- oder Ausland abgegeben hat.

Die Landesjustizverwaltung Baden–Württemberg hatte im Jahre 1986 über eine pakistanische Scheidung zu entscheiden,[541] dem Sec. 7 *Muslim Family Laws Ordinance* 1961 zu Grunde lag. Das Gericht führte richtigerweise aus, dass auch nach pakistanischer Rechtsauffassung[542] der Talaq den wesentlichen Bestandteil des Scheidungsaktes darstelle, so dass alleine dieser maßgeblich sei. Da der Ehemann die Verstoßung im Inland erklärt hatte, lag eine Inlandsprivatscheidung vor, die in Deutschland keine Wirksamkeit entfalten konnte. Für diese Entscheidung spricht, dass die Auflösung der Ehe weiterhin alleine im Ermessen des Mannes steht und auch dann wirksam ist, wenn der Mann bei der Scheidung gegen die bestehenden Registrierungspflichten verstößt. Würde man hingegen in der Registrierung der Scheidung den konstitutiven Scheidungsakt sehen, so läge an sich gar keine Privatscheidung mehr vor,[543] wovon bei einer Scheidung nach pakistanischem Recht aber nicht ausgegangen werden kann.

b) Länderbericht Frankreich

Auch in Frankreich gilt der allgemeine Grundsatz, dass eine Ehe nur durch die Mitwirkung eines staatlichen Gerichts geschieden werden kann.[544] In der Literatur wird das Scheidungsmonopol der Gerichte entweder mit dem ordre public

540 Vgl. Andrae, Internationales Familienrecht, S. 256.

541 LJV Bad.-Württ., IPRax 1988, S. 170 (171 f.).

542 Vgl. näher oben unter 1. Kapitel, III. 2. c) aa) aaa).

543 So auch Pauli, Islamisches Familien- und Erbrecht und ordre public, S. 21.

544 Cour de cassation (1re Ch. civ.) vom 15.6.1982, Rev. crit. internat. privé, S. 295 ff. mit Anm. Légier/Mestre.

oder dem zwingenden Charakter der locus regit actum Regel begründet.[545] Die Rechtsprechung lässt die gesetzliche Grundlage offen. Sicher ist jedoch, dass eine im Inland vorgenommene Privatscheidung keine Wirksamkeit entfalten kann.[546] Das gilt in ständiger Rechtsprechung auch dann, wenn die Verstoßungserklärung vor einem konsularisch beauftragten Vertreter oder einer religiösen Autorität stattgefunden hat.[547] Nur in einer isolierten Entscheidung vom 26.02.1992 hat die *Tribunale de Grande Instance de Paris*[548] eine Privatscheidung für wirksam erachtet, die in der marokkanischen Botschaft in Paris vorgenommen wurde. Die Entscheidung wurde von der Literatur heftig kritisiert und kann nicht als eine Änderung der Rechtsprechung gewertet werden.[549]

Fraglich ist aber, ob auch dann eine unwirksame Inlandsprivatscheidung vorliegt, wenn Teilakte im Ausland stattgefunden haben. In der Rechtsprechung wurde die Frage bisher nur selten relevant. In einer älteren Entscheidung[550] wurde eine Verstoßung für wirksam erachtet, die von einem Dritten als Stellvertreter im algerischen Herkunftsland des Ehemannes erklärt wurde, während sich das Ehepaar in Frankreich aufgehalten hatte. Bei den Ehegatten handelte es sich um zwei Franzosen muslimischen Glaubens, die aus Algerien stammten und dort geheiratet hatten. Wenige Jahre später begründete die Familie ihren dauerhaften Wohnsitz in Frankreich, der auch noch bestand als der Vertreter den Talaq in Algerien aussprach. Die Entscheidung ist unter dem Gesichtspunkt überraschend, dass es sich bei dem Ehepaar um französische Staatsbürger handelte. Es ist deshalb davon auszugehen, dass die Entscheidung nicht losgelöst von der damaligen speziellen Beziehung zu Algerien betrachtet werden darf, die vor der Unabhängigkeitserklärung bestand.[551]

In einer späteren Entscheidung vom 13.12.1994 musste die *Cour de cassation*[552] über die Wirksamkeit einer Verstoßung entscheiden, die von dem Bruder

545 Vgl. El-Husseini Begdache, Le Droit International Privé Français Et La Répudiation Islamique, S. 110 ff.

546 Vgl. Loussouarn/Bourel/Vareilles-Sommières, Droit international privé, S. 443f; El-Husseini Begdache, Le Droit International Privé Français Et La Répudiation Islamique, S. 110ff; Aldeeb/Bonomi, Le droit musulman de la famille et des successions à l`épreuve des ordres juridiques occidentaux, S. 172.

547 Vgl. Loussouarn/Bourel/Vareilles-Sommières, Droit international privé, S. 443.

548 Rev. crit. internat. privé 1993, 58 ff. mit Anm. D. Alexandre.

549 Vgl. El-Husseini Begdache, Le Droit International Privé Français Et La Répudiation Islamique, S. 112 f.; Aldeeb/Bonomi, Le droit musulman de la famille et des successions à l`épreuve des ordres juridiques occidentaux, S. 172 f.

550 CA Paris vom 12.4.1957, Clunet 1957, 162 ff.

551 Vgl. El-Husseini Begdache, Le Droit International Privé Français Et La Répudiation Islamique, S. 125.

552 Cour de casation (1re Ch. civ.) vom 13.12.1994, Clunet 1994, S. 343 ff. (1 ère espèce) mit Anm. Kahn.

des marokkanischen Ehemannes als Vertreter in Marokko vorgenommen worden war. Das Gericht machte keine Ausführungen zu der Frage, wo die Verstoßung stattgefunden hat, sondern verweigerte die Anerkennung mit der Begründung, dass eine Gesetzesumgehung vorliege, da die Frau vorher einen Antrag auf Trennung von Tisch und Bett bei dem zuständigen französischen Gericht eingereicht hatte. Hätte die *Cour de cassation* den vorliegenden Sachverhalt als Inlandsscheidung eingeordnet, so hätte es ausgereicht, auf das Scheidungsmonopol französischer Gerichte zu verweisen. Der Urteilsbegründung lässt sich deshalb entnehmen, dass von einer Auslandsscheidung auszugehen ist, wenn der Vertreter die Verstoßung im Ausland erklärt.

Ausschlaggebend ist deshalb alleine, wo die Verstoßungserklärung abgegeben worden ist. Nimmt der Ehemann oder sein Vertreter die Privatscheidung im Ausland vor, so kann es der Einordnung als Auslandsprivatscheidung nicht entgegenstehen, wenn die Erklärung der Ehefrau im Inland zugeht.

c) Länderbericht England

Bis Anfang der siebziger Jahre wurden Talaq-Scheidungen, die in England ausgesprochen wurden, anerkannt, sofern diese nach dem Recht des *domiciles* beider Ehegatten wirksam waren.[553] Diese anerkennungsfreundliche Rechtsprechung, die das Ziel hatte, hinkende Ehen zu vermeiden, wurde durch den Erlass des *Matrimonial Causes Act* 1973 obsolet. Denn danach durfte eine Scheidung nur noch in Übereinstimmung mit dem englischen Sachrecht vorgenommen werden, was wiederum zwingend die Beteiligung einer staatlichen Behörde voraussetzt.[554] Eine Vorschrift gleichen Inhalts findet sich heute in Sec. 44 de *Family Law Act* 1986, so dass eine im Inland vorgenommene Talaq-Scheidung nicht mehr anerkannt werden kann. Eine unwirksame Inlandsprivatscheidung liegt auch dann vor, wenn die Verstoßung in einer ausländischen Botschaft oder einem ausländischen Konsulat erklärt wird.[555]

Fraglich ist aber, ob auch dann noch eine Inlandsscheidung vorliegt, wenn Teilakte der Verstoßung im Ausland vorgenommen worden sind. Mit dieser Problemstellung musste sich das *House of Lords* im Fall *Fatima*[556] auseinandersetzen. Die Entscheidung betraf ein pakistanisches Ehepaar, das 1968 in Pakistan geheiratet hatte. Einige Jahre später ging der Ehemann alleine nach England, wo er fortan lebte, während seine Frau die ganze Zeit in Pakistan blieb. Im Jahre

553 Vgl. Gordon, Foreign Divorces, S. 55.

554 Vgl. Gärtner, Die Privatscheidung im deutschen und gemeinschaftsrechtlichen Internationalen Privat- und Verfahrensrecht, S. 65 f.

555 [1972] W.L.R. 939.

556 [1986] 2 All E.R. 32 (36).

1978 erklärte der Mann in England den Talaq, wovon er sowohl seine Ehefrau als auch den Vorsitzenden des zuständigen Schiedsgerichts in Pakistan unterrichtete. Nach pakistanischem Recht lag somit eine wirksame Scheidung vor, die in England aber nach dem damals geltenden Sec. 2 des *Matrimonial Causes Act* 1973 nur anerkannt werden konnte, wenn die Scheidung im Heimatland des Betreffenden erlangt worden war. Die entscheidende Frage war somit, wo die Scheidung erlangt wird, wenn wie hier der Ehemann den Talaq im Inland ausspricht, während die erforderliche Registrierung in Pakistan vorgenommen wird. Das erkennende Gericht führte aus, dass sowohl der Ausspruch des Talaq als auch dessen Registrierung durch das pakistanische Gericht wesentliche Bestandteile des Scheidungsaktes darstellten, so dass nicht das ganze Prozedere – wie von Sec. 3 des *Matrimonial Causes Act* 1973 gefordert – im Ausland stattgefunden habe. Eine Anerkennung der Scheidung kam deshalb nicht in Betracht.

In der Literatur wird allerdings diskutiert, ob diese Rechtsprechung auch noch unter dem heutigen *Family Law Act* 1986 Bestand haben kann.[557] Denn ausweislich des Wortlauts des Sec. 46 (1) *Family Law Act* ist es für eine Anerkennung nicht mehr erforderlich, dass das Scheidungsverfahren in dem Land eingeleitet worden ist, wo auch die Scheidung erlangt wird. Aus diesem Grund wurde teilweise vertreten, dass eine Scheidung auch dann anerkennungsfähig sein müsse, wenn der Talaq zwar in England ausgesprochen wird, aber die erforderliche konstitutive Registrierung der Scheidung im Ausland stattfindet.[558] Diese Ansicht wurde allerdings in der Entscheidung *Berkovits v. Grinberg*[559] zurückgewiesen, wo das Gericht ausführte, dass kein Anhaltspunkt für die Annahme bestehe, dass das geltende Recht durch den *Family Law Act* 1986 geändert werden sollte. In dem Fall ging es um die Scheidung nach israelisch–jüdischem Recht. Der Scheidebrief wurde in England geschrieben und der Ehefrau in Israel übergeben. Da nicht alle Teilakte in Israel stattgefunden hatten, wurde der Scheidung in England die Anerkennung versagt.

d) Länderbericht Schweden

In Schweden scheint die Anerkennung einer Inlandsprivatscheidung unter gewissen Voraussetzungen möglich, wie sich aus einem Umkehrschluss zu den Vorarbeiten zu dem IÄL (*lagen om vissa internationella rättsförhållanden rörande äktenskap och formynderskap*[560]) entnehmen lässt. Denn dort heißt es, dass eine Talaq-Scheidung dann als unwirksam erachtet werden sollte, wenn der Mann die Verstoßung

557 Vgl. Fawcett/Carruthers, Private International Law, S. 1004.

558 Vgl. Gordon, Foreign Divorces, S. 103.

559 [1995] Fam. 142.

560 1904:26 s. 1.

im Inland erklärt hat und die Frau die schwedische Staatsangehörigkeit besitzt.[561] Die bloße Tatsache, dass die Talaq-Scheidung im Inland stattgefunden hat reicht demnach wohl nicht aus, um der Scheidung die Anerkennung zu versagen, sondern es müssen noch weitere Umstände hinzutreten. Auch in der Literatur wird davon ausgegangen, dass eine vor einem konsularischen Vertreter erklärte Verstoßung Wirksamkeit entfalten kann, also auch in einem Fall, wo die Talaq-Scheidung auf inländischem Territorium stattgefunden hat. Allerdings ist die Rechtslage alles andere als eindeutig, da es keine Präzedenzfälle gibt und die Vorarbeiten zu dem IÄL die Beantwortung der Frage der Rechtsprechung überlassen.[562]

e) Das Recht der Mitgliedstaaten im Vergleich

Die Analyse zeigt, dass eine Inlandsprivatscheidung in den meisten Mitgliedstaaten keine Wirksamkeit entfalten kann. Das gilt auch in den Fällen, in denen der Mann die Verstoßung in einer ausländischen Botschaft erklärt oder ein religiöses Gericht an der Auflösung des Ehebandes mitgewirkt hat. Viele Rechtsordnungen enthalten gesetzliche Vorschriften, die das Scheidungsmonopol der inländischen Gerichte statuieren. Entsprechende Regelungen finden sich etwa in Deutschland, England, Frankreich,[563] Spanien[564] und Österreich.[565] In anderen Mitgliedstaaten wie Belgien[566] und den Niederlanden haben die Gerichte entschieden, dass eine Scheidung im Inland nur durch Gericht vorgenommen werden kann. Aufschlussreich ist insoweit ein niederländisches Urteil aus dem Jahre 1986, in dem das oberste Gericht feststellte, dass eine Verstoßung auch dann nicht anerkannt werden kann, wenn sie vor einem konsularischen Vertreter des Heimatlandes stattgefunden hat. Begründet wurde die Entscheidung damit, dass die einseitige Talaq-Scheidung gegen fundamentale Prinzipien des niederländischen Rechts verstoße.[567]

561 Vgl. Bogdan, Svensk Internationell Privat – och Processrätt, S. 183.

562 Auskunft von Prof. Bogdan, Juristische Fakultät der Universität Lund, auf Anfrage via E-Mail.

563 Vgl. für Deutschland, Frankreich und England näher die Länderberichte oben Kapitel 2, II. 2.

564 Aus Art. 89 C.C. ergibt sich, dass die Ehe nur durch ein Scheidungsurteil aufgelöst werden kann. Eine in Spanien vorgenommene Privatscheidung verstößt deshalb gegen den inländischen ordre public und kann keinerlei Wirksamkeit entfalten. Das gilt auch dann, wenn die Verstoßung in einer Botschaft oder unter Beteiligung eines geistlichen Gerichts stattgefunden hat.

565 Gemäß § 46 österreichisches EheG können Scheidungen im Inland nur von Gerichten ausgesprochen werden.

566 Vgl. Foblets, Femmes marocaines et conflits familiaux en immigration: quelles solutions juridiques appropriées? 3. Teil Rn. 53; Carlier, rev. trim. dr. fam. 1994, 447 (454) m. w. N.

567 HR, 31.10.1986, NJ 1987 N° 924. Vgl. auch Foblets, Hawwa 2007, 10 (28).

In Schweden scheint dagegen eine Anerkennung nicht von vornherein ausgeschlossen zu sein, sondern es muss im Einzelfall geprüft werden, ob die einseitige Verstoßung gegen den inländischen ordre public verstößt. Und auch in Frankreich und Italien gibt es vereinzelt gebliebene Urteile, bei denen eine Inlandsprivatscheidung für wirksam erachtet wurde. Zumindest in Frankreich ist es jedoch unumstritten, dass es sich bei dem entsprechenden Urteil der *Tribunal de grande instance de Paris* um eine Fehlentscheidung handelt. Nicht so eindeutig scheint die Rechtslage im italienischen Recht. Die einzige hierzu ergangene Entscheidung betraf ein Ehepaar, das bereits von dem Rabbinatsgericht in Rom wirksam nach jüdischem Recht geschieden worden war. Der *Tribunal di Milano*[568] betrachtete die Entscheidung als einen Auslandssachverhalt, was es der Frau ermöglichte, eine Scheidung nach italienischem Recht zu beantragen.[569] Ob man diese Rechtsprechung auf den Fall der Talaq-Scheidung übertragen kann, erscheint jedoch zweifelhaft, hat doch das Berufungsgericht Mailand erst 1991 entschieden, dass das im iranischen Recht vorgesehene einseitige Verstoßungsrecht des Mannes die Frau herabsetze und deswegen nicht angewendet werden könne.[570] Aus dem Urteil des *Tribunal di Milano* kann deshalb wohl nicht gefolgert werden, dass eine Verstoßung in einer ausländischen Botschaft wirksam vorgenommen werden kann.[571] Vielmehr ist davon auszugehen, dass ein solcher Rechtsakt den italienischen ordre public verletzt und folglich im Inland als unwirksam betrachtet werden muss.

f) Auswirkungen der Rom III VO auf die Anerkennung von inländischen Privatscheidungen

In der Literatur wurde bereits diskutiert,[572] ob sich in Zukunft auch die Anerkennung von Privatscheidungen nach den unionsrechtlichen Kollisionsnormen beurteilt, was insbesondere Folgen für die Wirksamkeit von Inlandsprivatscheidungen haben könnte. Denn der Verordnungsvorschlag enthält kein dem Art. 17 EGBGB vergleichbares gerichtliches Scheidungsmonopol.

568 Tribunal di Milano vom 5.10.1991, RDIPP 1992, 123 ff. mit Anm. Rimini RDIPP 1992, 55 ff.

569 Gemäß Art. 3 Abs. 2 lit. e des Gesetzes über die Scheidung vom 1.12.1970 kann ein italienischer Ehegatte eine Scheidung nach italienischem Recht beantragen, wenn der andere Ehegatte ausländischer Staatsbürger ist und die Ehe im Ausland aufgelöst oder geschieden worden ist oder der andere Ehegatte im Ausland erneut geheiratet hat.

570 Corte di Apello di Milano vom 17.12.1991, RDIPP 1993, 109 ff.; vgl. ebenso das Obiter Dictum desTribunale di Milano vom 24.3.1994, RDIIP 1994, 853 ff.

571 So aber wohl Gärtner, Die Privatscheidung im deutschen und gemeinschaftsrechtlichen Internationalen Privat- und Verfahrensrecht, S. 66.

572 Vgl. ausführlich hierzu, Gärtner, Die Privatscheidung im deutschen und gemeinschaftsrechtlichen Internationalen Privat- und Verfahrensrecht, S. 302 ff.

Eine Verdrängung des nationalen Rechts kommt allerdings nur in Betracht, wenn die Anerkennung von im In- und Ausland erfolgten Verstoßungen überhaupt von dem Anwendungsbereich der Rom III Verordnung erfasst wird. Dem steht jedoch die grammatikalische und teleologische Auslegung der betreffenden Vorschriften entgegen. Denn der Wortlaut der Scheidungskollisionsnormen macht deutlich, dass die Regelungen eindeutig auf ein gerichtliches Verfahren ausgerichtet sind. Und auch der Verordnungsbegründung ist nicht zu entnehmen, dass der europäische Gesetzgeber auch die Anerkennung von außergerichtlichen Ehescheidungen regeln wollte.[573] Es ist zudem zu beachten, dass fast alle Mitgliedstaaten die Wirksamkeit von Privatscheidungen nach den verfahrensrechtlichen und nicht nach den kollisionsrechtlichen Vorschriften beurteilen. Es kann deswegen nicht davon ausgegangen werden, dass die erforderliche Einstimmigkeit erreicht worden wäre, wenn auch die Anerkennung von Privatscheidungen zukünftig den Kollisionsnormen der Rom III VO unterstellt worden wäre. Die Wirksamkeit von außergerichtlichen Scheidungen wird sich deswegen auch künftig nach dem autonomen Recht der Mitgliedstaaten beurteilen. Damit ist jedoch nicht gesagt, dass die Anwendung der Rom III VO in einem solchen Fall nicht zulässig wäre. Denn es bleibt dem nationalen Gesetzgeber natürlich unbenommen, die unionsrechtlichen Kollisionsnormen ins autonome Recht zu übernehmen und auf diese Weise den Anwendungsbereich auf die Anerkennung von Privatscheidungen auszudehnen, da die Kompetenz insoweit bei dem einzelnen Mitgliedstaat liegt.

Die Absicht des deutschen Gesetzgebers, die nationalen Scheidungskollisionsnormen gänzlich durch die Vorschriften der Rom III VO zu ersetzen,[574] ist deshalb kompetenzrechtlich nicht zu beanstanden und wird auch keine Folgen für die Wirksamkeit von Inlandsprivatscheidungen haben. Denn nach der wohl h. M. ergibt sich das gerichtliche Scheidungsmonopol deutscher Gerichte schon aus § 1564 BGB, der bei der Anerkennung von Inlandsprivatscheidungen auch nicht durch die „unionsrechtlichen Regeln“ verdrängt werden kann. Aus Klarstellungsgründen plant der nationale Gesetzgeber zudem eine, dem Art. 17 Abs. 2 EGBGB entsprechende, Vorschrift in das FamFG aufzunehmen.[575] Eine Änderung der

573 Vgl. Gärtner, Die Privatscheidung im deutschen und gemeinschaftsrechtlichen Internationalen Privat- und Verfahrensrecht, S. 305 ff.

574 Bezugnahme auf die telefonische Auskunft des Bundesjustizministeriums: Dabei wurde der Verfasserin mitgeteilt, dass der deutsche Gesetzgeber beabsichtigt, Art. 17 EGBGB gänzlich durch die gemeinschaftsrechtlichen Regelungen zu ersetzen. Allerdings wird die Durchsetzbarkeit dieses Vorhabens noch geprüft, so dass zur Zeit des Telefongesprächs noch keine verbindliche Aussage möglich war.

575 Bezugnahme auf die telefonische Auskunft des Bundesjustizministeriums.

Rechtslage in Bezug auf die Unwirksamkeit von Inlandsprivatscheidungen ist deshalb nicht zu erwarten.

3. Anerkennung von drittstaatlichen Privatscheidungen

Die bisherige Analyse hat ergeben, dass die Rechtsprechung zu Inlandsprivatscheidungen in Europa sehr einheitlich ist. Ob das auch bei Privatscheidungen, die außerhalb Europas stattgefunden haben, der Fall ist, wird im folgenden Abschnitt näher untersucht werden.

a) Länderbericht Deutschland

aa) Rechtslage de lege lata

aaa) Rechtsgrundlage

Zunächst ist zu prüfen, nach welchen Vorschriften sich die Anerkennung von drittstaatlichen Privatscheidungen in Deutschland beurteilt. Als Rechtsgrundlage kommen Normen aus unterschiedlichen Rechtsgebieten in Betracht. Dabei ist wie immer der Vorrang des Unionsrechts und der staatsvertraglichen Regelungen zu beachten.

(1) Anerkennung nach der Brüssel IIa V[576]

Geht es um die Anerkennung von Ehescheidungen ist die Brüssel IIa VO zu berücksichtigen, die in ihrem Anwendungsbereich den autonomen Vorschriften vorgeht. Gemäß Art. 21 Brüssel IIa VO werden in einem Mitgliedstaat ergangene Entscheidungen automatisch in allen anderen Mitgliedstaaten anerkannt, ohne dass es eines vorherigen Exequaturverfahrens bedarf. Die Definition des Begriffs Entscheidung in Art. 2 Nr. 4 Brüssel IIa VO zeigt aber, dass nur eine statusändernde, gerichtliche Ehescheidung dem Anwendungsregime der Verordnung unterfällt.[577] Bei Privatscheidungen, die die Parteien durch eine rechtsgeschäftliche Erklärung selbst herbeiführen können, fehlt es deshalb an einem anerkennungsfähigen Rechtsakt i. S. v. Art. 21 Brüssel IIa VO. Wurde die außergerichtliche Scheidung in einem Drittstaat vorgenommen, ist zudem der räum-

576 Verordnung (EG) Nr. 2201/2003.

577 Vgl. Gärtner, Die Privatscheidung im deutschen und gemeinschaftsrechtlichen Internationalen Privat- und Verfahrensrecht, S. 338.

liche Anwendungsbereich der Brüssel IIa VO nicht gegeben.[578] Die Anerkennung von drittstaatlichen Privatscheidungen beurteilt sich deshalb nicht nach der Brüssel IIa VO.

(2) Anerkennung aufgrund von staatsvertraglichen Regelungen

Auf dem Gebiet des internationalen Scheidungsrechts existieren zwei multilaterale Übereinkommen: das Luxemburger CIEC-Übereinkommen über die Anerkennung von Entscheidungen in Ehesachen vom 8.9.1967 und das Haager Übereinkommen über die Anerkennung von Ehescheidungen und Ehetrennungen vom 1.6.1970[579]. Beide Übereinkommen sind in Deutschland nicht in Kraft. Es sind jedoch bilaterale Abkommen zu beachten, wie beispielsweise im Verhältnis zu Tunesien.[580] Zu anderen islamischen Staaten bestehen hingegen keine vorrangigen Staatsverträge.

(3) Anerkennung nach dem autonomen deutschen Recht

Die Wirksamkeit von ausländischen Ehescheidungen richtet sich folglich de lege lata nach dem autonomen deutschen Recht. Es muss dabei zwischen den formellen und den materiellen Anerkennungsvoraussetzungen unterschieden werden.

(a) Anerkennungsverfahren nach § 107 FamFG

Die formellen Voraussetzungen der Anerkennung beurteilen sich nach § 107 FamFG. Danach können ausländische Entscheidungen in Ehesachen grundsätzlich nur anerkannt werden, wenn die Landesjustizverwaltung in einem förmlichen Verfahren festgestellt hat, dass die Voraussetzungen für die Anerkennung vorliegen.

Fraglich ist, ob auch außergerichtliche Ehescheidungen dem Anerkennungsverfahren nach § 107 FamFG unterliegen. Problematisch ist insoweit, dass Privatscheidungen oft ohne jegliche Mitwirkung eines Gerichts oder einer staatlichen Behörde erfolgen, so dass zweifelhaft erscheint, ob eine Entscheidung i. S. v. § 107 FamFG vorliegt. Sinn und Zweck der Vorschrift ist es Rechtssicherheit zu schaffen,[581] was für eine Einbeziehung von außergerichtlichen Ehescheidungen spricht. Allerdings darf die Wortlautgrenze der Norm nicht überschritten werden. Aus diesem Grund geht die h. M. davon aus, dass das Anerkennungsverfahren

578 Vgl. Art. 21 ff. Brüssel IIa VO, die eine in einem Mitgliedstaat ergangene Entscheidung als Anerkennungsobjekt voraussetzen.

579 Das Übereinkommen ist am 24.11.1975 in Kraft getreten.

580 Abkommen vom 19.7.1966, BGBl. II Nr. 26, S. 889 – 929.

581 Vgl. BGH, FamRZ 1982, 44 (45 f.).

nur bei Scheidungen durchzuführen ist, an denen eine ausländische Behörde – zumindest deklaratorisch – mitgewirkt hat.[582] Reine Privatscheidungen unterfallen demnach nicht dem Anwendungsbereich des § 107 FamFG.[583]

(b) Prüfungsmaßstab

Die materiellen Voraussetzungen der Anerkennung beurteilen sich bei einer ausländischen gerichtlichen Entscheidung nach § 328 ZPO. Die Wirksamkeit von privatautonomen Akten richtet sich dagegen nach dem Recht, das von dem deutschen Kollisionsrecht als Wirkungsstatut berufen wird. Bei einer reinen Privatscheidung fehlt es an einem anerkennungsfähigen Urteil im Sinne von § 328 ZPO, so dass die Anerkennungsvoraussetzungen an dem vom deutschen Recht berufenen Scheidungsstatut zu messen sind.[584] Fraglich ist jedoch welcher Prüfungsmaßstab anzulegen ist, wenn eine ausländische Behörde an der Privatscheidung mitgewirkt hat. Die Anwendung des § 328 ZPO würde erfordern, dass der Beteiligung der Behörde Entscheidungswirkung zukommt. Das ist bei einer lediglich deklaratorischen Beurkundung oder Registrierung aber gerade nicht der Fall.[585] Die materiellen Voraussetzungen für die Anerkennung einer drittstaatlichen Privatscheidung beurteilen sich deshalb immer nach dem gemäß Art. 17 EGBGB maßgeblichen Sachrecht.

bbb) Die Anerkennungsfähigkeit ausländischer Privatscheidungen

Die Wirksamkeit einer drittstaatlichen Privatscheidung richtet sich somit nach den gleichen Voraussetzungen wie jeder andere private Rechtsakt. Eine Anerkennung kommt deshalb nur in Betracht, wenn sie in Übereinstimmung mit dem vom deutschen Kollisionsrecht berufenem Scheidungsstatut vorgenommen wurde und kein Verstoß gegen den inländischen ordre public vorliegt.

(1) Materiellrechtliche Wirksamkeit der Privatscheidung

Die Privatscheidung muss nach dem gemäß Art. 17 EGBGB maßgeblichen Scheidungsstatut zulässig sein und im Einklang mit den formellen und materiellen Erfordernissen der lex causae erfolgt sein.

---

582 BGH, FamRZ 1990, 607 (608); OLG Frankfurt am Main, FamRZ 2005, 989; Müko-ZPO-Gottwald, § 328 Rn. 191.

583 OLG Hamm, IPRax 1989, 107 f.; Müko-Winkler v. Mohrenfels, Art. 17 EGBGB Rn. 357.

584 BGH, BGHZ 110, 267 (272) = NJW 1990, 2194 (2195); BGH, BGHZ 176, 365 (375) = FamRZ 2008, 1409 (1412) mit Anm. Henrich; Müko-Winkler v. Mohrenfels, Art. 17 EGBGB Rn. 378.

585 BGH, BGHZ 82, 34 (46 ff.); zust. Rauscher, IPRax 2000, 391 (392).

Beurteilt sich die Wirksamkeit der Scheidung nach deutschem Recht, ist das im Hinblick auf das gerichtliche Scheidungsmonopol problematisch. Denn gemäß § 1564 BGB muss über die Ehescheidung immer ein Gericht befinden. Da die Vorschrift auch materiellrechtlichen Charakter hat,[586] gilt das auch für ausländische Scheidungen. Eine im Ausland vorgenommene islamische Verstoßung kann deshalb niemals anerkannt werden, wenn sie nach Art. 17 EGBGB deutschem Recht unterliegt.

(2) Problemstellung: ordre public

Unterlag die Scheidung hingegen ausländischem Recht und wurde die Privatscheidung nach der lex causae wirksam vorgenommen, ist in einem zweiten Schritt zu prüfen, ob der inländische ordre public der Anerkennung entgegensteht. Das ist der Fall, wenn die Anwendung des ausländischen Rechts zu einem Ergebnis führt, das mit wesentlichen Grundsätzen des deutschen Rechts unvereinbar ist (Art. 6 EGBGB) und im Zeitpunkt der Verstoßung ein hinreichender Bezug zur deutschen Rechtsordnung bestand.

(a) Verstoß gegen wesentliche Grundsätze des deutschen Rechts

Geht es um die Anerkennung eines ausländischen Talaq, steht ein Verstoß gegen Verfahrensgrundrechte (Art. 103 Abs.1 GG), sowie gegen den Gleichheitssatz (Art. 3 Abs. 2 GG) und das Eheverständnis des Art. 6 Abs. 1 GG im Raum.

(aa) Verletzung des Gebots des rechtlichen Gehörs (Art. 103 Abs. 1 GG)

Die Rechtsprechung bejaht einen ordre public Verstoß teilweise schon dann, wenn die Ehefrau am ausländischen Scheidungsverfahren nicht beteiligt wurde. Das gilt jedoch nur dann, wenn sie mit der Auflösung der Ehe nicht einverstanden war, da ein Verzicht auf das rechtliche Gehör möglich ist.[587] So verweigerte das BayObLG einem Talaq nach ägyptischem Recht die Anerkennung, da die Frau von der beabsichtigten Scheidung nicht in Kenntnis gesetzt wurde und folglich nicht zustimmen konnte und sie sich auch nicht im Nachhinein mit der Vornahme der Verstoßung einverstanden erklärt hatte.[588] Auch das OLG Stuttgart entschied im Jahre 1998, dass eine Anerkennung der ausländischen Privatscheidung nicht in Betracht kommt, wenn die Ehefrau an dem Verfahren nicht beteiligt wurde und

586 BGH, BGHZ 110, 267 (272 ff.) = NJW 1990, 2194 (2196); OLG Celle, FamRZ 1998, 757 (758); Müko-Winkler v. Mohrenfels, Art. 17 EGBGB Rn. 378.

587 OLG Frankfurt, IPRax 1985, 48; BayOLG, IPRax 1982, 104 ff.

588 BayOLG, IPRax 1982, 104 ff.

sie die Scheidung auch nicht nachträglich ausdrücklich oder konkludent billigt. Denn in einem solchen Fall würde die Ehefrau in die Rolle eines passiven Verfahrensobjekts gedrängt und ihr Anspruch auf rechtliches Gehör verletzt werden. Nach Auffassung des Gerichts begründet dabei der Verstoß gegen Art. 103 Abs. 1 GG für sich ein Anerkennungshindernis, ohne dass es auf die Frage ankäme, ob die Scheidung auch bei der Anwendung deutschen Rechts möglich wäre. Denn die Wahrung des rechtlichen Gehörs sei nicht ergebnisabhängig, sondern betreffe die Stellung der Ehefrau als Verfahrensbeteiligte.[589]

Diese Rechtsprechung wird allerdings von Rauscher kritisiert, der betont, dass die Frau nicht zum Verfahrensobjekt gemacht werden könne, wenn es gar kein Verfahren gibt.[590] Und auch das OLG Konstanz vertrat in einer Entscheidung vom 21.9.1992 eine ganz ähnliche Auffassung und erkannte eine Scheidung durch Verstoßung an, die ohne Beteiligung der Frau vorgenommen worden war. Das Gericht führte in seiner Urteilsbegründung aus, dass das jordanische Recht weder eine vorherige Mitteilung noch eine Anhörung der Ehefrau bei der einseitigen Verstoßung vorsehe. Ein ordre public Verstoß könne darin aber nur gesehen werden, wenn die Anerkennung des Urteils zu einer Verletzung wesentlicher Grundsätze des deutschen Rechts führe. Das ist nach Meinung des Gerichts in den Fällen ausgeschlossen, in denen die Scheidung auch nach deutschem Recht möglich wäre.[591]

(bb) Verstoß gegen materielle Grundrechte

Eine Versagung der Anerkennung eines im Ausland ausgesprochenen Talaq kommt auch dann in Betracht, wenn ein Verstoß gegen die materiellen Grundrechte vorliegt. Zu denken ist hierbei an den Grundsatz der Gleichberechtigung von Mann und Frau (Art. 3 Abs. 2 GG) und an den vom Grundgesetz verbürgten Schutz von Ehe und Familie (Art. 6 Abs. 1 GG).

In den Urteilsbegründungen wird zumeist nur allgemein auf den inländischen ordre public verwiesen, ohne zu erörtern auf welches Grundrecht genau Bezug genommen wird. So heißt es in der bereits zitierten Entscheidung des OLG Konstanz lediglich, dass die Form der Ehescheidung durch Talaq ohne Zweifel gegen tragende Grundsätze des deutschen Rechts (Art. 1, 3 Abs. 2, 6 GG) verstoße.[592]

Allerdings reicht ein abstrakter Verfassungsverstoß nicht aus. Vielmehr muss sich die Anerkennung der ausländischen Privatscheidung im konkreten Fall als unvereinbar mit der deutschen Rechtsordnung erweisen. Aus diesem Grund

589 OLG Stuttgart, IPRax 2000, 427 f.

590 Vgl. Rauscher, IPRax 2000, 391 (392). So auch Müko-Sonnenberger, Art. 6 EGBGB Rn. 21.

591 OLG Koblenz, FamRZ 1993, 563 (564); zust. Müko-Sonnenberger, Art. 6 EGBGB Rn. 21.

592 Vgl. oben Fn. 591.

scheidet ein ordre public Verstoß nach der h. M. aus, wenn die Voraussetzung für eine Scheidung auch nach deutschem Recht gegeben wären[593] oder die Auflösung der Ehe dem Willen der Ehefrau entspricht.[594]

(b) Hinreichende Inlandsbeziehung

Aber selbst wenn die Gerichte einen konkreten Grundrechtsverstoß bejahen, muss in einem zweiten Schritt noch geprüft werden, ob der Sachverhalt auch eine hinreichende Verbindung zum deutschen Forum aufweist. Denn nur dann ist der inländische Rechtsverkehr betroffen und die Annahme einer Verletzung des ordre public möglich.

Wie genau der Inlandsbezug beschaffen sein muss, hängt immer von den konkreten Umständen des Einzelfalls ab, so dass sich allgemeingültige Aussagen nur schwer aufstellen lassen. In der Regel sollte es aber genügen, wenn zumindest eine der Parteien deutscher Staatsbürger ist[595] oder beide Ehegatten seit längerem einen gemeinsamen gewöhnlichen Aufenthalt im Inland besitzen.[596] So bejahte etwa das OLG Stuttgart in einem Fall die Anerkennungsfähigkeit einer jordanischen Talaq-Scheidung, in dem das Ehepaar nach der Eheschließung im Heimatland nur drei Jahre in Deutschland gelebt hatte.[597]

bb) Auswirkungen der Rom III VO auf die Anerkennung von ausländischen Talaq-Scheidungen

Laut Auskunft des deutschen Justizministeriums gibt es Überlegungen auch die Anerkennung einer ausländischen Privatscheidung künftig nach den Kollisionsnormen der Rom III VO zu beurteilen. Es stellt sich deshalb die Frage, welche Konsequenzen diese Gesetzesänderung für die Wirksamkeit einer im Ausland vollzogenen Privatscheidung haben wird.

Fraglich ist zunächst, nach welcher Kollisionsnorm das anzuwendende Recht in einem solchen Fall zu bestimmen ist. Denn grundsätzlich kommt es auf die objektive Anknüpfung nur an, wenn die Parteien nicht von ihrer eingeschränk-

---

593 OLG Koblenz, FamRZ 1993, 563 (564); JM NRW IPRspr. 1991, Nr. 216, 457 (460); vgl. auch Müko-Winkler v. Mohrenfels, Art. 17 EGBGB Rn. 378; Staudinger-Mankowski, Art. 17 EGBGB Rn. 122.

594 BayOLG, IPRax 1982, 104 ff.; OLG Stuttgart, IPRax 2000, 427 f.; OLG Frankfurt, IPRax 1985, 48; vgl. auch Müko- Winkler v. Mohrenfels, Art. 17 EGBGB Rn. 378; Staudinger-Mankowski, Art. 17 EGBGB Rn. 124.

595 OLG Frankfurt am Main, IPRax 1985, 48; BayOLG, IPRax 1982, 104; vgl. auch Staudinger-Mankowski, Art. 17 EGBGB Rn. 120.

596 OLG Stuttgart, IPRax 2000, 427 f.

597 OLG Stuttgart, IPRax 2000, 427 f.; krit. hierzu Rauscher, IPRax 2000, 391 (394).

ten Rechtswahlmöglichkeit nach Art. 5 Abs. 1 Rom III VO Gebrauch gemacht haben. Allerdings scheint diese Vorschrift auf ein gerichtliches Scheidungsverfahren zugeschnitten zu sein, so dass zweifelhaft ist, ob sie auch im Falle einer außergerichtlichen Scheidung angewendet werden kann.

Gemäß Art. 5 Abs. 2 Rom III VO kann eine entsprechende Vereinbarung jedoch jederzeit auch außergerichtlich getroffen werden, so dass eine Rechtswahl theoretisch auch bei einer Privatscheidung möglich wäre; in der Praxis dürfte dies aber die absolute Ausnahme darstellen.

Die Wirksamkeit einer ausländischen Talaq-Scheidung wird sich deshalb in aller Regel nach Art. 8 Rom III VO richten, der primär an den gemeinsamen gewöhnlichen Aufenthalt der Parteien anknüpft. Das wird zur Folge haben, dass auch im Ausland vorgenommene Privatscheidungen in Zukunft vermehrt deutschem Recht unterliegen werden, das in § 1564 BGB die Beteiligung eines Gerichts zwingend vorschreibt.

Das deutsche Anerkennungsgericht kann einer ausländischen Privatscheidung deshalb nur Wirksamkeit beimessen, wenn islamisches Recht als Scheidungsstatut berufen ist. Das ist beispielsweise dann der Fall, wenn die Verstoßung in einem Zeitpunkt stattfindet, in dem zumindest eine Partei die Staatsangehörigkeit eines Landes mit einer islamischen Rechtordnung besitzt und beide Ehegatten sich in diesem Land aufhalten, Art. 8 lit. b Rom III VO.

Allerdings kann in einem solchen Fall noch der ordre public Vorbehalt des Art. 6 EGBGB der Anerkennung entgegenstehen, was sich wohl nach den gleichen Grundsätzen beurteilen wird wie bisher. Insoweit kann deshalb auf die Ausführungen oben verwiesen werden.[598] Art. 10 Rom III VO dürfte dagegen bei der Wirksamkeitsüberprüfung von ausländischen Privatscheidungen keine Rolle spielen, da er lediglich dazu dient, die Benachteiligung der Frau auszugleichen, indem er ihr einen gleichberechtigten Zugang zu den Gerichten gewährt.

cc) Zwischenergebnis zur Rechtsprechung deutscher Gerichte

Im deutschen Recht richtet sich die Wirksamkeit einer ausländischen Privatscheidung de lege lata nach den Vorschriften des autonomen IPR. Wurde die Ehe nach dem gemäß Art. 17 EGBGB maßgeblichen Scheidungsstatut wirksam aufgelöst, kommt eine Versagung nur in Betracht, wenn die Anwendung des ausländischen Scheidungsrechts im konkreten Fall gegen den deutschen ordre public verstößt.

---

598 Es ist jedoch zu beachten, dass die Anwendung islamischen Rechts nach Art. 8 lit. b Rom III VO auch dann möglich ist, wenn beide Ehegatten (auch) die deutsche Staatsangehörigkeit besitzen. In einem solchen Fall ist mit einer ziemlichen Sicherheit davon auszugehen, dass deutsche Gerichte die Vorbehaltsklausel berufen werden.

Wann ein solcher Verstoß vorliegt, wird in der Rechtsprechung nicht einheitlich beurteilt. So ist insbesondere umstritten, ob die Verletzung des rechtlichen Gehörs ergebnisunabhängig zur Verweigerung der Anerkennung nach Art. 6 EGBGB führt oder ob eine Verletzung des ordre public ausscheidet, wenn die Ehe auch nach deutschem Recht geschieden werden könnte.

Nach den Anknüpfungsnormen der Rom III VO wird sich die Wirksamkeit einer Privatscheidung hingegen vermehrt nach deutschem Recht richten, wonach eine Anerkennung aufgrund des gerichtlichen Scheidungsmonopols immer ausscheiden muss. Die neuen Kollisionsnormen werden somit auch im Bereich der Wirksamkeitsüberprüfung ausländischer Verstoßungen zu einer Verschärfung der Anerkennungsvoraussetzungen führen. Eine Anerkennung bleibt aber möglich, wenn die Parteien ihren gemeinsamen gewöhnlichen Aufenthalt in einem islamischen Staat haben. Denn in diesem Fall wird der Sachverhalt in der Regel nur einen geringen Bezug zur deutschen Rechtsordnung aufweisen, so dass an das Eingreifen des ordre public Vorbehalts hohe Anforderungen zu stellen sind. Ist allerdings eine deutsche Staatsangehörige von der Verstoßung betroffen, so dürfte eine Anerkennung weiterhin nur in Betracht kommen, wenn die Frau der Scheidung zugestimmt hat oder die Scheidung auch nach deutschem Recht möglich gewesen wäre.

b) Länderbericht Frankreich

Im französischen Recht setzt die Anerkennung einer im Ausland erfolgten Talaq-Scheidung voraus, dass das ausländische Gericht international zuständig war, die Verstoßung in Übereinstimmung mit den vom französischen IPR berufenen materiellen Rechtsvorschriften vorgenommen worden ist und dass weder ein Verstoß gegen den ordre public noch eine *fraude à la loi* vorliegt.[599]

aa) Internationale Zuständigkeit ausländischer Gerichte

Anders als im deutschen Recht wird die Zuständigkeit des ausländischen Gerichts nicht nach dem Spiegelbildprinzip bestimmt. Vielmehr gilt seit dem *Simitch-Urteil* in ständiger Rechtsprechung, dass ausländische Gerichte immer dann international zuständig sind, wenn französische Gerichte keine ausschließliche Kompetenz besitzen, ein hinreichender Bezug des Sachverhalts zum Gerichtsstaat

599 Vgl. Aldeeb/Bonomi, Le droit musulman de la famille et des successions à l'épreuve des ordres juridiques occidentaux, S. 183 f.

besteht und die Anrufung des ausländischen Gerichts keine Gesetzesumgehung darstellt.[600]

aaa) Keine ausschließliche Kompetenz französischer Gerichte

Geht es um die Anerkennung eines ausländischen Urteils, so ist nicht auf die Vorschriften der Brüssel IIa VO abzustellen, sondern auf das autonome Verfahrensrecht. Danach bestimmt sich die Zuständigkeit französischer Gerichte nach Art. 1070 NCPC, sowie Art. 14, 15 C.C. Allerdings begründen diese Vorschriften nach der Rechtsprechung der *Cour de cassation* keine ausschließliche Kompetenz,[601] so dass immer geprüft werden muss, ob eine konkurrierende Zuständigkeit des ausländischen Gerichts besteht. Im Verhältnis zu Marokko ist zudem Art. 11 der französisch–marokkanischen Konvention vorrangig zu berücksichtigen, wonach marokkanische Gerichte immer dann zuständig sind, wenn die Eheleute beide Marokkaner sind oder sie ein gemeinsames Domizil im Marokko besitzen.

bbb) Vorliegen einer charakteristischen Verbindung zum Gerichtsstaat

Da es im Scheidungsrecht keine französische Norm gibt, die eine ausschließliche Kompetenz der inländischen Gerichte begründet, ist die entscheidende Frage, wann eine charakteristische Verbindung zum Gerichtsstaat besteht.

In zwei umstrittenen Urteilen hat die *Cour d'appel de Paris* festgestellt,[602] dass die gemeinsame algerische Staatsangehörigkeit der Ehegatten nicht ausreiche, um eine hinreichende Beziehung zum algerischen Forum herzustellen.[603] Vielmehr sei entscheidend, wo sich der aktuelle Lebensmittelpunkt der Parteien befinde. Leben die Ehegatten, wie im vorliegenden Fall, mit ihren Kindern in Frankreich, wo sie auch ihre Einkünfte erzielen, so sei eine vorherrschende Beziehung zur französischen Rechtsordnung gegeben, die eine ausschließliche Zuständigkeit der französischen Gerichte begründe. Dieser Rechtsprechung folgte zunächst

600 Cour de cassation (1re Ch. civ.) vom 6.2.1985, Rev. crit. internat. privé 1985, 369 ff.

601 Cour de cassation (1re Ch. civ.) vom 10.5.2006, N° de pourvoi: 05–15707; Cour de cassation (1re Ch. civ.) vom 23.5.2006, AJ Fam. septembre 2006, S. 324 f.

602 Vgl. El-Husseini Begdache, Roula, Le Droit International Privé Français Et La Répudiation Islamique, S. 188 f. (Urteile der CA Paris vom 15.11.1988 und 15.3.1990).

603 Die französisch–algerische Konvention vom 27.8.1964 enthält anders als die französisch-marokkanische Konvention keine Regelung zur indirekten Zuständigkeit. Dennoch erscheint die Entscheidung der *Cour de cassation* fragwürdig; reicht doch im internen Recht schon die französische Staatsangehörigkeit einer der Ehegatten, um die Zuständigkeit der inländischen Gerichte zu begründen, Art. 15 C.C.

auch die *Cour de cassation*.[604] In einem neueren Urteil vom 10.5.2006 hat das Oberste Gericht hingegen die gemeinsame algerische Staatsangehörigkeit der betroffenen Ehegatten wieder genügen lassen, um die internationale Zuständigkeit algerischer Gerichte zu begründen.[605] Diese Rechtsprechung wurde seitdem in mehreren Urteilen bestätigt.[606]

Nicht ausreichend ist es hingegen, wenn nur eine Partei die Staatsangehörigkeit des Forums besitzt. In dem konkreten Fall ging es um einen Franzosen, der seine marokkanische Ehefrau in Marokko verstieß. Beide waren in Frankreich domiziliert. Da es sowohl an einem gemeinsamen Domizil als auch an einer gemeinsamen Staatsangehörigkeit fehlte, bestand keine hinreichende Verbindung zu Marokko. Folglich war die internationale Zuständigkeit der marokkanischen Gerichte aus französischer Sicht nicht gegeben und die *Cour de cassation* verweigerte die Anerkennung der Verstoßung.[607]

ccc) Verhalten des Mannes darf keine fraude à la loi darstellen

Auch wenn ein charakteristischer Bezug zum Gerichtsstaat besteht, darf dessen internationale Zuständigkeit nur bejaht werden, wenn die Anrufung des ausländischen Forums keine Gesetzesumgehung darstellt.[608] Eine solche steht immer im Raum, wenn der Ehemann in sein Heimatland reist, um seine Frau zu verstoßen, nachdem die Frau ein Scheidungsverfahren gegen ihn in Frankreich initiiert hat und er davon Kenntnis erlangt. Denn das schwebende inländische Verfahren steht der Anerkennung der ausländischen Entscheidung grundsätzlich nicht entgegen, da die Klage nach französischem Recht erst mit dem Tag der Vorladung des Antraggegners rechtshängig wird,[609] so dass der Mann die Möglichkeit hat seine Frau noch vor diesem Zeitpunkt im Ausland zu verstoßen.

Konfrontiert mit solchen Sachverhaltskonstellationen hat die *Cour de cassation* entschieden, dass die Anrufung des an sich auch zuständigen, ausländischen Gerichts immer dann eine Gesetzesumgehung darstellt, wenn der Mann

604 Cour de cassation (1re Ch. civ.) vom 17.2.2004, N° de pourvoi: 02–17479.

605 Cour de cassation (1re Ch. civ.) vom 10.5.2006, N° de pourvoi: 05–15707.

606 Cour de cassation (1re Ch. civ.) vom 23.2.2011, N° de pourvoi: 10–14760; Cour de cassation (1re Ch. civ.) vom 20.10.2010, N° de pourvoi: 09–15379. Cour d`appel de Douai, N° de RG: 10/07690.

607 Cour de cassation (1re Ch. civ.) vom 14.3.2006, N° de pourvoi: 04–13792.

608 Vgl. Aldeeb/Bonomi, Le droit musulman de la famille et des successions à l`épreuve des ordres juridiques occidentaux, S. 183; El-Husseini Begdache, Le Droit International Privé Français Et La Répudiation Islamique, S. 204.

609 Das wird aus dem Wortlaut von Art. 251 Abs. 1 C.C. a. F. (Art. 252 C.C. n. F.). i. V. m. Art. 262–1 Abs. 1 C.C. gefolgert, vgl. El-Husseini Begdache, Le Droit International Privé Français Et La Répudiation Islamique, S. 205, Fn. 397.

sich allein aus dem Grund in seinem Heimatland scheiden lässt, um dem bereits in Frankreich initiierten Scheidungsverfahren die Grundlage zu entziehen.[610] Dabei muss die Antragstellerin die betrügerische Absicht des Mannes nicht nachweisen, sondern diese wird vermutet, wenn die Frau bereits vor der Verstoßungserklärung ein Verfahren in Frankreich eingeleitet hat.[611] Diese Rechtsprechung wird von der Literatur zum Teil kritisiert. Denn es stellt sich die Frage, wie man dem Mann eine Gesetzesumgehung vorwerfen kann, wenn er nur von der Möglichkeit Gebrauch macht, die ihm die französisch-marokkanische Konvention einräumt.[612]

Noch kontroverser wird jedoch ein Urteil der *Cour de cassation* vom 1.3.1988[613] diskutiert. Im diesem Fall ging es um ein algerisches Ehepaar, das sich nach der Eheschließung dauerhaft in Frankreich niederließ. Als die Ehegatten bereits seit mehreren Jahren getrennt lebten, erhob die Frau Klage gegen ihren Mann auf Beitrag zum Unterhalt des ehelichen Lebens. Der Mann reiste daraufhin nach Algerien, um das dort zuständige Gericht anzurufen, um die Frau zu verstoßen. Zurück in Frankreich begehrte er dann die Beseitigung der Unterhaltsverpflichtung, dem die *Cour d'appel de Douai* stattgab. Die *Cour de cassation* hob dieses Urteil jedoch mit der Begründung auf, dass das Berufungsgericht nicht hinreichend geprüft habe, ob die Wahl des Forums nicht allein aus dem Grund getroffen wurde, um der von dem französischen Gericht begründeten Unterhaltsverpflichtung zu entgehen.

Gegen diese Rechtsprechung lässt sich einwenden, dass die Klage auf Unterhalt einerseits, und das Scheidungsbegehren andererseits, zwei unterschiedliche Verfahrensgegenstände darstellen, mit der Folge, dass das zuerst initiierte Verfahren in Frankreich nicht der Zulässigkeit des Scheidungsverfahrens in Algerien entgegenstehen kann. Denn auch nach französischem Recht ist es schließlich zulässig, dass der Mann die Scheidung einreicht, wenn er sich einem Antrag auf Trennung von Tisch und Bett oder einer Klage auf Beitrag zum Unterhalt des ehelichen Lebens von Seiten der Ehefrau gegenübersieht.[614] In einer aktuellen Entscheidung vom 23.2.2011 hat die *Cour de cassation* dann auch in einem ähnlich gelagerten Fall eine Gesetzesumgehung verneint.[615] Der Rechtsstreit betraf ein marokkanisches Ehepaar mit Wohnsitz in Frankreich. Nachdem die Frau in

610 Vgl. Loussouarn/Bourel/Vareilles-Sommières, Droit International Privé, S. 441.

611 Vgl. Déprez, Rev. crit. internat. privé 1995, 103 (114).

612 Vgl. Déprez, Rev. crit. internat. privé 1995, 103 (110 ff.) m. w. N.

613 Cass. Civ. (1re Ch.) vom 1.3.1988, Rev. crit. internat. privé 1989, 721 ff. mit Anm. Sinay-Cytermann.

614 Vgl. El-Husseini Begdache, Le Droit International Privé Français Et La Répudiation Islamique, S. 210 f.; Déprez, Rev. crit. internat. privé 1995, 103 (112 f.).

615 Cour de cassation (1re Ch. civ.) vom 23.2.2011, N° de pourvoi: 10–14760.

Frankreich eine Klage auf Beitrag zum ehelichen Lebensunterhalt eingereicht hatte, beantragte der Ehemann zwei Tage vor der mündlichen Verhandlung vor dem *tribunal de grande instance de Paris*, die Scheidung bei dem zuständigen Gericht in Marokko. In seiner Urteilsbegründung führte das Gericht an, dass die Ehegatten schon seit längerem getrennt lebten, so dass die Initiierung des Scheidungsverfahrens durch den Mann nicht rechtsmissbräuchlich erscheine. Der Mann habe deshalb mit der Anrufung der marokkanischen Gerichte nur von seinem Recht Gebrauch gemacht, das ihm Art. 11 der französisch-marokkanischen Konvention einräume.

bb) Wirksamkeit der Privatscheidung nach der lex causae

Französische Gerichte erkennen ausländische Urteile in der Regel nur an, wenn ihnen das vom französischen IPR berufene Recht zugrunde liegt.[616] Geht es um die Anerkennung einer islamischen Verstoßung so wird die Kollisionsregel des Art. 309 C.C. jedoch nicht konsequent angewendet. Denn befindet sich das Domizil beider Ehegatten in Frankreich, so müsste an sich gemäß Art. 309 Abs. 2 C.C. französisches Recht Anwendung finden. Die Rechtsprechung scheint jedoch danach zu differenzieren, ob die Parteien eine gemeinsame Staatsangehörigkeit besitzen oder nicht.[617] Bei einer gemeinsamen ausländischen Staatsangehörigkeit findet Art. 309 Abs. 2 C. C. keine Anwendung und das anwendbare Recht wird nach Art. 309 Abs. 3 C.C. ermittelt. Die Wirksamkeit einer Verstoßung richtet sich dann in der Regel nach dem gemeinsamen Heimatrecht der Ehegatten.[618] Besitzen die Parteien aber neben der ausländischen Staatsangehörigkeit noch die französische, so geht letztere in der Regel vor. [619] Dieser Grundsatz gilt jedoch nur eingeschränkt im Anwendungsbereich der französisch–marokkanischen Konvention von 1981. So hat die *Cour de cassation* in dem bereits oben zitierten Urteil vom 23.2.2011 entschieden, dass die Scheidung eines Franko-Marokkaners und einer Marokkanerin mit gemeinsamem Domizil im Frankreich gemäß

---

616 Vgl. Aldeeb/Bonomi, Le droit musulman de la famille et des successions à l'épreuve des ordres juridiques occidentaux, S. 183.

617 Vgl. die Darstellung bei El-Husseini Begdache, Le Droit International Privé Français Et La Répudiation Islamique, S. 167 ff. m. w. N. zur Rechtsprechung.

618 So hat die *Cour de cassation* im Fall *Rohbi* (Cour de cassation (1re Ch. civ.) vom 3.11.1983, Rev. crit. internat. privé 1984, 325 mit Anm. Fadlallah) eine marokkanische Talaq-Scheidung anerkannt, obwohl beide Ehegatten im Zeitpunkt der Auflösung der Ehe in Frankreich domiziliert waren.

619 Vgl. El-Husseini Begdache, Le Droit International Privé Français Et La Répudiation Islamique, S. 169 ff.

Art. 9 Abs. 1 der französisch-marokkanischen Konvention marokkanischem Recht unterliege.[620]

Gehören die Ehegatten unterschiedlichen Staaten an, so ist die Rechtsprechung nicht ganz eindeutig, wie sich aus folgenden Urteilen der *Cour de cassation* ergibt: In dem Fall *Amokhtari*[621] hat das Berufungsgericht entschieden, dass die Scheidung eines französisch–algerischen Ehepaares mit gemeinsamen Domizil in Frankreich, gemäß Art. 309 Abs. 2 C.C. französischem Recht unterliege. Der Ehemann ging daraufhin in Revision, mit der er geltend machte, dass Art. 309 Abs. 2 C.C. nur dann Anwendung finden könne, wenn ein französisches Gericht über das Scheidungsbegehren zu entscheiden hat. Die *Cour de cassation* nahm zu diesem Vorbringen keine Stellung und entschied, dass die ausländische Verstoßung jedenfalls deshalb keine Wirksamkeit im Inland entfalten könne, da die Ehefrau Französin sei.

Ganz ähnlich urteilte die *Cour de cassation* in einer anderen Entscheidung vom gleichen Tag.[622] Der Fall betraf einen algerischen Mann, der mit zwei französischen Frauen eine polygame Ehe führte. Im Jahre 1964 votierte er in Folge der Unabhängigkeitserklärung Algeriens für die französische Staatsangehörigkeit, während seine beiden Frauen die französische Staatsbürgerschaft verloren. Im Jahre 1967 verstieß er seine zweite Ehefrau in Algerien, wobei nicht eindeutig feststand, wo sich das Domizil der Eheleute zu diesem Zeitpunkt befand. Nach dem Tod des Ehemannes stritten nun beide Witwen um Rentenansprüche, wobei die erste Ehefrau geltend machte dass die zweite Frau wirksam verstoßen worden sei und ihr deshalb keine Ansprüche zustehen könnten. Während die *Cour d'appel* diesem Vorbringen folgte, entschied die *Cour de cassation*, dass die Talaq-Scheidung keine Wirksamkeit entfalten könne, da der Mann französischer Staatsbürger gewesen sei und sein Personalstatut folglich französischem Recht unterstanden habe. Die Ehe hätte deshalb nur in Übereinstimmung mit den französischen Vorschriften aufgelöst werden können.

In der Literatur wird deshalb zum Teil die Auffassung vertreten, dass die Verstoßung nur dann anerkannt werden könne, wenn sie nach dem Heimatrecht beider Ehegatten zulässig ist, ähnlich einem zweiseitigen Ehehindernis bei der Eheschließung.[623]

---

620 Vgl. oben Fn. 615.

621 Lexilaser Cassation 19/6/1994, N° 248 (zitiert nach El-Husseini Begdache, Le Droit International Privé Français Et La Répudiation Islamique, S 166 Fn. 196).

622 Cour de cassation (1re Ch. civ.) vom 22.4.1986, Rev. crit. internat. privé 1987, 374 ff. mit Anm. Courbe; Joubert, La notion de liens suffisants avec l'ordre juridique en droit international privé, S. 258.

623 Vgl. Courbe, Rev. crit. internat. privé 1987, 374 (382).

Andere befürworten hingegen die Anwendung des Art. 309 C.C. und differenzieren nach dem Ort des Domizils. Besitzen die Ehegatten keine gemeinsame Staatsbürgerschaft und liegt ihr Domizil im Zeitpunkt des Scheidungsantrags im Inland, so müsse gemäß Art. 309 Abs. 2 C.C. französisches Recht Anwendung finden. Fehlt es hingegen an einem gemeinsamen französischen Domizil, so bestimme sich das anwendbare Recht nach Art. 309 Abs. 3 C.C.[624]

Ist jedoch einer der Ehegatten Franzose, so ist aufgrund der ergangenen Urteile davon auszugehen, dass die Verstoßung keine Wirksamkeit entfaltet. Die Begründung der Entscheidung der *Cour de cassation* erscheint zwar ziemlich fragwürdig, da es für die Anwendung des französischen Scheidungsrechts grundsätzlich nicht genügt, dass einer der Ehegatten die französische Staatsbürgerschaft besitzt. Doch könnte das gleiche Ergebnis auch mit der Annahme eines ordre public Verstoßes bejaht werden, da der Ehemann Franzose war und somit ein hinreichender Inlandsbezug gegeben sein dürfte.[625]

In diese Richtung weist auch ein neueres Urteil der *Cour de cassation* vom 20. Februar 2007,[626] bei dem es um die Exequatur eines amerikanischen Urteils ging. Das oberste Gericht verzichtete hier ausdrücklich darauf, das vom ausländischen Gericht angewendete Recht zu kontrollieren und prüfte lediglich die indirekte Zuständigkeit des ausländischen Gerichts, sowie die Vereinbarkeit des Urteils mit dem inländischen ordre public. Manche Autoren gehen deshalb davon aus, dass auch die Anerkennung einer Verstoßung nicht mehr davon abhängt, dass das ausländische Gericht, das nach dem französischen IPR maßgebliche Recht angewendet hat.[627] Für diese Ansicht spricht auch das bereits oben zitierte Urteil der *Cour de cassation* vom 23.2.2011.[628] Denn in seiner Begründung weist das Gericht lediglich darauf hin, dass sich die Zuständigkeit der marokkanischen Gerichte aus der gemeinsamen marokkanischen Staatsangehörigkeit der Ehegatten ergebe. Eine Überprüfung des anzuwenden Rechts erfolgte hingegen nicht.

cc) Ordre public als Anerkennungshindernis

Der Schwerpunkt der Prüfung des Anerkennungsgerichts liegt deshalb in aller Regel auf der Frage, ob die ausländische Entscheidung mit dem französischen ordre public vereinbar ist.

---

624 Vgl. El-Husseini Begdache, Le Droit International Privé Français Et La Répudiation Islamique, S. 179.

625 Vgl. näher sogleich unten 2. Kapitel, II. 3. b) cc).

626 Cour de cassation (1re Ch. civ.) vom 20.2.2007, N° de pourvoi: 05–14082.

627 Vgl. Joubert, La notion de liens suffisants avec l'ordre juridique en droit international privé, S. 258.

628 Vgl. oben Fn. 615.

aaa) Inhalt des ordre public

Der ordre public Vorbehalt dient primär der Durchsetzung tragender Grundsätze der inländischen Rechtsordnung und unterliegt somit einem stetigen Wandel. In Frankreich kann man die Relativität dieses Rechtsinstituts sehr gut anhand der Rechtsprechung hinsichtlich der Anerkennung einer im Ausland vorgenommenen Verstoßung erkennen.[629]

(1) Die Rechtsprechung vor Inkrafttreten des Gesetzes vom 11.7.1975

Vor 1975 wurde eine Verstoßung in der Regel anerkannt, wenn sie nach dem vom französischen IPR berufenen materiellen Recht wirksam vorgenommen wurde und die Ehefrau der Scheidung zustimmte. In einem solchen Fall wurde die Verstoßung einer einvernehmlichen Scheidung gleichgesetzt, die nach dem Grundsatz der wohlerworbenen Rechte (*l'ordre public atténué*) in Frankreich anerkannt wurde.[630] Dabei ließen die Richter auch ein stillschweigendes Einverständnis genügen, was sie mitunter auch aus nachträglichen Umständen folgerten, wie der Tatsache, dass die Frau eine Sorgerechtsentscheidung in Frankreich beantragte oder der Scheidung über Jahre hinweg nicht widersprochen hatte.[631]

(2) Die Rechtsprechung nach Inkrafttreten des Gesetzes vom 11.7.1975

Mit Gesetz vom 11.7.1975 (Nr. 75–617) wurden neue Scheidungsgründe in das französische Recht eingeführt, die fortan auch eine Scheidung auf einseitiges Verlangen gegen den Willen und ohne Verschulden des anderen Ehegatten zuließen. Die Liberalisierung des internen Scheidungsrechts hatte auch Auswirkungen auf die Anerkennungsvoraussetzungen ausländischer Scheidungsurteile, denen nun ein modifiziertes ordre public Verständnis zu Grunde lag.[632] Denn nun erwies sich die bloße Tatsache, dass die Verstoßung gegen den Willen der Frau erfolgte, nicht mehr als tragfähiger Ablehnungsgrund, da dieses Ergebnis jetzt auch bei der Anwendung französischen Scheidungsrechts möglich war.[633]

629 Vgl. Loussouarn/Bourel/Vareilles-Sommières, Droit international privé, S. 346 ff.

630 Vgl. El-Husseini Begdache, Le Droit International Privé Français Et La Répudiation Islamique, S. 142 ff.

631 Vgl. El-Husseini Begdache, Le Droit International Privé Français Et La Répudiation Islamique, S. 144 ff.

632 Vgl. El-Husseini Begdache, Le Droit International Privé Français Et La Répudiation Islamique, S. 107; 153.

633 Vgl. El-Husseini Begdache, Le Droit International Privé Français Et La Répudiation Islamique, S. 152.

(a) Gewährung von rechtlichem Gehör

Vor dem Hintergrund dieser Überlegungen ist die Entscheidung *Dahar* vom 18.12.1979 zu sehen, mit der die *Cour de cassation* eine Liberalisierung ihrer Rechtsprechung einläutete.[634]

Der Fall handelte von zwei Algeriern, die zum Zeitpunkt der Verstoßung ein gemeinsames Domizil in ihrem Heimatland besaßen. Die Verstoßung wurde vom zuständigen Gericht registriert und der Frau wurde eine Entschädigung sowie das Sorgerecht für die Kinder zugesprochen und dem Mann die Pflicht zur Unterhaltszahlung auferlegt. Als die Ex-Ehegatten schließlich beide ihr Domizil nach Frankreich verlegten, begehrte die Frau dort die Anerkennung der Verstoßung. Ihr Ex–Mann widersetzte sich jedoch der Exequatur der algerischen Entscheidung und machte geltend, dass diese gegen den französischen ordre public verstoße und begehrte seinerseits das Sorgerecht für die gemeinsamen Kinder sowie die Aufhebung der Unterhaltsverpflichtung.

Die *Cour de cassation* verneinte jedoch einen Verstoß gegen den ordre public mit der Begründung, dass beide Ehegatten in dem algerischen Prozess die Möglichkeit gehabt hätten, Forderungen und Einwände zu ihrer Verteidigung geltend zu machen und erkannte die Verstoßung für wirksam an. Die Tatsache, dass die Frau selbst die Exequatur des Scheidungsurteils begehrte, erwähnte die *Cour de cassation* dagegen nicht einmal und nahm mithin indirekt Abstand von ihrer eigenen bisherigen Rechtsprechung, wonach eine Verstoßung nur dann anerkannt werden konnte, wenn die Frau in die Auflösung des Ehebandes eingewilligt hatte.[635]

(b) Ausreichende finanzielle Absicherung der Frau

Weiter gelockert wurde die höchstrichterliche Rechtsprechung mit Urteil vom 3.11.1983.[636] Diese Entscheidung betraf ein marokkanisches Ehepaar, das 1973 in Marokko geheiratet hatte und sich kurze Zeit später in Frankreich niederließ. Die Frau begehrte schließlich im Jahre 1978 die Scheidung vor einem französischen Gericht, woraufhin der Ehemann geltend machte, dass er seine Frau bereits wirksam in Marokko verstoßen habe. Die *Cour d`appel de Versailles* verweigerte jedoch die Anerkennung der Talaq-Scheidung mit der Begründung, dass

634 Cour de cassation (1re Ch. civ.) vom 18.12.1979, Clunet 1981, 597 mit Anm. Kahn = Rev. crit. internat. privé 1981, 88 ff.

635 Vgl. El-Husseini Begdache, Le Droit International Privé Français Et La Répudiation Islamique, S. 157 ff.

636 Cour de cassation (1re Ch. civ.) vom 3.11.1983, Rev. crit. internat. privé 1984, 325 ff. mit Anm. Fadlallah.

der Anspruch der Frau auf rechtliches Gehör verletzt und die Verstoßung widerruflich gewesen sei und schied die Ehe schließlich durch französisches Gerichtsurteil.[637]

Der Ehemann legte daraufhin Revision ein, der die *Cour de cassation* mit der Begründung stattgab, dass die einseitige Auflösung der Ehe auf Verlangen des Mannes vorliegend durch eine finanzielle Absicherung der Frau gemildert werde und deshalb kein Verstoß gegen den ordre public vorliege. Und auch die Widerruflichkeit der Verstoßung wurde als irrelevant angesehen, da diese lediglich eine Übergangszeit darstelle, die eine Wiederannäherung der Eheleute begünstige.[638]

Hatte das Gericht also noch in dem Fall *Ferroudji* ein algerisches Scheidungsurteil mit dem Argument zurückgewiesen, dass dieses auf einem Gesetz beruhe, das es dem Mann erlaube, die Ehefrau auf seinen Wunsch zurückzunehmen,[639] so bejaht es nun die Anerkennungsfähigkeit einer widerruflichen Verstoßung. Das wirklich überraschende an dem Urteil *Rohbi* ist jedoch, dass die *Cour de cassation* eine islamische Privatscheidung für wirksam erachtete, der die Frau nicht zugestimmt hatte und die ohne jegliche Beteiligung der Antragsgegnerin vorgenommen worden war.[640]

(c) Wahrung des Gleichbehandlungsgrundsatzes von Mann und Frau

Die bisherige Analyse hat gezeigt, dass die ersten Jahre nach dem Abschluss der französisch-marokkanischen Konvention durch eine relativ liberale Haltung der Rechtsprechung gegenüber ausländischen Privatscheidungen geprägt war. Das änderte sich jedoch schlagartig mit einem Urteil vom 1.6.1994, mit dem die *Cour de cassation* das erste Mal einer islamischen Verstoßung unter Berufung auf die Europäische Menschenrechtskonvention (EMRK) die Anerkennung versagte.[641]

---

637 Vgl. El-Husseini Begdache, Le Droit International Privé Français Et La Répudiation Islamique, S. 161.

638 Vgl. El-Husseini Begdache, Le Droit International Privé Français Et La Répudiation Islamique, S. 162.

639 Cour de cassation (1re Ch. civ.) vom 20.6.1978, Rev. crit. internat. privé 1981, 88 ff.

640 Aufgrund der Unterschiede bei der Höhe der Lebenshaltungskosten werden französische Gerichte jedoch nur selten zu dem Schluss gelangen, dass die von dem ausländischen Richter festgesetzten Unterhaltsleistungen ausreichend sind. Denn es werden finanzielle Gewährleistungen gefordert, die es der Frau ermöglichen ihren Lebensunterhalt und den ihrer Kinder selbständig und ohne Hilfe des französischen Staates zu bestreiten, vgl. Monéger, Clunet 1992, 347 (354); El-Husseini Begdache, Le Droit International Privé Français Et La Répudiation Islamique, S. 164 f.

641 Cour de cassation (1re Ch. civ.) vom 1.6.1994, Rev. crit. internat. privé 1995, 103 ff. mit Anm. Déprez.

In dem Fall ging es um die Scheidung eines marokkanischen Ehepaars mit Domizil im Inland. Die Frau begehrte die Scheidung in Frankreich, aber die *Cour d'appel* erklärte den Antrag aufgrund einer zeitlich vorangegangenen Verstoßung für unzulässig. Obwohl die Ehefrau dem Prozess nicht beigewohnt hatte, verneinte das Gericht einen ordre public Verstoß. Die *Cour de cassation* kam hingegen zu dem Ergebnis, dass die Verstoßung in Frankreich keinerlei Wirkung entfalten könne, da die Frau nicht ordnungsgemäß geladen worden sei. Zudem bejahte sie eine Verletzung von Art. 5 des Zusatzprotokolls Nr. 7 der EMRK von 1984[642], der festlegt, dass die Ehegatten während der Ehe und bei der Scheidung untereinander und in Bezug auf ihre Kinder die gleichen Rechte und Pflichten haben.

Die Bezugnahme auf die EMRK warf die Frage auf, ob mit dieser Begründung nicht jeder Verstoßung die Anerkennung versagt werden müsste, da es sich bei diesem Rechtsinstitut um ein einseitiges Privileg des Ehemannes handelt und somit eine Ungleichbehandlung der Ehegatten bei der Scheidung vorliegt. Allerdings war die Ehefrau im vorliegenden Fall auch nicht ordnungsgemäß geladen worden, so dass es möglich schien, dass die *Cour de cassation* Art. 5 des Zusatzprotokolls Nr. 7 der EMRK nur ergänzend für die Begründung ihrer Entscheidung herangezogen hatte. Dieser Interpretation folgte zu dieser Zeit auch ein Teil der Literatur, der zufolge die abstrakte Berufung auf die EMRK alleine nicht ausreichen könne um die Anerkennungsfähigkeit zu verneinen. Vielmehr seien immer die konkreten Umstände des Einzelfalls ausschlaggebend.[643]

Scheinbar bestätigt wurde diese Ansicht durch ein weiteres Urteil der *Cour de cassation* aus dem Jahre 2001.[644] In dem Fall *Doibi* ging es um ein algerisches Ehepaar mit Domizil in Frankreich. Der Ehemann reiste in sein Heimatland, um seine Frau zu verstoßen und eine andere Frau zu heiraten. Danach kehrte er nach Frankreich zurück und verlangt dort die Anerkennung des Urteils. Die erste Frau widersetzte sich jedoch der Exequatur der algerischen Entscheidung, indem sie unter anderen einen Verstoß gegen die EMRK geltend machte. Die *Cour de cassation* wies dieses Vorbringen jedoch zurück und erklärte die Talaq-Scheidung in Übereinstimmung mit den Ausführungen der *Cour d'appel* für wirksam. Als Begründung führte das Gericht an, dass die Ehefrau in dem algerischen Verfahren die Möglichkeit gehabt habe, Forderungen und Einwände geltend zu machen, und dass sie durch die Gewährung von Unterhalt- und Entschädigungszahlungen hinreichend finanziell abgesichert sei, so dass kein ordre public Verstoß vorliege.

---

642 Zusatzprotokoll Nr. 7 der EMRK vom 22. November 1984.

643 Vgl. Gannagé (Anm. zur Entscheidung der Cour d`appel de Paris vom 13.12.2001), Rev. crit. internat. privé 2002, 730 (737 ff.).

644 Cour de cassation (1re Ch. civ.) vom 3.7.2001, Rev. crit. internat. privé 2002, 704 ff. mit Anm. Gannagé.

Allerdings folgte die *Cour de Paris* dieser erneuten Wende in der höchstrichterlichen Rechtsprechung nicht und entschied mit Urteil vom 13.12.2001,[645] dass eine Verstoßung, die sich als alleiniges Vorrecht des Mannes darstellt, gegen Art. 5 des Zusatzprotokolls 7 der EMRK verstoße und alleine aus diesem Grund in Frankreich nicht anerkannt werden könne. Während eine Autorin dies als Rebellion der Berufungsinstanz wertete,[646] bestätigte die *Cour de cassation* diese restriktive Rechtsprechung der *Cour d'appel* im Jahre 2004 mit zwei Entscheidungen,[647] von denen hier eine näher dargestellt werden soll.

Der Fall[648] betraf ein algerisches Ehepaar, das in Algerien geheiratet hatte und dann sein gemeinsames Domizil nach Frankreich verlegte. Im Januar 1998 reichte die Ehefrau bei dem zuständigen französischen Gericht den Scheidungsantrag ein. Der Ehemann machte jedoch geltend, dass bereits seit Ende 1997 ein Scheidungsverfahren in Algerien rechtshängig sei und beantragte deshalb die Aussetzung des Verfahrens. Im März 1998 erging ein Scheidungsurteil in Algerien, dem das Berufungsgericht jedoch die Anerkennung versagte. Begründet wurde die Entscheidung damit, dass das ausländische Gericht die Scheidung gegen den Willen der Ehefrau alleine aus dem Grund ausgesprochen habe, weil der Mann die Auflösung der Ehe wollte und verlangte. Auch wenn ein kontradiktorisches Verfahren stattgefunden habe, verletze ein Urteil, dass eine einseitige Verstoßung durch den Mann bestätigt, die EMRK, die Teil des ordre public sei, der in Art. 1 der französisch–algerischen Konvention vom 27.10.1964 vorbehalten sei. Die Verletzung des Gleichbehandlungsgrundsatzes sei darin zu sehen, dass die Ehefrau rechtlich gesehen die Auflösung der Ehe nicht verhindern könne, wenn der Ehemann sie wünscht, und dass auch die Kompetenz des Gerichts darauf beschränkt sei, die finanziellen Folgen der Scheidung festzusetzen. Der Entscheidung ist mithin zu entnehmen, dass das Gericht die bloße Anwesenheit der Ehefrau in dem Prozess und die Möglichkeit ihre Forderungen und Einwände dort geltend zu machen, nicht mehr als ausreichend ansieht, um einen ordre public Verstoß zu verneinen.[649]

---

645 CA Paris vom 13.12.2001, Rev. crit. internat. privé 2002, 730 ff.

646 Vgl. Gannagé, Rev. crit. internat. privé 2002, 730 (735).

647 Am 17.2.2004 ergingen insgesamt fünf Entscheidungen der *Cour de cassation* hinsichtlich der Anerkennung von islamischen Verstoßungen, Cour de cassation (1re Ch. civ.) vom 17.2.2004, N° de pouvois: 02–17479; 02–11618; 01–11549; 02–15766; 02–10755. Die Anerkennung wurde jeweils verweigert, allerdings nur in zwei Fällen ausdrücklich wegen eines Verstoßes gegen Art. 5 des Zusatzprotokolls Nr. 7 der EMRK (N° de pouvois: 02–11618; 01–11549).

648 Cour de cassation (1re Ch. civ.) vom 17.2.2004, Rev. crit. internat. privé 2004, 423 ff. mit Anm. Hammje (1re Espèce).

649 Vgl. Hammje, Rev. crit. internat. privé 2004, S. 431 f.

Die *Cour de cassation* hat diese Rechtsprechung seitdem in weiteren Urteilen bestätigt.[650] Die *Cour d`appel de Lyon* hat dagegen mit Berufungsurteil vom 14. Mai 2009 entschieden, dass eine einseitige Verstoßung durch den Mann nach den Vorschriften des reformierten marokkanischen Rechts mit dem französischen ordre public vereinbar und deshalb der Exequatur fähig sei.[651]

Der Fall betraf zwei Marokkaner, die in ihrem Heimatland geheiratet hatten, bevor sie ein gemeinsames Domizil in Frankreich begründeten. Im Jahr 2007 erwirkte der Mann gemäß den Vorschriften des neuen marokkanischen Familiengesetzbuches eine Scheidung vor dem zuständigen marokkanischen Gericht, das der Frau Unterhalt- und Entschädigungsleistungen von insgesamt 42.000 Dirhams (4.200 Euro) zusprach. Die Frau machte geltend, dass die einseitige Auflösung der Ehe durch den Mann den französischen ordre public verletze. Die Berufungsinstanz entschied jedoch, dass die in Marokko ausgesprochene Scheidung nicht gegen den Gleichbehandlungsgrundsatz der Geschlechter verstoße, da das neue marokkanische Familiengesetzbuch nun auch für die Frau die Möglichkeit vorsehe, die Ehe auf ihr Verlangen hin aufzulösen. Zudem seien die finanziellen Ausgleichsansprüche angesichts des Einkommens des Ehemannes angemessen und keinesfalls lächerlich gering wie von der Rechtsmittelgegnerin vorgetragen. Schließlich sei es der Frau auch möglich gewesen, ihre Einwände und Forderungen geltend zu machen, so dass auch ihre prozessualen Rechte gewahrt worden seien.

Die *Cour de cassation* folgte der Auffassung des Berufungsgerichts jedoch nicht und hob das Urteil in der Revisionsinstanz auf.[652] Zur Begründung führte das Gericht an, dass die einseitige Scheidung durch den Mann auch nach dem neuen marokkanischen Familiengesetzbuch gegen Art. 5 des Zusatzprotokolls 7 der EMRK verstoße, da weder die Frau noch der Richter die Möglichkeit hätten die Auflösung der Ehe zu verhindern, wenn der Ehemann sie wünsche.[653]

---

650 Cour de cassation (1re Ch. civ.) vom 31.10.2007, N° de pouvoi: 06–20799; Cour de cassation (1re Ch. civ.) vom 17.10.2007, N° de pouvoi: 06–21962; Cour de cassation (1re Ch. civ.) vom 19.9.2007, N° de pouvoi: 06–19577. Vgl. auch Pousson-Petit, Les droits maghrébins des personnes et de la famille à l`épreuve du droit français, S. 340 f. m. w. N. zur Rechtsprechung.

651 In einem neueren Urteil vom 07.11.2011 hat die *Cour d`appel de Lyon* hingegen wieder entschieden, dass die einseitige Scheidung durch den Mann nach algerischem Recht gegen den Gleichbehandlungsgrundsatz der Geschlechter verstoße und deshalb in Frankreich keine Wirksamkeit entfalten könne, vgl. Cour d`appel de Lyon vom 07.11.2011, N° de RG: 10/04915.

652 Cour de cassation (1re Ch. civ.) vom 18.5.2011, N° de pourvoi: 10–19750.

653 Auch die unterinstanzlichen Gerichte haben in Übereinstimmung mit der Rechtsprechung der *Cour de cassation* in den letzten Monaten wiederholt entschieden, dass eine im Ausland vorgenommene Verstoßung der Ehefrau nicht anerkannt werden kann, vgl. Cour d`appel de Douai vom 14.04.2011; N° de RG: 10/07690; Cour d`appel de Lyon vom 07.11.2011, N° de RG: 10/04915; Cour d`appel de Lyon vom 24.10.2011, N° de RG: 10/05987.

Trotz der vielen Rechtsprechungsänderungen, kann es deshalb mittlerweile als sicher gelten, dass die höchstrichterliche französische Rechtsprechung eine ausländische Talaq-Scheidung als Verstoß gegen den Gleichbehandlungsgrundsatz der Geschlechter wertet.

bbb) Berücksichtigung der konkreten Umstände des Einzelfalls

Es bleibt jedoch zu untersuchen, ob ein abstrakter Verstoß gegen Art. 5 Zusatzprotokoll 7 der EMRK tatsächlich genügt, um den ordre public Vorbehalt anzuwenden oder ob, wie im deutschen Recht, das Vorliegen bestimmter Umstände die Diskriminierung der Frau ausgleichen kann.

(1) Zustimmung der Frau

Zu denken ist zunächst an die Zustimmung der Frau. Wenn diese mit der Auflösung der Ehe einverstanden ist, gibt es keinen sachlichen Grund, die Anerkennung der ausländischen Scheidung zu verweigern. Allerdings scheint ein Teil der Literatur der Auffassung zu sein, dass die *Cour de cassation* selbst unter diesen Umständen einen Verstoß gegen Art. 5 Zusatzprotokoll Nr. 7 EMRK annehmen würde.[654] Die Rechtsprechungsbeispiele weisen jedoch in eine andere Richtung. So hat die *Cour de cassation* in dem Urteil vom 17.2.2004[655] und in dem Urteil vom 31.10.2007[656] ausgeführt, dass eine Talaq-Scheidung, die gegen den Willen der Frau vorgenommen wird, gegen Art. 5 des Zusatzprotokolls Nr. 7 der EMRK verstoße. Die Tatsache, dass das Gericht auf den nicht einvernehmlichen Charakter der Scheidung hinweist, lässt im Umkehrschluss vermuten, dass eine Anerkennung weiterhin möglich ist, wenn sich die Frau mit der Scheidung unzweideutig einverstanden erklärt. Allerdings werden an das Vorliegen des Einverständnisses der Ehefrau hohe Anforderungen gestellt. So kann etwa aus der bloßen Tatsache, dass die Frau eine höhere Entschädigungszahlung begehrt, nicht gefolgert werden, dass sie der Auflösung des Ehebandes zustimmt.[657]

(2) Erfordernis eines hinreichenden Inlandsbezugs

Darüber hinaus scheinen französische Gerichte die Vorbehaltsklausel nur anzuwenden, wenn der Sachverhalt einen hinreichenden Bezug zur inländischen Rechtsordnung aufweist. Denn nur in einem solchen Fall besteht eine Gefähr-

654 Vgl. Foblets, Hawwa, 2007, 1 (12 ff.).
655 Cour de cassation (1re Ch. civ.) vom 17.2.2004, N° de pouvoi: 01–11549.
656 Cour de cassation (1re Ch. civ.) vom 31.10.2007, N° de pouvoi: 06–20799.
657 Cour de cassation (1re Ch. civ.) vom 17.2.2004, N° de pourvoi: 02–15766.

dung der moralischen, politischen, sozialen und wirtschaftlichen Ordnung Frankreichs, die den ordre public ausmacht.[658] Fraglich ist aber, wie genau diese Verbindung zum Forum ausgestaltet sein muss. Denn während im deutschen Recht das Bestehen einer hinreichenden Beziehung ein ungeschriebenes Tatbestandsmerkmal für die Anwendung des Art. 6 EGBGB darstellt, differenzierte die französische Rechtsprechung lange Zeit allein danach, ob eine Rechtsposition bereits im Ausland erworben worden war oder ob ein Rechtserwerb im Inland in Frage stand.[659]

(a) La théorie de l'effet atténué de l'ordre public international

Wurde die Rechtsposition bereits im Ausland erworben, so spielt der ordre public nach der *théorie de l'effet atténué* bei der Anerkennung des Vorgangs nur eine abgeschwächte Rolle.[660] Das bedeutet, dass einer Situation, deren Begründung in Frankreich ganz klar den ordre public verletzen würde (wie beispielsweise das Eingehen einer polygamen Ehe), dennoch Rechtswirkung zukommen kann, wenn sie wirksam und ohne den Vorwurf einer Gesetzesumgehung im Ausland begründet worden ist.[661]

Der Grundsatz des *ordre public atténué* wurde auch herangezogen, um die Wirksamkeit einer im Ausland erfolgten Verstoßung zu begründen. Schnell wurde allerdings klar, dass dieser Ansatz der Rechtsprechung deutliche Schwächen aufweist. Denn durch die zunehmende Mobilität der Menschen kann der Ehemann heutzutage ohne große Schwierigkeiten in sein Heimatland reisen, um seine Frau zu verstoßen. Liegt nun das gemeinsame Domizil der Ehegatten in Frankreich, so weist der Sachverhalt eine enge Beziehung zum Inland auf, der bei der Frage der Anerkennung nicht unberücksichtigt bleiben darf. Die alleinige Differenzierung nach dem Ort des Rechtserwerbs erscheint deshalb zu pauschal, um die Nähe des Rechtsvorgangs zur inländischen Rechtsordnung zu bestimmen und wird deshalb zunehmend von der Theorie des hinreichenden Inlandsbezugs ergänzt.[662]

658 Vgl. Loussouarn/Bourel/Vareilles –Sommiéres, Droit International Privé, S. 338 f.

659 Vgl. die ausführliche Darstellung bei Joubert, La notion de liens suffisants avec l'ordre juridique en droit international privé, S. 151 ff.

660 Vgl. Joubert, La notion de liens suffisants avec l'ordre juridique en droit international privé, S. 151 ff.

661 So besteht heute Einigkeit, dass einer im Ausland eingegangen polygamen Ehe zumindest im gewissen Ausmaß auch im Inland Rechtswirkung beigemessen werden muss, vgl. Loussouarn/Bourel/Vareilles-Sommiéres, Droit International Privé, S. 415 m. w. N. zur Rechtsprechung.

662 Vgl. Joubert, La notion de liens suffisants avec l'ordre juridique en droit international privé, S. 157 f.

(b) Hinreichender Bezug des Sachverhalts zu der Rechtsordnung des Forums

Der Gedanke des hinreichenden Inlandsbezugs wird von der Rechtsprechung in den Fällen fruchtbar gemacht, in denen die Theorie vom abgeschwächten ordre public zu keinem sachgerechten Ergebnis führt. In der Vergangenheit war dies vor allem auf dem Gebiet des Scheidungsrechts, des Abstammungsrechts und bei der Anerkennung einer polygamen Eheschließung der Fall.[663]

In Hinblick auf Talaq-Scheidungen hat die Rechtsprechung jedoch einen engen Inlandsbezug lange Zeit nicht für erforderlich gehalten, um die Vorbehaltsklausel zu berufen. Erst in der Begründung zu den bereits oben genannten Urteilen vom 17.2.2004 hat die *Cour de cassation* erstmals ausdrücklich darauf Bezug genommen und festgestellt, dass in der einseitigen Verstoßung durch den Mann eine Verletzung der EMRK und somit des inländischen ordre public zu sehen sei, wenn die Ehegatten, wie im vorliegenden Fall, in Frankreich domiziliert sind.[664]

Zu prüfen bleibt aber, wie die Nähe zur inländischen Rechtsordnung genau beschaffen sein muss, um eine hinreichende Inlandsbeziehung zu bejahen. Denn den Urteilen vom 17.2.2004 ist nur zu entnehmen, dass das gemeinsame inländische Domizil der Ehegatten eine ausreichende Verbindung darstellt. Nicht ganz eindeutig ist hingegen, ob es auch genügt, dass nur die Ehefrau ein Domizil in Frankreich besitzt. Denn während in dem einen Urteil auf das gemeinsame Domizil des Ehepaares Bezug genommen wird,[665] heißt es in der Begründung des anderen Urteils,[666] dass ein Verstoß gegen die EMRK vorliegt, wenn die Ehefrau, wenn nicht sogar beide Ehegatten, ihr Domizil in Frankreich haben, so dass die Antwort nicht ganz eindeutig erscheint. Die Vorbehaltsklausel dient jedoch in der Regel dem Schutz einer bestimmten Person. Das ist im Falle der einseitigen Verstoßung die Ehefrau. Aus diesem Grund ist davon auszugehen, dass es ausreicht, wenn nur die Frau im Zeitpunkt der Auflösung der Ehe in Frankreich domiziliert ist.[667]

Die Rechtsprechung stellt dabei keine Anforderungen an die Dauer des französischen Domizils, sondern es scheint zu genügen, dass sich das aktuelle Domi-

663 Vgl. Joubert, La notion de liens suffisants avec l'ordre juridique en droit international privé, S. 209 f.

664 Vgl Fn. 647.

665 Cass. Civ. (1re Ch. Civ.) vom 17.2.2004, Rev. crit. internat. privé 2004, 423 ff. mit Anm. Hammje (1re Espèce).

666 Cass. Civ. (1re Ch. Civ.) vom 17.2.2004, Rev. crit. internat. privé 2004, 423 ff. mit Anm. Hammje (2re Espèce).

667 Vgl. Joubert, La notion de liens suffisants avec l'ordre juridique en droit international privé, S. 276.

zil der Eheleute in Frankreich befindet.[668] Und sogar ein inländischer Wohnsitz der Parteien soll ausreichen, um einen hinreichende Verbindung zum Forum zu bejahen.[669] Es ist allerdings nicht klar, ob der erforderliche Inlandsbezug bereits im Zeitpunkt der Verstoßung vorliegen muss oder, ob es ausreicht, wenn die Parteien zur Zeit der Anerkennungsentscheidung in Frankreich domiziliert sind.[670]

Aber nicht nur das Domizil, sondern auch die Staatsangehörigkeit stellt einen relevanten Faktor bei der Abwägungsentscheidung der Gerichte dar. So ist der Rechtsprechung zu entnehmen, dass jedenfalls eine gemeinsame französische Staatsangehörigkeit genügt, um eine hinreichende Verbindung zur Rechtsordnung des Forums zu begründen; das gilt selbst dann, wenn die Parteien zur Zeit der Verstoßung ein gemeinsames Domizil im Ausland besitzen.[671] Fraglich ist aber wiederum, ob es auch ausreicht, dass nur die Ehefrau Französin ist. Gegen diese Annahme könnten folgende Entscheidungen aus dem internationalen Scheidungsrecht sprechen: Der Fall *Pedro*[672] betraf ein französisch–spanisches Ehepaar, das sich scheiden lassen wollte, was aber nach dem damals geltenden spanischen Recht nicht möglich war. Das Gericht führte aus, dass die Anwendung des spanischen Scheidungsrecht, das nur die Trennung von Tisch und Bett nicht aber die endgültige Auflösung der Ehe erlaubte, gegen den ordre public verstoße, da es der in Frankreich domizilierten französischen Ehefrau die Möglichkeit nehme, sich scheiden zu lassen. In einem ähnlich gelagerten Fall, kam die *Cour de cassation*[673] dagegen zu dem Ergebnis, dass eine ausländische Norm, die zumindest die Auflösung des ehelichen Bandes – wenn auch nicht die Scheidung – erlaube, nicht den ordre public verletze. Der Unterschied bestand hier jedoch darin, dass die französische Ehefrau mit ihrem belgischen Mann in Spanien und nicht in ihrem Heimatland domiziliert war. Möglicherweise muss also, wie im deutschen Recht, nach dem Grad der Inlandsbeziehung differenziert werden. Ist der Bezug

---

668 In einer Entscheidung aus dem Jahre 2006 hat die *Cour de cassation* (Cour de cassation (1re Ch. civ.) vom 20.9.2006, N° de pourvoi: 05–20507). einen Verstoß gegen die EMRK bejaht, obwohl die verstoßene Ehefrau noch nicht länger als drei Monate in Frankreich domiziliert war. Allerdings besaß der Mann in diesem Fall die französische Staatsbürgerschaft, worauf das Gericht auch explizit hingewiesen hat.

669 Allerdings war auch in diesem Fall der Mann wieder französischer Staatsbürger, Cour de cassation (1re Ch. civ.) vom 14.3.2006, N° de pourvoi: 04–13792.

670 Vgl. Pousson-Petit, Les Droits Maghrébins Des Personnes Et De La Famille À L'Épreuve Du Droit Français, S. 339. Sollte letztere Auffassung zutreffen, so werden die französischen Gerichte einen hinreichenden Inlandsbezug fast immer bejahen, da die Parteien zumeist nur unter diesen Umständen eine Anerkennungsentscheidung in Frankreich begehren dürften.

671 Vgl. Joubert, La notion de liens suffisants avec l'ordre juridique en droit international privé, S. 274.

672 Cour de cassation (1re Ch. civ.) vom 1.4.1981, N° de pourvoi: 79–13959.

673 Cour de cassation (1re Ch. civ.) vom 10.7.1979, Rev. crit. internat. privé 1980, 91 ff. mit Anm. Gaudemet-Tallon.

zu der inländischen Rechtsordnung sehr eng, wie im Fall *Pedro,* so reicht eine nicht so weit reichende Verletzung französischer Rechtsgrundsätze aus. Ist die Inlandsbeziehung dagegen geringer wie im zweiten Fall, so kann ein ordre public Verstoß nur bejaht werden, wenn ein schwerwiegender Verstoß gegen hochrangige Rechtsgüter droht.

Alles hängt somit von den Umständen des Einzelfalls ab. Die alleinige französische Staatsangehörigkeit ist zwar nicht immer ausreichend, um eine hinreichende Nähe zur inländischen Rechtsordnung zu begründen. Sie kann es aber sein. Das ist zum Beispiel in Abstammungssachen der Fall, wo die französische Staatsangehörigkeit des Kindes genügt. Und auch bei Talaq-Scheidungen spricht die Schutzwürdigkeit der Ehefrau dafür, ihre französische Staatsangehörigkeit ausreichen zu lassen, um den ordre public Vorbehalt anzuwenden.[674]

dd) Zwischenergebnis zum Stand der Rechtsprechung in Frankreich

Aufgrund der restriktiven Anwendung der Vorbehaltsklausel sind heute nur noch wenige Situationen denkbar, bei denen eine im Ausland vorgenommene Verstoßung im Inland Wirksamkeit entfalten kann. Denn unabhängig von den Umständen des Einzelfalls, sieht die *Cour de cassation* in dem einseitigen Privileg des Ehemannes, die Ehe nach seinem alleinigen Ermessen auflösen zu können ohne der Frau die Möglichkeit zu geben, sich dagegen zu wehren einen Verstoß gegen Art. 5 des Zusatzprotokolls 7 der EMRK, der als Bestandteil des inländischen ordre publics angesehen wird.[675] Einzige Ausnahmen bilden wohl die Fälle, in

674 Vgl. Joubert, La notion de liens suffisants avec l'ordre juridique en droit international privé, S. 273 ff. In einer Entscheidung aus dem Jahr 2007 weist die *Cour de cassation* (Cour de cassation (1re Ch. civ.) vom 19.9.2007, N° de pouvoi: 06–19577) darauf hin, dass der Mann auch die französische Staatsbürgerschaft besitzt. Allerdings hatten die Parteien im Zeitpunkt der Verstoßung auch ihr Domizil in Frankreich, so dass dem Urteil nicht entnommen werden kann, ob die französische Staatsangehörigkeit einer der Parteien genügt, um die Ablehnung der Anerkennung zu begründen.

675 Diese Rechtsprechung ist jedoch problematisch in Hinblick auf Art. 13 der französisch – marokkanischen Konvention, der Frankreich verpflichtet, Verstoßungen unter den gleichen Bedingungen anzuerkennen wie gerichtliche Scheidungen. Fraglich ist deshalb, wie der Konflikt zwischen der EMRK und der französisch – marokkanischen Konvention aufzulösen ist. Denn die EMRK genießt keinen Anwendungsvorrang vor den Bestimmungen der französisch – marokkanischen Konvention. Aus diesem Grund wendet die französische Rechtsprechung die Bestimmungen der Menschenrechtskonvention auch nicht direkt an, sondern erklärt Art. 5 des Zusatzprotokolls 7 zum Inhalt des inländischen ordre public, der in der französisch – marokkanischen Konvention von 1957 vorbehalten ist. Dadurch wird ein direkter Verstoß gegen Art 13 des bilateralen Abkommens von 1981 vermieden. Im Ergebnis ergeben sich allerdings keine Unterschiede zu einer unmittelbaren Anwendung der EMRK, da nach dem aktuellen Stand der Rechtsprechung jede Verstoßung, die nicht im gegenseitigen Einver-

denen die Frau der Scheidung eindeutig zustimmt,[676] wobei heute allerdings strengere Anforderungen an das Vorliegen des Einverständnisses der Ehefrau gestellt werden als früher. So kann etwa aus der bloßen Tatsache, dass die Frau eine höhere Entschädigungszahlung begehrt, nicht gefolgert werden, dass sie der Auflösung des Ehebandes zustimmt.[677]

Eine Anerkennung ist zudem möglich, wenn der Mann die Anerkennung einer ausländischen Scheidung nach marokkanischem Recht begehrt, die keine Verstoßung darstellt. So führte die *Cour de cassation* in Hinblick auf eine marokkanische Scheidung wegen Uneinigkeit aus, dass diese Form der gerichtlichen Scheidung nicht mit einer einseitigen Verstoßung gleichgesetzt werden könne. Zudem hätten die Parteien im Zeitpunkt des Scheidungsantrags schon seit drei Jahren getrennt gelebt, so dass die Auflösung der Ehe auch nach französischem Recht möglich gewesen wäre. Ein ordre public Verstoß wurde deswegen verneint.[678]

Ob darüber hinaus die Prüfung der ausreichenden Inlandsbeziehung immer einen gerechten Ausgleich zwischen dem Schutz von inländischen Rechtsgütern und dem Grundsatz, dass alle Rechtsordnungen prinzipiell als gleichwertig anzusehen sind, herzustellen vermag, ist hingegen zweifelhaft. Denn es geht aus der Rechtsprechung nicht genau hervor, ob es auf das Domizil der Ehegatten im Zeitpunkt der Verstoßung oder im Zeitpunkt der Anerkennungsentscheidung ankommt. Ist letzteres der Fall, so werden die französischen Gerichte einen hinreichenden Inlandsbezug fast immer bejahen, da die Parteien zumeist nur unter diesen Umständen eine Anerkennungsentscheidung in Frankreich begehren dürften.

c) Länderbericht Belgien

Am 1.10.2004 ist das erste umfassende Gesetzbuch über das Internationale Privatrecht (IPRG[679]) in Belgien in Kraft getreten. Mit dem Erlass dieser Gesetzes-

nehmen stattgefunden hat, als ordre public widrig angesehen wird. Für die Vorschriften der Konvention, die eine Anerkennung einer Verstoßung unter den gleichen Bedingungen wie eine gerichtliche Scheidung gewährleisten sollen, ist somit gar kein Anwendungsbereich mehr gegeben, vgl. ausführlich zu der Problematik El-Husseini Begdache, Le Droit International Privé Francais Et La Répudiation Islamique, S. 221 ff.

676 So zumindest die h. M. in der Literatur, vgl. Ancel, yearbook of private international law 2005, 261 (265); Joubert, La notion de liens suffisants avec l'ordre juridique en droit international privé, S. 266 m. w. N. Und auch die Cour de cassation scheint weiterhin eine Anerkennung für möglich zu halten, wenn die Frau der Auflösung der Ehe zustimmt hat, vgl. oben Fn. 655; 656.

677 Cour de cassation (1re Ch. civ.) vom 17. Februar 2004, N° de pourvoi: 02–17479.

678 Cour de cassation (1re Ch. civ.) vom 23.2.2011, N° de pourvoi: 10–14760.

679 Belgisches Staatsblatt vom 27.7.2004, S. 57344 ff. Eine offizielle Übersetzung des Gesetzestextes in deutscher Sprache ist abgedruckt bei Ferid/Firsching/Dörner/Hausmann, Länderteil Belgien, Texte, S. 1–23.

novelle wurde mehr Rechtssicherheit und Vorhersehbarkeit in einem Rechtsgebiet geschaffen, das früher überwiegend durch die Rechtsprechung geprägt wurde. So wurden beispielsweise die Voraussetzungen für die Anerkennung einer ausländischen Verstoßung in einer separaten Vorschrift (Art. 57 IPRG[680]) detailliert niedergelegt, um die umstrittene Debatte durch eine klare Gesetzgebung zu entschärfen.

Allerdings findet das neue IPRG grundsätzlich nur auf Sachverhalte Anwendung, die sich nach Inkrafttreten der Gesetzesnovelle zugetragen haben, Art. 126 § 2 Abs. 1 IPRG. Die meisten Entscheidungen ergehen deswegen im Moment noch auf der Grundlage der alten Rechtslage, so dass auch diese kurz dargestellt wird. Es ist jedoch zu beachten, dass nach der Übergangsregelung des Art. 126 § 2 Abs. 2 IPRG eine ausländische Entscheidung, die vor dem Inkrafttreten des neuen Gesetzes ergangen ist, auch dann Wirksamkeit in Belgien entfalten kann, wenn sie den Anforderungen des geltenden Rechts entspricht. In der Praxis wird diese Vorschrift bei der Überprüfung der Wirksamkeit von ausländischen Talaq-Scheidungen jedoch nicht immer angewendet,[681] was darin liegen dürfte, dass Art. 57 IPRG sehr strenge Anforderungen stellt und eine Anerkennung nach neuem Recht deshalb nur noch in Ausnahmefällen in Betracht kommt. Hauptanwendungsfall der Übergangsregel sind deshalb Sachverhalte, die nach der Gesetzesnovelle prinzipiell unter leichteren Voraussetzungen anerkannt werden können, was bei einer Verstoßung nach islamischem Recht nicht der Fall ist.[682] Allerdings sind auch bei ausländischen Talaq-Scheidungen Fälle denkbar, in denen eine Anerkennung nur auf Grundlage des geltenden Gesetzesrechts in Betracht kommt, wie etwa dann, wenn die Ehefrau bei dem Vollzug der Scheidung nicht anwesend war. Denn unter diesen Voraussetzungen scheidet eine

---

680 Der Wortlaut der Vorschrift lautet in französischer Sprache: § 1er. Un acte établi à l'étranger constatant la volonté du mari de dissoudre le mariage sans que la femme ait disposé d'un droit égal ne peut être reconnu en Belgique.§ 2. Toutefois, un tel acte peut être reconnu en Belgique après vérification des conditions cumulatives suivantes :1° l'acte a été homologué par une juridiction de l'Etat où il a été établi; 2° lors de l'homologation, aucun époux n'avait la nationalité d'un Etat dont le droit ne connaît pas cette forme de dissolution du mariage; 3° lors de l'homologation, aucun époux n'avait de résidence habituelle dans un Etat dont le droit ne connaît pas cette forme de dissolution du mariage; 4° la femme a accepté de manière certaine et sans contrainte la dissolution du marriage; 5° aucun motif de refus visé à l'article 25 ne s'oppose à la reconnaissance.

681 So prüfte etws die C. T. Mons (4e Chambre) in dem Urteil vom 6.5.2009 lediglich, ob die Voraussetzungen für eine Anerkennung nach altem Recht vorlagen, was im Ergebnis verneint wurde.

682 Vgl. das Rundschreiben des Bundesjustizministeriums zum neuen IPRG vom 23.09.2004 in Hinsicht auf das Personalstatut, http://www.revuedunotariat.be/Divers/circ.23.09.04.DIP.htm#O.

Anerkennung nach altem Recht aus.[683] Auch bei der Frage der Anerkennungsfähigkeit einer ausländischen Talaq-Scheidung sollte deshalb Art. 126 § 2 Abs. 2 IPRG Anwendung finden und das Günstigkeitsprinzip gelten.[684]

aa) Die Rechtsprechung vor Inkrafttreten des IPRG

Die Rechtsprechung vor Inkrafttreten des IPRG ist wie in Frankreich durch eine gewisse Rechtsunsicherheit geprägt. So lässt sich gerade in älteren Urteilen eine erhebliche Diskrepanz zwischen der restriktiven Haltung der belgischen *Cour de cassation* und der zum Teil eher liberalen Spruchpraxis der unterinstanzlichen Gerichte erkennen.[685]

aaa) Die Rechtspraxis der unterinstanzlichen Gerichte

In älteren Entscheidungen haben unterinstanzliche Gerichte eine einvernehmliche Privatscheidung zumeist ohne nähere Begründung anerkannt. Zumeist wurde nur lapidar festgestellt, dass das Gebot des rechtlichen Gehörs (Art. 570 Nr. 2 Code judiciaire[686] (a.F).) der Anerkennung unter diesen Umständen nicht entgegenstehe.[687] Dabei konnte die Zustimmung sowohl ausdrücklich als auch stillschweigend erfolgen, wobei letzteres häufig auch aus nachträglichen Umständen gefolgert wurde, wie beispielsweise der Tatsache, dass die Frau die Rückzahlung der Mahr akzeptierte oder erneut heiratete. Und auch der Umstand, dass die Frau über lange Zeit keine Einwendungen gegen die Scheidung gelten machte, wurde in mehreren Fällen als nachträgliches Einverständnis gewertet.[688]

Aber auch eine ohne Zustimmung der Frau ergangene Talaq-Scheidung wurde zum Teil als wirksam betrachtet. So entschied der *Tribunal de Naumur* mit Urteil vom 17.5.1990,[689] dass eine in Marokko vollzogene Verstoßung gar nicht an Art. 570 Nr. 2 C. j. (a.F.) zu messen sei, da die lex causae kein kontradiktorisches Scheidungsverfahren vorsehe und die Frau somit gar keine Möglichkeit habe sich der Auflösung der Ehe zu widersetzen. Aus diesem Grund könne auch die Anerkennung einer Privatscheidung nicht alleine deshalb versagt werden, weil

683 Vgl. hierzu näher unten, 2. Kapitel, II. 3. c) aa) bbb).

684 So auch der C. T. Bruxelles, in dem Urteil vom 12.01.2011.

685 Vgl. auch Foblets, HAWWA 2007, 10 (15).

686 Im Folgenden C. j.

687 Vgl. Foblets, Femmes marocaines et conflits familiaux en immigration: quelles solutions juridiques appropriées? 3. Teil Rn. 58 m. w. N. zur Rechtsprechung und Literatur.

688 Vgl Foblets, Femmes marocaines et conflits familiaux en immigration: quelles solutions juridiques appropriées? 3. Teil Rn. 58–62. m. w. N. zur Rechtsprechung belgischer Gerichte.

689 Civ. Naumur (5e ch.) vom 17.5.1990; rev. trim. dr. fam. 1990, 431 ff.

die Frau ihre Verteidigungsrechte nicht habe geltend machen können. Vielmehr handele es sich bei der Verstoßung um einen öffentlichrechtlichen Akt sui generis, der nicht an dem Gebot der Wahrung des rechtlichen Gehörs zu messen sei. Es müsse deshalb lediglich geprüft werden, ob eine *fraude à la loi* oder ein ordre public Verstoß vorliege.

Allerdings herrschte auch bezüglich der Frage, welche Anforderungen an das Eingreifen der Vorbehaltsklausel zu stellen sind, alles andere als Einigkeit. So haben unterinstanzliche Gerichte in der Vergangenheit mehrfach entschieden, dass das einseitige Verstoßungsrecht des Mannes – unabhängig von den Umständen des Einzelfalls – gegen Art. 14 der EMRK, sowie gegen Art. 5 des Zusatzprotokolls Nr. 7 derselben Konvention und somit gegen den belgischen ordre public verstoße. Denn das Gleichbehandlungsgebot der Geschlechter sei ein so fundamentaler Grundsatz der belgischen Rechtsordnung, dass seine Verletzung auch dann nicht toleriert werden könne, wenn nur ein geringer Bezug zur inländischen Rechtsordnung vorliege oder die Frau der Auflösung der Ehe zugestimmt habe.[690]

Der *Tribunal de Naumur* hat hingegen in der bereits oben zitierten Entscheidung,[691] bei der die Frau weder ordnungsgemäß geladen, noch der Auflösung der Ehe zugestimmt hatte, darauf hingewiesen, dass der ordre public bei der Anerkennung eines im Ausland begründeten Rechts nur eine abgeschwächte Rolle spiele. Das Gericht lehnte die Anwendung der Vorbehaltsklausel deshalb ab, während der *Tribunal de Bruxelles* in einem ganz ähnlich gelagerten Fall die Anerkennung einer marokkanischen Privatscheidung wegen einer Gesetzesumgehung verneinte.[692] Die Entscheidung betraf wieder ein in Belgien wohnhaftes Ehepaar. Die Frau besaß nur die marokkanische Staatsbürgerschaft, der Mann sowohl die marokkanische als auch die belgische. Das Gericht führte aus, dass der Mann offensichtlich nur deshalb die marokkanischen Gerichte angerufen habe, um die Anwendung belgischen Rechts zu vermeiden, so dass die Scheidung unter Umständen zustande gekommen sei, die dem belgischen ordre public widersprächen.

---

690 Cass. vom 29.9.2003, N° S.01.0134.F; Cass. (3e ch.) vom 11.12.1995, rev. trim. dr. fam. 1996, 165 mit Anm. Carlier, rev. trim. dr. fam. 1996, 131 ff. Für weitere Nachweise zur Rechtsprechung vgl. Foblets, Femmes marocaines et conflits familiaux en immigration: quelles solutions juridiques appropriées? 3. Teil Rn. 64.

691 Siehe Fn. 689.

692 Civ. Bruxelles (12e ch.) vom 3.10.1989, rev. trim. dr. fam. 1990, 385; vgl. auch Carlier, rev. trim. dr. fam. 1991, 165 (170 f.).

bbb) Die Rechtspraxis der Cour de cassation

Die Rechtsprechung der *Cour de cassation* lässt hingegen erkennen, dass die Anerkennung einer islamischen Privatscheidung nach altem Recht nur in Betracht kommt, wenn die Verfahrensrechte der Ehefrau gewahrt wurden.[693] Das gilt, wie sich aus einem Urteil vom 29.9.2003 ergibt, selbst dann, wenn die Frau mit der Auflösung der Ehe einverstanden ist.[694] Der Fall betraf eine marokkanische Scheidung. Die Frau war zu dem Scheidungstermin geladen worden, konnte aber aus materiellen und persönlichen Gründen nicht erscheinen, was sie dem Gericht rechtzeitig mitgeteilt hatte. Die Scheidung erfolgte daraufhin in Abwesenheit der Frau. Die *Cour de cassation* wertete dies als eine Verletzung des Gebots des rechtlichen Gehörs (Art. 570 Nr. 2 C. j. a. F.), obwohl die Frau nachträglich der Auflösung der Ehe zugestimmt hatte (Art. 570 Nr. 2 C. j. a. F.). Der ausländischen Talaq-Scheidung wurde deshalb die Anerkennung versagt.

Aber auch bei der Frage, unter welchen Umständen ein ordre public Verstoß angenommen werden kann, lassen sich Unterschiede zur unterinstanzlichen Rechtsprechung ausmachen. Das ist gut anhand der folgenden Entscheidung zu erkennen, in der die *Cour de cassation* über die Wirksamkeit eines marokkanischen Scheidungsurteils zu urteilen hatte.[695] Der Fall betraf ein marokkanisches Ehepaar und wies nur einen geringen Bezug zur belgischen Rechtsordnung auf, da sowohl die Eheschließung als auch die Verstoßung in Marokko stattgefunden hatte, wo auch die Ehefrau seit über zwanzig Jahren wohnte. Entgegen der Auffassung der zweiten Instanz ließ die *Cour de cassation* deshalb einen abstrakten Verstoß gegen den Gleichbehandlungsgrundsatz nicht genügen, sondern hielt es für ausschlaggebend, dass die Frau der Scheidung zugestimmt hatte und dass aufgrund des schwachen Inlandsbezugs auch keine Gesetzesumgehung angenommen werden konnte. Ein ordre public Verstoß wurde deshalb abgelehnt und die außergerichtliche Scheidung anerkannt.

Den neueren Entscheidungen lässt sich entnehmen, dass auch unterinstanzliche Gerichte mittlerweile der Rechtsprechung der *Cour de cassation* folgen. So hatte das Arbeitsgericht Bruxelles erst kürzlich wieder über die Anerkennung einer ausländischen Verstoßung zu entscheiden,[696] bei der der Inlandsbezug sehr gering war. Der Fall betraf ein marokkanisches Ehepaar; die Ehegatten hatten in Marokko geheiratet, wo auch später die Verstoßung stattfand. Das Gericht führte aus, dass die Frau ordnungsgemäß geladen und gehört worden war. Sie

---

693 Cass. (3e ch.) vom 11.12.1995, rev. trim. dr. fam. 1996, 165 ff. mit Anm. Carlier, rev. trim. dr. fam. 1996, 131 ff.; Cass. vom 29.9.2003, N° S.01.0134.F.

694 Cass. vom 29.9.2003, N° S.01.0134.F.

695 Cass. (3e ch.) vom 29.4.2002, rev. trim. dr. fam. 2003, 94 ff.

696 C. T. Bruxelles (8e Chambre) vom 27.5.2010.

habe zudem die Vorteile der Scheidung geltend gemacht und somit gezeigt, dass sie mit der Auflösung der Ehe einverstanden ist. Die Verstoßung sei daher im Einklang mit Art. 570 C. j. (a.F.) vorgenommen worden. In einer anderen Entscheidung aus dem Jahre 2009[697] wurde die Anerkennung eines Talaq hingegen verweigert, obwohl die Frau die Scheidung nachträglich billigte. Das Gericht war der Auffassung, dass die Frau im marokkanischen Verfahren nicht die Möglichkeit bekommen hatte, ihre Verfahrensrechte geltend zu machen. Eine Anerkennung wurde deshalb in Übereinstimmung mit den Vorgaben der *Cour de cassation* abgelehnt.

bb) Die Rechtsprechung nach Inkrafttreten des IPRG

Die Wirksamkeit einer islamischen Verstoßung, die nach dem Inkrafttreten des neuen IPR-Gesetzes vorgenommen wurde, beurteilt sich nach den Vorgaben des Art. 57 IPRG. Danach kann eine ausländische Privatscheidung, die auf dem alleinigen Willen des Ehemannes beruht, ohne der Frau ein entsprechendes Auflösungsrecht einzuräumen, in Belgien nur noch unter folgenden Voraussetzungen anerkannt werden:

1. *Der Rechtsakt muss von einem Richter in dem Heimatland bestätigt worden sein (§2 Nr. 1).*
2. *Keiner der beiden Ehegatten darf zum Zeitpunkt der Bestätigung Angehöriger eines Staates gewesen sein, das diese Form der Eheauflösung nicht kennt (§2 Nr. 2).*
3. *Keiner der Ehegatten darf zum Zeitpunkt der Bestätigung seinen gewöhnlichen Aufenthalt in einem Staat gehabt haben, das diese Form der Eheauflösung nicht kennt (§2 Nr. 3).*
4. *Die Frau muss der Auflösung der Ehe eindeutig und ohne Ausübung von Zwang zugestimmt haben (§2 Nr. 4).*
5. *Keiner der in Art. 25 IPRG genannten Ablehnungsgründe darf der Anerkennung entgegenstehen (§ 2 Nr. 5).*

Die genannten Voraussetzungen müssen kumulativ vorliegen. Aus diesem Grund kann eine Anerkennung nur noch erfolgen, wenn die Frau mit der Auflösung der Ehe einverstanden ist. Allerdings muss die Zustimmung der Antragsgegnerin nicht schon im Zeitpunkt der Verstoßung vorliegen, sondern darf auch aus nachträglichen Umständen gefolgert werden, wie etwa der Tatsache, dass die Frau sich wie eine geschiedene Frau verhält. Der Mann ist insoweit aber beweispflichtig.[698]

697 C. T. Mons (4e Chambre) vom 6.5.2009.
698 Vgl. Foblets, HAWWA 2007, 10 (20).

Ist einer der Ehegatten im Zeitpunkt der Verstoßung Belgier oder hat er seinen gewöhnlichen Aufenthalt im Inland, ist eine Anerkennung ebenfalls nicht mehr möglich. Auf diese Weise soll verhindert werden, dass der Mann die Frau während eines kurzen Urlaubs im Heimatland verstößt und dadurch die Anwendung belgischen Rechts umgeht. Besitzt einer der Parteien mehr als eine Staatsangehörigkeit ist auf die effektive abzustellen.[699] Auffallend ist jedoch, dass nicht der enge Bezug zu Belgien das Anerkennungshindernis statuiert, sondern die Tatsache, dass einer der Ehegatten Angehöriger eines Staates ist, der diese Form der Eheauflösung nicht kennt oder in einem solchen Staat seinen gewöhnlichen Aufenthalt hat. Verstößt also beispielsweise ein Marokkaner mit gewöhnlichem Aufenthalt in Deutschland während eines Heimaturlaubs seine in Marokko wohnende Ehefrau, so scheidet eine Anerkennung aus, auch wenn im Zeitpunkt der Scheidungserklärung keinerlei Verbindung zur belgischen Rechtsordnung bestand.

Die Anwesenheit der Frau während des Scheidungsverfahrens ist nach Art. 57 IPRG nicht ausdrücklich erforderlich. Allerdings verweist Art. 57 § 2 Nr. 5 IPRG auf § 25 IPRG, wonach eine Anerkennung nur möglich ist, wenn der Anspruch der Parteien auf rechtliches Gehör gewahrt wurde, Art. 25 § 1 Nr. 2. Es stellt sich deshalb die Frage, ob eine ausländische Verstoßung im Inland nur Wirksamkeit entfaltet, wenn die Frau ordnungsgemäß geladen und gehört wurde. Dies lehnte die *Cour du Travail Bruxelles* in einer Entscheidung vom 12.01.2011 ab.[700] Zur Begründung führte das Gericht an, dass Art. 57 § 2 Nr. 4 IPRG als lex specialis Art. 25 § 1 Nr. 2 IPRG vorgehe. Eine andere Auslegung sei nicht mit dem Sinn und Zweck des Art. 57 § 2 Nr. 4 IPRG vereinbar, wonach es für eine Anerkennung gerade ausreichen soll, dass sich die Frau zu irgendeinem Zeitpunkt mit der Scheidung einverstanden erklärt hat. Das Gericht erkannte deshalb eine einseitige Scheidung nach marokkanischem Recht als wirksam an, die 1967 in Abwesenheit der Frau vollzogen worden war. Der Fall betraf ein marokkanisches Ehepaar, das im Jahr 1957 in Marokko geheiratet hatte. Nach zehn Jahren Ehe, in der ihm die Frau drei Kinder in Marokko geboren hatte, verstieß der Kläger die Frau in Marokko. Die Frau war während des Scheidungsausspruchs nicht anwesend und auch eine Ladung war nicht erfolgt. Die Scheidung wurde aber von einem Richter im Heimatland bestätigt. Das Gericht der ersten Instanz lehnte die inzidente Anerkennung der Verstoßung ab, da die Verteidigungsrechte der Ehefrau nicht gewahrt worden seien, Art. 570 C. j. (a.F.). Das Berufungsgericht folgte dieser Auffassung jedoch nicht und hob das erstinstanzliche Urteil auf. Zur Begründung führte das Gericht aus, dass eine Anerkennung der Scheidung

699 Vgl. Foblets, HAWWA 2007, 10 (19).
700 C. T. Bruxelles vom 12.01.2011.

auch dann in Betracht käme, wenn die Voraussetzungen des neuen IPR-Gesetzes erfüllt seien. Das sei vorliegend der Fall. Die beiden Ehegatten seien im Zeitpunkt der Ehescheidung beide marokkanische Staatsangehörige gewesen (Art. 57 § 2 Nr. 2 IPRG) und hätten ihren gewöhnlichen Aufenthalt in Marokko gehabt (Art. 57 § 2 Nr. 3 IPRG). Denn der Kläger habe zwar zur Zeit der Verstoßung in Belgien gelebt und gearbeitet, doch seien alle seine Kinder in Marokko geboren. Sowohl seine erste Ehefrau als auch seine zweite Ehefrau hätten sich die ganze Zeit in Marokko aufgehalten und auch der Kläger selbst sei nach der Pensionierung nach Marokko zurückgekehrt. Der Schwerpunkt der familiären Beziehungen habe deshalb die ganze Zeit in Marokko gelegen. Nach Belgien sei er hingegen nur gegangen, um seine marokkanische Familie unterhalten zu können und nicht um eine dauerhafte Verbindung zu dem belgischen Staat herzustellen. Zudem habe die Frau der Scheidung zumindest nachträglich zugestimmt (Art. 57 § 2 Nr. 4 IPRG). Das ergebe sich aus der Tatsache, dass sie bei dem belgischen Landespensionsamt eine Geschiedenenrente beantragt und zu diesem Zweck eine Kopie der Scheidungsurkunde beigelegt hatte. Die nachträgliche Zustimmung sei für eine Anerkennung nach dem neuen IPR-Gesetz auch ausreichend; denn die Anwesenheit der Frau bei dem Ausspruch der Scheidung sei nach der Gesetzesnovelle gerade nicht mehr notwendig.

Die Voraussetzungen des Art. 57 § 2 Nr. 1–4 IPRG lagen mithin vor. Allerdings ist zu beachten das Art. 57 IPRG auf Art. 25 IPRG verweist. Die *Cour du Travail Bruxelles* überprüfte deshalb zusätzlich, ob ein Verstoß gegen die allgemeine ordre public Klausel des Art. 25 IPRG vorlag, was das Gericht jedoch im Ergebnis verneinte. Zur Begründung führte das Gericht aus, dass der Sachverhalt keinen hinreichenden Bezug zur belgischen Rechtsordnung aufweise und die Anrufung des marokkanischen Gerichts aufgrund der engen Verbindung beider Parteien zum Gerichtsstaat nicht rechtsmissbräuchlich erscheine.

Der Entscheidung lässt sich entnehmen, dass die Wahrung des rechtlichen Gehörs der Ehefrau nicht mehr erforderlich ist, um eine im Ausland vorgenommene Verstoßung nach islamischem Ritus anzuerkennen.[701] Eine Anerkennung kommt jedoch nach dem geltenden Recht nur in Betracht, wenn die Frau der Auflösung der Ehe unmissverständlich zugestimmt hat und die Verstoßung von einem Richter im Heimatland bestätigt wurde. Das bedeutet, dass dort zumindest ein gerichtliches Verfahren durchgeführt worden sein muss.[702] Ist die Scheidung nach der lex causae eine reine Privatangelegenheit, scheidet eine Anerkennung deshalb auch nach dem neuen IPR-Gesetz aus.

701 Die Problematik ist jedoch noch nicht höchstrichterlich entschieden.
702 Vgl. Foblets, HAWWA 2007, 10 (18).

cc) Zwischenergebnis zur Rechtsprechung belgischer Gerichte

Zusammenfassend lässt sich festhalten, dass die Anerkennung einer Verstoßung de lege lata nur noch unter ganz engen Voraussetzungen in Betracht kommt und in Zukunft die Ausnahme darstellen wird. Sie bleibt jedoch möglich, wenn sie sich, wie in der soeben dargestellten Entscheidung im Heimatland vollzieht, ohne dass die Parteien eine enge Verbindung zu Belgien oder einem anderen europäischen Land hergestellt haben und die Frau der Scheidung zustimmt.

d) Länderbericht Spanien

Die Anerkennung von drittstaatlichen Entscheidungen richtet sich grundsätzlich nach dem autonomen spanischen Recht und zwar insbesondere nach Art. 954 LEC.[703] Das gilt jedoch nicht im Verhältnis zu Marokko. Denn hier ist das Abkommen über die justizielle Zusammenarbeit auf dem Gebiet des Zivil- Handels- und Verwaltungsrechts vorrangig zu berücksichtigen, das auch auf die Anerkennung von Scheidungsurteilen Anwendung findet.[704] Allerdings sind die Voraussetzungen für die Wirksamkeit einer islamischen Verstoßung in beiden Anerkennungssystemen nahezu identisch ausgestaltet,[705] so dass im Folgenden nicht zwischen den beiden Rechtsgrundlagen unterschieden wird.

aa) Konstitutive Mitwirkung einer Behörde

Eine im Ausland erwirkte Scheidung kann in Spanien nur vollstreckt werden, wenn sie von einer Behörde mit staatlich verliehener Entscheidungsbefugnis erlassen wurde.[706] Aus diesem Grund kann eine Privatscheidung, die durch die bloße Abgabe einer Willenserklärung herbeigeführt wurde, in Spanien keine Wirksamkeit entfalten.[707] War ein Gericht oder ein Verwaltungsorgan an der Verstoßung beteiligt, muss differenziert werden. Hatte die zuständige Behörde die Aufgabe, die Gesetzesmäßigkeit des Rechtsaktes zu überprüfen, kommt eine Exequatur in Betracht,

703 Ley de Enjuiciamiento Civil vom 3.2.1881.

704 Convenio de cooperación judicial en materia civil, mercantil y administrativa celebrado entre España y Maruecos vom 30.5.1997. Der Text des Abkommens ist in spanischer Sprache abrufbar unter: http://www.judicatura.com/Legislacion/1161.pdf.

705 Vgl. Pérez Álvarez, Revista de Ciencias des las Religiones 2008, 183 (212).

706 Dieses Erfordernis ergibt sich im autonomen Recht implizit aus Art. 951 LEC, der sich auf die Anerkennung von ausländischen Gerichtsentscheidungen bezieht, vgl. Pérez Álvarez, Revista de Ciencias des las Religiones 2008, Fn. 305. Im Verhältnis zu Marokko findet sich die maßgebliche Vorschrift in Art. 23 Nr. 1 der spanisch-marokkanischen Konvention.

707 Denn unter diesen Umständen kann keine Eintragung in das spanische Zivilregister erfolgen (Art. 81 RRC).

da sie in diesem Fall eine vergleichbare Funktion ausübt wie spanische Gerichte in einem inländischen Scheidungsverfahren.[708] Beschränkt sich die Aufgabe der ausländischen Behörde dagegen auf die Beglaubigung der Willenserklärungen der Parteien, scheidet eine Anerkennung aus.[709]

Es muss mithin immer im konkreten Fall überprüft werden, ob die Voraussetzungen für eine Exequatur vorliegen. Wirkt ein Richter dergestalt an der Scheidung mit, dass er die Verstoßung genehmigen muss, dann wird die ausländische Scheidung in Spanien vollstreckt.[710] Die lediglich beurkundende Tätigkeit der marokkanischen *Adoule* wird dagegen nicht als ausreichend erachtet, um der Scheidung ihren privatrechtlichen Charakter zu nehmen.[711] Aus diesem Grund hat der TS (*Tribunal Supremo*) in einer Entscheidung vom 23.7.1998[712] einer marokkanischen Scheidung die Anerkennung versagt. Der Fall betraf die Verstoßung einer Marokkanerin durch ihren spanischen Ehemann mit gewöhnlichem Aufenthalt in Marokko. Das Gericht führte aus, dass die Parteien nicht den erforderlichen Nachweis erbracht hätten, dass die Scheidung unter Kontrolle einer staatlichen Behörde stattgefunden habe. Denn die Mitwirkung der marokkanischen *Adoule* erscheine als rein formales Erfordernis, dem keine konstitutive Wirkung zukomme. Folglich könne dem Antrag auf Vollstreckung der ausländischen Entscheidung nicht stattgegeben werden. Kurz zuvor hatte der TS jedoch eine ägyptische Scheidung mit der Begründung für anerkennungsfähig erklärt, dass den ägyptischen Notaren eine staatlich verliehene Entscheidungsbefugnis zustände.[713] Diese Differenzierung ist nur schwer nachvollziehbar; denn auch in Ägypten ist keine gerichtliche Scheidung vorgeschrieben und die Auflösung der Ehe durch einseitige Willenserklärung des Mannes möglich. Die uneinheitliche Rechtsprechung des TS wurde deswegen auch in der Literatur kritisiert.[714] Mittlerweile hat sich die Problematik jedoch zumindest im Verhältnis zu Marokko entschärft. Denn de lege lata kann eine Scheidung in Marokko nur noch durch Gerichtsurteil erlangt werden, so dass die Notwendigkeit einer konstitutiven Beteiligung einer ausländischen Behörde der Anerkennung eines marokkanischen Scheidungsurteils nicht mehr entgegenstehen dürfte.

---

708 Vgl. Calvo Caravaca/Carrascosa González, Derecho de Familia Internacional, 4. Kapitel Rn. 64.

709 Eine Eintragung in das spanische Zivilregister nach Art. 81 RRC scheidet in diesem Fall wegen eines Verstoßes gegen den ordre public aus, vgl. Carrascosa González, in: Estatuto personal y multiculturidad de la familia, S. 48 f.

710 STS vom 25.1.2006, Roj: 1637/2006; ATS vom 21.3.2000, Roj: ATS 290/2000.

711 ATS vom 6.2.1996, Roj: 364/1996.

712 ATS vom 23.7.1998, RJ 5337; vgl. auch die krit. Anm. zu dem Urteil von: Marchal Escalona, Revista Facultad de Derecho Univ. Gr. 2002, 367 ff.

713 ATS vom 21.4.1998, RJ 3563; vgl. auch die krit. Anm. zu dem Urteil von: Marchal Escalona, Revista Facultad de Derecho Univ. Gr. 2002, 367 ff.

714 Vgl. Marchal Escalona, Revista Facultad de Derecho Univ. Gr. 2002, 367 (369); Quiñones Escámez, R.E.D.I. 1999, 202 (204 ff.).

bb) Vorliegen einer rechtskräftigen Entscheidung

Zwingende Voraussetzung für eine Exequatur in Spanien ist darüber hinaus, dass die ausländische Entscheidung rechtskräftig geworden ist. Im Verhältnis zu Marokko ergibt sich dieses Erfordernis aus Art. 23 Abs. 3 der spanisch-marokkanischen Konvention; im internen Recht aus der ständigen Rechtsprechung des obersten Gerichtshofs.[715] Eine ausländische Scheidung kann deshalb nur anerkannt werden, wenn sie die Ehe endgültig und unwiderruflich auflöst.[716] Kann die Entscheidung dagegen noch von einer der Parteien angegriffen werden, scheidet eine Vollstreckbarkeitserklärung aus.

Eine islamische Verstoßung begründet aber in den meisten Fällen keine sofortige Beendigung der ehelichen Gemeinschaft. Vielmehr hat der Mann in aller Regel die Möglichkeit, die Scheidungserklärung während der Wartezeit zu widerrufen und die Entscheidung rückgängig zu machen. Das Erfordernis der endgültigen Auflösung der Ehe ist somit nicht erfüllt. Das bedeutet aber nicht, dass spanische Gerichte jeder widerruflichen Verstoßung die Anerkennung versagen. Vielmehr ist ausschlaggebend, ob die Widerrufsfrist im Zeitpunkt des Anerkennungsgesuchs schon abgelaufen ist. Maßgeblich sind insoweit die Vorgaben des ausländischen Rechts. Ist die Wartezeit schon verstrichen, hat der Mann im Urteilsstaat keine Möglichkeit mehr, die Scheidung rückgängig zu machen und die Entscheidung wird rechtskräftig. Die Widerruflichkeit der Scheidung steht deshalb der Anerkennung in der Regel nicht entgegen.[717]

cc) Kein Verstoß gegen den ordre public

Die entscheidende Frage lautet in der Praxis deshalb regelmäßig, ob die betreffende Talaq-Scheidung mit dem spanischen ordre public (Art. 954 Abs. 3 LEC,[718]

715 Vgl. m.N. zur Rechtsprechung, Pérez Álvarez, Revista de Ciencias des las Religiones 2008, 183 (214).

716 ATS vom 21.4.1998, RJ 3563.

717 ATS vom 21.4.1998, RJ 3563; ATS vom 16.4.2002, Roj: 5398/2002; anders jedoch ATS vom 23.7.1998, RJ 5337. In dieser viel kritisierten Entscheidung (vgl. Marchal Escalona, Revista Facultad de Derecho Univ. Gr. 2002, 367 (369 f.); Quiñones Escámez, R.E.D.I. 1999, 202 (204 f.)) wurde die Anerkennung der marokkanischen Scheidung unter anderem deswegen verneint, weil die Verstoßung widerruflich sei und es deswegen an einer endgültigen Auflösung des Ehebandes fehle. Wie in den meisten anderen Fällen war die Wartezeit aber schon lange verstrichen und die Scheidung somit im Zeitpunkt der Anerkennung unwiderruflich. Es fehlte aber an dem erforderlichen Nachweis durch einen marokkanischen Gutachter.

718 Art. 954 Abs. 3 LEC lautet in spanischer Sprache: „Que la obligación para cuyo cumplimiento se haya procedido sea lícita en España."

Art. 23 Abs. 4 der spanisch-marokkanischen Konvention) vereinbar ist.[719] Denn nach Auffassung der spanischen Rechtsprechung und Literatur verletzt das einseitige Scheidungsrecht des Mannes den in Art. 14 CE niedergelegten Gleichbehandlungsgrundsatz.[720] Das bedeutet jedoch nicht, dass eine islamische Talaq-Scheidung niemals anerkannt wird. Vielmehr kommt es immer auf die konkreten Umstände des Einzelfalls an. Verlangt die Frau die Anerkennung der Verstoßung, würde eine Ablehnung ihres Gesuchs ihre Eheschließungsfreiheit (Art. 32 CE) sowie ihren Anspruch auf effektiven Rechtsschutz (Art. 24 CE) tangieren.[721] Aus diesem Grund verneint der TS[722] einen ordre public Verstoß, wenn die Frau selbst um die Exequatur der ausländischen Scheidung ersucht. Das Gericht begründet seine Entscheidung damit, dass die Ablehnung der Anerkennung unter diesen Umständen dazu führen würde, dass der bezweckte Schutz der Frau in sein Gegenteil verkehrt wird. Die Frau müsste in Spanien ein weiteres Scheidungsverfahren durchlaufen, um eine endgültige Auflösung der Ehe zu erreichen, was einen bloßen Formalismus bedeute und zum Nachteil der Frau gereiche.

Stellt die Frau den Antrag, kommt eine Anerkennung der Verstoßung selbst dann in Betracht, wenn einer der Ehegatten spanischer Staatsbürger ist. Denn Art. 954 LEC sieht keine Kontrolle des angewendeten Rechts vor. Auch der TS hat in einer Entscheidung vom 21.4.1998 eine Scheidung für wirksam angesehen, bei der die spanische Ehefrau von ihrem ägyptischen Ehemann verstoßen worden war. In einem anderen Fall,[723] der die einseitige Auflösung der Ehe zwischen einer Marokkanerin und einem Spanier betraf, wurde die Anerkennungsfähigkeit dagegen verneint: Allerdings nicht wegen eines ordre public Verstoßes, sondern aufgrund der Widerruflichkeit der Scheidung und der lediglich beurkundenden Funktion der marokkanischen *Adoule*. In der Literatur wurde allerdings die Ansicht vertreten, dass die spanische Staatsbürgerschaft des Mannes und somit der enge Bezug zur inländischen Rechtsordnung der wahre Grund für die Ablehnung der Exequatur gewesen sei.[724]

Aber auch wenn der Mann die Exequatur beantragt, scheidet eine Anerkennung nicht von vornherein aus. In einer Entscheidung des TS vom 3.4.2001[725] hat

719 Vgl. Pérez Álvarez, Revista de Ciencias des las Religiones 2008, 183 (218).

720 Vgl. etwa ATS vom 31.7.2000, Roj: 1194/2000; ATS vom 23.7.1998, RJ 5337; Aguilar Grieder, MA 2004, 235 (254); Pérez Álvarez, Revista de Ciencias des las Religiones 2008, 205 (219).

721 Pérez Álvarez, Revista de Ciencias des las Religiones 2008, 183 (219 f.).

722 ATS vom 21.4.1998, RJ 3563.

723 ATS vom 23.7.1998, RJ 5337.

724 Vgl. Quiñones Escámez/Rodríguez Benot/Berjaoui/Tagmant, Matriomonio Y Dicorcio En Las Relaciones Hispano-Marroquíes, S. 154, http://fiiapp.org/uploads/publicaciones/MATRIMONIO_Y_DIVORCIO_vol_I.pdf; Quiñones Escámez, R.E.D.I. 1999, 203 (205); Marchal Escalona, Revista Facultad de Derecho Univ. Gr. 2002, 367 (370).

725 ATS vom 3.4.2001, Roj: 990/2001.

das Gericht die Vollstreckbarkeit einer islamischen Verstoßung bejaht, obwohl allein der Mann die Anerkennung begehrte. Das Gericht führte aus, dass die Entscheidung von einer Behörde mit Rechtsprechungsbefugnissen ergangen sei und dass die Scheidung zu einer endgültigen und unwiderruflichen Auflösung der Ehe geführt habe. Aus diesem Grund sei die ausländische Entscheidung mit dem spanischen ordre public vereinbar. Die Frage, ob das einseitige Auflösungsrecht des Mannes gegen Art. 14 CE verstößt, wurde in diesem Fall nicht erörtert. Möglicherweise wurde die Exequatur der Entscheidung aber auch nur deshalb bewilligt, weil das Gericht lediglich über die Auflösung der Ehe als solche und nicht über die Scheidungsfolgen zu urteilen hatte, die oftmals einer Anerkennung entgegenstehen.

Verstößt die ausländische Entscheidung nur hinsichtlich der Festsetzung der Scheidungsfolgen gegen den ordre public, kommt eine partielle Anerkennung in Betracht. Das bedeutet, dass die Auflösung der Ehe als wirksam betrachtet wird, während die Scheidungsfolgen an die Lebensverhältnisse in Spanien angepasst werden.[726] Neben dem Erlass eines Abänderungsurteils soll auch ein neuer Prozess in Spanien möglich sein. Das für die Unterhaltsansprüche maßgebliche Recht beurteilt sich dann nach dem Haager Unterhaltsübereinkommen.[727] In der Literatur wird die Einleitung eines neuen Verfahrens für vorzugswürdig gehalten, da nur so eine erga omnes Wirkung erzielt werden könne.[728] Aus Gründen der Prozessökonomie soll aber nur ein Verfahren notwendig sein, in dem die Frau die Unterhaltsansprüche einklagt. In diesem Prozess könne dann zugleich inzident über die Wirksamkeit der ausländischen Scheidung entschieden werden.[729]

Weniger problematisch als die einseitige Verstoßung wird die Anerkennung einer einvernehmlichen Scheidung durch einen *Khul`* oder *Mubara`at* gesehen und zwar unabhängig davon, ob der Mann oder die Frau diese beantragt. Denn auch in Spanien ist mittlerweile eine Scheidung ohne Angabe von Gründen möglich. Ein ordre public Verstoß scheidet deshalb in diesem Fall wohl aus.[730]

---

726 Vgl. Quiñones Escámez/Rodríguez Benot/Berjaoui/Tagmant, Matriomonio Y Dicorcio En Las Relaciones Hispano-Marroquíes (a. A. o. Fn. 724), S. 161 f.; Marchal Escalona, Revista Facultad de derecho Univ. Gr. 2002, 367 (373 ff.).

727 Haager Übereinkommen über das auf Unterhaltspflichten anzuwendende Recht vom 2.10.1973.

728 Vgl. mit Nachweisen zur Rechtsprechung, Quiñones Escámez/Rodríguez/Benot/Berjaoui/Tagmant, Matriomonio Y Dicorcio En Las Relaciones Hispano-Marroquíes (a. A. o. Fn. 724), S. 162 ff.

729 Vgl. mit Nachweisen zur Rechtsprechung, Quiñones Escámez/Rodríguez/Benot/Berjaoui/Tagmant, Matriomonio Y Dicorcio En Las Relaciones Hispano-Marroquíes (a. A. o. Fn. 724), S. 170.

730 Vgl. Pérez Álvarez, Revista de Ciencias des las Religiones 2008, 183 (221). Vgl auch STS vom 25.1.2006, Roj: 1637/2006.

dd) Wahrung des rechtlichen Gehörs der Ehefrau

Für die Anerkennung der Scheidung ist zudem erforderlich, dass das ausländische Verfahren den Anforderungen an das rechtliche Gehör genügt. Das gilt sowohl im Anwendungsbereich der spanisch-marokkanischen Konvention (Art. 23 Abs. 2) als auch im Anerkennungsregime des autonomen Rechts (Art. 954 Abs. 2 LEC).

Es wird jedoch als zulässig erachtet, dass die Frau auf die Einhaltung der Verfahrensrechte im ausländischen Prozess verzichtet, was angenommen wird, wenn sie sich mit der Auflösung der Ehe einverstanden erklärt. Eine solche Zustimmung kann dabei auch aus nachträglichen Umständen gefolgert werden, wie der Tatsache, dass sie selbst um die Anerkennung der Scheidung in Spanien ersucht.[731]

Letzteres dürfte auch der Grund sein, warum in den hier untersuchten Entscheidungen des TS die Ablehnung der Anerkennung einer Verstoßung nie mit einer Verletzung der Verfahrensrechte begründet wurde.

ee) Die Internationale Zuständigkeit ausländischer Gerichte

Schließlich setzt die Anerkennung der ausländischen Entscheidung voraus, dass das Anerkennungsgericht international zuständig war. Im Anwendungsbereich der spanisch-marokkanischen Konvention beurteilt sich diese Voraussetzung nach den Regeln des Staates, in dem die Entscheidung ergangen ist, Art. 23 Abs. 1. Danach sind marokkanische Gerichte für den Scheidungsantrag zuständig, wenn die Ehegatten ihren gemeinsamen gewöhnlichen Aufenthalt im Inland haben. Hilfsweise ist auf den gewöhnlichen Aufenthalt der Ehefrau abzustellen oder auf den Ort der Eheschließung. Befindet sich dieser in Marokko, ist die inländische Gerichtsbarkeit ebenfalls gegeben (Art. 212 der marokkanischen Zivilprozessordnung).

Aus den genannten Vorschriften ergibt sich, dass der Zugang zu den marokkanischen Gerichten beschränkt ist, wenn das Ehepaar seinen gewöhnlichen Aufenthalt im Ausland hat. Allerdings scheint dem Antragssteller auch in diesem Fall eine Restzuständigkeit vor dem Familiengericht in Rabat offen zu stehen. Ob unter diesen Voraussetzungen eine internationale Zuständigkeit marokkanischer Gerichte in Spanien bejaht werden kann, ist jedoch zweifelhaft.[732]

---

731 Vgl. Calvo Caravaca/Carrascosa González, Derecho de Familia Internacional, 4. Kapitel Rn. 61; Quiñones Escámez/Rodríguez Benot/Berjaoui/Tagmant, Matriomonio Y Dicorcio En Las Relaciones Hispano-Marroquíes (a. A. o. Fn. 724), S. 158.

732 Vgl. Calvo Caravaca/Carrascosa González, Derecho de Familia Internacional, 4. Kapitel Rn. 61; Quiñones Escámez/Rodríguez Benot/Berjaoui/Tagmant, Matriomonio Y Dicorcio En Las Relaciones Hispano-Marroquíes (a. A. o. Fn. 724), S. 160.

Im autonomen Recht richtet sich die internationale Zuständigkeit des ausländischen Gerichts hingegen nach denen vom TS entwickelten Grundsätzen. Danach ist erforderlich, dass keine ausschließliche Zuständigkeit spanischer Gerichte besteht, eine hinreichende Verbindung zum Urteilsstaat gegeben ist und die Anrufung der ausländischen Gerichte keine Gesetzesumgehung darstellt.[733]

Da die autonomen Zuständigkeitsvorschriften – selbst bei einem gemeinsamen Domizil der Ehegatten im Inland (Art. 22 Abs. 2 LOPJ) – keine ausschließliche Kompetenz der spanischen Gerichte begründen,[734] ist lediglich zu prüfen, ob der Sachverhalt einen hinreichenden Bezug zum Urteilsstaat aufweist. Bedeutend sind hier insbesondere der gemeinsame gewöhnliche Aufenthalt der Parteien, der Ort der Eheschließung und die Staatsangehörigkeit der Ehegatten.[735] Der Gedanke der Gesetzesumgehung spielt dagegen in der spanischen Rechtsprechung nur eine untergeordnete Rolle. Das dürfte wiederum daran liegen, dass es oft die Frau selbst ist, die die Anerkennung der ausländischen Scheidung verlangt. In anderen Ländern beruft sich dagegen häufig der Mann auf eine im Ausland vorgenommene Verstoßung, um dem von der Frau im Inland eingeleiteten Scheidungsverfahren die Grundlage zu entziehen.[736] Ein Teil der Literatur möchte eine Gesetzesumgehung jedoch dann bejahen, wenn der Mann nur aus dem Grund zum Islam wechselt und sein Domizil ins Ausland verlegt, um seine Frau verstoßen zu können.[737] Allerdings dürfte eine solche Intention des Mannes in der Praxis nur schwer nachzuweisen sein.[738] Zumindest dann, wenn der spanische Ehemann bereits vor der Eheschließung zum Islam konvertiert und sich sein gewöhnlicher Aufenthalt seitdem im Heimatland seiner Frau befindet, ist von einer hinreichenden Verbindung zum Gerichtsstaat auszugehen und die internationale Zuständigkeit des ausländischen Gerichts zu bejahen. Eine *fraude à la loi* kann in einem solchen Fall nicht angenommen werden.[739]

733 Vgl. Lopez-Tarruella Martinez, Revista de la Facultad de Ciencias sociales y jurídicas de Elche 2006, 108 (119 f.).

734 ATS 8.6.1999, RJ 4346; ATS vom 3.4.2001, Roj: 990/2001; ATS vom 21.3.2000, Roj: ATS 290/2000.

735 ATS vom 21.4.1998, RJ 3563; ATS vom 8.6.1999, RJ 4346; ATS vom 3.4.2001, Roj: 990/2001; ATS vom 21.3.2000, Roj: ATS 290/2000.

736 Vgl. Calvo Caravaca/Carrascosa González, Derecho de Familia Internacional, 4. Kapitel Rn. 61; Quiñones Escámez/Rodríguez Benot/Berjaoui/Tagmant, Matriomonio Y Dicorcio En Las Relaciones Hispano-Marroquíes (a. A. o. Fn. 724), S. 159.

737 Vgl. Marchal Escalona, Revista Facultad de derecho Univ. Gr. 2002, 367 (371).

738 Vgl. Quiñones Escámez, R.E.D.I. 1999, 203 (205).

739 ATS vom 21.4.1998, RJ 3563.

ff) Zwischenergebnis zur Rechtsprechung spanischer Gerichte

Die Analyse der spanischen Rechtsprechung zeigt, dass eine Anerkennung der ausländischen Talaq-Scheidung grundsätzlich nur in Betracht kommt, wenn die Frau mit der Auflösung der Ehe einverstanden ist und eine Behörde konstitutiv an dem ausländischen Verfahren mitgewirkt hat. Welche Anforderungen dabei genau an die Beteiligung der ausländischen Behörde gestellt werden, ist jedoch umstritten; sicher ist jedoch, dass reine Privatscheidungen, wie sie immer noch in vielen arabischen Ländern in Asien praktiziert werden, wegen Art. 81 RRC in Spanien niemals Wirksamkeit entfalten können.

e) Länderbericht Niederlande

Das niederländische Recht differenziert auch nach der zum 01.01.2012 in Kraft getretenen Gesetzesnovelle zwischen der Anerkennung von ausländischen Scheidungsurteilen (Art. 57 Buch 10 BGB[740]) und der Anerkennung von Scheidungen, die durch die einseitige Erklärung einer der beiden Ehegatten herbeigeführt wurden (Art. 58 Buch 10 BGB[741]).

Die wesentlichen Voraussetzungen für die Anerkennung einer einseitigen Verstoßung sind in Art. 58 Buch 10 BGB niedergelegt. Danach müssen folgende drei Voraussetzungen kumulativ vorliegen: die Auflösung der Ehe muss in Übereinstimmung mit dem Personalstatut des Ehegatten vorgenommen werden, der die Ehe durch einseitige Erklärung auflöst (1), die Scheidung muss nach dem Recht des Staates wirksam sein, in dem sie stattfindet (2) und es muss eindeutig sein, dass der andere Ehegatte der Auflösung der Ehe ausdrücklich oder stillschweigend zugestimmt hat.

Die ehemaligen Vorschriften wurden nahezu wortgleich ins neue Gesetzbuch übernommen.[742] Gibt es Probleme bei der Auslegung und Anwendung der Vorschriften kann deshalb auf die Rechtsprechung zum alten Recht zurückgegriffen werden.

---

740 Art 2 GKEA a. F. (Gesetz über das Kollisionsrecht der Eheauflösung und Trennung von Tisch und Bett und deren Anerkennung vom 25.3.1981).

741 Art. 3 GKEA a. F.

742 Art. 3 GKEA a. F. stellte jedoch einseitig auf die Verstoßung durch den Mann ab. Art. 58 Buch 10 BGB ist dagegen geschlechtsneutral formuliert und findet mithin auch auf einseitige Verstoßungen durch die Frau Anwendung. In diesem Fall muss die Ehe dann in Übereinstimmung mit dem Personalstatut der Frau aufgelöst worden sein. Zudem findet sich in Art. 59 Buch 10 BGB erstmals ausdrücklich ein ordre public Vorbehalt, der sich sowohl auf die in Art. 57 Buch 10 BGB geregelte Verfahrensscheidung bezieht als auch auf die in Art. 58 Buch 10 BGB geregelte einseitige Privatscheidung.

aa) Vorliegen einer Verstoßung i. S. v. Art. 58 Buch 10 des niederländischen BGB

Auch wenn Art. 58 Buch 10 BGB eine spezielle Regelung für die Anerkennung von einseitigen Verstoßungen bereit hält, ist nicht ganz klar, wie die Abgrenzung zu Art. 57 Buch 10 BGB erfolgen soll.

Art. 57 Buch 10 BGB ist die allgemeine Norm für die Anerkennung von ausländischen Scheidungen. Ihr unterfallen alle Verfahren, bei der die Gegenpartei die Möglichkeit hatte gehört zu werden und die durch die Entscheidung eines Gerichts oder einer anderen Behörde beendet wurden.[743]

Angesichts der Tatsache, dass einige nordafrikanische Länder mittlerweile die Mitwirkung eines Gerichts und somit die Einhaltung gewisser prozessualer Garantien vorschreiben, ist umstritten, nach welcher Vorschrift solche Scheidungen zu beurteilen sind. Die Abgrenzung ist wichtig, da für eine Anerkennung nach Art. 57 Buch 10 BGB lediglich erforderlich ist, dass ein geordnetes Verfahren stattgefunden hat und dass das ausländische Gericht international zuständig war, oder die Antragsgegnerin der Auflösung der Ehe zugestimmt hat.

Ungeachtet der Tatsache, dass immer mehr Autoren solche Verstoßungen dem Anerkennungsregime von Scheidungsurteilen unterstellen wollen,[744] hat der *Hoge Raad* mit Urteil vom 13.7.2001[745] entschieden, dass sich die Voraussetzungen für ihre Anerkennung weiterhin nach den Wirksamkeitsanforderungen einer einseitigen Verstoßung richten. Der Fall betraf eine sogenannte *Khul`-Scheidung*, bei der der Mann die Frau auf deren Wunsch und gegen Erhalt einer Kompensationsleistung verstoßen hatte. Während die erste Instanz ihre Wirksamkeit nach Art. 2 GKEA (Art. 57 Buch 10 BGB n. F.) beurteilte, stufte der *Hoge Raad* die Scheidung als einseitige Verstoßung durch den Mann ein, die nur anerkannt werden könne, wenn die Voraussetzungen des Art. 3 GKEA (Art. 58 Buch 10 BGB n. F.) erfüllt seien. Unterwirft der *Hoge Raad* aber schon die einvernehmliche Scheidung diesen engen Anerkennungsvoraussetzungen, muss das Gleiche erst-Recht für den einseitigen Talaq gelten.[746] Die islamische Verstoßung ist somit nach dem heutigen Stand der Rechtsprechung immer noch an den oben genannten Voraussetzungen des Art. 58 Buch 10 BGB zu messen.

bb) Zustimmung der Frau

Die ausländische Privatscheidung kann nur anerkannt werden, wenn der Mann nachweisen kann, dass die Frau mit der Auflösung der Ehe einverstanden war.

743 Vgl. Foblets, HAWWA 2007, 10 (24) zum entsprechenden Streitstand nach altem Recht.

744 Vgl. Foblets, HAWWA 2007, 10 (25); Van der Velden, WPNR 2004, 351 ff.

745 HR vom 13.7.2001, NJ 2002, 223.

746 Vgl. Foblets, HAWWA 2007, 10 (24).

Das gilt selbst in den Fällen, in denen im Zeitpunkt der Verstoßung noch keinerlei Beziehungen zur niederländischen Rechtsordnung bestanden. Soll also beispielsweise die Privatscheidung eines ägyptischen Ehepaares mit einem gemeinsamen gewöhnlichen Aufenthalt im Heimatland anerkannt werden, ist das nur möglich, wenn die Erfordernisse des Art. Art. 58 Buch 10 BGB gegeben sind. Das gilt auch dann, wenn die Scheidung schon vor vielen Jahren im Heimatland ordnungsgemäß vollzogen worden ist. Da die Zustimmung der Frau aber im Heimatrecht keine Wirksamkeitsvoraussetzung ist, kann der erforderliche Nachweis oft nicht erbracht werden. Das Zustimmungserfordernis stellt deshalb in der Praxis das häufigste Anerkennungshindernis dar.[747]

cc) Wirksamkeit der Privatscheidung nach dem Personalstatut des Mannes

Weitere Voraussetzung für die Anerkennung einer islamischen Verstoßung durch den Mann ist, dass die Privatscheidung in Übereinstimmung mit dem Personalstatut des Mannes vorgenommen wurde. Das Personalstatut der Frau spielt dagegen keine Rolle, so dass auch die Ehe einer niederländischen Frau wirksam durch Verstoßung aufgelöst werden kann.[748] Diese einseitige Anknüpfung an das Personalstatut desjenigen Ehegatten, der die Verstoßung ausspricht, verwundert, da die Verstoßung den Status beider Ehegatten betrifft. Zudem unterliegt Art. 58 Buch 10 BGB nicht nur die einseitige Talaq-Scheidung durch den Mann, sondern auch die Scheidung gegen Ausgleich, die auf Verlangen der Frau erfolgt. Hier scheint die einseitige Anknüpfung an das Heimatrecht des Mannes umso weniger gerechtfertigt.

Was genau unter dem Personalstatut des Mannes zu verstehen ist, hat der Oberste Gerichtshof in der bereits oben zitierten Entscheidung vom 13.7.2001 näher ausgeführt.[749] In dem Fall ging es um eine *Khul`-Scheidung*. Die Frau war Marokkanerin, der Mann besaß neben der marokkanischen Staatsbürgerschaft auch die niederländische, wobei letztere eindeutig die effektive war. Dennoch entschied das Gericht, dass auch das marokkanische Recht als Personalstatut des Mannes i. S. v. Art. 3 GKEA (Art. 58 Buch 10 BGB n. F.) anzusehen sei, mit der Folge, dass die Scheidung als wirksam betrachtet wurde. Begründet wurde die Entscheidung mit dem im niederländischen Recht zum Ausdruck kommenden *favor divortii* Grundsatz, der es zum Ziel habe, hinkende Ehen zu vermeiden. Zudem habe die Frau der Auflösung der Ehe zugestimmt, so dass die Anerkennung der Entscheidung auch in ihrem Interesse liege.

747 Vgl. Foblets, HAWWA 2007, 10 (25 f.).
748 Vgl. Foblets, HAWWA 2007, 10 (26).
749 Vgl. oben Fn. 745.

dd) Problemstellung: ordre public

Bis zum Inkrafttreten der IPR-Novelle wurde bei der Wirksamkeitsüberprüfung einer ausländischen Talaq-Scheidung lediglich geprüft, ob die Voraussetzungen des Art. 3 GKEA vorlagen. War dies der Fall, wurde die ausländische Verstoßung anerkannt. Eine weitergehende ordre public Kontrolle fand nicht statt. Begründet wurde diese Auffassung damit, dass die Interessen der öffentlichen Ordnung schon beim Erlass der Norm berücksichtigt worden seien. Denn alleine die Zustimmung der Frau vermochte die Ungleichbehandlung der Geschlechter zu rechtfertigen.[750] Ein Verstoß gegen den Gleichbehandlungsgrundsatz und verfahrensrechtliche Garantien wurde deshalb verneint.

Das neue Kollisionsrecht stellt hingegen sowohl die Verfahrensscheidung als auch die einseitige Auflösung der Ehe durch privatrechtliche Erklärung eines der Ehegatten unter einen ordre public Vorbehalt (Art. 59 Buch 10 BGB).

Sofern es die Anerkennung von ausländischen Scheidungsurteilen betrifft, hat dies keine Rechtsänderung zu Folge. Denn schon vor der IPR-Novelle war es unbestritten, dass die Anerkennung einer ausländischen Scheidung wegen eines ordre public Verstoßes verneint werden konnte, auch wenn Art. 2 GKEA nicht ausdrücklich einen ordre public Vorbehalt enthielt.[751] Folgt man mithin der Mindermeinung, die die Wirksamkeit von Talaq-Scheidungen unter bestimmten Voraussetzungen der Vorschrift für Verfahrensscheidungen unterstellen möchte, dann muss untersucht werden, ob die Anerkennung der ausländischen Verstoßung mit dem niederländischen ordre public vereinbar ist. Für eine solche Vereinbarkeit plädiert van der Velden bei der Anwendung des neuen marokkanischen Rechts, das die Scheidung nur noch unter richterlicher Aufsicht zulässt und auch der Frau die Möglichkeit einräumt, eine Scheidung wegen Uneinigkeit zu beantragen. Unter diesen Umständen hält er eine Berufung auf den ordre public wegen einer Diskriminierung der Frau für ausgeschlossen.[752]

Neu ist, dass die Vorbehaltsklausel nunmehr auch bei einseitigen Privatscheidungen zur Anwendung gelangt (Art. 59 Buch 10 BGB). Es bleibt deshalb abzuwarten, ob niederländische Gerichte in Zukunft die Anerkennung einer Talaq-Scheidung aus Gründen ablehnen werden, die nicht in Art. 58 Buch 10 BGB geregelt sind, wie beispielsweise bei Vorliegen eines engen Inlandsbezugs.[753]

---

750 Vgl. Rutten, MJ 2004, 263 (280 f.).

751 Vgl. Foblets, Hawwa 2007, (10) 23.

752 Vgl. Van der Velden, WPNR 2004, 351 (356 f.).

753 Eine solche Rechtsprechung würde sich allerdings nur schlecht mit dem in den Niederlanden vorherrschenden *favor divortii* Grundsatz vertragen.

ee) Zwischenergebnis zur Rechtsprechung in den Niederlanden

Bisher beurteilte der *Hoge Raad* die Anerkennung von islamischen Privatscheidungen ausschließlich nach Art. 3 GKEA (Art. 58 Buch 10 BGB n. F.). Wichtigstes Wirksamkeitserfordernis war demnach die Zustimmung der Frau. Eine generelle ordre public Kontrolle fand nicht statt und auch der Grad des Inlandsbezugs spielte keine Rolle. Eine Anerkennung kam deshalb selbst dann in Betracht, wenn beide Parteien (auch) die niederländische Staatsbürgerschaft besaßen und im Inland ihren gemeinsamen gewöhnlichen Aufenthalt hatten.[754] Nach der Neuregelung des internationalen Scheidungsrechts untersteht hingegen auch die Wirksamkeitsüberprüfung von einseitigen Privatscheidungen einem allgemeinen ordre public Vorbehalt, was zu einer Verschärfung der Anerkennungspraxis führen könnte. Allerdings ist zum gegenwärtigen Zeitpunkt noch kaum absehbar welche Auswirkungen die Novellierung des internationalen Verfahrensrechts haben wird. Denn das hängt ganz entscheidend davon ab, ob und unter welchen Voraussetzungen die Gerichte von der ordre public Klausel des Art. 59 Buch 10 BGB Gebrauch machen werden.

f) Länderbericht England

In England richtet sich die Anerkennung einer Talaq-Scheidung nach den Vorschriften des *Family Law Act* 1986 (FLA), und zwar unabhängig davon, ob eine ausländische Behörde an dem Verfahren mitgewirkt hat oder ob die Scheidung durch den bloßen Ausspruch der Verstoßungsformel herbeigeführt wurde. Die Anforderungen an die Anerkennung sind jedoch unterschiedlich streng.

Ist die ausländische Scheidung innerhalb eines Verfahrens (*judicial or other proceedings*) ergangen, wird sie bereits dann anerkannt, wenn sie nach dem Recht des Landes, in dem sie erlangt wurde, wirksam ist, und einer der beiden Ehegatten zu Beginn des Scheidungsverfahrens dort seinen gewöhnlichen Aufenthalt oder sein Domicile[755] hatte oder Staatsangehöriger dieses Landes war, Sec. 46 Abs. 1 FLA.

Wurde die Ehe dagegen allein durch die Verstoßungserklärung des Mannes aufgelöst, finden spezielle Regelungen Anwendung, die in Sec. 46 Abs. 2 FLA niedergelegt sind.

754 Vgl. Foblets, HAWWA 2007, 10 (27).

755 Diese Anforderung ist erfüllt, wenn einer der Ehegatten entweder nach englischem Recht oder nach dem Recht des Staates, in dem die Entscheidung ergangen ist, als im Urteilsstaat domiziliert gilt, Sec. 46 Abs. 5 FLA.

aa) Vorliegen eines Verfahrens i. S. d. Family Law Act 1986

Aufgrund der unterschiedlichen Anerkennungsvoraussetzungen ist die Abgrenzung zwischen Sec. 46 Abs. 1 und Sec. 46 Abs. 2 FLA von großer Bedeutung. Allerdings wird im Gesetz nicht definiert, was genau unter *judicial and other proceedings* zu verstehen ist. Es muss deshalb auf die Abgrenzungskriterien zurückgegriffen werden, die von der Rechtsprechung entwickelt wurden. Es handelt sich dabei überwiegend um ältere Urteile aus den achtziger Jahren als noch der *Recognition of Divorces and Legal Separations Act* 1971 (RODSA) in Kraft war. Dieser enthielt aber eine ähnliche Differenzierung wie der heutige FLA 1986,[756] so dass die Rechtsprechung auf die geltende Rechtslage übertragen werden kann.[757]

Der *Court of Appeal* ging ursprünglich von einem sehr engen Verfahrensbegriff aus. So entschied das Gericht in *Quazi v. Quazi,*[758] dass nur dann von einem Verfahren i. S. d. englischen Anerkennungsrechts gesprochen werden könne, wenn dem Richter ein Vetorecht zukomme. Diese Entscheidung wurde jedoch vom *House of Lords* aufgehoben, das in der Revisionsinstanz ein deutlich weiteres Verfahrensverständnis zu Grunde legte. Der Fall betraf eine pakistanische Verstoßung, die in Übereinstimmung mit dem *Muslim Family Law Ordinance* 1961 vorgenommen worden war und deswegen als Verfahrensscheidung qualifiziert wurde. Interessanter als die Entscheidung selbst ist jedoch der Versuch von *Lord Scarman*, eine allgemeine Definition des Verfahrensbegriffs zu entwickeln. Danach soll jeder Rechtsakt ausreichend sein, der in dem Staat, in dem die Scheidung erlangt wurde, offiziell als konstitutiv für die Beendigung der Ehe anerkannt wird.[759]

Die Definition ist sehr weit und legt die Schlussfolgerung nahe, dass auch Privatscheidungen ohne jegliche behördliche Beteiligung unter Sec. 46 Abs. 1 FLA fallen.[760] Es verwundert deshalb nicht, dass die unterinstanzliche Recht-

---

756 Die Voraussetzungen für die Anerkennung einer Scheidung, die innerhalb eines Verfahrens ergeht, waren in Sec. 2–5 RODSA niedergelegt. Danach war erforderlich, dass die Auflösung der Ehe nach dem Recht des Staates, in dem sie erwirkt wurde, wirksam war und beide Ehegatten dort ihren gewöhnlichen Aufenthalt hatten oder Staatsangehörige dieses Landes waren. War die Scheidung außerhalb eines Verfahrens vorgenommen worden, so war eine Anerkennung nach Sec. 6 RODSA nur möglich, wenn die Scheidung nach dem Recht der Staaten, in denen die Ehegatten ihr Domizil hatten, wirksam war und keiner der Parteien innerhalb eines Jahres vor Beginn des Scheidungsverfahrens seinen gewöhnlichen Aufenthalt im Vereinigten Königreich gehabt hatte.

757 Vgl. Gordan, Foreign Divorces, S. 91.

758 Quazy v. Quazy [1979] 3 All E.R 897.

759 Quazy v. Quazy [1979] 3 All E.R 897.

760 Vgl. Gordon, Foreign Divorces, S. 93.

sprechung diese Frage zunächst sehr uneinheitlich beurteilte. So entschied *Wood J* in *Sharif .v Sharif*,[761] dass eine bloße Verstoßungshandlung nicht als *other proceeding* i. S. d. Anerkennungsrechts eingestuft werden könne, während *Bush J* in dem Fall *Zaal .v Zaal*[762] genau das Gegenteil vertrat. Der Fall betraf ein englisch-dubaianisches Ehepaar mit gewöhnlichem Aufenthalt in Dubai. Nach drei Jahren Ehe verstieß der Mann seine englische Frau in Dubai ohne deren Wissen. Die Mitwirkung einer Behörde war zu diesem Zeitpunkt nach dubaianischem Recht nicht vorgeschrieben. Dennoch entschied das Gericht, dass es sich bei der Verstoßung um eine Scheidung handele, die im Rahmen eines Verfahrens ergangen und deswegen nach Sec. 2–5 RODSA zu beurteilen sei.

In *Chaudhary v. Chaudhary*[763] musste schließlich der *Court of Appeal* zu der Frage Stellung nehmen, ob auch reine Privatscheidungen als Verfahren i. S. d. englischen Anerkennungsvorschriften qualifiziert werden können. Der Fall handelte von einem pakistanischen Ehepaar, dessen Ehe von Seiten des Mannes durch den bloßen Ausspruch der Verstoßungsformel beendet worden war.[764] Das Gericht führte aus, dass von einem Verfahren nur ausgegangen werden könne, wenn an der Statusänderung eine staatlich anerkannte Behörde mitgewirkt habe, deren Funktion nicht auf einen nur bestätigenden Akt beschränkt sei. Die bloße Anwesenheit von Zeugen oder die Einhaltung anderer Förmlichkeiten sei dagegen nicht ausreichend. Eine Anerkennung der ausländischen Scheidung gemäß Sec. 2–5 RODSL sei deshalb im konkreten Fall nicht möglich.

Der *Court of Appeal* vertritt also auch in diesem Fall wieder ein engeres Verfahrensverständnis als es die Ausführungen des House of Lords in *Quasi v. Quasi* nahelegen. Gerechtfertigt wurde die Entscheidung mit der Begründung, dass der Definition von *Lord Scarman* keine allgemeingültige Bedeutung zukomme; denn diese habe sich nur auf den pakistanischen *Muslim Family Law Ordinance* bezogen und enthalte keine Aussage über die Qualifikation einer reinen Privatscheidung.

Kurze Zeit später hatte auch das *House of Lords* in *Fatima v. Secretary of State for the Home Department* wieder über die Anerkennungsfähigkeit eines pakistanischen Talaq zu entscheiden und ließ dabei keine Missbilligung hinsichtlich der engen Auslegung des *Court of Appeal* erkennen.[765]

Auch wenn die Rechtsprechung nicht ganz eindeutig ist, kann deshalb folgendes als gesichert gelten: Ein Talaq, der in Übereinstimmung mit den Vorgaben

761 Sharif v. Sharif [1980] Fam. Law 216.

762 Zaal v. Zaal [1983] 4 F.L.R. 284.

763 Chaudhary v. Chaudhary [1984] 3 All E.R. 1017.

764 Der Mann war in Kashmir domiziliert, wo der *Muslim Family Law Ordinace* 1961 keine Anwendung fand.

765 Fatima v. Secretary of State for the Home Department [1986] 2 All E.R. 32.

des pakistanischen *Muslim Family Law Ordinance* vorgenommen worden ist, unterfällt zweifelsohne dem Anwendungsbereich des Sec. 46 Abs. 1 FLA.[766] Und auch die prozessualen Garantien in Marokko und Ägypten[767] dürften den Anforderungen an ein Verfahren im Sinne der englischen Anerkennungsvorschriften entsprechen. Zudem lässt die neuere Rechtsprechung des *High Courts* vermuten, dass Sec. 46 Abs. 1 FLA eher weit auszulegen ist. [768] So wurde es in *El Fadl v. El Fadl*[769] für ausreichend erachtet, dass der Talaq in Übereinstimmung mit den libanesischen Vorschriften vorgenommen wurde, die eine Eintragung der Scheidung beim zuständigen Shariagericht vorschreiben.[770] Es dürfte deshalb für die Einordnung als eine in einem Verfahren ergangene Scheidung genügen, wenn eine ausländische Behörde das Ende der Ehe registriert oder einen Versöhnungsversuch zwischen den Parteien vornimmt.[771] Es bleibt aber abzuwarten, ob der *Court of Appeal* dieser eher liberale Rechtsprechung der unterinstanzlichen Gerichte folgen wird. Sicher ist deswegen nur, dass eine Ehe, die durch den bloßen Ausspruch der Verstoßungsformel durch den Ehemann beendet wurde, nur unter den engeren Voraussetzungen des Sec. 46 Abs. 2 FLA anerkannt werden kann. Danach müssen drei Tatbestandsmerkmale kumulativ vorliegen: Die Scheidung muss nach dem Recht des Landes, in dem sie herbeigeführt wurde, wirksam sein (1), beide Ehegatten müssen zu Beginn des Scheidungsverfahrens ihr *domicile* in diesem Land gehabt haben (2) und keiner der Ehegatten darf innerhalb eines Jahres vor Beginn des Scheidungsverfahrens seinen gewöhnlichen Aufenthalt im Vereinigten Königreich gehabt haben (3). Hatten die Parteien im Zeitpunkt der Entscheidung kein gemeinsames *domicile*, kann die Scheidung trotzdem anerkannt werden, wenn sie nach dem Domizilstaat des anderen Ehegatten als wirksam angesehen wird.[772]

bb) Versagung der Anerkennung gemäß Sec. 51 FLA

Auch wenn die ausländische Scheidung den Voraussetzungen des Sec. 46 FLA genügt, kann die Anerkennung aus einem der in Sec. 51 FLA genannten Gründen

---

766 Vgl. auch Fawcett/Carruthers, Private International Law, S. 1005.

767 A. v. L. [2010] Fam. Law 582

768 Vgl. etwa A. v. L. [2010] Fam. Law 582; H. v. H [2007] 2 F.L.R. 548; El Fadl v. El Fadl [2000] 1 F.L.R. 174.

769 El Fadl v. El Fadl [2000] 1 F.L.R. 174.

770 El Fadl v. El Fadl [2000] 1 F.L.R. 174.

771 Vgl. Clarkson/Hill, Jaffey on the Conflict of Laws, S. 410; vgl. zu der nicht konsistenten englischen Rechtsprechung auch die Darstellung bei Fawcett/Carruthers, Private International Law, S. 1005 ff.

772 Das kann zu einem Zirkelschluss führen, wenn einer der Ehegatten in England domiziliert ist. Es wird deswegen angenommen, dass in einem solchen Fall eine ausländische Privatscheidung niemals anerkannt werden kann, vgl. Gordon, Foreign Divorces, S. 77.

verweigert werden. Die Vorschrift ist Ausdruck des englischen ordre public. In den ersten Absätzen enthält sie spezifische Versagungsgründe wie die Verletzung des rechtlichen Gehörs oder das Nichtvorliegen einer wirksamen Ehe. In Sec. 51 Abs. 3 lit. c FLA findet sich eine allgemeine Vorbehaltsklausel.

Es handelt sich bei Sec. 51 FLA um eine Ermessensentscheidung.[773] Das Gericht ist hinsichtlich der Umstände und ihrer Gewichtung völlig frei. Dennoch ist bei der Berufung auf den ordre public Zurückhaltung geboten; er soll nur in Ausnahmefällen und mit größter Vorsicht angewendet werden.[774]

aaa) Wahrung des rechtlichen Gehörs

Gemäß Sec. 51 FLA kann einem ausländischen Scheidungsurteil die Anerkennung versagt werden, wenn der Antragsgegner von dem Scheidungsverfahren nicht in Kenntnis gesetzt wurde (Sec. 51 Abs. 3 lit. c i FLA) oder ihm keine ausreichende Gelegenheit zur Beteiligung an dem Verfahren gegeben wurde. (Sec. 51 Abs. 3 lit. c ii FLA). Die Vorschriften finden nur auf Scheidungen Anwendung, die in einem Verfahren ergangen sind. Reine Privatscheidungen sind nicht an dieser Norm zu messen.

Bei seiner Entscheidung hat das Gericht ein weites Ermessen. Das bedeutet, dass die Umstände des Einzelfalls und die jeweilige Einstellung des Richters von großer Bedeutung sind. Das führt zu einem gewissen Grad an Rechtsunsicherheit, was sich auch in den Urteilen der unterinstanzlichen Gerichte niederschlägt.

So war die Rechtsprechung in den achtziger Jahren zunächst eher restriktiv, wie folgende zwei Beispiele aus der Rechtspraxis belegen: In der bereits oben zitierten Entscheidung *Zaal v. Zaal*[775] ging es um eine in Dubai erklärte Verstoßung. Die englische Frau erfuhr erst von der Scheidung als ihr Ehemann die Ehe schon unwiderruflich aufgelöst hatte. Nach Auffassung des Gerichts wäre zumindest eine formelle Mitteilung von der Verstoßung notwendig gewesen, um einen Versöhnungsversuch zwischen den Ehegatten zu ermöglichen. Die heimliche Durchführung der Scheidung wurde deshalb als ordre public-widrig erachtet.

In *Sharif v. Sharif*[776] wurde die englische Ehefrau zwar von dem Talaq und dem bevorstehenden Gerichtsverfahren im Irak in Kenntnis gesetzt, sie konnte aber nicht an dem ausländischen Prozess teilnehmen, da der Mann ihren Pass

773 Vgl. Fawcett/Carruthers, Private International Law, S. 1020; Ckarkson/Hill, Jaffey on the Conflicts of Law, S. 420.

774 Vgl. Fawcett/Carruthers, Private International Law, S. 1018, 1020; Ckarkson/Hill, Jaffey on the Conflicts of Law, S. 418; vgl. auch Quereshi v. Quereshi [1972] Fam. 173; El Fadl v. El Fadl [2000] 1 F.L.R. 174.

775 Zaal v. Zaal [1983] 4 F.L.R. 284.

776 Sharif v. Sharif [1980] Fam. Law 216.

hatte und sie auch nicht über die erforderlichen finanziellen Mittel verfügte, um die Reisekosten aufzubringen. *Wood J.* war deshalb der Auffassung, dass die Frau keine hinreichende Gelegenheit bekommen hatte, dem ausländischen Verfahren beizuwohnen und deshalb ein Verstoß gegen Sec. 8 Abs. 2 lit. a RODSA[777] vorlag. Der Tatsache, dass die Anwesenheit der Frau den Ausgang des Verfahrens nicht beeinflusst hätte, maß das Gericht keine Bedeutung bei. [778]

In einem neueren Urteil nahm der *High Court* dagegen eine sehr anerkennungsfreundliche Auslegung vor.[779] Der Fall handelte von einer Verstoßung, die in Übereinstimmung mit dem pakistanischen *Muslim Family Law Ordinance* 1961 vorgenommen worden war. Der Mann behauptete, dass er die Frau von der Scheidung unterrichtet habe, konnte aber den erforderlichen Nachweis nicht erbringen. Für das Gericht war dies jedoch letztendlich ohne Belang. Es führte aus, dass viele Pakistani in Großbritannien leben, die zu beiden Ländern eine enge Verbindung aufweisen. Aus diesem Grund sei es wichtig hinkende Ehen zu vermeiden und pakistanische Scheidungen in England anzuerkennen, sofern kein wichtiger Grund entgegenstehe. Im vorliegenden Fall sah das Gericht keinen guten Grund, um die Anerkennung zu verweigern. Zwar maß es der Tatsache Bedeutung bei, dass die Frau seit über 25 Jahren in England lebte, wo sie ihr *domicile of choice*[780] begründet hatte. Doch seien beide Ehegatten pakistanische Staatsangehörige mit einem ähnlichen kulturellen Hintergrund. Zudem sei keiner der Parteien an der Aufrechterhaltung der Ehe interessiert und der Ehemann habe ausdrücklich akzeptiert, dass der Frau finanzielle Ansprüche gegen ihn zustehen. Aus diesem Grund sei die pakistanische Scheidung selbst dann anzuerkennen,

---

777 Die Vorschrift entspricht dem heutigen Sec. 51 Abs. 3 lit. a FLA.

778 Die Frau weigerte sich das Zusammenleben mit dem Mann wieder aufzunehmen.

779 H v. H [2007] 2 F.L.R. 548.

780 Im englischen Recht ist das *domicile* das häufigste Anknüpfungsmoment. Dabei wird zwischen dem *domicile of origin*, dem *domicile of choice* und dem *domicile of dependency* unterschieden, vgl. Clarkson/Hill, Jaffey on the Conflict of Laws, S. 24. Für die Bestimmung des Personalstatuts ist grundsätzlich das *domicile of choice* ausschlaggebend. Besteht ein solches nicht (mehr), dann muss der Richter auf das *domicile of origin* zurückgreifen, das jeder Mensch mit der Geburt erwirbt und das bei Aufgabe des Wahldomizils wieder auflebt, vgl. Clarkson/Hill, Jaffey on the Conflict of Laws, S. 27 ff.; Kropholler, Internationales Privatrecht, S. 263. Das *domicile of choice* wird in dem Land begründet, in dem sich eine erwachsene, geschäftsfähige Person mit dem Willen niederlässt, dort für immer oder für eine unbestimmte Zeit zu bleiben. Folglich ist zum einen erforderlich, dass sich die betreffende Person dort tatsächlich aufhält. Zum anderen muss der Aufenthalt freiwillig sein und es muss der Wille gegeben sein, dort für immer oder zumindest für unbestimmte Zeit zu bleiben, vgl. Fawcett/Carruthers, Private International Law, S. 157 ff. Zieht ein Engländer hingegen nur für ein paar Jahre nach Frankreich, um dort zu arbeiten, möchte er aber auf jeden Fall später wieder in die Heimat zurückkehren, so verbleibt sein *domicile* die ganze Zeit in England, unabhängig davon, in welchem Land sein Lebensmittelpunkt liegt und wie lange sich die Person in Frankreich aufhält.

wenn die Frau weder von der Scheidung in Kenntnis gesetzt wurde, noch die Möglichkeit hatte an dem ausländischen Verfahren teilzunehmen.

Diese und eine ähnliche Entscheidung aus dem Jahr 2001[781] legen die Vermutung nahe, dass der *High Court* die Anerkennung einer Talaq-Scheidung nicht mehr allein aus dem Grund versagt, dass die Verfahrensrechte der Frau nicht eingehalten wurden. Vielmehr müssen noch weitere Umstände hinzutreten, wie etwa ein bereits vorher eingeleitetes Scheidungsverfahren in England.

bbb) Allgemeine ordre public Klausel

Unabhängig davon, ob die Scheidung in oder außerhalb eines Verfahrens ergangen ist, ist die Auffangklausel des Sec. 51 Abs. 3 lit. c FLA zu beachten. Danach können englische Gerichte die Anerkennung einer Talaq-Scheidung auch dann verweigern, wenn sie im offensichtlichen Widerspruch zur *public policy* steht (Sec. 51 Abs. 3 lit. c FLA). Die Entscheidung des Gerichts hängt dabei von vielen Faktoren ab, wie etwa dem Grad der Inlandsbeziehung oder der Frage, ob das ausländische Recht der Ehefrau nach der Scheidung ausreichende finanzielle Ansprüche gewährt. Ein Verstoß gegen verfahrensrechtliche Garantien kann hingegen keine Verletzung der allgemeinen ordre public Klausel begründen. Denn es ist davon auszugehen, dass Sec. 51 Abs. 3 lit. a FLA nicht durch einen Rückgriff auf die allgemeine ordre public Klausel umgangen werden darf und bei reinen Privatscheidungen keine Anwendung findet.[782]

(1) Finanzielle Absicherung der Frau

Eine wichtige Rolle für die Ermessensentscheidung des Gerichts spielt zunächst die Frage, ob die Frau nach der Scheidung hinreichend finanziell abgesichert ist. So betonte das Gericht in *Zaal v. Zaal,*[783] dass die Anerkennung des dubaianischen Talaq dazu führen würde, dass die Frau ihre Unterhaltsansprüche nach englischem Recht verlieren würde. Und ganz ähnlich waren die Erwägungen des *Court of Appeal* in *Chaudhary v. Chaudhary,*[784] wo angenommen wurde, dass der Mann die Scheidung nur aus dem Grund im Ausland erlangt hatte, um seiner in

781 El Fadl v. El Fadl [2000] 1 F.L.R. 175.

782 So vertritt *Lord Justice Oliver* in *Chaudhary v. Chaudhary (*[1984] 3 All E.R. 1017) die Auffassung, dass die allgemeine Vorbehaltsklausel andere Garantien zum Gegenstand haben müsse als die Wahrung des rechtlichen Gehörs. Vgl. auch Gordon, Foreign Divorces, S. 134 f.; Fawcett/ Carruthers, Private International Law, S. 1015 f.

783 Zaal v. Zaal [1983] 4 F.L.R. 284.

784 Chaudhary v. Chaudhary [1984] 3 All E.R. 1017.

England domizilierten Frau die finanziellen Ausgleichsansprüche zu nehmen, die ihr nach englischem Recht zustehen.

Auch heute noch ist der Gesichtspunkt der finanziellen Absicherung der Frau von Bedeutung. Allerdings wurde die Problematik durch eine Änderung des englischen Sachrechts entschärft. Denn seit Inkrafttreten des *Matrimonial and Family Proceedings Act* 1984 (MFPA) können englische Gerichte auch in den Fällen über Unterhaltsfragen entscheiden, in denen eine wirksame ausländische Scheidung vorliegt. Früher war die Zuständigkeit für Scheidungsfolgesachen dagegen nur gegeben, wenn das englische Gericht auch das Scheidungsurteil erlassen hatte.

Der schottische *High Court* hat der geänderten Rechtlage Rechnung getragen und in *Tahir v. Tahir* entschieden, dass die Wirksamkeit einer ausländischen Talaq-Scheidung nicht mehr allein mit der Begründung verneint werden könne, dass der Frau dadurch ihre Ansprüche auf finanziellen Ausgleich entzogen werden.[785] Allerdings gilt das nur für die Scheidungen, die im Rahmen eines Verfahrens ergangen sind, da der MFPA auf reine Privatscheidungen keine Anwendung findet.[786] Im letztgenannten Fall bleibt die Problematik also weiterhin relevant.[787]

(2) Vorliegen eines unbilligen Verhaltens des Mannes

Eine Versagung der Anerkennung gemäß Sec. 51 Abs. 3 lit. c FLA kommt des Weiteren auch dann in Betracht, wenn sich das Verhalten des Mannes als unredlich darstellt, wie sich aus folgender Entscheidung schließen lässt:

In *A v. L*[788] ging es um ein Ehepaar mit gewöhnlichem Aufenthalt in Ägypten.[789] Die Frau hatte während eines Besuchs in Großbritannien bei Gericht einen Scheidungsantrag gestellt. Der Mann rügte daraufhin die Unzuständigkeit der englischen Gerichte. Während der Einwand des Mannes von dem englischen Gericht überprüft wurde, reiste er nach Ägypten, um seine Frau dort, ohne deren Wissen, zu verstoßen. Da er bereits wirksam geschieden sei, beantragte er das Verfahren in England einzustellen. Das Gericht gab diesem Antrag nicht statt, sondern entschied, dass die englischen Gerichte aufgrund des englischen Domizils der Frau zuständig seien und der Mann alle Maßnahmen ergreifen müsse, damit das Verfahren in Ägypten ausgesetzt werde. Gegen diese Anordnung verstieß der Mann und erwirkte eine wirksame Scheidung in Ägypten. Das engli-

785 Tahir v. Tahir [1993] S.L.T. 194.

786 Vgl. Gordon, Foreign Divorces, S. 191.

787 So auch Ckarkson/Hill, Jaffey on the Conflicts of Law, S. 424.

788 A v. L [2010] Fam. Law 582.

789 Die beiden Ehegatten waren ursprünglich libysche Staatsangehörige. Im Jahr 2000 bzw. 2003 hatten sie jedoch jeweils die englische Staatsbürgerschaft erworben.

sche Gericht führte aus, dass die Frau nicht zu der Anhörung in Ägypten geladen worden sei. Zwar gehe aus dem Urteil hervor, dass das ausländische Gericht ihr die Klage zugestellt habe, doch genüge dies nicht den Anforderungen an das Gebot des rechtlichen Gehörs. Gemäß Sec. 48 Abs. 3 FLA soll eine Partei, die in einem juristischen Verfahren abwesend ist, so behandelt werden, als ob sie an dem Verfahren teilgenommen habe. Die bloße Zustellung der Klageschrift sei dafür aber nicht ausreichend. Zumindest hätte sie formell zu dem Gerichtstermin geladen werden müssen. Aufgrund der Anordnung des englischen Gerichts wäre der Mann zudem verpflichtet gewesen, seine Frau von dem rechtshängigen Verfahren in Ägypten zu unterrichten. Das Gericht entschied deshalb, dass das ägyptische Scheidungsurteil offensichtlich gegen den englischen ordre public verstoße und keine Wirksamkeit in England entfalten könne.

Es ist deshalb davon auszugehen, dass englische Gerichte eine Talaq-Scheidung grundsätzlich als unwirksam ansehen, wenn die Frau vor der Vornahme der ausländischen Verstoßung ein Scheidungsverfahren in England initiiert hat. Das gilt aber nur, wenn das Verhalten der Frau kein Forum Shopping darstellt.[790] Leitet die Frau das Scheidungsverfahren in England dagegen nur aus taktischen Gründen ein, um sich durch die Anwendung des englischen Rechts einen finanziellen Vorteil zu verschaffen,[791] dann kann das Verhalten des Mannes nicht als Umgehungshandlung gewertet werden und die Anerkennung der ausländischen Entscheidung bleibt möglich.

(3) Weitere relevante Faktoren

Daneben gibt es eine Reihe von weiteren Faktoren, wie den Grad der Inlandsbeziehung oder die Religionszugehörigkeit der Parteien, die zwar für sich alleine keine Ablehnung der Anerkennung rechtfertigen, aber dennoch Einfluss auf die Ermessensentscheidung des Gerichts nehmen. So wies der *Court of Appeal* in *Chaudhary v. Chaudhary*[792] darauf hin, dass die pakistanischen Ehegatten beide ihr *domicile* in England begründet hätten und somit eine wesentlich engere Verbindung zur englischen Rechtsordnung bestehe als in *Quazi v. Quazi,*[793] wo die

790 Vgl. A v. L [2010] Fam. Law. 582; Sharif v. Sharif [1980] Fam. Law 216.

791 Quazy v. Quazy [1979] 3 All E.R 897. In diesem Fall war die Verbindung zum englischen Forum nur sehr gering und der Mann hatte zudem die Scheidung nach pakistanischem Recht schon erlangt, bevor die Frau den Antrag in England stellte. Die Fallgestaltung war somit eine andere, aber die Entscheidungsgründe geben einen Hinweis darauf, unter welchen Umständen von einem Forum Shopping ausgegangen werden kann.

792 Chaudhary v. Chaudhary [1984] 3 All E.R. 1017.

793 Quazy v. Quazy [1979] 3 All E.R 897.

ausländische Talaq-Scheidung anerkannt worden war. Und in *Sharif v. Sharif*[794] maß das erkennende Gericht der Tatsache Bedeutung bei, dass die englische Ehefrau nie den muslimischen Glauben angenommen hatte.

Die Beispiele aus der Rechtsprechung zeigen zudem, dass die Anerkennung einer Scheidung eher versagt wird, wenn die Ehefrau englische Staatsbürgerin ist. Allerdings vermag auch dieser Umstand allein nicht die Anwendung der Vorbehaltsklausel zu rechtfertigen, da die Problematik des Inlandsbezugs schon beim Erlass des *Family Law Act* 1986 berücksichtigt worden ist. So kommt bei reinen Privatscheidungen eine Anerkennung ohnehin nur in Betracht, wenn keiner der Ehegatten im Zeitpunkt der Antragsstellung sein Domizil oder seinen gewöhnlichen Aufenthalt im Inland hatte, während eine Verfahrensscheidung i. S. d. Sec. 46 Abs. 1 FLA auch dann anerkannt werden kann, wenn ein sehr starker Bezug zur englischen Rechtsordnung gegeben ist. Für eine Versagung müssen deshalb noch weitere Umstände hinzutreten, wie etwa die Tatsache, dass die englische Frau bereits vor der ausländischen Verstoßung ein Scheidungsverfahren in England eingeleitet hat[795] oder ihre Verfahrensrechte nicht gewahrt wurden.

In den älteren Urteilen kommt zudem eine generelle Missbilligung des Rechtsinstituts Talaq zum Ausdruck. So äußerte sich *Cumming-Bruce J* in *Chaudhary v. Chaudhary*[796] dergestalt, dass „der dreimalige Ausspruch der Verstoßungsformel die Ehe in Kaschmir, Dubai und wahrscheinlich in anderen unkultivierten bäuerlichen Wüsten- oder Dschungelgemeinden [beendet], die den klassischen muslimischen Traditionen folgen."

In der neueren Rechtsprechung wird dagegen mehr Gewicht auf den internationalen Entscheidungseinklang gelegt, sowie den respektvollen Umgang mit anderen Rechts- und Wertvorstellungen. So befürwortet *Summer J.* in *H v H*[797] eine möglichst großzügige gegenseitige Anerkennungspraxis in den Fällen, in denen die Parteien sowohl eine enge Verbindung zu England als auch zu ihrem Heimatstaat aufweisen.

cc) Zwischenergebnis zur Rechtsprechung in England

Die Analyse der englischen Rechtsprechung zeigt, dass ordre public Erwägungen in der Vergangenheit nicht selten dazu geführt haben, dass die Anerkennung einer ausländischen Talaq-Scheidung versagt wurde.[798] Die pauschale Aussage, dass englische Gerichte weitaus seltener die Vorbehaltsklausel anwenden als Gerichte

794 Sharif v. Sharif [1980] Fam. Law 216.

795 Vgl. Gordon, Foreign Divorces, S. 139.

796 Chaudhary v. Chaudhary [1984] 3 All E.R. 1017.

797 H v. H [2007] 2 F.L.R. 548.

798 So auch Fawcett/ Carruthers, Private International Law, S. 1018.

in anderen kontinentaleuropäischen Ländern, kann deshalb in dieser Form nicht bestätigt werden.[799] Allerdings ist zuzugeben, dass die nationalen Richter in der letzten Zeit tatsächlich eine ziemlich liberale Anerkennungspraxis an den Tag legen, so dass ein ordre public Verstoß wohl nur noch in Ausnahmefällen angenommen werden kann.

So stellen unterinstanzliche Gerichte in den neueren Urteilen nur noch geringe Anforderungen an das Vorliegen eines Verfahrens i. S. d. Sec. 46 Abs. 1 FLA, was die Anerkennung von außergerichtlichen Talaq-Scheidungen begünstigt. Besteht demnach eine enge Verbindung der Parteien zu dem Staat, in dem die Scheidung vorgenommen worden ist, wird die Wirksamkeit der Verstoßung in der Regel bejaht, und zwar selbst dann, wenn die Frau von der Scheidung nicht in Kenntnis gesetzt wurde. Eine Versagung der Anerkennung bleibt aber weiterhin möglich, wenn noch weitere Faktoren hinzutreten, wie etwa ein bereits vorher eingeleitetes Scheidungsverfahren im Anerkennungsstaat. Relativ strenge Anforderungen bestehen zudem nach wie vor hinsichtlich der Talaq-Scheidungen, die ohne jegliche Mitwirkung einer staatlichen Behörde vollzogen wurden. Denn diese können – unabhängig von etwaigen ordre public Erwägungen – nur unter den engen Voraussetzungen des Sec. 46 Abs. 2 FLA anerkannt werden. Außerdem bleibt abzuwarten, ob der *Court of Appeal* und das *House of Lords* die anerkennungsfreundliche Rechtsprechung der unterinstanzlichen Gerichte bestätigen werden.

g) Das Recht der Mitgliedstaaten im Vergleich

Die Rechtsprechungsbeispiele zeigen, dass die Voraussetzungen für die Anerkennung einer ausländischen Talaq-Scheidung in den europäischen Mitgliedstaaten erheblich voneinander abweichen. Das liegt vor allem an der unterschiedlichen Ausgestaltung des Anerkennungssystems und den divergierenden Anforderungen, die an das Eingreifen des ordre public Vorbehalts gestellt werden.

aa) Das Anerkennungssystem

In allen untersuchten Mitgliedstaaten wird zwischen der Wirksamkeit eines im Ausland vorgenommenen Rechtsgeschäfts und der Anerkennung einer ausländischen Entscheidung differenziert. Dennoch ist Deutschland das einzige Land, das die Wirksamkeit von Privatscheidungen ausschließlich anhand des nach

799 Die Aussage von Morris, dass nur eine Entscheidung bekannt sei, bei der ein englisches Gericht eine im Ausland vorgenommene Talaq-Scheidung wegen eines Verstoßes gegen den ordre public nicht anerkannt habe, kann deshalb auch nicht nachvollzogen werden, vgl. Morris, The Conflict of Laws, S. 262.

Art. 17 EGBGB maßgeblichen Rechts überprüft.[800] Alle anderen Mitgliedstaaten folgen dagegen der verfahrensrechtlichen Anerkennung. In Spanien gilt das jedoch nur für solche Talaq-Scheidungen, die unter der Mitwirkung einer ausländischen Behörde ergangen sind. Die Wirksamkeit von reinen Privatscheidungen ist dagegen nach dem vom spanischen IPR berufenen Recht zu beurteilen. Allerdings kann die ausländische Scheidung in Spanien nur Rechtswirkung entfalten, wenn sie ins spanische Zivilregister eingetragen wurde. Eine solche Eintragung ist aber gemäß Art. 81 RRC nur möglich, wenn ein öffentliches Dokument vorliegt, was bei reinen Privatscheidungen gerade fehlt. Die Feststellung, dass die Ehe nach dem anwendbaren Recht wirksam aufgelöst worden ist, kann deshalb als Sieg ohne Nutzen[801] bezeichnet werden, da sich die Parteien nicht auf die Rechtswirkung der Privatscheidung berufen können.

Auch in Frankreich kann eine ausländische Verstoßung grundsätzlich nur Wirksamkeit entfalten, wenn sie in Übereinstimmung mit dem nach Art. 309 C.C. anwendbaren Recht vorgenommen wurde. Das bedeutet jedoch nicht, dass das französische Recht der materiellrechtlichen Anerkennungsmethode folgt. Vielmehr findet auch bei der verfahrensrechtlichen Anerkennung eine Überprüfung des anwendbaren Rechts statt. Allerdings haben die Rechtsprechungsbeispiele gezeigt, dass die Kollisionsregel des Art. 309 C.C. nicht konsequent angewendet wird, und neuere Entscheidungen lassen sogar vermuten, dass französische Gerichte künftig ganz auf die Kontrolle des anwendbaren Rechts verzichten werden. Zudem findet wegen der besonderen Rechtsnatur der Privatscheidung eine gewisse Modifizierung der verfahrensrechtlichen Regelungen statt. Das zeigt sich bei der Kontrolle des verfahrensrechtlichen ordre public und der internationalen Zuständigkeit des ausländischen Gerichts.[802]

In Spanien unterliegt die Anerkennung von Talaq-Scheidungen dagegen strikt den allgemeinen Vorschriften für die Exequatur von ausländischen Urteilen. Das hat zur Folge, dass nur solche Entscheidungen anerkannt werden können, die unter der konstitutiven Mitwirkung der zuständigen ausländischen Behörde ergangen sind. Allerdings ist nicht ganz klar, welche Anforderungen an die Beteiligung der Behörde gestellt werden. Denn während der TS die Beurkundung durch die marokkanischen *Adoule* als bloß deklaratorische Tätigkeit einstufte, wurde die

800 Ähnlich ist nur die Rechtslage in Österreich, wo ebenfalls der kollisionsrechtlichen Anerkennungsmethode gefolgt wird, vgl. Posch, Bürgerliches Recht VII. Internationales Privatrecht, S. 77 ff.

801 Vgl. Carrascosa González, in: Estatuto personal y multiculturidad de la familia, S. 48, die es im Spanischen als *victoria sin alas* bezeichnet.

802 Vgl. El-Husseini Begdache, Le Droit International Privé Français Et La Répudiation Islamique, S. 92 ff.

Registrierung der Scheidung durch ägyptische Notare als ausreichend erachtet, um den Erfordernissen des Art. 951 LEC zu genügen.

Auch das belgische, englische und das niederländische Recht folgen der verfahrensrechtlichen Anerkennung. In diesen Ländern besteht jedoch die Besonderheit, dass spezielle Vorschriften für die Anerkennung von ausländischen Privatscheidungen geschaffen wurden. Allerdings sind diese recht unterschiedlich ausgestaltet. So unterscheidet die englische Vorschrift danach, ob die ausländische Entscheidung in oder außerhalb eines Verfahrens ergangen ist, mit der Folge, dass auch Talaq-Scheidungen den weniger strengen Anforderungen des Art. 46 Abs. 1 FLA unterfallen können. Das niederländische und das belgische Recht haben dagegen spezifische Normen für das einseitige Verstoßungsrecht eingeführt. In Belgien ist Art. 57 IPRG als Spezialregelung anzusehen, die der allgemeinen Verfahrensvorschrift des Art. 25 IPRG zumindest in Bezug auf die Anforderungen an die verfahrensrechtlichen Garantien vorgeht.[803] Im niederländischen Recht ist die Abgrenzung zwischen Art. 57 und Art. 58 Buch 10 BGB dagegen umstritten.[804] So fordern manche Autoren, dass nordafrikanische Talaq-Scheidungen, die unter der Mitwirkung eines Gerichts vorgenommen wurden, dem weniger rigiden Anerkennungsregime für Verfahrensscheidungen unterstellt werden sollten. Der *Hoge Raad* hat sich jedoch im Jahr 2001 gegen diese Ansicht ausgesprochen und für das damals geltende marokkanische Recht entschieden, dass die darin vorgesehenen Verfahrensgarantien nicht den Anforderungen an eine Scheidung i. S. d. Art. 2 GKEA (Art. 57 10 BGB n. F.) genügen.[805] Allerdings hat das Gericht nicht ausgeschlossen, dass auch Talaq-Scheidungen als eine Verfahrensscheidung qualifiziert werden können. Das setze jedoch voraus, dass das rechtliche Gehör der Frau im ausländischen Verfahren gewahrt wird und der ausländischen Behörde die Entscheidungsbefugnis für die Auflösung der Ehe zukommt. Es ist deshalb durchaus möglich, dass das reformierte marokkanische Scheidungsrecht diese Voraussetzungen erfüllt.

Insgesamt lässt sich deshalb sagen, dass das Anerkennungsrecht in England, Deutschland und den Niederlanden eher großzügig ausgestaltet ist, während in Belgien und Frankreich die Anerkennung einer ausländischen Verstoßung nur noch unter ganz engen Voraussetzungen möglich ist. Auch das spanische IPR scheint auf den ersten Blick eine eher restriktive Haltung einzunehmen, da Art. 951 LEC die konstitutive Beteiligung einer ausländischen Behörde zwingend vorschreibt. Jedoch werden spanische Gerichte in der Praxis ganz überwiegend mit nordafrikanischen Scheidungen konfrontiert, so dass dieses Erfordernis nicht

803 So zumindest die C.T Bruxelles in ihrem Urteil vom 12.01.2011.

804 Vgl. oben 2. Kapitel, II. 3. e) aa).

805 Vgl. oben Fn. 745.

allzu häufig zu einem Anerkennungshindernis führen dürfte. Der Schwerpunkt der Prüfung liegt deshalb – wie bei den französischen Gerichten auch – auf der Frage, ob die ausländische Privatscheidung mit dem inländischen ordre public vereinbar ist.

bb) Der ordre public Vorbehalt

Nur in einem Teil der Länder ist der anerkennungsrechtliche ordre public kodifiziert. Dennoch gilt in allen untersuchten Mitgliedstaaten der Grundsatz, dass eine ausländische Entscheidung nur anerkannt werden kann, wenn sie mit den wesentlichen Prinzipien der inländischen Rechtsordnung vereinbar ist. In Frankreich und Spanien gilt das auch für die Anerkennung von Privatscheidungen. In Belgien, in den Niederlanden und in Großbritannien wurden die ordre public Erwägungen dagegen schon bei dem Erlass der Spezialvorschriften berücksichtigt. Allerdings bedeutet das nicht, dass die Gerichte dieser Mitgliedstaaten überhaupt keine ordre public Kontrolle mehr vornehmen. In England unterliegen auch reine Privatscheidungen der allgemeinen ordre public Klausel des Sec. 51 Abs. 3 lit. c FLA. Und auch in Belgien verweist Art. 57 § 2 Nr. 5 IPRG auf die Anerkennungsvoraussetzungen des Art. 25 IPRG, der einen allgemeinen ordre public Vorbehalt statuiert. *Die Cour du Travail Bruxelles* hat deswegen in der bereits oben dargestellten Gerichtsentscheidung vom 12.01.2011[806] auch geprüft, ob ein Verstoß gegen den allgemeinen Gleichheitssatz vorliegt, was aber im Ergebnis wegen der Zustimmung der Frau und dem engen Bezug zur marokkanischen Rechtsordnung verneint wurde. Niederländische Gerichte mussten dagegen bisher nur untersuchen, ob die Tatbestandsvoraussetzungen der speziellen Anerkennungsnorm vorlagen; war dies der Fall, wurde die ausländische Talaq-Scheidung anerkannt. Eine allgemeine ordre public Kontrolle fand nicht statt. Nach der IPR Novelle sind hingegen auch die niederländischen Richter verpflichtet in jedem Einzelfall zu prüfen, ob die Vorbehaltsklausel der Anerkennung einer einseitigen Verstoßung entgegensteht.

Deutschland nimmt im Vergleich zu den anderen untersuchten Mitgliedstaaten eine Sonderrolle ein. Denn nur im deutschen Recht beurteilt sich die Wirksamkeit einer Privatscheidung alleine nach dem nach Art. 17 EGBGB maßgeblichen Scheidungsstatut. Die Anerkennung unterliegt deshalb, wie jedes andere Rechtsgeschäft, dem ordre public Vorbehalt des Art. 6 EGBGB.

806 C.T Bruxelles in ihrem Urteil vom 12.01.2011.

aaa) Inhalt des ordre public

Bei dem ordre public handelt es sich um einen unbestimmten und auslegungsbedürftigen Rechtsbegriff, dessen Inhalt dem Wandel gesellschaftlicher Wertvorstellungen unterliegt.[807] Aus diesem Grund kann es nicht verwundern, dass die mitgliedstaatlichen Gerichte bei ihrer Entscheidung unterschiedliche Erwägungen und Faktoren mit einbeziehen. Auf der anderen Seite lassen sich aber auch viele Parallelen entdecken, was nicht zuletzt daran liegen dürfte, dass sich die nationalen Scheidungsrechte immer mehr annähern.

Teilweise haben sich die Mitgliedstaaten für die Schaffung von speziellen Anerkennungsregeln entschieden, was der Rechtssicherheit und Rechtsklarheit dient. Die ordre public Erwägungen wurden dann schon größtenteils beim Erlass der Norm berücksichtigt. In den anderen Mitgliedstaaten müssen die Gerichte hingegen in jedem Einzelfall eine Abwägung vornehmen, was zu einer gewissen Rechtsunsicherheit führt, aber auch eine flexiblere Handhabung und mehr Einzelfallgerechtigkeit ermöglicht.

(1) Das rechtliche Gehör

Die meisten Mitgliedstaaten folgen der verfahrensrechtlichen Anerkennungsmethode. Es liegt deshalb die Vermutung nahe, dass auch eine Privatscheidung nur Wirksamkeit entfalten kann, wenn die Frau im ausländischen Verfahren gehört wurde. Überraschenderweise zeigt jedoch die Analyse, dass die Missachtung der Verfahrensrechte in der Praxis nur noch selten ein Anerkennungshindernis statuiert. Das liegt wohl daran, dass in vielen Ländern Spezialregelungen geschaffen wurden, die keine Überprüfung der verfahrensrechtlichen Garantien mehr vorsehen. Hintergrund dieser Entscheidung dürfte die Überlegung sein, dass es gerade ein Wesensmerkmal der Talaq-Scheidung darstellt, dass diese außerhalb eines Verfahrens ergeht.

In dieser Hinsicht ist vor allem die Rechtsentwicklung in Belgien interessant, da die *Cour de cassation* vor Inkrafttreten der IPR-Novelle eine sehr strikte Rechtsauffassung vertrat. Stellte das Gericht einen Verstoß gegen das Gebot des rechtlichen Gehörs fest, kam eine Anerkennung selbst dann nicht in Betracht, wenn die Frau mit der Auflösung der Ehe einverstanden war.[808] Nach der neu geschaffenen Spezialnorm des Art. 57 IPRG ist es dagegen nicht einmal mehr erforderlich, dass die Frau in dem ausländischen Verfahren anwesend ist. Denn

807 Vgl. Loussouarn/Bourel/Vareilles-Sommières, Droit international privé, S. 348 f.; Hoffmann/Thorn, Internationales Privatrecht, S. 269.

808 Vgl. oben 2. Kapitel, II. 3. c) aa) bbb).

Art. 25 § 1 Nr. 2 IPRG findet nach der h. M. auf die Anerkennung von islamischen Talaq-Scheidungen keine Anwendung.[809] Zwingend erforderlich ist jedoch, dass die Frau der Scheidung eindeutig zugestimmt hat und die Verstoßung von einem Richter im Heimatland bestätigt wurde. Das bedeutet, dass dort zumindest ein gerichtliches Verfahren durchgeführt worden sein muss.

Auch im englischen und im niederländischen Recht werden Privatscheidungen nicht auf die Einhaltung von verfahrensrechtlichen Garantien überprüft. Und selbst bei Talaq-Scheidungen, die als Verfahrensscheidungen i. S. d. Sec. 46 Abs. 1 FLA qualifiziert werden, scheint die englische Rechtsprechung eine Verletzung des rechtlichen Gehörs für sich alleine nicht mehr ausreichen zu lassen, um die Anerkennung einer Scheidung zu versagen. So wurde eine islamische Verstoßung in *H .v H* anerkannt, obwohl die Frau von der Scheidung nicht einmal in Kenntnis gesetzt wurde.[810] Als Begründung wurde unter anderem angeführt, dass das ohne ihr Wissen durchgeführte Scheidungsverfahren gerade das Charakteristische des Talaq ausmache.

In Spanien ist eine Exequatur dagegen grundsätzlich nur möglich, wenn sich die Frau in dem ausländischen Verfahren hinreichend verteidigen konnte, Art. 954 Abs. 2 LEC. Allerdings hält die spanische Rechtsprechung einen Verzicht auf die Rechte wegen einer Verletzung des rechtlichen Gehörs für möglich. Ein solcher wird angenommen, wenn die Frau mit der Auflösung der Ehe einverstanden ist oder sie selbst die Exequatur der Scheidung in Spanien beantragt.

Im französischen und im deutschen Recht wird die Problematik des rechtlichen Gehörs im Rahmen des ordre public Vorbehalts diskutiert. In Deutschland ist das rechtliche Gehör in Art. 103 Abs. 1 GG verfassungsrechtlich geschützt. Deutsche Gerichte bejahen deshalb in der Regel einen Verstoß gegen Art. 6 EGBGB, wenn die Antragsgegnerin in dem ausländischen Verfahren nicht beteiligt wurde und sie den Ausgang des Verfahrens auch nicht nachträglich billigt. Ist sie dagegen mit der Anerkennung der ausländischen Entscheidung einverstanden, so ist darin ein zulässiger Verzicht auf ihr Recht auf rechtliches Gehör zu sehen und eine Anerkennung bleibt möglich. Nach der wohl h. M. begründet die Verletzung der Verfahrensrechte schon für sich ein Anerkennungshindernis. Anders insoweit das OLG Koblenz, das die Anerkennungsfähigkeit einer solchen Verstoßung bejaht, wenn die Scheidung auch nach deutschem Recht hätte ausgesprochen werden können.[811]

Die Wahrung des rechtlichen Gehörs ist auch in Frankreich Teil des inländischen ordre public. Aus diesem Grund kann eine Privatscheidung nur anerkannt

809 C.T Bruxelles in ihrem Urteil vom 12.01.2011; vgl. auch Foblets, HAWWA 2007, 10 (18).

810 Vgl. oben Fn. 779.

811 Vgl. oben Fn. 591.

werden, wenn die Frau ordnungsgemäß zu dem Verfahren geladen wurde und sie die Möglichkeit hatte, ihre Einwände und Forderungen geltend zu machen.

Zusammenfassend lässt sich festhalten, dass die Verletzung des rechtlichen Gehörs für sich allein nur noch in Spanien, Frankreich und Deutschland zu einer Versagung der Anerkennung führen kann. Im spanischen Recht gilt das jedoch nur für Scheidungen, an denen eine ausländische Behörde mitgewirkt hat. Denn reine Privatscheidungen unterfallen nicht dem Anerkennungsregime der Art. 951 ff. LEC. Deutsche Gerichte prüfen hingegen selbst in den Fällen, in denen das Heimatrecht gar kein Verfahren vorsieht, ob die Mindestanforderungen an das rechtliche Gehör gewahrt wurden. In England, Belgien und den Niederlanden hat sich dagegen mittlerweile die Auffassung durchgesetzt, dass die fehlende Beteiligung der Frau gerade ein Wesensmerkmal des islamischen Talaq darstellt, das es für sich alleine nicht rechtfertigt, die Anerkennung abzulehnen.

(2) Der Gleichheitssatz

Der Gleichheitssatz ist in fast allen Ländern verfassungsrechtlich geschützt[812] und auch in der EMRK und in der europäischen Grundrechtscharta[813] finden sich entsprechende Vorschriften. Eine sehr spezielle Regelung enthält Art. 5 des Zusatzprotokolls Nr. 7 der EMRK von 1984, der festlegt, dass die Ehegatten während der Ehe und bei der Scheidung untereinander und in Bezug auf ihre Kinder die gleichen Rechte und Pflichten haben. Eine Verletzung des Gleichheitssatzes scheint sich deshalb geradezu aufzudrängen.

Die Systematik der ordre public Prüfung lässt jedoch einen abstrakten Verfassungsverstoß nicht ausreichen. Aus diesem Grund verneinen deutsche Gerichte regelmäßig eine konkrete Grundrechtsverletzung (Art. 3 Abs. 2, Art. 6 Abs. 1 GG), wenn die Frau mit der Auflösung der Ehe einverstanden ist oder die Scheidung auch nach deutschem Recht möglich wäre.[814]

Die französische *Cour de cassation* lässt dagegen die generelle Benachteiligung der Frau genügen um einen Verstoß gegen das Zusatzprotokoll Nr. 7 der EMRK zu bejahen. Und auch spanische Gerichte sehen in der unterschiedlichen Ausgestaltung der Rechte von Frauen und Männern bei der Beendigung der Ehe eine Verletzung des spanischen Gleichbehandlungsgrundsatzes. Das bedeutet jedoch nicht, dass die Gerichte eine völlig abstrakte Überprüfung des ausländischen Rechts vornehmen, denn eine Anerkennung bleibt möglich, wenn die Frau der Scheidung zustimmt. Das gilt zumindest unzweifelhaft für die Recht-

812 Vgl. etwa Art. 3 Abs. 2 GG, Art 12 CE und die Präambel zur französischen Verfassung.

813 Art 23 der europäischen Grundrechtscharta.

814 Vgl. oben 2. Kapitel, II. 3. a) aa) bbb) (2) (a) (bb).

sprechung des spanischen TS.[815] In Frankreich ist die Rechtslage nicht ganz eindeutig. So scheint Foblets der Ansicht zu sein, dass eine islamische Verstoßung dort überhaupt nicht mehr anerkannt werden kann.[816] Ein Urteil vom 17.2.2004 weist jedoch in eine andere Richtung.[817] So heißt es in der Urteilsbegründung, dass eine Talaq-Scheidung, die gegen den Willen der Frau vorgenommen wurde, gegen Art. 5 des Zusatzprotokolls Nr. 7 der EMRK verstößt. Die Tatsache, dass das Gericht auf den nicht einvernehmlichen Charakter der Scheidung hinweist, lässt im Umkehrschluss vermuten, dass eine Anerkennung weiterhin möglich ist, wenn die Frau der Scheidung eindeutig zugestimmt hat.

In England wird die Problematik der Ungleichbehandlung von Männern und Frauen dagegen noch nicht einmal diskutiert. Aus dieser Tatsache kann aber nicht gefolgert werden, dass dem Gleichheitssatz im englischen Recht ein geringerer Stellenwert zukommt. Es scheint vielmehr so, dass englische Gerichte das einseitige Scheidungsrecht des Mannes gerade als das Wesensmerkmal des Talaq ansehen, das für sich alleine keine Ablehnung der Anerkennung rechtfertigt. Diese Sichtweise legen zumindest die Ausführungen von *Hughes J* in *El Fadl v. El Fadl* nahe, der seine Entscheidung folgendermaßen begründet:

„..I am satisfied that however much a unilateral divorce without notice may offend English sensibilities, comity between nations and belief systems requires at least this much, that one country should accept the conscientiously held but very different standards of another, where they are applied to those who are domiciled in it..“[818]

Auf den ersten Blick scheint es so, als ob auch niederländische Gerichte dem Gleichheitssatz bei der Anerkennungsentscheidung keine Bedeutung beimessen. Bei genauerem Hinsehen erweist sich diese Schlussfolgerung jedoch als zu kurz gegriffen. Denn die Diskriminierungsproblematik wurde schon bei dem Erlass der besonderen Anerkennungsvorschrift berücksichtigt. So vermag im niederländischen Recht alleine die Zustimmung der Frau die Verletzung des Gleichbehandlungsgrundsatzes zu rechtfertigen.[819]

(3) Die Finanzielle Absicherung der Frau

Im islamischen Recht ist der nacheheliche Unterhalt auf die Dauer der dreimonatigen Wartezeit begrenzt. Die Frau verfügt deshalb nach der Scheidung oft über keinerlei finanzielle Absicherung und ist auf die Unterstützung anderer angewie-

815 Vgl. oben 2. Kapitel, II. 3. d) cc).
816 Vgl. Foblets, Hawwa, 2007, 1 (12 ff.).
817 Vgl. oben Fn. 655.
818 Vgl. oben Fn. 781.
819 Vgl. Rutten, Susan, MJ 2004, 263 (280 f.).

sen. Das wird vom europäischen Rechtsanwender häufig als ungerecht empfunden.

Aus diesem Grund wurde früher die Anerkennung einer ausländischen Privatscheidung häufig abgelehnt, um der Frau die Möglichkeit zu geben, eine Unterhaltsentscheidung vor den Gerichten des Anerkennungsstaates zu erwirken. So wies etwa der *High Court* in *Zaal v Zaal*[820] daraufhin, dass die Frau andernfalls ihren Anspruch nach englischem Recht verlieren würde. Und auch die französische *Cour de cassation* maß in einigen Fällen der Ausgestaltung des nachehelichen Unterhaltsrechts Bedeutung bei und ließ eine Anerkennung der ausländischen Verstoßung nur zu, wenn die Benachteiligung der Frau durch eine hinreichende finanzielle Absicherung abgemildert wurde.[821]

Diese Rechtsprechung entsprach jedoch oft nicht dem Interesse der geschiedenen Frauen. Denn viele waren mit der Auflösung der Ehe einverstanden und begehrten lediglich eine Abänderung der Unterhaltsentscheidung.

Im englischen Recht wurde deshalb der *Matrimonial and Family Proceedings Act* 1984 erlassen, der eine Änderung des Verfahrensrechts mit sich brachte. Seitdem können englische Gerichte auch in den Fällen über die Scheidungsfolgen entscheiden, in denen die ausländische Scheidung anerkannt wurde. Für die Anerkennung der Statusentscheidung spielt der Umfang des nachehelichen Unterhalts deshalb keine Rolle mehr.

Und auch spanische Gerichte trennen mittlerweile häufig zwischen der Scheidung einerseits und den Scheidungsfolgen andererseits. Dadurch soll verhindert werden, dass die Frau, die mit der Scheidung einverstanden ist, doppelt bestraft wird. Nämlich zum einen durch die Ungleichbehandlung im Heimatrecht, und zum anderen durch die Tatsache, dass sie nun auch noch ein weiteres Scheidungsverfahren in Spanien durchlaufen muss. Aus diesem Grund halten spanische Gerichte eine partielle Anerkennung für möglich, wenn die ausländische Entscheidung nur hinsichtlich der Festsetzung der Scheidungsfolgen gegen den ordre public verstößt. Das bedeutet, dass die Auflösung der Ehe als wirksam betrachtet wird, während die Scheidungsfolgen an die Lebensverhältnisse in Spanien angepasst werden.[822]

In Deutschland beschränkt sich die ordre public Prüfung dagegen auf die Frage, ob die Auflösung der Ehe mit den wesentlichen Grundsätzen des deutschen Rechts vereinbar ist. Der geringe Umfang der Unterhaltsansprüche oder eine nicht dem Kindeswohl entsprechende Sorgerechtsentscheidung kann deshalb kein Anerkennungshindernis für die Statusänderung selbst darstellen.

---

820 Vgl. oben Fn. 783.

821 Vgl. oben 2. Kapitel, II. 3. b) cc) aaa) (2) (b).

822 Vgl. oben 2. Kapitel, II. 3. d) cc).

(4) Die fraude

Es kommt immer wieder vor, dass der Ehemann in sein Heimatland reist, um seine Frau zu verstoßen, obwohl das Ehepaar seit Jahren seinen gewöhnlichen Aufenthalt in der Europäischen Union hat. Dieses Vorgehen kann in einigen Mitgliedstaaten zu einer Versagung der Anerkennung führen. Diskutiert wird die Problematik meist unter dem Gesichtspunkt der *fraude à la loi*.

In Belgien und England wurde eine Gesetzesumgehung teilweise schon dann angenommen, wenn die Auslandsscheidung dazu führte, dass die Anwendung des für die Frau günstigeren europäischen Rechts vereitelt wurde. So lehnte der englische *Court of Appeal* die Anerkennung einer pakistanischen Privatscheidung in *Chaudhary v. Chaudhary*[823] ab, da der Mann die Scheidung nur aus dem Grund im Ausland erlangt habe, um seiner in England domizilierten Frau die ihr nach englischem Recht zustehenden Ausgleichsansprüche zu nehmen. Und auch der *Tribunal de Bruxelles* hielt es für ordre public-widrig, dass der Ehemann, der sowohl die belgische als auch die marokkanische Staatsbürgerschaft besaß, ins Ausland reiste, um seine marokkanische Ehefrau zu verstoßen.[824] Das Gericht sah es dabei als erwiesen an, dass der Mann nur deshalb die marokkanischen Gerichte angerufen hatte, um die Anwendung belgischen Rechts zu vermeiden. Die französische *Cour de cassation* nimmt dagegen nur in den Fällen eine *fraude* an, in denen die Frau bereits zuvor ein Scheidungsverfahren in Frankreich eingeleitet hat.[825]

Gerade in Frankreich wurde der Gedanke der Gesetzesumgehung früher häufig herangezogen, um die Unwirksamkeit der Privatscheidung zu begründen. Heute spielt die *fraude* dagegen keine so große Rolle mehr, da bereits das einseitige Scheidungsrecht des Mannes in der Regel als ordre public-widrig angesehen wird. Und auch in Belgien ist die Problematik nicht mehr von allzu großer Bedeutung, da eine Privatscheidung ohnehin nur noch anerkannt werden kann, wenn keiner der Beteiligten im Zeitpunkt der Scheidung seinen gewöhnlichen Aufenthalt in Europa hatte. Trotzdem kann dem Gedanken der Gesetzesumgehung auch nach dem Inkrafttreten des neuen IPR-Gesetzes noch Bedeutung zukommen. Denn belgische Gerichte müssen wegen des Verweises auf Art. 25 IPRG auch prüfen, ob ein ordre public Verstoß nach den allgemeinen Grundsätzen vorliegt. Das ist unter anderem der Fall, wenn die Anrufung des ausländischen Gerichts aufgrund des geringen Bezugs zum Gerichtsstaat als rechtsmissbräuchlich angesehen wird.[826] In England hat sich die Rechtsprechung wegen der Einführung

823 Vgl. oben Fn. 784.

824 Vgl. oben Fn. 692.

825 Vgl. Loussouarn/Bourel/Vareilles-Sommières, Droit International Privé, S. 441.

826 Cass. (3e ch.) vom 29.4.2002, rev. trim. dr. fam. 2003, 94 ff.; C.T Bruxelles in ihrem Urteil vom 12.01.2011.

des *Matrimonial and Family Proceedings Act* 1984 ebenfalls geändert. Eine Versagung der Anerkennung kommt aber weiterhin in Betracht, wenn die Frau vor der Verstoßung eine Scheidung in England beantragt hat. So hat der *High Court* erst kürzlich in dem Fall *A v. L*[827] einen ordre public Verstoß angenommen, bei dem der Mann entgegen der Unterlassungsverfügung des englischen Gerichts ein ägyptisches Scheidungsurteil erwirkte.

In Spanien gibt es hingegen kein Rechtsprechungsbeispiel, bei dem die Anerkennung einer islamischen Scheidung wegen einer *fraude* des Mannes verneint wurde. Ein Teil der spanischen Literatur möchte eine Gesetzesumgehung jedoch dann bejahen, wenn der Mann nur deshalb zum Islam wechselt und sein Domizil ins Ausland verlegt, um seine Frau verstoßen zu können.[828]

In der deutschen Rechtsprechung und Literatur wird der Gedanke der *fraude à la loi* im Zusammenhang mit ausländischen Privatscheidungen nicht diskutiert. Das liegt womöglich daran, dass das deutsche IPR der materiellrechtlichen Anerkennung folgt und sich die Wirksamkeit derartiger Scheidungen nach dem von Art. 17 EGBGB berufenen anwendbaren Recht richtet, also nach dem gleichen Recht wie bei einer Scheidung durch deutsche Gerichte. Allerdings wird durch die Scheidung im Ausland die Anwendung des Art. 17 Abs. 2 EGBGB umgangen, der im Inland eine Scheidung nur durch Gericht zulässt. Das allein kann jedoch keine Versagung der Anerkennung rechtfertigen. Denn Art. 17 Abs. 2 EGBGB statuiert gerade nur die Unwirksamkeit von Privatscheidungen für das Inland und spiegelt somit den allgemeinen Grundsatz wieder, dass außergerichtliche Statusveränderungen grundsätzlich anzuerkennen sind. Zudem werden an das Vorliegen einer *fraude* strenge Anforderungen gestellt. So wird es grundsätzlich nicht als verwerflich angesehen, dass sich der Antragsteller bei der Wahl des Forums von der Erwägung leiten lässt, wo das für ihn günstigste Urteil erlassen wird. Dieser Gedanke lässt sich auch auf die Wahl des Scheidungsortes übertragen. Der starke Inlandsbezug, der die Verstoßung im Heimatstaat als unbillig erscheinen lässt, wird aber im Rahmen der allgemeinen ordre public Kontrolle berücksichtigt.

(5) Der Grad der Inlandsbeziehung

In Deutschland kann die Vorbehaltsklausel nur eingreifen, wenn ein hinreichender Bezug zur inländischen Rechtsordnung gegeben ist. Das gilt selbst bei der Verletzung von Grundrechten. Allerdings ist insoweit eine Abwägung vorzunehmen, die je nach Grad der Inlandsbeziehung differenziert. Je stärker der Inlandsbezug ist, desto weniger bedeutend müssen die verletzten inländischen Rechtsgü-

827 Vgl. oben Fn. 788.

828 Vgl. Marchal Escalona, Revista Facultad de Derecho Univ. de Gr. 2002, 367 (371).

ter sein. Steht hingegen eine Grundrechtsverletzung im Raum genügt schon ein relativ geringer Bezug, um eine Verletzung des Art. 6 EGBGB zu bejahen. Geht es um die Anerkennung einer ausländischen Privatscheidung, reicht es deshalb in der Regel aus, wenn einer der Ehegatten Deutscher ist oder die Parteien schon seit mehreren Jahren ihren gewöhnlichen Aufenthalt im Inland haben.[829]

Im deutschen Recht muss folglich in jedem einzelnen Fall eine Abwägung vorgenommen werden. In Belgien und England wurde die Relativität des ordre public dagegen schon beim Erlass der besonderen Anerkennungsvorschriften berücksichtigt. So scheidet nach belgischem Recht eine Anerkennung von vornherein aus, wenn einer der Ehegatten im Zeitpunkt der Verstoßung Belgier ist, oder einen gewöhnlichen Aufenthalt im Inland besitzt (Art. 57 §2 Nr. 2, 3 IPRG). Und auch in England kann eine reine Privatscheidung nur Wirksamkeit entfalten, wenn keiner der Ehegatten im Zeitpunkt der Antragstellung sein Domizil oder seinen gewöhnlichen Aufenthalt im Inland hat (Sec. 46 Abs. 2 FLA). In beiden Rechtsordnungen kann die Ausgestaltung des Inlandsbezugs jedoch auch eine selbständige Rolle spielen. In Belgien ergibt sich dies aus dem Verweis auf die allgemeine ordre public Klausel (Art. 57 § 2 Nr. 4 i. V. m. Art. 25 IPRG). Denn nach der Rechtsprechung der belgischen *Cour de cassation*[830] zum alten Recht konnte eine islamische Talaq-Scheidung nur anerkannt werden, wenn im Zeitpunkt der Verstoßung kein enger Bezug zur inländischen Rechtsordnung bestand. Die *Cour du Travail Bruxelles* hat deshalb in der bereits oben dargestellten Entscheidung[831] – trotz Fehlens eines gewöhnlichen Aufenthalts im Inland – geprüft, ob die enge Verbindung zur belgischen Rechtsordnung eine Ablehnung der Anerkennung der marokkanischen Verstoßung rechtfertigen konnte. Dies verneinte das Gericht jedoch, obwohl der Ehemann im Zeitpunkt der Scheidung schon mehrere Jahre in Belgien gearbeitet hatte. Zur Begründung führte das Gericht an, dass der Schwerpunkt der familiären Beziehungen des Ehemannes die ganze Zeit in Marokko gelegen habe. Der Gerichtsentscheidung lässt sich deshalb entnehmen, dass es für die Anerkennungsentscheidung primär darauf ankommt, wie die Verbindung zum Gerichtsstaat ausgestaltet ist. Mithin ist wohl darauf abzustellen, ob die Anrufung des ausländischen Gerichts als fraudulös anzusehen ist, da nur in diesem Fall die Ablehnung der Anerkennung einer ausländischen Talaq-Scheidung gerechtfertigt erscheint.

Auch in England ist bei einer Verfahrensscheidung i. S. d. Sec. 46 Abs. 1 FLA der Grad der Inlandsbeziehung selbständig zu prüfen. Denn in diesem Fall kann ein Talaq auch dann anerkannt werden, wenn ein sehr starker Bezug zur eng-

829 Vgl. oben 2. Kapitel, II. 3. a) aa) bbb) (2) (b).

830 Cass. (3e ch.) vom 29.4.2002, rev. trim. dr. fam. 2003, 94 ff.

831 C.T Bruxelles in ihrem Urteil vom 12.01.2011.

lischen Rechtsordnung gegeben ist. Englische Gerichte messen bei ihrer Entscheidung insbesondere der Tatsache Bedeutung bei, welche Staatsangehörigkeit die Parteien besitzen und in welchem Land die Ehefrau im Zeitpunkt der Verstoßung domiziliert ist. Entscheidend ist dabei vor allem, ob der Sachverhalt neben der Nähe zur englischen Rechtsordnung auch eine enge Verbindung zum Scheidungsstaat aufweist. Ist das der Fall, so soll eine Ablehnung nur bei Vorliegen wichtiger Gründe möglich sein. Besitzt die Ehefrau allerdings die englische Staatsbürgerschaft, scheinen englische Gerichte eher geneigt die Wirksamkeit zu verneinen.[832]

Der französischen Rechtsprechung ist der Gedanke des Inlandsbezugs ebenfalls nicht fremd, der vor allem in den Fällen fruchtbar gemacht wird, in denen die Theorie vom abgeschwächten ordre public zu keinem sachgerechten Ergebnis führt. In den bereits genannten Urteilen vom 17.2.2004[833] hat die *Cour de cassation* die Anerkennung der islamischen Verstoßung unter anderem mit der Begründung abgelehnt, dass die Ehegatten in Frankreich domiziliert waren und somit erstmals ausdrücklich auf das Erfordernis des hinreichenden Inlandsbezugs hingewiesen. Ein gemeinsames inländisches Domizil reicht demnach aus um die Anerkennung zu verneinen, ohne dass es auf die Dauer des Aufenthalts in Frankreich ankommt. Das Gleiche gilt für den Fall, dass beide Ehegatten die französische Staatsangehörigkeit besitzen. Ob es darüber hinaus genügt, dass nur die Frau in Frankreich ihr Domizil hat oder Französin ist, ist höchstrichterlich nicht entschieden, aber aufgrund der Schutzwürdigkeit der Frau zu vermuten.[834]

In Spanien wird der Tatsache des Inlandsbezugs hingegen keine Bedeutung beigemessen. Ist die Ehefrau mit der Auflösung der Ehe nicht einverstanden, so werten spanische Gerichte dies als Verstoß gegen den Gleichbehandlungsgrundsatz der Geschlechter, ohne danach zu differenzieren, ob die Frau Spanierin ist oder nicht. In der spanischen Rechtsliteratur wird in diesem Zusammenhang darauf hingewiesen, dass die Wahrung der Menschenrechte keiner Abwägung zugänglich sei und demzufolge auch der Gedanke der Inlandsbeziehung in einem solchen Fall nicht herangezogen werden könne.[835]

Und auch in der niederländischen Rechtsprechung spielte der Grad des Inlandsbezugs bisher keine eigenständige Rolle. Eine Verstoßung nach islamischem Recht konnte deshalb selbst in den Fällen anerkannt werden, in denen der Sachverhalt eine große Nähe zur niederländischen Rechtsordnung aufwies. Es bleibt jedoch abzuwarten, ob diese anerkennungsfreundliche Rechtspre-

---

832 Vgl. oben 2. Kapitel, II. 3. f) bb) bbb) (3).

833 Vgl. oben Fn. 647.

834 Vgl. oben 2. Kapitel, II. 3. b) cc) bbb) (2) (b).

835 Vgl. Aguilar Grieder, Cuestiones actuales de derecho comparado: actas de las reuniones académicas del 2003, 235 (263).

chung auch in Zukunft Bestand haben wird. Denn es ist noch völlig unklar, ob und unter welchen Voraussetzungen niederländische Gerichte künftig von der ordre public Klausel des Art. 59 Buch 10 des niederländischen BGB Gebrauch machen werden, um einer im Ausland vorgenommenen Talaq-Scheidung die Anerkennung zu versagen.

bbb) Zwischenergebnis

Die Analyse zeigt, dass europäische Gerichte ganz unterschiedlich mit der Problematik der Auslandsprivatscheidung umgehen und auch in der Rechtsliteratur herrscht alles andere als Einigkeit. So befürworten einige französische Autoren, die mitunter sehr strenge Rechtspraxis der *Cour de cassation* und sehen darin einen wichtigen Schritt in die richtige Richtung, um in Frankreich wohnende muslimische Frauen vor diskriminierenden Bestimmungen ihrer Heimatländer zu schützen.[836] Sie machen geltend, dass französische Rechtswissenschaftler nicht die Haltung von ultrakonservativen Muslimen einnehmen sollten[837] und verweisen auf Modernisierungstendenzen in Tunesien, wo die *Cour de cassation* seit einer Entscheidung aus dem Jahre 1987 in Marokko vorgenommene Verstoßungen mit Berufung auf den inländischen ordre public die Anerkennung versagt.[838]

Viele stehen der Entwicklung der Rechtsprechung aber auch kritisch gegenüber. Denn es droht nicht nur eine Verschlechterung der Beziehungen zu den arabischen Staaten, sondern die zum Teil sehr strengen Anerkennungsvoraussetzungen begünstigen auch hinkende Statusverhältnisse, die für die Parteien gravierende Folgen haben können.[839]

Neben diesen nicht zu unterschätzenden praktischen Schwierigkeiten ergeben sich aber auch Probleme des Internationalen Privatrechts, wie etwa die Frage nach der rechtlichen Einordnung einer Talaq-Scheidung oder der Zulässigkeit einer abstrakten Überprüfung des ausländischen Rechts.

836 Vgl. Gannagé, Rev. crit. internat. privé 2002, 731 (739; 744); Ancel, yearbook of private international law 2005, 261 (267).

837 Vgl. Ancel, yearbook of private international law 2005, 261 (265).

838 Vgl. Gannagé, Rev. crit. internat. privé 2001, 704 (716).

839 Vgl. auch El-Husseini Begdache, Le Droit International Privé Francais Et La Répudiation Islamique, S. 239 f.; Lequette, Rev. crit. internat. privé 1995, 316.

cc) Eigene Stellungnahme

Vor dem Hintergrund der vorangegangenen Überlegungen stellt sich die Frage wie mit dem für unser Rechtsempfinden anachronistisch anmutendem Rechtsinstitut der Verstoßung in Zukunft richtig umgegangen werden sollte.

aaa) Die rechtliche Einordnung des Talaq

Alle international privatrechtlichen Anerkennungsregeln unterscheiden zwischen der Anerkennung eines ausländischen Rechtsakts und der Anerkennung einer ausländischen Entscheidung. Für die Frage, welchem Anerkennungsregime der Talaq unterstellt werden sollte, ist deshalb zunächst die richtige rechtliche Qualifikation des Rechtsinstituts notwendig.[840]

Im traditionellen islamischen Recht konnte der Mann die Ehe durch den bloßen Ausspruch der Verstoßungsformel auflösen. Heutzutage schreiben hingegen viele islamische Staaten die Mitwirkung eines Gerichts vor. Es stellt sich deshalb die Frage, ob der Talaq immer noch als einseitiger Rechtsakt des Mannes eingestuft werden kann, oder ob in diesen Fällen eine privatrechtliche Einordnung wegen der staatlichen Beteiligung ausscheidet.[841]

Bestehen keine gesetzlichen Sonderregeln für die Anerkennung von Talaq-Scheidungen, sollte wie im deutschen IPR danach differenziert werden, ob die konstitutive Mitwirkung einer Behörde durch das ausländische Recht vorgeschrieben ist oder ob die Scheidung letztlich allein durch die einseitige Willenserklärung des Mannes vorgenommen werden kann.[842] Allerdings sollten hierbei die Besonderheiten der einzelnen Rechtsordnungen mehr Berücksichtigung finden, als das in Deutschland gegenwärtig der Fall ist. Denn in der deutschen Rechtsliteratur werden Talaq-Scheidungen meist ohne genaue Begründung und Differenzierung als Privatscheidungen qualifiziert. Das soll selbst dann gelten, wenn, wie im algerischen Recht, eine Scheidung nur durch ein Gericht ausgesprochen werden kann. Begründet wird diese Auffassung damit, dass der Richter keine Möglichkeit habe, die Verstoßungserklärung des Mannes rückgängig zu machen und die eigentliche Gestaltungsmacht deshalb beim Mann liege.[843] Dem kann nicht gefolgt werden. Denn auch der deutsche Richter ist schließlich gezwungen die Scheidung auszusprechen, wenn die Scheidungsvoraussetzungen nach dem deutschen Recht vorliegen. Entscheidend ist somit

840 Vgl. Rutten, MJ 2004, 263 (266).

841 Vgl. Rutten, MJ 2004, 263 (266).

842 Vgl. oben 2. Kapitel, II. 3. a) aa) aaa) (3) (b).

843 Vgl. Gärtner, Die Privatscheidung im deutschen und gemeinschaftsrechtlichen Internationalen Privat- und Verfahrensrecht, S. 176.

allein, ob der Mitwirkung des ausländischen Gerichts Gestaltungswirkung zukommt. Das ist im Falle des marokkanischen und algerischen Talaq zu bejahen, da der bloße Ausspruch der Verstoßungsformel die Ehe nicht wirksam beenden kann, sondern nur ein Gerichtsurteil die Statusänderung herbeiführt.

Zusammenfassend lässt sich sagen: Ist eine Beteiligung des ausländischen Gerichts vorgesehen, bleibt aber die Scheidung selbst in dem Fall gültig, in dem der Mann gegen die bestehenden Registrierungspflichten verstößt, dann liegt eine außergerichtliche Scheidung vor, deren Wirksamkeit nach Art. 17 EGBGB zu beurteilen ist. Ist die Auflösung der Ehe dagegen nur durch Gerichtsurteil möglich, wie beispielsweise im reformierten marokkanischen oder algerischen Familienrecht, dann liegt ein taugliches verfahrensrechtliches Anerkennungsobjekt vor und die Anerkennungsvoraussetzungen sollten sich in diesem Fall nach § 328 ZPO richten.

bbb) Die ordre public Kontrolle der Mitgliedstaaten: konkrete Prüfung des Einzelfalls oder abstrakte Überprüfung des ausländischen Rechts?

Die Analyse der Rechtsprechung zeigt, dass keiner der untersuchten Mitgliedstaaten eine völlig abstrakte Überprüfung des ausländischen Rechts vornimmt. Das gilt selbst für die eher restriktive Rechtsprechung der französischen und belgischen Gerichte. Denn auch hier bleibt die Anerkennung einer ausländischen Verstoßung unter gewissen Voraussetzungen möglich.

(1) Die Wahl des richtigen Prüfungsmaßstabs

Fraglich ist aber wieder, ob die mitgliedstaatlichen Gerichte den richtigen Prüfungsmaßstab anlegen, wenn sie einen Verstoß gegen Verfahrensrechte und den Gleichbehandlungsgrundsatz der Geschlechter diskutieren.

(a) Die Wahrung des rechtlichen Gehörs

Wie bereits dargelegt prüfen mittlerweile nur noch deutsche, spanische und französische Richter, ob die Verfahrensrechte der Frau im ausländischen Verfahren eingehalten wurden. In Spanien gilt das jedoch nur für solche Scheidungen, an denen eine ausländische Behörde mitgewirkt hat. Deutsche Gerichte unterwerfen hingegen auch reine Privatscheidungen dem Maßstab des Art. 103 Abs. 1 GG, obwohl sich deren Wirksamkeit nach Art. 17 EGBGB beurteilt. Das ist problematisch. Denn auf diese Weise wird ein zwingender Grundsatz des Verfahrensrechts zum Wirksamkeitserfordernis für ein Rechtsgeschäft gemacht, was zu einer unguten Vermischung von verfahrensrechtlichen und materiellrechtlichen Erfordernissen führt.[844]

Manche Autoren und Richter vertreten deswegen die Auffassung, dass eine Verletzung des rechtlichen Gehörs von vornherein nicht in Betracht kommen könnte, wenn das ausländische Recht kein Verfahren vorsieht.[845] Die Nichtanerkennung einer ausländischen Privatscheidung könne deswegen nicht allein aus dem Grund abgelehnt werden, dass die Scheidung ohne Wissen der Ehefrau vollzogen worden sei. Allerdings führt diese Ansicht zu dem wenig überzeugenden Ergebnis, dass an eine ausländische Talaq-Scheidung, die im Rahmen eines Verfahrens ergeht, strengere Anerkennungsvoraussetzungen gestellt werden, als an eine reine Privatscheidung. Und das, obwohl die verstoßene Frau in einem solchen Fall besonders schutzwürdig ist, da sie keinerlei Möglichkeiten hat, sich gegen die Auflösung der Ehe zu wehren. Auf der anderen Seite muss bedacht werden, dass das Scheidungsrecht des Mannes materiellrechtlich ohnehin an keine Voraussetzungen gebunden ist, so dass weder die Frau, noch ein Richter die Möglichkeit haben, sich der Auflösung der Ehe zu widersetzen. Die Anhörung der Frau wäre somit in Bezug auf die Statusentscheidung selbst wohl ein bloßer Formalismus.[846] Es sollte deswegen einer vermittelnden Ansicht gefolgt werden:

Eine gerichtliche Anhörung der betroffenen Ehefrau ist nach der Ausgestaltung des traditionellen islamischen Scheidungsrechts nicht vorgesehen. Die Nichtbeachtung des rechtlichen Gehörs (§ 103 Abs. 1 GG) kann deswegen auch keinen ordre public Verstoß begründen. Allerdings geht es wohl zu weit, auf die Einhaltung jeglicher rechtstaatlicher Grundsätze zu verzichten, nur weil die lex causae die Scheidung als Privatrechtsakt ausgestaltet. Denn durch die Auflösung der Ehe wird das Persönlichkeitsrecht der verstoßenen Ehefrau erheblich tangiert. Von dem rechtlichen Status als Ehefrau hängen entscheidende Rechte und Pflichten ab; man denke nur an das in fast allen islamischen Staaten bestehende Verbot des außerehelichen Geschlechtsverkehrs, dessen Verletzung empfindliche Strafen nach sich ziehen kann.[847] Der nationale Gesetzgeber sollte es deswegen nicht in der Hand haben, der Ehefrau durch die Ausgestaltung des Scheidungsrechts jegliches Recht auf ein rechtsstaatliches Verfahren zu verwehren. M. E. verstößt es deshalb gegen die Menschenwürde der Frau eine im Ausland vorgenommen Scheidung anzuerkennen, die ohne vorherige Mitteilung und in Abwesenheit der Frau gegen ihren Willen vollzogen wurde.[848]

844 Vgl. Rauscher, IPRax 2000, 391 (392).

845 So die krit. Anm. Rauschers (IPRax 2000, 391(392)) zu der Rechtsprechung deutscher Gerichte; vgl. auch Renfert, Über die Europäisierung der ordre public Klausel, S. 49.

846 Ähnlich Renfert, Über die Europäisierung der ordre public Klausel, S. 108.

847 Vgl. Rohe, Das islamische Recht, S. 125.

848 A. A. OLG Koblenz, FamRZ 1993, 563 f.

Die untersuchte mitgliedstaatliche Rechtsprechung ist größtenteils mit der hier vertretenen Auffassung kompatibel. Denn die meisten Mitgliedstaaten erkennen eine im Ausland vorgenommene Verstoßung nur an, wenn die Frau mit der Auflösung der Ehe einverstanden ist. In England und Deutschland kommt eine Anerkennung des Talaq hingegen auch dann in Betracht, wenn die Frau der Scheidung nicht zustimmt. Das soll nach einer Ansicht in der Rechtsprechung selbst dann gelten, wenn das fremde Recht nicht einmal eine vorherige Mitteilung bei der einseitigen Verstoßung vorsieht. So hat der englische *High Court* erst kürzlich eine pakistanische Scheidung anerkannt, obwohl die Frau weder von der Scheidung in Kenntnis gesetzt wurde, noch die Möglichkeit hatte, an dem ausländischen Verfahren teilzunehmen.[849] Und auch das OLG Koblenz hat die Wirksamkeit einer jordanischen Scheidung, die ohne Wissen der Frau vorgenommen worden war, bestätigt, da die Scheidung auch nach deutschem Recht möglich gewesen wäre.[850] Diese Rechtsprechung ist aus den oben genannten Gründen abzulehnen.

(b) Maßstab: Gleichheitssatz und Eheverständnis des Art. 6 Abs. 1 GG

Die meisten Mitgliedstaaten sehen in dem einseitigen Verstoßungsrecht des Mannes eine Diskriminierung der Frau, die die Ablehnung der Anerkennung der Privatscheidung rechtfertigt. Fraglich ist aber, ob der Gleichbehandlungsgrundsatz überhaupt den richtigen Bezugspunkt darstellt, oder ob nicht vielmehr auf die Verletzung anderer Rechtsgüter abgestellt werden müsste. In der Rechtsprechung der Mitgliedstaaten wird diese Problematik nicht erörtert. Eine Verletzung des Gleichbehandlungsgrundsatzes wird meist ohne nähere Begründung bejaht. Und auch deutsche Gerichte führen in der Regel nur eine allgemeine ordre public Kontrolle durch, ohne zu sagen, auf welches Grundrecht genau Bezug genommen wird.

In der Literatur stößt diese Rechtsprechung zum Teil auf Kritik. So sieht Roula in der Herangehensweise der *Cour de cassation* eine abstrakte Überprüfung des ausländischen Rechts, die nicht mit den Grundsätzen des Internationalen Privatrechts vereinbar sei.[851] Und auch Rauscher geht davon aus, dass die Auslandprivatscheidung durch den Mann im konkreten Fall nie gegen Art. 3 Abs. 2 GG verstoßen könne.[852]

Andere befürworten dagegen die Rechtsprechung der *Cour de cassation* und vertreten die Auffassung, dass die Umstände des Einzelfalls nichts an dem diskriminierenden Charakter des Rechtsinstituts ändern, so dass es im Ergebnis unerheb-

849 Vgl. oben Fn. 779.

850 Vgl. oben Fn. 591.

851 Vgl. El-Husseini Begdache, Le Droit International Privé Français Et La Répudiation Islamique S. 236f; Hammje, Rev. crit. internat. privé 2004, 423 (434).

852 Vgl. Rauscher, IPRax 2000, 391 (393).

lich sei, ob eine konkrete oder abstrakte Betrachtungsweise angelegt werde.[853] Dem kann jedoch nicht zugestimmt werden, da die ordre public Kontrolle nicht dazu dienen darf, der gesamten Welt unsere Gerechtigkeitsvorstellungen aufzudrängen. Eine abstrakte Überprüfung des ausländischen Rechts ist deshalb mit den Grundsätzen des Internationalen Privatrechts nicht zu vereinbaren.

Aber auch die h. M., die nur einen Verstoß gegen den Gleichbehandlungsgrundsatz bejaht, wenn die konkreten Umstände des Einzelfalls die Benachteiligung der Frau nicht ausgleichen, erscheint problematisch. Denn die entscheidende Frage lautet doch nicht, ob die Ausgestaltung des islamischen Scheidungsrechts die Frau diskriminiert, sondern ob die Anerkennung einer ausländischen Scheidung, die gegen den Willen der Frau durch eine Verstoßungserklärung des Mannes herbeigeführt wurde, gegen den deutschen ordre public verstößt.

M. E. lässt sich der europäische Rechtsanwender hier zu sehr von einer generellen Abneigung gegen das Rechtsinstitut Talaq leiten. Denn dass die Ausgestaltung des traditionellen islamischen Scheidungsrechts abstrakt gesehen höchst diskriminierend ist und gegen unsere Menschenrechtsvorstellungen verstößt, bedarf keiner näheren Erörterung. Allerdings ändert eine generelle Ablehnung der islamischen Privatscheidung nichts an der Tatsache, dass Tausende von Frauen jedes Jahr in ihren Heimatländern auf diese Art und Weise geschieden werden. Und auch wenn das dem europäischen Richter noch so ungerecht erscheint; es ist nicht Aufgabe des Internationalen Privatrechts anderen Ländern unser Menschenrechtsverständnis aufzuzwingen. Die ordre public Klausel darf deshalb nur angewendet werden, wenn die ausländische Rechtserscheinung im konkreten Fall in einem solchen Maße gegen unsere Gerechtigkeitsvorstellungen verstößt, dass deren Anerkennung für unsere Rechtsordnung unerträglich wäre.

Gemäß Art. 6 EGBGB ist dabei für den deutschen Rechtskreis immer nur das konkrete Ergebnis der Rechtsanwendung maßgeblich. Entscheidend ist deshalb allein, ob es mit den wesentlichen Grundsätzen des deutschen Rechts vereinbar ist, dass sich der Mann einseitig und ohne Einhaltung einer Trennungszeit von seiner Frau scheiden lassen kann. Die Herausarbeitung der genauen Fragestellung macht deutlich, dass ein konkreter Verstoß gegen Art. 3 Abs. 2 GG in der Tat ausscheiden muss. Der Talaq ist aber, wie bereits oben ausführlich dargestellt wurde, wegen der einseitigen Bevorzugung des Mannes und dem damit verbundenem Nötigungspotential nicht mit dem Eheverständnis des deutschen Grundgesetzes zu vereinbaren und verstößt deshalb gegen Art. 6 Abs. 1 GG.[854]

---

853 Vgl. Rev. crit. internat. privé 2002, 731 (740).

854 Vgl. oben 2. Kapitel, I. 1. g) ddd) (2) (b).

(2) Die konkrete Prüfung im Einzelfall – Die unterschiedlichen Ansätze der Mitgliedstaaten

Wie bereits festgestellt wurde, nimmt kein Mitgliedstaat eine völlig abstrakte Überprüfung des ausländischen Rechts vor, sondern es sind immer die konkreten Umstände des Einzelfalls zu berücksichtigen.

So ist etwa in Belgien, den Niederlanden und in Spanien ein Talaq nur anerkennungsfähig, wenn die Frau mit der Auflösung der Ehe einverstanden ist. Ist der Mann nicht in der Lage die Zustimmung der Frau nachzuweisen, kann die Scheidung selbst dann keine Wirksamkeit entfalten, wenn die Verstoßung schon Jahre zurückliegt und im maßgeblichen Zeitpunkt der Scheidung keine Verbindung zum Forum oder einem anderen europäischen Land bestand.

In Spanien wird das unabdingbare Zustimmungserfordernis mit dem Argument befürwortet, dass der Gleichbehandlungsgrundsatz als Menschenrecht keiner Abwägung zugänglich sei und es deswegen unerheblich sei, ob zur Zeit der Scheidung ein Bezug zu Spanien bestand oder nicht.[855] Diese Ansicht wird auch von Völkerrechtlern aus anderen Mitgliedstaaten vertreten.[856] Aber auch wenn durchaus gute Argumente für diese Ansicht sprechen, erscheint sie vor dem Hintergrund der Grundprinzipien des Internationalen Privatrechts, das von der Prämisse ausgeht, dass alle Rechtsordnungen grundsätzlich gleichwertig sind und anderen Ländern nicht die europäischen Menschenrechtsvorstellungen aufgedrängt werden dürfen, bedenklich. Zudem ist es nicht gerechtfertigt, völlig einseitig auf die Interessen der Ehefrau abzustellen. Denn es darf nicht vergessen werden, dass die Verstoßung in den meisten islamisch-geprägten Rechtsordnungen die einzige Möglichkeit für den Mann darstellt, die Ehe gegen den Willen der Frau aufzulösen. Es kann dem Mann deshalb schwerlich vorgeworfen werden, dass er die Ehe durch Talaq geschieden hat, wenn zur Zeit der Scheidung noch gar kein Bezug zum Forum des Anerkennungsstaates bestand. In diesem Fall ist auch das Vertrauen des Mannes schutzwürdig. Das gilt vor allem dann, wenn er in einem europäischen Mitgliedstaat eine neue Ehe eingegangen sein sollte und die Wirksamkeit dieser Eheschließung dadurch in Frage gestellt wird.

Da das Heimatrecht keine Zustimmung der Frau zur Scheidung voraussetzt, dürfte der Nachweis in der Praxis häufig nur schwer zu führen sein. Das gilt umso mehr, wenn die Scheidung schon einige Jahre zurückliegt. In den Niederlanden hat das mitunter zur Folge, dass der Antrag auf Einbürgerung abgelehnt wird. Viele marokkanische Männer haben diese Härte in den letzten Jahren zu

855 Vgl. Aguilar Grieder, Cuestiones actuales de derecho comparado: actas de las reuniones académicas del 2003, 235 (263).

856 Vgl. hierzu ausführlich die Ausführungen unten 3. Kapitel, I. 1.

spüren bekommen.[857] Aus diesem Grund hat der niederländische Justizminister eine Lockerung der Anerkennungsvorschriften gefordert und vorgeschlagen, eine Anerkennung auch ohne Zustimmung der Frau zu ermöglichen, wenn die Frau ihren gewöhnlichen Aufenthalt in einem Land hat, das diese Form der Eheauflösung kennt und die Verstoßung in Übereinstimmung mit dem Personalstatut der Frau vorgenommen worden ist. Dieser Ansatz ist zu begrüßen, da die inländischen Gerechtigkeitsvorstellungen nur tangiert werden, wenn zum maßgeblichen Zeitpunkt der Verstoßung ein hinreichender Inlandsbezug gegeben ist. Eine entsprechende Änderung der niederländischen Anerkennungsvorschriften wurde jedoch abgelehnt.[858]

In Frankreich, England und Deutschland kann die Anerkennung einer Talaq-Scheidung hingegen nur versagt werden, wenn der Sachverhalt eine ausreichende Verbindung zum Forum aufweist. Die Anforderungen an den Grad der Inlandsbeziehung variieren jedoch von Mitgliedstaat zu Mitgliedstaat. Deutsche Gerichte verlangen in der Regel, dass einer der Ehegatten deutscher Staatsbürger ist oder die Parteien schon seit längerem ihren gewöhnlichen Aufenthalt im Inland haben. In Frankreich scheint es dagegen auszureichen, wenn die Parteien ihr aktuelles Domizil in Frankreich haben. Und in England scheidet die Anerkennung einer reinen Privatscheidung bereits dann aus, wenn einer der Ehegatten innerhalb eines Jahres vor der Verstoßung sein Domizil oder seinen gewöhnlichen Aufenthalt im Inland hatte (Art. 46 Abs. 2 FLA).

Verglichen mit den anderen Mitgliedstaaten scheinen die Anforderungen der h. M. in Deutschland daher zu restriktiv. Denn die entscheidende Frage muss doch lauten, unter welchen Umständen die inländischen Wertvorstellungen berührt werden. Das ist jedenfalls dann der Fall, wenn die Ehegatten im Zeitpunkt der Verstoßung ihren gemeinsamen gewöhnlichen Aufenthalt und somit ihren Lebensmittelpunkt in Deutschland begründet haben, ohne dass es auf die Dauer des Aufenthalts ankommt. Eine Anerkennung bleibt aber de lege lata möglich, wenn die Auflösung der Ehe dem Willen der Ehefrau entspricht oder die Voraussetzungen für eine Scheidung auch nach deutschem Recht vorliegen.[859]

In den übrigen Mitgliedstaaten wird der Frage, ob die Scheidung auch nach der lex fori ausgesprochen werden könnte, dagegen in der Regel keine Bedeu-

857 Vgl. Foblets, Hawwa, 2007, 1 (25 f.).

858 Vgl. Foblets, Hawwa, 2007, 1 (25 f.).

859 Nach den Anknüpfungsregeln der Rom III Verordnung ist eine solche Scheidung nicht mehr anerkennungsfähig. Denn haben beide Ehegatten ihren gewöhnlichen Aufenthalt im Inland, unterliegt die Scheidung deutschem Recht, das eine gerichtliche Scheidung zwingend vorschreibt, Art. 8 lit. a Rom III VO.

tung beigemessen.[860] Das liegt womöglich daran, dass die anderen europäischen Gerichte primär darauf abstellen, ob die Benachteiligung der Frau durch finanzielle Ausgleichsansprüche oder das Einverständnis der Ehefrau ausgeglichen wird. Im deutschen Recht wird hingegen ein dogmatischerer Ansatz vertreten und allein danach gefragt, ob das Ergebnis der Rechtsanwendung gegen wesentliche Grundsätze des deutschen Rechts verstößt. Dabei wird strikt zwischen der Scheidung und den Scheidungsfolgen getrennt. Der geringe Umfang der Unterhaltsansprüche kann deshalb kein Anerkennungshindernis für die Statusänderung darstellen.

ccc) Die Wahl des richtigen Anerkennungssystems: spezifische Anerkennungsregeln vs. konkrete Prüfung im Einzelfall

Die Darstellung zeigt, dass die Mitgliedstaaten ganz unterschiedliche Herangehensweisen wählen, um der Problematik des islamischen Talaq gerecht zu werden. So stehen sich nicht nur die verfahrensrechtliche und die kollisionsrechtliche Anerkennung gegenüber, sondern einige Mitgliedstaaten haben sogar spezifische Anerkennungsnormen geschaffen, um die Debatte in der Gesellschaft und in der Rechtswissenschaft durch eine klare Rechtslage zu entschärfen.

Für den Erlass einer solchen Spezialnorm spricht die Rechtsklarheit und Rechtssicherheit. Allerdings geht mit der Schaffung von Spezialvorschriften auch eine gewisse Inflexibilität einher, die zu Ungerechtigkeiten im Einzelfall führen kann. Zudem dispensiert auch die detaillierteste Norm nicht von jeglichen Qualifikationsschwierigkeiten. So ist in den Niederlanden umstritten, wie die Abgrenzung zwischen Art. 57 und Art. 58 Buch 10 BGB erfolgen soll.[861] Und in der belgischen Literatur wird diskutiert, ob das reformierte marokkanische Scheidungsrecht nicht auch der Frau die Möglichkeit zur Verstoßung einräume, was zur Folge hätte, dass die Tatbestandsvoraussetzungen des Art. 57 IPRG nicht gegeben sind und die Anerkennung der Scheidung folglich den allgemeinen Vorschriften unterliege.[862]

860 Vgl. aber das Urteil der *Cour de cassation* vom 23.2.2011 (vgl. oben Fn. 678), wo das Gericht darauf hinweist, dass die Scheidung auch nach französischem Recht möglich wäre. Allerdings handelte es sich bei der Scheidung auch nicht um eine einseitige Verstoßung, sondern um eine Scheidung wegen Uneinigkeit.

861 Vgl. oben 2. Kapitel, II. 3. e) aa).

862 Vgl. Foblets, Hawwa, 2007, 1 (20 f.). Diese Frage wird allerdings von dem Berufungsgericht Bruxelles (Cour d`appel de Bruxelles vom 20.06.2006, RTDF 2007, S. 722 zitiert nach Watté/Barniche/Jafferali, Clunet 2011, 981 (1032)) verneint. Zur Begründung führt das Gericht aus, dass das Recht zur Verstoßung auch nach Inkrafttreten der Gesetzesnovelle weiterhin dem Mann vorbehalten sei. Die Frau könne die Ehe hingegen nur durch Talaq auflösen, wenn der Mann ihr zuvor ein vertragliches Selbstverstoßungsrecht eingeräumt habe.

Das englische Anerkennungsrecht schreibt hingegen eine zweistufige Prüfung vor. So ist zunächst zu untersuchen, ob die allgemeinen Voraussetzungen für eine Anerkennung vorliegen, bevor in einem zweiten Schritt eine allgemeine ordre public Kontrolle durchgeführt wird, bei der den englischen Richtern ein weites Ermessen eingeräumt wird. Auf den ersten Blick scheinen mit dieser Herangehensweise Rechtssicherheitserwägungen mit der nötigen Flexibilität verbunden zu werden. Der Länderbericht hat jedoch gezeigt, dass gerade in England eine erhebliche Rechtsunsicherheit herrscht. Zudem werden nach dem heutigen Stand der Rechtsprechung nur noch sehr geringe Anforderungen an eine Verfahrensscheidung gestellt.[863] Die gravierenden Unterschiede bei den Anerkennungsvoraussetzungen von reinen Privatscheidungen und solchen, bei denen eine ausländische Behörde lediglich registrierend tätig wird, scheint deshalb nicht mehr gerechtfertigt.

Die Beispiele aus unseren europäischen Nachbarländern zeigen, dass auch die dort geltenden verfahrensrechtlichen Sondervorschriften nicht von jeder Zweifelsfrage befreien. Zudem dispensieren auch diese Vorschriften den Rechtsanwender nicht von der Pflicht in jedem Einzelfall eine ordre public Kontrolle durchzuführen. Für die vom deutschen Gesetzgeber gewählte Herangehensweise spricht zudem, dass wegen der erheblichen Unterschiede und der stetigen Weiterentwicklung des Scheidungsrechts in den islamischen Staaten eine gewisse Flexibilität erforderlich ist, um eine sachgerechte Entscheidung treffen zu können. Der Erlass einer autonomen spezifischen Anerkennungsvorschrift scheint deswegen hierzulande nicht erforderlich. Eine ganz andere Frage ist hingegen, ob eine Regelung auf Unionsebene geschaffen werden sollte, um einen europaweit einheitlichen Umgang mit dem islamischen Talaq zu gewährleisten. Diese Problematik wird weiter unten noch ausführlich untersucht werden.[864]

h) Zwischenergebnis zu der Anerkennung ausländischer Privatscheidungen

Im Anerkennungsrecht wird zumeist von einer abgeschwächten Wirkung des ordre public ausgegangen. Denn im Unterschied zu der direkten Anwendung fremden Rechts durch den inländischen Richter wurde hier ein Rechtsverhältnis bereits nach dem ausländischen Recht wirksam begründet, so dass die Nichtanerkennung zu hinkenden Rechtsverhältnissen führen würde.[865] In keinem der

863 Vgl. oben 2. Kapitel, II. 3. f) cc).

864 Vgl. hierzu die Ausführungen im 3. Kapitel, V.

865 So zumindest die h. M. in Deutschland und Frankreich, vgl. Loussouarn/Bourel/Vareilles-Sommières, Droit international privé, S. 765; Schlosser, EuZPR, Art. 15 Brüssel IIa VO Rn. 3; Müko-Sonnenberger, Art. 6 EGBGB Rn. 22. In England scheinen sich dagegen im Anerken-

Mitgliedstaaten wird deshalb die Anerkennung von einer im Ausland vorgenommene Privatscheidung generell für unzulässig erklärt. Allerdings zeigen sich hinsichtlich der spezifischen Anforderungen erhebliche Divergenzen. So wird in Belgien und in Frankreich eine sehr restriktive Auffassung vertreten, die von dem Wunsch geprägt ist, den europäischen Menschenrechten zur Geltung zu verhelfen, wobei andere Gesichtspunkte, wie die Toleranz gegenüber andersartigen Gerechtigkeitsvorstellungen und die Vermeidung von hinkenden Ehen in den Hintergrund rücken. Der Schutz der Gleichbehandlung der Geschlechter kann deswegen in der Regel nicht durch andere Erwägungen, wie beispielsweise dem Streben nach internationalem Entscheidungseinklang gerechtfertigt werden. Englische Gerichte haben hingegen den genau entgegengesetzten Weg eingeschlagen und die Rechtsprechung liberalisiert, um hinkende Ehen zu vermeiden. Und auch im deutschen Recht wird von der Anwendung der Vorbehaltsklausel eher zurückhaltend Gebrauch gemacht. Das lässt sich mit dem konsequenten Abstellen auf das konkrete Ergebnis der Rechtsanwendung erklären, was zum großen Teil auch rechtshistorisch bedingt sein dürfte. Denn es soll keinesfalls der Verdacht aufkeimen, dass Deutschland Art. 6 EGBGB als Instrument benutzt, um anderen Ländern unsere Gerechtigkeitsvorstellungen aufzudrängen.[866]

Es zeigt sich mithin, dass sich der Wunsch, wichtige inländische Rechtsgüter durch die Vorbehaltsklausel zu schützen, oft nur schwer mit den Zielen des Internationalen Privatrechts nach Einzelfallgerechtigkeit, Rechtssicherheit oder internationalem Entscheidungseinklang vereinbaren lässt. Eine Patentlösung, die den Interessen aller Beteiligten gerecht wird, scheint nicht möglich und es verwundert deshalb nicht, dass die Mitgliedstaaten trotz ähnlicher Rechtsprinzipien und Rechtsgrundsätze zu ganz unterschiedlichen Ergebnissen gelangen.

III. Die Anerkennung von auf islamischem Recht basierenden Unterhalts- und Sorgerechtsentscheidungen

Die Schwierigkeiten im Umgang mit der islamischen Talaq-Scheidung sind in allen Mitgliedstaaten Gegenstand einer umfangreichen Debatte. Weniger Aufmerksamkeit wird hingegen der Ausgestaltung des islamischen Scheidungsfolgenrechts gewidmet. Es soll deswegen im Folgenden untersucht werden, wie

nungsrechts keine Besonderheiten in Bezug auf die Anforderungen an den ordre public zu ergeben, vgl. Fawcett/Carruthers, Private International Law, S. 556.

866 So vertritt etwa Blumenwitz die Auffassung, dass dem internationalen Entscheidungseinklang Vorrang eingeräumt werden müsse, wenn kein hinreichender Inlandsbezug gegeben ist, vgl. Staudinger-Blumenwitz, Art. 6 EGBGB Rn. 154.

europäische Gerichte mit der Anerkennung von auf islamischem Recht basierenden Unterhalts- oder Sorgerechtsentscheidung umgehen.

1. Das nacheheliche Unterhaltsrecht

Die sehr geringen nachehelichen Unterhaltsansprüche im islamischen Recht sind im Hinblick auf das europäische Ehe- und Familienverständnis problematisch.

Mitgliedstaatliche Gerichte lehnten deshalb früher häufig die Anerkennung eines ausländischen Scheidungsurteils ab, um der Antragsgegnerin die Möglichkeit zu geben, eine für sie günstigere, inländische Unterhaltsanordnung zu erwirken. Diese Rechtsprechung entsprach jedoch oft nicht dem Interesse der geschiedenen Frauen. Denn viele der betroffenen Ehefrauen sind mit der Auflösung der Ehe einverstanden und begehren lediglich eine Abänderung der Unterhaltsentscheidung. Deshalb wird heute fast überall zwischen der Statusänderung einerseits, und der Scheidungsfolgensache andererseits, unterschieden.

Geht es um die Wirksamkeitsüberprüfung eines ausländischen Unterhaltstitels, so sind die Vorschriften des Internationalen Zivilverfahrensrechts maßgeblich.[867] Eine Unterhaltsentscheidung kann deshalb in der Regel nur anerkannt werden, wenn sie mit dem anerkennungsrechtlichen ordre public des Anerkennungsstaates vereinbar ist.[868] Eine etwas andere Herangehensweise findet sich jedoch im englischen Recht. Denn hier steht nicht die Frage im Vordergrund, ob die ausländische Unterhaltsentscheidung anerkennungsfähig ist, sondern ob die Voraussetzungen für den Erlass einer eigenen Unterhaltsanordnung gegeben sind, was sich nach den Vorschriften des *Matrimonial and Family Proceedings Act* 1984 (MFPA) richtet. Danach dürfen englische Gerichte auch in den Fällen tätig werden, in denen eine wirksame ausländische Scheidung vorliegt und im Urteilsstaat bereits eine Unterhaltsanordnung ergangen ist.[869] Ob das Gericht von dieser

867 Die Anerkennung von Unterhaltstiteln, die in islamischen Staaten ergangen sind, richtet sich dabei in erster Linie nach dem autonomen Recht. Nur vereinzelt sind vorrangige bilaterale Staatsverträge zu beachten, wie beispielsweise zwischen Deutschland und Tunesien (deutsch-tunesischer Vertrag über Rechtsschutz und Rechtshilfe, die Anerkennung und Vollstreckung gerichtlicher Entscheidungen in Zivil- und Handelssachen sowie über die Handelsschiedsgerichtsbarkeit vom 19.7.1966, BGBl II Nr. 26, S. 889 – 929).

868 Die Anerkennungsvoraussetzungen im deutschen Recht richten sich nach §§ 328, 722, 723 ZPO.

869 Die Zuständigkeit des englischen Gerichts ist gegeben, wenn mindestens eine der Parteien im Zeitpunkt der Antragstellung oder im Zeitpunkt des Erlasses des ausländischen Scheidungsurteils in England domiziliert ist oder seit mindestens einem Jahr ihren gewöhnlichen Aufenthalt im Inland hat oder mindestens eine der Parteien ein „beneficial interest" an einem früheren „matrimonial home" geltend machen kann (Sec. 15 Abs. 1 MFPA).

Möglichkeit Gebrauch macht, hängt infolge der Rechtsprechung maßgeblich von den Umständen im Einzelfall ab.[870] Entscheidend ist dabei vor allem die Nähe zur englischen Rechtsordnung. Aber auch andere Faktoren spielen eine Rolle, wie beispielsweise die Frage, welche finanziellen Gewährleistungen der Antragsteller bereits erhalten hat, und ob er alle Möglichkeiten im Entscheidungsstaat ausgeschöpft hat.[871] Das Vorliegen einer besonderen Härte ist hingegen keine Voraussetzung für eine Anwendung des Part III MFPA, es bildet aber einen wichtigen Faktor für die Abwägungsentscheidung.[872]

Die Nichtanerkennung der ausländischen Entscheidung wird somit zwar nicht ausdrücklich mit einem Verstoß gegen die *public policy* begründet, doch hat der Erlass einer eigenen Unterhaltsanordnung nach dem MFPA im Ergebnis dieselbe Wirkung. Denn die Erwägungen, die das Gericht bei seiner Ermessensentscheidung berücksichtigt, entsprechen genau denen, die üblicherweise im Rahmen der ordre public Kontrolle angestellt werden. Auch hier zeigt sich wieder, dass englische Gerichte mit der Annahme eines ordre public Verstoßes nicht so zurückhaltend sind, wie gemeinhin angenommen wird. Vielmehr ist davon auszugehen, dass eine ausländische Anordnung, die der geschiedenen Ehefrau nur einen dreimonatigen Unterhaltsanspruch gewährt, durch eine inländische Entscheidung ersetzt wird. Das muss zumindest dann gelten, wenn der Sachverhalt einen hinreichend engen Bezug zur inländischen Rechtsordnung aufweist.[873]

Im Ergebnis dürfte die englische Rechtsprechung deshalb mit der in Frankreich und Spanien übereinstimmen. Denn auch hier wird die Ausgestaltung des islamischen Scheidungsfolgenrechts grundsätzlich als ordre public-widrig angesehen.[874] In Deutschland gilt hingegen ein wesentlich strengerer Maßstab. Zwar ist grundsätzlich (bei Vorliegen der Voraussetzungen) eine Abänderung

870 Vgl. insbesondere die erst kürzlich ergangene, wegweisende Entscheidung des englischen *Supreme Courts* in Agbaje v Akinnoye-Agbaje [2010] 2 All E.R. 877.

871 Vgl. auch Clarkson/Hill, Jaffey on the Conflict of Laws, S. 435; Fawcett/Carruthers, Private International Law, S. 1067.

872 So ausdrücklich der *Supreme Court* in *Agbaje v Akinnoye-Agbaje.*

873 In dem in Fn. 870 zitierten Fall besaßen beide Ehegatten sowohl die englische, als auch die nigerianische Staatsbürgerschaft. Die meiste Zeit ihres Lebens verbrachten sie in Nigeria; ihre Kinder erhielten jedoch alle ihre Ausbildung in England, wo das Ehepaar ein Haus besaß, in dem die Frau auch lebte als der Mann die Scheidung in Nigeria einreichte. Der *Supreme Court* ging deshalb von einer engen Verbindung zur englischen Rechtsordnung aus.

874 Vgl. Marchal Escalona, Revista Facultad de Derecho Univ. Gr. 2002, 367 (373); Cour de cassation (1re Ch. civ.) vom 4.5.1994; Cour de cassation (1re Ch. civ.) vom 1.6.1994, Rev. crit. internat. privé 1995, 103 mit Anm. Déprez. Die Anerkennung einer auf islamischem Unterhaltsrecht basierenden Entscheidung wird aber in der Regel nur versagt, wenn keine sachgerechte Abänderung des Unterhaltstitels durch eine Anpassung an die Lebensverhältnisse in Europa möglich ist.

der Unterhaltsentscheidung möglich,[875] eine Verletzung des Art. 6 EGBGB kann aber nur in Ausnahmefällen angenommen werden. Denn nach der h. M. begründet es noch keinen ordre public Verstoß, wenn das fremde Unterhaltsstatut nur geringe oder gar keine Ansprüche für die verstoßene Ehefrau vorsieht. Vielmehr müssen noch besondere Umstände hinzutreten, die es der Antragstellerin unmöglich machen, selbst für ihren Lebensunterhalt aufzukommen, was beispielsweise in den Fällen angenommen wird, in denen die Frau an einer schweren Krankheit leidet.[876] Insoweit unterscheidet sich die deutsche Rechtsprechung also erheblich von der Rechtsprechung in den meisten anderen untersuchten Mitgliedstaaten. Ähnlich ist nur die Rechtsauffassung in Belgien, wo die *Cour de cassation* entschieden hat,[877] dass das belgische nacheheliche Unterhaltsrecht nicht zum ordre public gehört.[878]

Wie bereits oben dargelegt erscheinen die Anforderungen der deutschen Rechtsprechung an das Eingreifen der Vorbehaltsklausel zu restriktiv.[879] Denn oftmals stellt nicht die einseitige Scheidung der Ehe durch den Mann eine Härte für die geschiedenen Frauen dar, sondern die damit verbundene finanzielle Notlage. Sollte das berufene islamische Recht mithin den nachehelichen Unterhalt auf die dreimonatige Wartezeit beschränken ist ein Verstoß gegen den deutschen ordre public schon dann zu bejahen, wenn die Mutter in Deutschland ihren gewöhnlichen Aufenthalt hat und ihr die elterliche Sorge für die gemeinsamen Kinder obliegen.

2. Die elterliche Sorge

Auch die Anerkennung von ausländischen Entscheidungen, die die Verteilung der elterlichen Sorge nach starren Fristen und ohne Berücksichtigung des Kindeswohls treffen, scheint im Hinblick auf den europäischen ordre public problematisch. Dennoch gibt es nur wenige mitgliedstaatliche Gerichtsentscheidungen, die sich mit dieser Problematik befassen.[880]

875 Vgl. Müko-Winkler von Mohrenfels, Art. 17 EGBGB Rn. 172 m. w. N. Die Voraussetzungen für die Zulässigkeit und Begründetheit der Abänderungsklage richten sich nach deutschem Recht (§ 323 ZPO).

876 BGH NJW 1991, 2212 = IPRax 1992, 101; OLG Zweibrücken, FamRZ 2001, 920; OLG Zweibrücken, NJW-RR 1997, 1367; AG Paderborn mit Anm. Jayme, IPRax 1989, 248; Müko-Winkler von Mohrenfels, Art. 17 EGBGB Rn. 196 m. w. N.

877 Cass. 18.06.2007 N° C.04.0430.F.

878 Dies hatte zur Folge, dass in dem konkreten Fall marokkanisches Recht auf die Scheidungsfolgen anzuwenden war.

879 Vgl. oben 2. Kapitel I. 1. g) bb) bbb) (1).

880 Vgl. auch Aldeeb/Bonomi, Le droit musulman de la famille et des successions à l`épreuve des ordres juridiques occidentaux S. 300.

Im Verhältnis zu den islamischen Staaten beurteilt sich die Anerkennung von Sorgerechtsentscheidungen überwiegend nach dem autonomen Internationalen Zivilverfahrensrecht.[881] Nur vereinzelt bestehen bilaterale Abkommen wie beispielsweise zwischen Frankreich und den maghrebinischen Staaten, die sich auch auf Fragen der elterlichen Sorge erstrecken.[882] Marokko hat zudem als einziger islamischer Staat das KSÜ ratifiziert,[883] so dass sich die Anerkennungsfähigkeit einer marokkanischen Entscheidung künftig nach den Art. 23 ff. KSÜ beurteilt.

Wie im Internationalen Privatrecht auch, stellen französische Richter bei der Prüfung des anerkennungsrechtlichen ordre public primär auf das Wohl des Kindes ab. Insoweit ergeben sich keine Unterschiede zu den Fällen, in denen das inländische Kollisionsrecht islamisches Recht zur Anwendung beruft. Die *Cour de cassation* verweigerte deshalb einer tunesischen Sorgerechtsentscheidung die Anerkennung, die die elterliche Sorge dem tunesischen Vater zuwies, obwohl die Kinder seit über zehn Jahren bei ihrer französischen Mutter in Frankreich lebten.[884] Begründet wurde das Urteil damit, dass eine ausländische Entscheidung, die das Sorgerecht automatisch dem Vater überträgt, ohne die Interessen des Kindes im konkreten Fall zu ermitteln, gegen den französischen ordre public verstoße und deswegen nicht der Exequatur fähig sei.

In England ist das Kindeswohl ebenfalls der ausschlaggebende Faktor für den Ausgang des Sorgerechtsverfahrens.[885] Das gilt nicht nur für rein inländische Sachverhalte, sondern auch für solche, wo bereits eine ausländische Anordnung ergangen ist. Dabei stellt das englische Kindeswohlprinzip aber keinen absoluten Standard dar.[886] Vielmehr sind nach der Auffassung des *Court of*

---

881 Im deutschen autonomen Recht sind die Anerkennungsvoraussetzungen in §§ 108 f. FamFG geregelt. Im Verhältnis zu Tunesien ist der bilaterale deutsch-tunesische Vertrag zu beachten (vgl. oben Fn. 867). Im englischen Recht richtet sich die Anerkennung nach common law-Regeln, vgl. Fawcett/Carruthers, Private International Law, S. 1130 ff.

882 Im Verhältnis zu Tunesien gilt die Convention franco-tunisienne relative à l`entraide judiciaire en matière de garde des enfants, de droit de visite et d`obligations alimentaires vom 18.3.1982. Im Verhältnis zu Algerien ist die Convention relative aux enfants issus de couples mixtes séparés franco-algériens vom 21.6.1988 zu beachten. Der Text ist abgedruckt in: Clunet 1989, 176 ff. Im Verhältnis zu Ägypten gilt die Convention franco-égyptienne sur la coopération judiciaire en matière civile, y compris le statut personel, et en matière sociale, commerciale et administrative vom 15.3.1982. Der Text ist abgedruckt in: Rev. crit. internat. privé 1983, S. 745 ff.

883 Das KSÜ ist in Marokko am 1.1.2011 in Kraft getreten.

884 Cour de cassation (1re Ch. civ.) vom 30.1.1979, Rev. crit. internat. privé 1979, 629 ff. mit Anm. Lequette.

885 Vgl. Poulter, in: Islamic Family Law, 147 (153). Oftmals entscheiden englische Gerichte bei der Scheidung von gemischten Ehen, dass es dem Kindeswohl am ehesten entspricht, wenn dem Kind weiterhin ein Zugang zu beiden Kulturen ermöglicht wird. Aus diesem Grund wird den Eltern in diesen Fällen oft ein gemeinsames Sorgerecht zugesprochen.

886 Vgl. Fawcett/Carruthers, Private International Law, S. 1132.

Appeal[887] der kulturelle Hintergrund und die Erwartungen der Gerichtsbarkeit zu berücksichtigen, die über die Verteilung des Sorgerechts bereits entschieden hat. Allerdings ist zu beachten, dass der konkrete Fall nicht die Anerkennung einer ausländischen Sorgerechtsentscheidung betraf, sondern die Frage der Rückgabe von drei Kindern, die die Mutter aus dem Sudan entführt hatte. Der *Court of Appeal* führte aus, dass es einem englischen Gericht grundsätzlich nicht zustehe, die familienrechtlichen Standards eines anderen Landes zu kritisieren; eine Ausnahme bestehe aber in den Fällen, in denen die betreffende Person Verfolgung oder Diskriminierung ausgesetzt sei. Das Gericht verweigerte deshalb die Rückgabe des Kindes mit der Begründung, dass das sudanesische Gericht gar keine andere Möglichkeit habe als das Sorgerecht dem Vater zuzusprechen und nicht frei entscheiden könne, welcher Aufenthaltsort im konkreten Fall am besten den Interessen des Kindes entspreche.[888]

Geht es um die Anerkennung einer ausländischen Sorgerechtsentscheidung zögern englische Gerichte grundsätzlich nicht eine fremde Anordnung durch eine eigene, am Kindeswohl orientierte Entscheidung, zu ersetzen (gemäß Sec. 8 *Children Act* 1989).[889] Dabei handelt es sich aber nicht um eine Abänderung der ursprünglichen Entscheidung, wie das in Spanien häufig der Fall ist,[890] sondern um den Erlass einer, für den englischen Rechtskreis erstmaligen Anordnung.[891] Es findet folglich gar keine ordre public Kontrolle statt, sondern der ausländischen Entscheidung wird von vornherein keine Wirksamkeit beigemessen. Gerechtfertigt wird diese Vorgehensweise zum einen mit dem gesetzlich verankerten Vorrang des Kindeswohls[892] und zum anderen mit der Rechtsnatur der Sorgerechtsentscheidung, die immer nur einen vorläufigen Charakter habe.[893]

---

887 Osman v. Elasha [2000] Fam. 62.

888 In einem ähnlich gelagerten Fall der Kindesentführung stellte dann auch das *House of Lords* noch einmal klar, dass im Verhältnis zu nicht Vertragsstaaten des Haager Kinderentführungsübereinkommens allein das Wohl des Kindes im konkreten Fall ausschlaggebend ist [2006] 1 A.C. 80.

889 Vgl. Dicey and Morris on the Conflict of Laws, S. 166.

890 Vgl. etwa Quiñones Escámez/Rodríguez Benot/Berjaoui/Tagmant, Matriomonio y dicorcio en las relaciones hispano-marroquíes (a. A. o. Fn. 724), S. 164 ff.

891 Die internationale Zuständigkeit englischer Gerichte bestimmt sich vorrangig nach der Brüssel IIa VO, die primär an den gewöhnlichen Aufenthalt des Kindes anknüpft (Art. 8 Brüssel IIa VO). Soweit sich aus den Bestimmungen der Brüssel IIa VO jedoch keine Zuständigkeit eines Gerichts eines Mitgliedstaates ergibt, sind die autonomen englischen Vorschriften maßgeblich (Art. 14 Brüssel IIa VO). Danach ist die Zuständigkeit englischer Gerichte auch dann gegeben, wenn das Kind sich im Antragszeitpunkt in England aufhält oder die englische Gerichtsbarkeit für die Auflösung der Ehe der Eltern eröffnet ist, vgl. Sec. 2, 2A, 3 FLA 1986.

892 Sec. 1 (1) Children Act 1989. Vgl. auch die Entscheidung des *House of Lords* vom 16.6.2005, [2006] 1 A.C. 80.

893 Vgl. Dicey and Morris on the Conflict of Laws, S. 166; Fawcett/Carruthers, Private International Law, S. 1096.

In Deutschland beurteilt sich die Anerkennung einer ausländischen Sorgerechtsentscheidung hingegen nach den allgemeinen Vorschriften des Internationalen Zivilverfahrensrechts. Eine Ablehnung der Anerkennung kommt deshalb nur in Betracht, wenn die Anerkennung des ausländischen Urteils einen ordre public Verstoß begründet, was nach der wohl h. M. voraussetzt, dass die ausländische Anordnung offensichtlich dem Kindeswohl widerspricht.[894]

Während deutsche Gerichte die Vorbehaltsklausel also wieder nur anwenden, wenn die Anerkennung der ausländischen Entscheidung zu einem Ergebnis führt, dass mit dem Kindeswohl nicht vereinbar ist, scheinen französische Gerichte überwiegend eine abstrakte Überprüfung des ausländischen Rechts vorzunehmen.[895] Allerdings ist die Rechtsprechung insoweit nicht einheitlich. Denn während das Gericht in dem bereits oben zitierten Fall entschied, dass eine ausländische Entscheidung, die das Sorgerecht automatisch dem Vater überträgt, ohne die Interessen des Kindes im konkreten Fall zu ermitteln, gegen den französischen ordre public verstößt, stellte die *Cour des cassation* in einem anderen Fall fest, dass immer die konkreten Umstände des Einzelfalls ausschlaggebend seien. Die Entscheidung betraf die gemeinsamen Kinder eines algerischen Ehepaares. Das algerische Gericht hatte die Personensorge der in Algerien lebenden Mutter zugesprochen. Der in Frankreich wohnhafte Mann widersetze sich der Exequatur und machte geltend, dass die automatische Übertragung der elterlichen Sorge auf die Mutter, ohne die Interessen des Kindes im Einzelfall zu berücksichtigen, nicht mit dem französischen ordre public zu vereinbaren sei. Die *Cour de cassation* wies diese Argumentation jedoch zurück und führte aus, dass ein ordre public Verstoß nur dann angenommen werden könne, wenn die Zuweisung des Sorgerechts an die Mutter im konkreten Fall dem Kindeswohl widerspreche, wovon vorliegend nicht ausgegangen werden könne.[896]

Sicher ist jedenfalls, dass französische Gerichte eine ausländische Entscheidung nur unter der Voraussetzung anerkennen, dass sie im konkreten Fall dem

894 Vgl. Andrae, Internationales Familienrecht, S. 328; Schlosser, EuZPR, Art. 15 Brüssel IIa VO Rn. 3; Müko-Siehr, Art. 21 Anhang III (EuEntfÜ) Rn. 42; a. A. wohl Henrich, der die Auffassung vertritt, dass eine ausländische Entscheidung, die eine typisierende Regelung solange anwendet, wie sie das Kindeswohl nicht gefährdet, nicht anerkannt werden könne, vgl. Staudinger-Henrich, Art. 21 EGBGB Rn. 248.

895 Kritisch hierzu Mayer/Heuzé, Droit international privé, S. 283 f., der im internationalen Zivilverfahrensrecht die Überprüfung des konkreten Ergebnisses anmahnt, um hinkende Entscheidungen zu vermeiden.

896 Cour de cassation (1re Ch. civ.) vom 6.1.1987, N° de pourvoi: 85–13621; Allerdings ist zu beachten, dass unabhängig davon, ob die französischen Gerichte eine konkrete oder abstrakte Betrachtung anlegen, das Ergebnis immer das Gleiche ist, da die Richter in jedem Fall dem Elternteil das Sorgerecht zusprechen, bei dem sie die Interessen des Kinders besser gewahrt sehen.

Elternteil die elterliche Sorge zuweist, das am besten zur Wahrung des Kindeswohls geeignet ist. In Deutschland wird hingegen im Internationalen Zivilverfahrensrecht zum Teil eine eingeschränkte Anwendung des ordre public vertreten und ein Verstoß gegen diesen nur angenommen, wenn die ausländische Sorgerechtsentscheidung offensichtlich den Interessen des Kindes widerspricht.[897] Anders als bei der Anwendung ausländischen Rechts vor deutschen Gerichten soll es für eine Versagung der Anerkennung einer ausländischen Maßnahme demnach nicht ausreichen, dass das deutsche Gericht unter Anwendung des § 1671 BGB eine andere Entscheidung getroffen hätte. Begründet wird diese Ansicht mit der eingeschränkten Bedeutung des ordre public im Anerkennungsrecht[898] und der Tatsache, dass es dem Antragsgegner jederzeit möglich sei, eine Abänderung der Sorgerechtsentscheidung im Inland nach § 1696 zu erwirken.[899] Dem kann aber nur eingeschränkt zugestimmt werden. Denn zum einen ist eine Abänderung der ausländischen Sorgerechtsanordnung nur möglich, wenn neue Tatsachen vorliegen,[900] so dass ein etwaiges Abänderungsverfahren keinen Einfluss auf den Maßstab für die ordre public Kontrolle haben kann. Zum anderen ist es – entgegen der wohl h. M[901] – bei einem hinreichenden Inlandsbezug nicht nachvollziehbar, warum an das Eingreifen des ordre public Vorbehalts im Internationalen Zivilverfahrensrecht weniger strenge Anforderungen gestellt werden sollten als im Internationalen Privatrecht.[902] Es ist zwar richtig, dass das Anerkennungsgericht an die im Urteil vorgenommene Würdigung der tatsächlichen Umstände gebunden ist (Verbot der révision au fond[903]) und diese folglich nicht durch eine eigene, am Maßstab des § 1671 BGB getroffene Entscheidung, ersetzen darf.[904] Doch reicht es nach der hier vertretenen Auffassung auch für ein Eingreifen des Art. 6 EGBGB nicht aus, dass der Richter bei Anwendung deutschen Rechts zu einem anderen Ergebnis gelangt wäre.[905] In beiden Fällen ist vielmehr erforderlich, dass

897 Vgl. Andrae, Internationales Familienrecht, S. 328; Schlosser, EuZPR, Art. 15 Brüssel IIa VO Rn. 3; Müko-Siehr, Art. 21 Anhang III (EuEntfÜ) Rn. 42.

898 Vgl. Schlosser, EuZPR, Art. 15 Brüssel IIa VO Rn. 3.

899 Vgl. Andrae, Internationales Familienrecht, S. 328 m. w. N.

900 Vgl. Mansel, IPRax 1987, 298 (301); Müko-Finger, § 1696 Rn. 4.

901 BGHZ 138, 331 (334) = IPRax 1999, 466 (467) mit Anm. Fischer, IPRax 1999, 450 ff.; BGHZ 118, 312 (329 f.); Zöller-Geimer, ZPO § 328 Rn. 152 ff.; Schlosser, EuZPR, Art. 15 Brüssel IIa VO Rn. 3; Müko-Sonnenberger, Art. 6 EGBGB Rn. 22; Basedow, in: FS Sonnenberger, 291(299); Staudinger-Blumenwitz, Art. 6 EGBGB Rn. 100 f. m.w.N; differenzierend Looschelders, IPRax 2005, 28 ff.

902 So auch Looschelders, IPRax 2005, 28 (30).

903 Für die Vollstreckbarkeitserklärung ist das Verbot der révision au fond in § 723 Abs. 1 ZPO ausdrücklich festgelegt. Es handelt sich jedoch um einen allgemeinen Grundsatz für alle Anerkennungsverfahren, vgl. Müko-Gottwald, ZPO § 328 Rn. 93.

904 BGH, NJW 1980, 529 (531).

905 Vgl. oben 2. Kapitel, I. 1. g) bb) bbb) (2).

das konkrete Ergebnis gegen wesentliche Grundsätze des deutschen Rechts verstößt. Dabei ist jedoch zu beachten, dass es sich bei dem Kindeswohl um ein tragendes Grundprinzip der deutschen Rechtsordnung handelt.[906] Ein wesentlicher Verstoß gegen Art. Art. 2 Abs. 1 GG liegt deshalb schon dann vor, wenn das nach der ausländischen Entscheidung nicht sorgeberechtigte Elternteil nach der Überzeugung des Anerkennungsgerichts wesentlich besser geeignet wäre, die Persönlichkeitsentwicklung des Kindes zu fördern.[907] Es geht dagegen zu weit eine darüberhinaus gehende massive Beeinträchtigung des Kindeswohls zu fordern.[908] Es ist zudem auch nicht einzusehen, warum ein Kind mit gewöhnlichem Aufenthalt in Deutschland einen deutlich geringeren Grundrechtsschutz genießen sollte als andere Kinder, nur weil bereits eine Sorgerechtsentscheidung durch ein ausländisches Gericht getroffen wurde. Denn unabhängig davon, ob der deutsche Richter eine ausländische Norm anwenden muss, oder ob er über die Anerkennungsfähigkeit einer ausländischen Entscheidung zu erkennen hat, so bleibt er in beiden Fällen in vollem Umfang an die Grundrechte gebunden, Art. 1 Abs. 3 GG.[909] Darüber hinaus ist zu beachten, dass Deutschland, wie fast alle anderen UN-Staaten, das Übereinkommen über die Rechte des Kindes[910] ratifiziert hat, das in Art. 3 Abs. 1, 18 Abs. 1 bestimmt, dass bei allen Maßnahmen, die Kinder betreffen, das Wohl des Kindes vorrangig zu berücksichtigen ist. Zumindest bei einem hinreichenden Inlandsbezug scheint es deswegen mit der in Deutschland geltenden Werteordnung nicht vereinbar, den ordre public Vorbehalt nur in den Fällen zu berufen, in denen eine massive Gefährdung des Kindeswohls vorliegt.

Neben einer Verletzung des Persönlichkeitsrechts des Kindes kommt aber auch ein Verstoß gegen den Gleichbehandlungsgrundsatz des nicht sorgeberechtigten Elternteiles in Betracht.[911] Denn nach der hier vertretenen Auffassung kann der Vorrang des Kindeswohls die Rechte und Interessen der Eltern (Art. 6 Abs. 2 und 3 GG) nicht vollständig verdrängen. Ein Verstoß gegen Art. 3 Abs. 2 GG ist deshalb in den Fällen zu bejahen, in denen das nicht sorgeberechtigte Elternteil besser in der Lage wäre die elterliche Verantwortung in Übereinstimmung mit den Interessen des Kindes auszuüben.[912] Eine Verletzung der Glaubensfreiheit (Art. 4 Abs. 1 und 2 GG) des Gleichbehandlungsgrundsatzes (Art. 3 Abs. 2 GG) und des Elternrechts (Art. 6 Abs. 2 und 3 GG) liegt zudem vor, wenn die anzu-

906 BGH, NJW 1980, 529 (531).

907 Vgl. oben 2. Kapitel, I. 1. g) bb) bbb) (2); i. E. so wohl auch Metz, NJW, 1980, 532 in seiner krit. Anm. zu BGH, NJW 1980, 529 ff.

908 So aber Schlosser, EuZPR, Art. 15 Brüssel IIa VO Rn. 3.

909 Vgl. Looschelders, IPRax 2005, 28 (29).

910 Der Text der Konvention ist abgedruckt bei Fritzsche, Menschenrechte, S. 287 ff.

911 So auch OLG München IPRspr 1996, Nr. 99, 216 (217).

912 Vgl. oben 2. Kapitel, I. 1. g) bb) bbb) (2).

erkennende ausländische Entscheidung die Ausübung des mütterlichen Sorgerechts an die Zugehörigkeit zur islamischen Religion knüpft.[913]

3. Zwischenergebnis

In den meisten Mitgliedstaaten hat sich mittlerweile die Auffassung durchgesetzt, dass die Frau nicht so sehr vor dem einseitigen Verstoßungsrecht des Mannes geschützt werden muss, als vielmehr vor der diskriminierenden Ausgestaltung des Scheidungsfolgenrechts. So stufen französische, spanische und englische Richter die islamischen Vorschriften zum nachehelichen Unterhalt grundsätzlich als ordre public-widrig ein. In Deutschland wird hingegen die Anerkennung einer ausländischen Unterhaltsentscheidung nur unter sehr engen Voraussetzungen versagt. Und auch im Kindschaftsrecht bestehen Divergenzen. Denn während englische und französische Gerichte immer dem Kindeswohl oberste Priorität einräumen und die Theorie vom anerkennungsrechtlichen *effet attenué* unberücksichtigt lassen, wollen manche deutsche Autoren und Richter die Vorbehaltsklausel nur anwenden, wenn die Anerkennung der ausländischen Sorgerechtsentscheidung zu einem Ergebnis führt, das offensichtlich dem Kindeswohl widerspricht. Bemerkenswert ist aber vor allem, dass die Verletzung des Gleichbehandlungsgrundsatzes kaum diskutiert wird, obwohl hier anders, als bei der Wirksamkeitsüberprüfung einer islamischen Talaq-Scheidung, der konkrete Verfassungsverstoß außer Frage steht. In den anderen Mitgliedstaaten wirkt sich jedoch das alleinige Abstellen auf das Kindeswohl nicht aus, da immer dem Elternteil das Sorgerecht zugesprochen wird, das am besten zur Wahrung der Interessen des Kindes geeignet ist. Nach der wohl h. L. in Deutschland soll eine ausländische Entscheidung hingegen selbst dann anerkannt werden können, wenn sie auf der Anwendung einer eklatant gleichheitswidrigen Norm beruht, die im konkreten Fall dazu führt, dass die elterliche Sorge dem Elternteil zugewiesen wird, das weniger geeignet ist, das Kindeswohl zu fördern. Ein solches Ergebnis ist m. E. nicht mit dem deutschen ordre public zu vereinbaren. Und auch die deutsche Rechtsprechung scheint in letzter Zeit zunehmend ihre frühere Zurückhaltung hinsichtlich der Korrektur von ausländischen Sorgerechtsentscheidungen aufzugeben.[914] Denn nach Ansicht des BGH ist eine ausländische Sorgerechtsentscheidung jederzeit gemäß § 1696 BGB abänderbar, wenn dies im Interesse des Kindes angezeigt scheint.[915] Und auch das OLG München vertrat in einem ähn-

913 Zutreffend OLG Koblenz, IPRspr. 2005, Nr. 71, 150 (153).
914 Vgl. Staudinger-Blumenwitz, Art. 6 EGBGB Rn. 123 m. w. N.
915 BGH IPRax 1987, 317 (318).

lich gelagerten Fall die Auffassung, dass eine Abänderung der türkischen Sorgerechtsentscheidung zugunsten der Mutter zulässig sei, wenn es dem Wohl des Kindes am besten entspreche bei seiner Mutter aufzuwachsen.[916] Diese Rechtsprechungsänderung ist im Ergebnis zu begrüßen; die rechtliche Begründung der genannten Urteile ist aber durchaus fragwürdig. Denn für eine Abänderungsentscheidung nach § 1696 BGB genügt es nicht, dass das inländische Gericht andere Schlüsse zieht und das Kindeswohl anders bewertet, sondern es ist erforderlich, dass neue Tatsachen vorliegen.[917] Solche neuen Tatsachen sind aber zumindest in dem Fall des OLG München nicht ersichtlich,[918] so dass die Abänderung der Entscheidung einer révision au fond gleichkam, die im Anerkennungsrecht unzulässig ist und die, wie Mansel richtig bemerkt, auch nicht über die Hintertür des § 1696 BGB neu eingeführt werden darf.[919] Das Gericht hätte deshalb keine Abänderung vornehmen dürfen, sondern stattdessen prüfen müssen, ob die ausländische Sorgerechtsentscheidung im Ergebnis untragbar ist und deshalb wegen eines Verstoßes gegen den ordre public abzulehnen ist.

916 OLG München, IPRspr 1996, Nr. 99, 216 (217).

917 Vgl. Mansel, IPRax 1987, 298 (301).

918 Der Fall betraf ein deutsch-türkisches Ehepaar, das in der Türkei geschieden worden war. Das türkische Gericht hatte dem Vater die elterliche Sorge übertragen, der zu diesem Zeitpunkt in der Türkei lebte. Die Mutter hatte das Kind gegen den Willen des Vaters nach Deutschland verbracht, wo es bis kurz vor der Scheidung gelebt hatte. Der türkische Antragsgegner erklärte vor dem deutschen Gericht, dass er zukünftig mit seinem Kind in Deutschland leben wolle, so dass das Gericht nicht über die Frage zu entscheiden hatte, ob es für das Kind besser sei in der Türkei oder in Deutschland zu leben.

919 Mansel, IPRax 1987, 298 (301).

3. Kapitel: Der europäische ordre public

Die ersten beiden Kapitel haben sich allein mit dem innerstaatlichen Kollisions- und Anerkennungsrecht der Mitgliedstaaten befasst. Dieses wird aber zunehmend von der europäischen Rechtsetzung beeinflusst, was sich auch auf den nationalen ordre public auswirkt, der wie alle anderen Rechtsnormen an den Vorgaben des Europarechts zu messen ist.[920] Die Frage, inwieweit die Anwendung der Vorbehaltsklausel durch die europäische Entwicklung geprägt und beschränkt wird, ist deshalb Gegenstand einer lebhaften Debatte.[921]

Im dritten Kapitel der Arbeit soll mithin auf die Frage eingegangen werden, inwieweit der europäische ordre public den Umgang mit dem islamischen Familienrecht durch die nationalen Gerichte beeinflusst.

I. Begriff und Inhalt des europäischen ordre public

In der Rechtsliteratur wird der Begriff des europäischen ordre public nicht einheitlich verwendet.[922] Das stiftet Verwirrung; denn es ist nicht klar, ob dem europäischen ordre public Eigenständigkeit zukommt,[923] oder ob damit lediglich eine Prägung des nationalen Begriffs durch das europäische Recht und seiner Standards gemeint ist.[924]

Geht man von einem eigenständigen europäischen Begriff des ordre public aus, so setzt dies zunächst das Vorliegen einer entsprechenden Rechtsgrundlage

920 Vgl. Martiny, in: FS Sonnenberger, 523 (537); Föhlisch, Der gemeineuropäische ordre public, S. 28.

921 Vgl. etwa Sonnenberger, ZvglRWiss. 95 (1996), 3 ff.; Föhlisch, Der gemeineuropäische ordre public; Thoma, Die Europäisierung und die Vergemeinschaftung des nationalen ordre public; Renfert, Über die Europäisierung der ordre public Klausel; Martiny, in: FS Sonnenberger, 523 ff.; Basedow, in: FS Sonnenberger, 291 ff.; Loussouarn/Bourel/Vareilles-Sommières, Droit international privé, S. 351 f.

922 Vgl. Föhlisch, Der gemeineuropäische ordre public, S. 27; Martiny, in: FS Sonnenberger, 523; Basedow, in: FS Sonnenberger, 291 f.

923 Vgl. Basedow, in: FS Sonnenberger, 291(293).

924 So die h. M., stellvertretend für viele: Sonnenberger, ZvglRWiss. 95 (1996), 3 (40 ff.); Föhlisch, Der gemeineuropäische ordre public, S. 28; Thoma, Die Europäisierung und die Vergemeinschaftung des nationalen ordre public, S. 2 f.

voraus.[925] Im Unionsrecht findet sich eine solche in Art. 81 AEUV. Denn leitet man aus dieser Vorschrift generell eine Kompetenz zur Vereinheitlichung des europäischen Kollisions- und Anerkennungsrechts ab, dann darf die Europäische Union auch festlegen, unter welchen Voraussetzungen der ordre public eingreift.[926]

Fraglich ist jedoch, ob den betreffenden Verordnungen überhaupt ein autonomes ordre public Verständnis zu Grunde liegt. Das ist durch eine Auslegung der jeweiligen Vorschriften zu ermitteln:

Im internationalen Scheidungsrecht sind die Brüssel IIa VO und die Rom III VO relevant. Art. 12 Rom III VO bestimmt, dass die Anwendung einer Norm des nach der Verordnung bezeichneten Rechts nur bei einem offenkundigen Verstoß gegen die öffentliche Ordnung des Staates des angerufenen Gerichts versagt werden kann. Und nach Art. 22 lit. a Brüssel IIa VO wird eine Entscheidung, die die Auflösung der Ehe betrifft dann nicht anerkannt, wenn die Anerkennung der öffentlichen Ordnung des Mitgliedstaates, in dem sie beantragt wird, offensichtlich widerspricht.

Der Wortlaut der Vorschriften macht deutlich, dass der nationale ordre public der einzelnen Mitgliedstaaten maßgeblich sein soll. Das bedeutet jedoch nicht, dass die europäische Regelung alleine dem nationalen Recht die Entscheidung überlässt, sondern diesem wird aufgrund des Vorrangs des Unionsrechts Grenzen gesetzt,[927] um eine möglichst einheitliche Anwendung der europarechtlichen Normen zu gewährleisten.[928] So ist der nationale Richter bei der Anwendung fremden Rechts und bei der Anerkennung eines ausländischen Urteils insbesondere an die Europäische Menschenrechtskonvention (EMRK) und an die Grundrechte und Grundfreiheiten des EU – Vertrags gebunden,[929] wobei das Europarecht bei der Geltendmachung des ordre public zwei verschiedene Funktionen wahrnehmen kann: zum einen kann es der Anwendung des ausländischen Rechts entgegenstehen und den nationalen Richter zur Berufung auf den ordre public Vorbehalt „verpflichten“; zum anderen kann es aber auch der Anwendung der Vorbehaltsklausel durch den nationalen Richter Grenzen setzen, wenn andernfalls ein Verstoß gegen die europäischen Menschenrechte oder wesentliche Grundsätze des Unionsrechts droht.[930]

925 Vgl. Martiny, in: FS Sonnenberger, 523 (531).

926 Vgl. Martiny, in: FS Sonnenberger, 523 (531).

927 Vgl. Mansel, in: FS Ansay, 185 (215).

928 Vgl. Föhlisch, Der gemeineuropäische ordre public, S. 28.

929 Vgl. Martiny, in: FS Sonnenberger, 523 (531); Thoma, Die Europäisierung und die Vergemeinschaftung des nationalen ordre public, S. 300.

930 Vgl. Basedow, in: FS Sonnenberger, S. 291 (305 f.). Es ist dabei die Aufgabe des EuGH festzulegen, welche Normen des Unionsrechts zu den wesentlichen Normen gehören, um eine ein-

1) Europäisierung des ordre public durch die Menschenrechte der EMRK

Die europäischen Menschenrechte gehören „zum Kern der unverzichtbaren Normen des innerstaatlichen Rechts“,[931] die auch den Inhalt des kollisionsrechtlichen und verfahrensrechtlichen ordre public beeinflussen. Der europäische Richter muss deshalb bei der Anwendung der Vorbehaltsklausel nicht nur die Grundrechte des nationalen Rechts beachten, sondern auch die der EMRK.[932]

Der nationale ordre public greift aber in der Regel nur dann ein, wenn der Sachverhalt eine hinreichende Beziehung zur inländischen Rechtsordnung aufweist.[933] Diese eher tolerante Haltung der Mitgliedstaaten, die auf dem Axiom aufbaut, dass inländisches und ausländisches Recht grundsätzlich gleich zu behandeln ist,[934] ist jedoch in Hinsicht auf die weniger strengen Bedingungen des Anwendungsbereichs der EMRK problematisch. Denn gemäß Art. 1 EMRK sind die Vertragsstaaten dazu verpflichtet, allen ihrer Hoheitsgewalt unterstehenden Personen, die in Abschnitt I dieser Konvention bestimmten Rechte und Freiheiten zuzusichern, ohne dass es auf die Nähe zum Forum ankommt.[935] Aus diesem Grund wird zum Teil die Auffassung vertreten, dass die Anwendung des ausländischen Rechts – neben und unabhängig von der ordre public Kontrolle – direkt anhand der Vorschriften der EMRK überprüft werden sollte.[936]

Gegen das universalistische Verständnis des Menschenrechtsschutzes der EMRK spricht jedoch, dass der Europäische Gerichtshof für Menschenrechte

---

heitliche Anwendung des Europarechts sicherzustellen, vgl. Renfert, Über die Europäisierung der ordre public Klausel, S. 154.

931 Renfert, Über die Europäisierung der ordre public Klausel, S. 106.

932 Vgl. Martiny, in: FS Sonnenberger, 523 (534 f.); Looschelders, RabelsZ 65 (2001), 463 (491).

933 Im deutschen Recht wird das Bestehen eines hinreichenden Inlandsbezugs als ungeschriebenes Tatbestandsmerkmal des Art. 6 EGBGB angesehen. Und auch in der Rechtsprechung der anderen Mitgliedstaaten wird der Grad der Inlandsbeziehung häufig zur Konkretisierung der Generalklausel herangezogen. In der spanischen Rechtsliteratur wird dagegen die Auffassung vertreten, dass die Wahrung der Menschenrechte keiner Abwägung zugänglich sei und demzufolge auch der Gedanke der Inlandsbeziehung in einem solchen Fall nicht herangezogen werden könne, vgl. oben 2. Kapitel, II. 3. g) bb) aaa) (5).

934 Vgl. Kropholler, Internationales Privatrecht, S. 14.

935 Vgl. Thoma, Die Europäisierung und die Vergemeinschaftung des nationalen ordre public, S. 85.

936 Vgl. Staudinger-Blumenwitz, Art. 6 EGBGB Rn. 67; Müko-Sonnenberger, IPR Einl. Rn. 339; Engel, RabelsZ 53 (1989), 3 (49); Kreuzer, RW 2010, 143 (179 f.). So auch zum Teil die französische Rechtsprechung, vgl. etwa Cour de cassation (1re Ch. civ.) vom 31.1.1990, Rev. crit. internat. privé mit Anm. Poisson-Drocourt, 521 ff. A. A. Kegel, Internationales Privatrecht, S. 536; Thoma, Die Europäisierung und die Vergemeinschaftung des nationalen ordre public, S. 87 ff.

(EGMR) die Souveränität der Vertragsstaaten achtet und diesen einen gewissen Ermessenspielraum bei der Umsetzung seiner völkerrechtlichen Verpflichtungen gewährt.[937] Ein Verstoß gegen die Gebote der EMRK kann deshalb nur angenommen werden, wenn der EGMR den Vertragsstaaten kein solches Ermessen einräumt.[938]

Was, die für diese Arbeit maßgeblichen, Entscheidungen aus Drittstaaten betrifft, so hat das Straßburger Gericht ursprünglich in der Rechtssache *Drozd und Janousek v. Frankreich und Spanien*[939] entschieden, dass der Konvention nur eine eigeschränkte Wirkung (sog. *effet atténué)* zukomme. Erforderlich für eine Versagung der Anerkennung sei demnach eine eklatante und offensichtliche Verletzung der EMRK. Diese Rechtsprechung weist somit eine deutliche Parallele zur traditionellen ordre public Prüfung auf und spricht gegen eine völkerrechtliche Pflicht zur unmittelbaren Anwendbarkeit der Bestimmungen der Konvention im Internationalen Privat- und Zivilverfahrensrecht.

Mit dem Fall *Pellegrini v. Italien*[940] leitete der EGMR jedoch eine Rechtsprechungsänderung ein. Frau Pellegrini, die im Jahre 1962 mit ihrem Mann eine zivilrechtlich und kirchenrechtlich wirksame Ehe eingegangen war, beantragte im Jahre 1987 die Scheidung, sowie die Gewährung von nachehelichem Unterhalt. Sie hatte schließlich Erfolg, aber kurz nach Beginn des zivilrechtlichen Verfahrens verklagte ihr Ehemann sie vor einem Kirchengericht des Vatikans auf Feststellung der Ehenichtigkeit wegen Verwandtschaft. Das Kirchengericht gab der Klage statt, ohne der Beklagten die Klage ordnungsgemäß zugestellt zu haben, und ohne sie über ihr Recht aufzuklären sich anwaltlich vertreten lassen zu können. Das Urteil hatte schließlich sowohl vor dem kirchlichen, als auch vor dem staatlichen Berufungsgericht Florenz Bestand, das die prozessualen Rügen der Frau Pellegrini zurückwies und die Anerkennung des Urteils verfügte. Nach Erschöpfung des nationalen Rechtswegs reichte die Beklagte Individualbeschwerde beim EGMR ein, der entschied, dass der kirchenrechtliche Prozess unfair und konventionswidrig verlaufen sei, und dass Italien deshalb, durch die Anerkennung des Urteils aus dem Vatikan, gegen die verfahrensrechtlichen Garantien des Art. 6 EMRK verstoßen habe.

Zwar mag man gegen die Entscheidung des Straßburger Gerichts einwenden, dass die europäischen Menschenrechtsvorstellungen nicht der ganzen Welt aufgedrängt werden sollten, und dass die EMRK im deutschen Normengefüge nur

937 Vgl. Kreuzer, RW 2010, 143 (179); Renfert, Über die Europäisierung der ordre public Klausel, S. 121.
938 So auch Kreuzer, RW 2010, 143 (179).
939 Drozd und Janousek v. Frankreich und Spanien vom 26.6.1992 (Nr. 12747/87, in: A 240).
940 Pellegrini v. Italien vom 20.7.2001 (Nr. 30882/96, in: Slg. 2001–VIII).

den Rang eines einfachen Gesetzes einnimmt.[941] Doch ändert das nichts an der Tatsache, dass sich ein Vertragsstaat bei einer allzu großzügigen Anerkennungspraxis nach Art. 41 EMRK schadensersatzpflichtig macht.[942] Der zweitstaatliche Richter darf mithin eine ausländische Entscheidung nicht anerkennen, die unter Verstoß gegen Art. 6 EMRK zustande gekommen ist. Das gilt auch gegenüber Drittstaaten. Die ursprünglich vertretene Theorie des *effet atténué* gilt somit wohl nur noch im Bereich des materiellen ordre public und auch hier nur im Verhältnis zu Nicht-Vertragsstaaten.[943]

Trotz dieser eindeutigen Vorgaben des EGMR messen nationale Gerichte nur selten das fremde Recht oder die ausländische Entscheidung unmittelbar an den Vorgaben der EMRK. Nur in Frankreich gibt es vereinzelt Urteile, in denen die Richter eine parallele, vom ordre public unabhängige Überprüfung der Konventionsvorschriften vornehmen.[944] Das bedeutet aber nicht, dass die anderen Mitgliedstaaten ihren völkerrechtlichen Verpflichtungen nicht nachkommen. Denn auch hier spielen die Gebote der EMRK eine wichtige Rolle und werden häufig herangezogen, um einen Verstoß gegen den nationalen ordre public zu begründen.[945] Deutsche Gerichte beziehen sich hingegen im Rahmen des Art. 6 EGBGB allein auf die im deutschen Grundgesetz verankerten Menschenrechtsbestimmungen.[946] Dabei ist jedoch zu beachten, dass diese im Lichte der EMRK auszulegen sind,[947] so dass auch die deutsche Rechtsprechung nicht per se als konventionswidrig angesehen werden kann. Entscheidend ist im Ergebnis vielmehr nur, dass die Vorgaben des EGMR gewahrt werden, und zwar unabhängig davon, auf welche Art und Weise der europäische Menschenrechtsschutz im Einzelfall verwirklicht wird.

941 Vgl. Renfert, Über die Europäisierung der ordre public Klausel, S. 130 ff.; Müko-Sonnenberger, IPR Einl. Rn. 339.

942 So auch Müko-Sonnenberger, IPR Einl. Rn. 339.

943 So Thoma, Die Europäisierung und die Vergemeinschaftung des nationalen ordre public, S. 117.

944 Vgl. etwa Cour de cassation (1re Ch. civ.) vom 31.1.1990, Rev. crit. internat. privé mit Anm. Poisson-Drocourt, S. 521 ff. Vgl. auch die kritische Analyse der französischen Rechtsprechung von Thoma, Die Europäisierung und die Vergemeinschaftung des nationalen ordre public, S. 34 ff.

945 Vgl. Renfert, Über die Europäisierung der ordre public Klausel, S. 118 mit Beispielen aus der mitgliedstaatlichen Rechtsprechung, S. 105 ff.

946 Vgl. Thoma, Die Europäisierung und die Vergemeinschaftung des nationalen ordre public, S. 83; Martiny, in: FS Sonnenberger, 523 (535).

947 Vgl. Renfert, Über die Europäisierung der ordre public Klausel, S. 118.

2. Europäisierung des ordre public durch das Unionsrecht

Die Anwendung der nationalen Vorbehaltsklausel wird auch durch das Unionsrecht beeinflusst. Denn dieses hat Vorrang vor dem nationalen Recht, so dass dessen Gebote beachtet werden müssen, um die einheitliche Auslegung des Europarechts nicht zu gefährden. Die Anerkennung einer fremden Entscheidung kann aber nicht schon wegen einer unrichtigen Anwendung des Unionsrechts durch das Erstgericht verweigert werden.[948] Vielmehr ist erforderlich, dass der erststaatliche Richter einen offensichtlichen Verstoß gegen grundlegende Vorschriften des EU-Rechts begangen hat. Der Gerichtshof wacht somit lediglich über die Einhaltung der Grenzen, während die Voraussetzungen für das Eingreifen des ordre public nach wie vor durch die nationalen Gerichte bestimmt werden.[949] Das gilt zumindest unzweifelhaft für den materiellrechtlichen ordre public. Im Bereich des verfahrensrechtlichen ordre public hat der EUGH hingegen im Fall *Krombach*[950] eine Art inhaltliche Bestimmung vorgenommen und entschieden, dass das Recht auf ein faires Verfahren gemäß Art. 6 EMRK Bestandteil der nationalen Vorbehaltsklausel sei, die auch die Ablehnung der Anerkennung eines anderen mitgliedstaatlichen Urteils rechtfertige.[951]

3. Zwischenergebnis zum Begriff und Inhalt des europäischen ordre public

Es ist zwar nach wie vor Aufgabe des nationalen Richters, den Inhalt des ordre public Begriffs zu bestimmen, aber der europäische ordre public setzt dem Spielraum der mitgliedstaatlichen Gerichte empfindliche Grenzen. Im Verhältnis zu Drittstaaten kann deshalb sowohl ein zu großzügiger als auch ein zu rigider Umgang mit fremdem Recht und fremden Entscheidungen zu einer Verletzung der EMRK und des Unionsrechts führen.

948 Vgl. Martiny, in: FS. Sonnenberger, 523 (537).

949 Vgl. Thoma, Die Europäisierung und die Vergemeinschaftung des nationalen ordre public, S. 167.

950 C-7/98, Dieter Krombach v. André Bamberski vom 28.03.2000, Slg. 2000, I–1935.

951 Vgl. Thoma, Die Europäisierung und die Vergemeinschaftung des nationalen ordre public, S. 144; 146.

II. Europäischer ordre public und islamisches Familienrecht

Im Folgenden soll nun untersucht werden, inwieweit das Europarecht bei der Anwendung islamischen Scheidungsrechts oder bei der Anerkennung eines familienrechtlichen Urteils aus einem islamischen Staat, einen selbständigen ordre public Verstoß begründen kann.

1. Die Anwendung islamischen Familienrechts durch nationale Gerichte

Der nationale Richter kann durch die Nichtberufung der Vorbehaltsklausel und die Anwendung des drittstaatlichen Rechts gegen die europäischen Menschenrechte oder grundlegende Prinzipien des Unionsrechts verstoßen. In Betracht kommt aber regelmäßig nur eine Verletzung des materiellrechtlichen ordre public, da davon ausgegangen werden kann, dass der nationale Richter das Recht der Parteien auf ein faires Verfahren wahrt.

a) Art. 5 Zusatzprotokoll Nr. 7 EMRK

Das islamische Recht weist nur dem Mann das Recht zu, die Ehe jederzeit einseitig, auch gegen den Willen der Ehefrau aufzulösen. Es scheint sich deshalb ein Verstoß gegen den Gleichbehandlungsgrundsatz aufzudrängen, der in der EMRK durch ein spezielles Diskriminierungsverbot geschützt wird. Unterliegt die Scheidung nach dem innerstaatlichen Kollisionsrecht islamischem Recht, so könnte eine allzu große Toleranz von Seiten der mitgliedstaatlichen Gerichte einen Verstoß gegen Art. 5 Zusatzprotokoll Nr. 7 EMRK begründen, der bestimmt, dass die Ehegatten während der Ehe und bei der Scheidung untereinander und in Bezug auf ihre Kinder die gleichen Rechte und Pflichten haben.

Allerdings hat die Analyse der Rechtsprechung der nationalen Gerichte ergeben, dass alle Mitgliedstaaten die ordre public Klausel anwenden, wenn das islamische Scheidungsrecht die Frau im Einzelfall gegenüber dem Mann benachteiligt.[952] Die mitgliedstaatliche Rechtsprechung lässt deshalb keinen Verstoß gegen den europarechtlichen ordre public erkennen.

952 Vgl. oben 2. Kapitel, I. 1. g) bb) aaa).

b) Art. 8 i. V. m. Art 14 EMRK/ Art. 5 Zusatzprotokoll Nr. 7 EMRK

Richtet sich das Eltern–Kind-Verhältnis nach islamischem Recht, so kommt ebenfalls ein Verstoß gegen Art. 5 Zusatzprotokoll Nr. 7 bzw. Art. 8 i. V. m. Art. 14 EMRK in Betracht. Denn wie gerade dargelegt verbietet Art. 5 Zusatzprotokoll Nr. 7 EMRK ausdrücklich die Ungleichbehandlung von Mutter und Vater bei der Verteilung der elterlichen Sorge. Es handelt sich hierbei um eine Spezialvorschrift, die aber dem allgemeinen Gleichbehandlungsgrundsatz des Art. 14 EMRK nicht vorgeht, sondern dessen Garantien lediglich ergänzt.[953] In einigen Mitgliedstaaten, wie etwa England und Deutschland, ist das Zusatzprotokoll Nr. 7 zur EMRK zudem gar nicht in Kraft getreten, so dass sich hier die Überprüfung der Konventionswidrigkeit von vornherein auf das allgemeine Diskriminierungsverbot beschränkt.

Es ist jedoch zu beachten, dass Art. 14 EMRK keine eigenständige Bedeutung zukommt und er nur im Zusammenhang mit anderen Konventionsvorschriften zur Anwendung gelangt.[954] Das bedeutet, dass ein Verstoß gegen das Diskriminierungsverbot nur vorliegen kann, wenn der Sachverhalt in den Anwendungsbereich einer anderen materiellen Vorschrift der EMRK fällt.[955]

In Betracht kommt hier Art. 8 EMRK, der unter anderem das Recht auf Achtung des Familienlebens schützt. Dabei ist zwischen der Beziehung der Ehegatten untereinander und der Beziehung der Eltern zu ihren Kindern zu unterscheiden. Zwischen den Eltern und Kindern besteht ein Familienleben i. S. v. Art. 8 EMRK, wenn die Kinder in einer Ehe geboren wurden oder wenn aufgrund der tatsächlichen Umstände von einer Eltern-Kind-Beziehung ausgegangen werden kann. Ist der Schutzbereich eröffnet, so garantiert Art. 8 EMRK dem jeweiligen Elternteil das Recht auf Zusammensein mit dem Kind.[956] Entscheidungen über das Sorge- und Umgangsrechts, die ein Elternteil privilegieren, stellen somit immer einen Eingriff in das Recht auf Achtung des Familienlebens dar.[957] Allerdings wird den Behörden bei ihrer Entscheidung ein weites Ermessen eingeräumt.[958] So geht aus Art. 5 Zusatzprotokoll Nr. 7 EMRK ausdrücklich hervor, dass die Gleichberechtigung der

---

953 Vgl. Grabenwarter, Europäische Menschenrechtskonvention, § 26 Rn. 21.

954 Das 12. Zusatzprotokoll zur EMRK vom 04.11.2000, das ein allgemeines Diskriminierungsverbot enthält (vgl. Ağırbaşlı, Vom akzessorischen Diskriminierungsverbot zum allgemeinen Gleichheitsgebot, S. 1), ist bisher weder in Deutschland, noch im Vereinigten Königreich in Kraft getreten.

955 Vgl. Meyer-Ladewig, Europäische Menschenrechtskonvention Handkommentar, Art. 14, Rn. 5; Grabenwarter, Europäische Menschenrechtskonvention, § 26 Rn. 2; Villinger, Handbuch der europäischen Menschenrechtskonvention (EMRK), § 30 Rn. 658.

956 Vgl. Grabenwarter, Europäische Menschenrechtskonvention, § 22 Rn. 19.

957 Vgl. Villinger, Handbuch der europäischen Menschenrechtskonvention (EMRK), § 24 Rn. 575.

958 Vgl. Kilkelly, The Child and the European Convention on Human Rights, S. 241 f.

Ehegatten es den Staaten nicht verwehrt, die im Interesse der Kinder notwendigen Maßnahmen zu treffen. Aufgabe der Behörden ist es demzufolge einen angemessenen Ausgleich zwischen den Interessen des Kindes und denen der Eltern herbeizuführen, wobei aber im Zweifelsfall dem Kindeswohl der Vorrang gebührt.[959]

Grundsätzlich sind die Vertragsstaaten deshalb verpflichtet, beiden Elternteilen einen Zugang zum Sorgerecht zu ermöglichen.[960] Die pauschale Zuweisung der elterlichen Sorge an ein Elternteil aufgrund des Geschlechts oder der Religionszugehörigkeit ist deshalb nicht zulässig, sondern es ist immer eine Entscheidung im Einzelfall zu treffen, die am Kindeswohl auszurichten ist. Würde nun das nationale Gericht aufgrund der starren Fristen im islamischen Recht eine Zuweisung der elterlichen Sorge nach dem Geschlecht der Eltern und unabhängig von den Interessen des Kindes vornehmen, so könnte dies einen Verstoß gegen die europäischen Menschenrechte begründen. Die bisherige Untersuchung hat jedoch ergeben, dass die mitgliedstaatlichen Richter das gleichheitswidrige, ausländische Recht grundsätzlich nur anwenden, wenn das Ergebnis der Rechtsanwendung dem Kindeswohl entspricht.[961] Diese Rechtsprechung ist im Hinblick auf die in Art. 8 i. V. m. Art 14 und Art. 5 des Zusatzprotokoll Nr. 7 EMRK enthaltenen Garantien nicht zu beanstanden. Problematisch erscheint jedoch, dass deutsche Gerichte einen ordre public Verstoß zum Teil nur dann bejahen wollen, wenn die Anwendung der islamischen Sorgerechtsvorschriften eine Gefahr für das Wohl der Kinder begründet. Das bedeutet, dass das ausländische Statut selbst dann zur Anwendung berufen werden könnte, wenn es unter einer sachlich nicht zu rechtfertigenden Privilegierung eines Geschlechts oder einer bestimmten Religionszugehörigkeit dem Elternteil zuweist, der schlechter zur Erziehung des Kindes geeignet ist. Diese Rechtsprechung verstößt gegen das Diskriminierungsverbot des Art. 8 i. V. m. Art. 14 EMRK.[962]

2. Die Anerkennung von familienrechtlichen Entscheidungen aus Staaten mit einer islamischgeprägten Rechtsordnung

Bei der Anerkennung von drittstaatlichen Entscheidungen kann sowohl eine zu strenge, als auch eine zu großzügige Anerkennungspraxis zu einer Verletzung des europäischen ordre public führen.

959 Vgl. Grabenwarter, Europäische Menschenrechtskonvention, § 22 Rn. 40; EMRK-Kommentar-Frowein, Art. 8 EMRK Rn. 23.

960 EGMR vom 03.12.2009 (Nr. 22028/04) mit Anm. Coester, NJW 2010, 482 ff.

961 Vgl. oben 2. Kapitel, I. 1. g) bb) bbb) (2).

962 Vgl. hierzu sogleich näher unten 3. Kapitel, II. 2. b) bb).

a) Die Anerkennung einer im Ausland vorgenommenen Verstoßung

Geht es um die Wirksamkeitsüberprüfung einer ausländischen Talaq-Scheidung, so kommt ein Verstoß gegen die Gleichberechtigung der Ehegatten bei Beendigung der Ehe (Art. 5 des Zusatzprotokolls Nr. 7 EMRK), sowie eine Verletzung der Personenfreizügigkeit (Art. 21 AEUV) in Betracht.

aa) Art. 5 Zusatzprotokoll Nr. 7 EMRK

aaa) Die Rechtsprechung der nationalen Gerichte

In den meisten Mitgliedstaaten kann ein ausländischer Talaq nur anerkannt werden, wenn die Frau mit der Auflösung der Ehe einverstanden ist. Andernfalls wird die Exequatur wegen der gleichheitswidrigen Ausgestaltung des islamischen Scheidungsrechts versagt. Dabei greifen die Vertragsstaaten aber nur zum Teil auf die Vorschriften der EMRK zurück; denn überwiegend wird die Anwendung der Vorbehaltsklausel allein mit einer Verletzung der nationalen Verfassung begründet. Sofern die nationalen Menschenrechte aber in Übereinstimmung mit den Vorgaben des EGMR ausgelegt werden, ist diese Vorgehensweise nicht zu beanstanden. Art. 5 des Zusatzprotokolls Nr. 7 der EMRK ist deshalb bisher nur in der belgischen und französischen Rechtsprechung relevant geworden. So haben belgische unterinstanzliche Gerichte in mehreren Entscheidungen entschieden, dass das einseitige Verstoßungsrecht des Mannes – unabhängig von den Umständen des Einzelfalls – gegen Art. 14 der EMRK, sowie gegen Art. 5 des Zusatzprotokolls Nr. 7 derselben Konvention und somit gegen den belgischen ordre public verstoße. Und auch die französische *Cour de cassation* zieht seit dem Jahre 1994 regelmäßig die EMRK als Maßstab bei der ordre public Kontrolle von ausländischen Talaq-Scheidungen heran und sieht in dem einseitigen Privileg des Ehemannes die Ehe nach seinem alleinigen Ermessen auflösen zu können, eine Verletzung des Art. 5 des Zusatzprotokolls Nr. 7 der EMRK. Etwas anderes soll nur dann gelten, wenn die Frau der Scheidung zustimmt oder kein hinreichender Inlandsbezug gegeben ist.[963]

963 Allerdings wird hier in der französischen Literatur teilweise vertreten, dass eine hinreichende Verbindung zu Europa ausreichen sollte, vgl. Hammje, Rev. crit. internat. privé 2004, 423 (437). In Belgien ist dies seit der IPR-Reform sogar gesetzlich festgelegt (Art. 57 §2 Nr. 2 und 3 IPRG).

bbb) Stellungnahme

Die Vorschriften des islamischen Rechts, die grundsätzlich nur dem Mann ein Recht zur Verstoßung einräumen, sind eklatant gleichheitswidrig. Erkennen die Vertragsstaaten deshalb eine Scheidung an, die auf Grundlage solcher Vorschriften vorgenommen wurde, dann begehen sie möglicherweise selbst einen Verstoß gegen die Gleichberechtigung der Ehegatten. Das setzt aber voraus, dass die nationalen Gerichte durch die Anerkennungsentscheidung selbst eine konkrete Menschenrechtsverletzung begehen.[964] Von einer solchen kann aber jedenfalls dann nicht ausgegangen werden, wenn die Frau der Scheidung zustimmt. Die Rechtsprechung der spanischen, französischen und niederländischen Gerichte, die eine Anerkennung grundsätzlich nur zulassen, wenn die Frau mit der Auflösung der Ehe einverstanden ist, verstößt deshalb nicht gegen das Diskriminierungsverbot des Art. 5 des Zusatzprotokolls Nr. 7 der EMRK. Sollte allerdings die hier vertretene Auffassung zutreffen, dass französische Gerichte die Vorbehaltsklausel nur in den Fällen anwenden, in denen der Sachverhalt eine hinreichende Inlandsbeziehung aufweist, dann könnte dies eine unzulässige Einschränkung des Anwendungsbereichs der EMRK bedeuten.[965] Allerdings wurde bisher keine Beschwerde vor dem EGMR eingereicht, die eine Verletzung der Konvention wegen des Erfordernisses des Vorliegens einer hinreichenden Inlandsbeziehung geltend macht.[966] Eine Klärung durch den Straßburger Gerichtshof steht deshalb noch aus.[967]

Problematisch scheint aber die Rechtspraxis in England und Deutschland, die eine Anerkennung einer ausländischen Verstoßung auch in Fällen zulässt, in

964 Vgl. Kreuzer, RW 2010, 143 (177).

965 Es ist den Urteilen der französischen *Cour de cassation* jedoch nicht zu entnehmen, ob der erforderliche Inlandsbezug schon im Zeitpunkt der Verstoßung vorliegen muss oder erst im Zeitpunkt der Anerkennungsentscheidung (vgl. oben 2. Kapitel, II. 3. b) cc) bbb) (2) (b)). Sollte letzteres der Fall sein dürfte das Kriterium der Inlandsbeziehung zu keiner Einschränkung des Anwendungsbereichs der Konvention führen.

966 Vgl. Thoma, Die Europäisierung und die Vergemeinschaftung des nationalen ordre public, S. 89.

967 Die *self-executing* Natur der EMRK sollte aber nicht dazu herangezogen werden, um eine Versagung einer ausländischen Verstoßung zu begründen, die nach dem Personalstatut beider Ehegatten wirksam ist und die in einem Zeitpunkt vorgenommen worden ist, in denen die Ehegatten noch keinerlei Bezug zu Europa aufwiesen. Denn in einem solchen Fall hatte der Mann oft gar keine andere Wahl als die Ehe durch Verstoßung aufzulösen, so dass nicht völlig einseitig auf die Interessen der Frau abgestellt werden darf. Begründen lässt sich diese Ansicht mit dem *effet atténué* der Konvention im Bereich der Anerkennung von Entscheidungen aus Nicht-EMRK-Staaten. Denn unter diesen Umständen begründet die Anerkennung der ausländischen Scheidung durch einen EMRK-Vertragsstaat keinen eklatanten Verstoß gegen Art. 5 Zusatzprotokoll Nr. 7 EMRK.

denen die Frau der Scheidung nicht zugestimmt hat. Allerdings ist zu beachten, dass das Vereinigte Königreich und die BRD das Zusatzprotokoll Nr. 7 bisher gar nicht ratifiziert haben, so dass diesbezüglich eine Verletzung der EMRK von vornherein ausscheidet. Zu prüfen bleibt aber, ob die Rechtsprechung der englischen und deutschen Gerichte mit dem allgemeinen Gleichbehandlungsgrundsatz des Art. 14 EMRK vereinbar ist.

Wie bereits erwähnt kommt Art 14 EMRK keine eigenständige Bedeutung zu, sondern ist nur im Zusammenhang mit anderen Konventionsvorschriften anwendbar. In Betracht kommt hier Art. 12 EMRK, der allen Männern und Frauen das Recht garantiert, eine Ehe einzugehen und eine Familie zu gründen. Denn stellt das innerstaatliche Recht unterschiedliche Eheschließungsvoraussetzungen für Männer und Frauen auf und gibt es dafür keine sachliche Rechtfertigung,[968] dann verstößt diese grundlose Differenzierung gegen Art. 12 i. V. m. Art. 14 EMRK.

Vorliegend führen die unterschiedlichen Voraussetzungen für eine Scheidung dazu, dass Männern auch die Wiederheirat erleichtert wird. Die gesetzliche Privilegierung des Mannes tangiert somit womöglich die Eheschließungsfreiheit, die von Art. 12 EMRK geschützt wird. Allerdings ist fraglich wie weit der Schutzbereich dieser Vorschrift reicht. Denn anders als Art. 6 GG, der eine weitergehende Schutzverpflichtung für Ehe und Familie begründet,[969] schützt Art. 12 EMRK nur das Recht, eine Ehe einzugehen und eine Familie zu gründen. Ein Recht auf Scheidung, und somit ein Recht auf Wiederverheiratung, kann dem Wortlaut hingegen nicht entnommen werden,[970] was für Art. 12 EMRK auch vom Europäischen Gerichtshof für Menschenrechte bestätigt worden ist.[971] Die Rechtsprechung der englischen und deutschen Gerichte kann deshalb auch nicht gegen den allgemeinen Gleichbehandlungsgrundsatz des Art. 14 EMRK verstoßen.

ccc) Exkurs: Überprüfung der englischen und deutschen Rechtsprechung anhand von Art. 5 Zusatzprotokoll Nr. 7 EMRK

Da es zumindest theoretisch denkbar ist, dass die BRD und das Vereinigte Königreich das Zusatzprotokoll Nr. 7 noch ratifizieren werden, soll nun in einem kurzen Exkurs untersucht werden, ob die Rechtsprechung der deutschen und eng-

968 Meyer-Ladewig, Europäische Menschenrechtskonvention Handkommentar, Art. 14 Rn. 8.

969 Auch die Ehescheidung und das Recht auf Wiederverheiratung wird von Art. 6 GG geschützt, BVerfGE 53, 224 [250]; vgl. auch GG Mitarbeiterkommentar-Umbach, Art. 6 GG Rn. 24.

970 Vgl. Schilling, Internationaler Menschenrechtsschutz, S. 139 f.; Grabenwarter, Europäische Menschenrechtskonvention, § 22 Rn. 61; Harris/O'Boyle/Warbrick, Law of the European Convention on Human Rights, S. 439 f.

971 Johnston And Others v Ireland vom 18.12.1986 (Nr. 9697/82 in: A 112).

lischen Rechtsprechung mit der in Art. 5 Zusatzprotokoll Nr. 7 EMRK garantierten Gleichberechtigung der Ehegatten bei Beendigung der Ehe vereinbar wäre.

Wie bereits dargelegt begeht der Anerkennungsstaat nur dann selbst eine Menschenrechtsverletzung, wenn das Ergebnis im konkreten Fall den Gleichbehandlungsgrundsatz verletzt. Das setzt zunächst voraus, dass das Gleichberechtigungsgebot der Ehegatten überhaupt den richtigen Prüfungsmaßstab darstellt. Davon kann aber, wie bereits oben ausführlich dargelegt wurde,[972] nicht ohne weiteres ausgegangen werden. Stellt man nämlich nur auf das konkrete Ergebnis ab, dann stellt sich die Frage der Gleichberechtigung im Grunde gar nicht. Denn im konkreten Fall geht es nur um die Anerkennung der vom Mann initiierten Scheidung, so dass der umgekehrte Fall rein hypothetisch bleibt und eigentlich gar nicht berücksichtigt werden dürfte.

Aber selbst wenn man mit der wohl h. M. davon ausgeht, dass der Gleichbehandlungsgrundsatz durch die grundsätzliche Privilegierung des Mannes im islamischen Recht tangiert wird, muss die Anerkennung einer in einem Drittstaat vorgenommenen Verstoßung nur versagt werden, wenn eine konkrete Verletzung des Diskriminierungsverbots vorliegt. Von einer solchen kann aber nur ausgegangen werden, wenn der in Rede stehende Sachverhalt keine Umstände aufweist, die die Benachteiligung der Ehefrau ausgleichen. Das ist nach der deutschen Rechtsprechung der Fall, wenn die Frau der Scheidung zustimmt, die Scheidungsvoraussetzungen auch nach dem Recht des Anerkennungsstaates vorliegen oder nur ein geringer Inlandsbezug gegeben ist. Die Überprüfung der ausländischen Talaq-Scheidung anhand der nationalen deutschen Grundrechte wäre deswegen wohl auch mit den Vorgaben des Art. 5 Zusatzprotokoll Nr. 7 EMRK vereinbar. Problematisch könnte nur wieder sein, dass die Voraussetzung einer hinreichenden Inlandsbeziehung den Anwendungsbereich der EMRK einengt. Allerdings fehlt es diesbezüglich an einem wegweisenden Urteil des EGMR, so dass diese Frage hier nicht abschließend beantwortet werden kann. Unabhängig von der Entscheidung des Straßburger Gerichtshofs sollte aber die Theorie vom Inlandsbezug im Anwendungsbereich der EMRK dergestalt modifiziert werden, dass eine Proximität zu Europa ausreicht.[973] Die Tatsache, dass der Sachverhalt neben dem Bezug zum Forum auch eine enge Verbindung zum Scheidungsstaat aufweist, kann dagegen keine eklatante Benachteiligung der Frau rechtfertigen. Die zum Teil sehr liberale Anerkennungspraxis der englischen Gerichte wäre deshalb im Falle einer Ratifizierung des Zusatzprotokolls problematisch.

---

972 Vgl. oben 2. Kapitel, II. 3. g) cc) bbb) (b).

973 So auch Hammje, Rev. crit. internat. privé, 2004, 423 (437).

ddd) Zwischenergebnis

Geht man mit der hier vertretenen Auffassung davon aus, dass der Gleich-behandlungsgrundsatz im konkreten Fall nie tangiert ist, dann scheidet ein Verstoß der Mitgliedstaaten gegen Art. 5 des Zusatzprotokolls Nr. 7, durch eine zu liberale Anerkennungspraxis von vornherein aus. Folgt man hingegen der wohl h. M., die einen Verstoß gegen das Diskriminierungsverbot durchaus in Betracht zieht, dann führt das Erfordernis einer konkreten Menschenrechtsverletzung letztlich ebenfalls zu dem Ergebnis, dass die Rechtsprechung der hier untersuchten Mitgliedstaaten mit den Vorgaben der Konvention vereinbar ist. Auch für den Fall eines Inkrafttretens des Zusatzprotokolls Nr. 7 scheint nur die Rechtsprechung der englischen Gerichte bedenklich, die – unter der Prämisse dass der Gleichbehandlungsgrundsatz den richtigen Prüfungsmaßstab darstellt – gegen die Gleichberechtigung der Ehegatten und somit gegen den europäischen ordre public verstoßen dürfte.

bb) Personenfreizügigkeit des Art. 21 AEUV

Nicht nur eine zu großzügige Anerkennungspraxis, sondern auch ein zu strenger Umgang mit dem islamischen Recht könnte im Bezug auf den europäischen ordre public problematisch sein. Denn die sehr unterschiedlichen Anerkennungsvoraussetzungen in den Mitgliedstaaten könnten dazu führen, dass eine ausländische Talaq-Scheidung nur in einigen Mitgliedstaaten anerkannt wird, was die Betroffenen womöglich daran hindert, von ihrem Freizügigkeitsrecht Gebrauch zu machen.[974] Die Nichtanerkennung einer im Ausland vorgenommenen Verstoßung könnte deshalb eine Verletzung der Personenfreizügigkeit begründen.

Allerdings stellt sich die Frage der Anerkennungsfähigkeit einer Talaq-Scheidung meist in Bezug auf Drittstaatenangehörige, die sich grundsätzlich nicht auf die Freizügigkeitsgarantie berufen können.[975] Eine Verletzung des Art. 21 AEUV kommt deshalb nur in Betracht, wenn es sich bei den Beteiligten ausnahmsweise (auch) um EU-Bürger handelt oder um Drittstaatenangehörige, die aufgrund ihres Status als langfristige Aufenthaltsberechtigte[976] das Recht haben, sich innerhalb der EU frei zu bewegen.

974 Vgl. Gonzáles Beilfuss, in: International Family Law for the European Union, Rn. 33.

975 Vgl. Gärtner, Die Privatscheidung im deutschen und gemeinschaftsrechtlichen Internationalen Privat- und Verfahrensrecht, S. 271.

976 2003/109/EG betreffend die Rechtsstellung der langfristig aufenthaltsberechtigten Drittstaatenangehörigen, sowie Richtlinie 2004/38/EG über das Recht der Unionsbürger und ihrer Familienangehörigen, sich im Hoheitsgebiet der Mitgliedstaaten frei zu bewegen und aufzuhalten. Drittstaatenangehörige, die sich seit mindestens fünf Jahren mit einer dauerhaften

Aber selbst wenn es sich bei dem Betroffenen um eine vom persönlichen Schutzbereich des Art. 21 AEUV erfasste Person handelt, kann eine Verletzung der Freizügigkeitsgarantie nur angenommen werden, wenn die Vorbehaltsklausel in einer diskriminierenden oder unverhältnismäßigen Weise angewendet wird. Davon kann aber grundsätzlich nicht ausgegangen werden. Denn die mitgliedstaatlichen Gerichte bezwecken mit ihrer Rechtsprechung den Schutz hochrangiger Verfassungsgüter und verfolgen somit ein legitimes Ziel. Dabei wird die ordre public Klausel auch in einer nicht diskriminierenden Weise angewendet, da höchstens eine nach der Rechtsprechung des EUGH zulässige Inländerdiskriminierung stattfindet.[977] Die Nichtanerkennung der ausländischen Talaq-Scheidung ist darüber hinaus notwendig, um eine Grundrechtsverletzung der Ehefrau zu vermeiden, so dass die Anwendung der Vorbehaltsklausel auch verhältnismäßig ist. Eine Verletzung des Art. 21 AEUV kann deshalb in aller Regel nicht angenommen werden.[978]

b) Die Anerkennung einer ausländischen Sorgerechtsentscheidung

Die Vorschriften des traditionellen islamischen Rechts, die die Verteilung der elterlichen Verantwortung vom Geschlecht und der Religion des jeweiligen Elternteils abhängig machen, sind wieder im Hinblick auf den Gleichbehandlungsgrundsatz problematisch. Denn nach der Rechtsprechung des Gerichtshofs für Menschenrechte müssen die Mitgliedstaaten ihr innerstaatliches Recht so ausgestalten, dass grundsätzlich beide Elternteile die Möglichkeit haben, das Sorgerecht zu erlangen.[979] Ansonsten droht ein Verstoß gegen Art. 8 i. V. m. Art. 14 EMRK.

aa) Rechtsprechung der nationalen Gerichte

Die Vertragsstaaten überprüfen die ausländische Entscheidung grundsätzlich nicht am Maßstab des Gleichbehandlungsgrundsatzes. Die Anerkennung wird aber in der

---

Aufenthaltserlaubnis innerhalb der Gemeinschaft aufhalten, haben deshalb das Recht, sich in allen Mitgliedstaaten frei zu bewegen.

977 Denn die mitgliedstaatlichen Gerichte sind eher dazu geneigt, die Anerkennung einer Verstoßung zu verweigern, wenn einer der Beteiligten die inländische Staatsbürgerschaft besitzt, vgl. auch Gonzáles Beilfuss, in: International Family Law for the European Union, Rn. 34. Es ist allerdings zu beachten, dass sich auch Inländer auf die EU-Freizügigkeit berufen können, wenn sie von ihrem Freizügigkeitsrecht schon Gebrauch gemacht haben.

978 Vgl. Gonzáles Beilfuss, in: International Family Law for the European Union, Rn. 34.

979 Maßnahmen im Bereich des Sorgerechts zugunsten eines Elternteils begründen immer einen Eingriff in Art. 8 EMRK, vgl. Grabenwarter, Europäische Menschenrechtskonvention, § 21 Rn. 27 m. w. N.

Regel versagt, wenn die Sorgerechtsverteilung nicht mit den Interessen des Kindes übereinstimmt. Anders hingegen die wohl h. L. in Deutschland, die strengere Anforderungen an den ordre public Vorbehalt stellt. Für eine Anwendung der Vorbehaltsklausel soll es demnach nicht ausreichen, dass der Richter auf der Grundlage des § 1671 BGB eine andere Entscheidung getroffen hätte; erforderlich sei vielmehr, dass die fremde Sorgerechtsentscheidung offensichtlich dem Kindeswohl widerspricht.

bb) Stellungnahme

Die islamischen Regelungen zur Verteilung der elterlichen Sorge verstoßen abstrakt gesehen unzweifelhaft gegen den Gleichbehandlungsgrundsatz der Geschlechter. Das bedeutet aber nicht, dass die Vertragsstaaten selbst die Vorschriften der EMRK verletzen, wenn sie eine fremde Entscheidung anerkennen, die auf der Anwendung gleichheitswidriger Vorschriften beruht. Erforderlich ist vielmehr, dass das konkrete Ergebnis der Anerkennung gegen das Diskriminierungsverbot des Art. 14 EMRK verstößt.

Die Zuweisung des alleinigen Sorgerechts an ein Elternteil ist aber nach der Rechtsprechung des EGMR gerechtfertigt, wenn es das Kindeswohl erfordert.[980] Es ist deswegen nicht zu beanstanden, wenn die Mitgliedstaaten eine islamische Entscheidung anerkennen, die zwar auf der Grundlage diskriminierender Vorschriften getroffen wurde, aber im Ergebnis mit den Interessen des Kindes übereinstimmt.[981] Problematisch erscheint jedoch, dass deutsche Autoren und Gerichte sich teilweise nur dann auf den ordre public berufen möchten, wenn die Verteilung der elterlichen Sorge offensichtlich nicht mit den Interessen des Kindes zu vereinbaren ist. Das bedeutet, dass eine fremde Sorgerechtsentscheidung auch dann Bestand haben kann, wenn das Sorgerecht unter einer sachlich nicht zu rechtfertigenden Privilegierung eines Geschlechts oder einer bestimmten Religionszugehörigkeit dem Elternteil zugewiesen wurde, der schlechter zur Erziehung des Kindes geeignet ist.[982] Der Gerichtshof für Menschenrechte hat jedoch geurteilt, dass die Entscheidung des OGH das Sorgerecht dem Vater zuzuweisen mit der Begründung, dass die Mutter den Zeugen Jehovas angehöre, eine Diskriminierung aufgrund der Religion darstellt und zu einer Verletzung des

980 EGMR vom 03.12.2009 (Nr. 22028/04) mit Anm. Coester, NJW 2010, 482 ff. Vgl. auch Grabenwarter, Europäische Menschenrechtskonvention, § 21 Rn. 40.

981 Denn im Konfliktfall haben die Interessen des Kindes vor denen der Eltern Vorrang, vgl. Grabenwarter, Europäische Menschenrechtskonvention, § 21 Rn. 40; EMRK-Kommentar-Frowein, Art. 8 EMRK Rn. 23.

982 Dem Kindeswohl muss aber auf jeden Fall Vorrang zukommen, wenn andernfalls die Gesundheit oder die Entwicklung des Kindes beeinträchtigt wird, vgl. Grabenwarter, Europäische Menschenrechtskonvention, § 21 Rn. 40.

Art. 8 i. V. m. Art. 14 EMRK führe.[983] Die Auffassung der wohl h. L. in Deutschland ist deshalb nicht mit den Vorgaben des Art. 8 i. V. m. Art. 14 EMRK zu vereinbaren.[984] Aus diesem Grund ist die Tendenz in der Rechtsprechung zu begrüßen, die ihre Zurückhaltung bei der Korrektur von ausländischen Sorgerechtsentscheidungen zunehmend aufgibt. Denn auch wenn durchaus zweifelhaft ist, ob in den bereits zitierten Urteilen[985] die Voraussetzungen für eine Abänderung nach § 1696 BGB vorlagen, wird auf diese Weise zumindest eine Verletzung der EMRK verhindert. Dogmatisch sauberer wäre es jedoch gewesen zu prüfen, ob die ausländische Entscheidung derart gegen unsere Wertvorstellungen verstößt, dass schon die Anerkennung hätte versagt werden müssen.

IV. Entwicklung eines unionsautonomen ordre public Begriffs im internationalen Scheidungsrecht

Wenn in der internationalprivatrechtlichen Literatur von dem europäischen ordre public die Rede ist, so ist in der Regel die Europäisierung des nationalen ordre public gemeint, wie er gerade eben erörtert wurde.

Die Urteile des EUGH zu den unionsrechtlichen Grenzen des nationalen ordre public haben in der Literatur jedoch die Diskussion ausgelöst, ob es nicht an der Zeit sei, von einem autonomen europäischen ordre public Begriff auszugehen,[986] der auf den gemeinsamen Grundprinzipien der Mitgliedstaaten beruht.

1. Gründe für eine autonome Auslegung der ordre public Klausel

Für eine autonome Auslegung spricht das Ziel der Verordnung, die Scheidung unabhängig von der Wahl des Forums immer dem gleichen Recht zu unterwer-

983 Hoffmann v Austria vom 23.6.1993 (Nr. 12875/87, in: A 255 C).

984 Es ist allerding zu beachten, dass es vorliegend um die Anerkennung einer Entscheidung aus einem Nicht-Vertragsstaat geht, so dass die Konvention der Vollstreckung der ausländischen Sorgerechtsanordnung nach der Theorie des *effet atténué,* nur entgegensteht, wenn eine eklatante und offensichtlichen Verletzung der EMRK vorliegt. Beruht die ausländische Entscheidung aber auf einer Vorschrift, die dem Mann automatisch aufgrund seiner Geschlechts- oder Religionszugehörigkeit das Sorgerecht zuweist, obwohl die Mutter im konkreten Fall besser zur Wahrung des Kindeswohls geeignet wäre, dann ist von einem solchen massiven Verstoß gegen die Konvention auszugehen.

985 Vgl. oben Fn. 915; 916.

986 Vgl. Georganti, Die Zukunft des ordre public-Vorbehalts im Europäischen Zivilprozessrecht, 146; 150.

fen. Auf diese Weise soll Rechtssicherheit geschaffen und ein Wettlauf zu den Gerichten vermieden werden.[987] Eine vollständige Harmonisierung kann aber nur gelingen, wenn auch ein einheitlicher europäischer ordre public Ansatz verfolgt wird. Zwar greifen diese Argumente nicht bei der Anwendung außereuropäischen Rechts, da hier die Parteien immer noch die Möglichkeit haben, die Gerichte des Heimatstaates anzurufen, die ihren eigenen Kollisionsregeln folgen; geht man aber von einem autonomen ordre public Verständnis aus, dann muss dieses auch im Verhältnis zu Drittstaaten gelten.

Fraglich ist jedoch, ob für einen selbständigen, europäischen ordre public überhaupt eine Rechtsgrundlage besteht. Eine solche könnte sich in Art. 12 Rom III VO finden. Allerdings hat die Auslegung ergeben, dass die unionsrechtlichen Verordnungen immer noch auf den nationalen ordre public der Mitgliedstaaten abstellen, so dass die nationalen Gerichte grundsätzlich nicht verpflichtet sind, den Begriff autonom auszulegen. Die Anwendung des Art. 12 Rom III VO kann deshalb dazu führen, dass im Fall der Berufung von islamischem Recht in unterschiedlichem Umfang von der Vorbehaltsklausel Gebrauch gemacht wird. In der Literatur wird dieser Ansatz zum Teil begrüßt, da es in einem so sensiblen Bereich wie dem Scheidungsrecht dem einzelnen Mitgliedstaat überlassen bleiben müsse zu entscheiden, ob die Anwendung des ausländischen drittstaatlichen Rechts gegen wesentliche Grundsätze der nationalen Rechtsordnung verstoße.[988]

Manche weisen aber auch darauf hin, dass gerade hinsichtlich islamischer Rechtsinstitute ein einheitlicher Umgang geboten sei, um die Freizügigkeitsgarantie des Art. 21 AEUV umfassend gewährleisten zu können.[989] Denn aufgrund des unterschiedlichen Umgangs mit dem islamischen Scheidungsrecht vor europäischen Gerichten könnte es dazu kommen, dass die Betroffenen in dem einen Mitgliedstaat als geschieden gelten, in einem anderen aber nicht, was sie daran hindern könnte, von ihrem Freizügigkeitsrecht Gebrauch zu machen. Zwar sind es meist Drittstaatenangehörige, die von der Anwendung islamischen Scheidungsrechts betroffen sind, die sich nur selten auf das Freizügigkeitsrecht berufen können. Doch sind nach den geplanten Kollisionsregeln durchaus Konstellationen denkbar, wo auch die Scheidung von einem oder zwei Unionsbürgern islamischem Recht unterliegt. Das ist beispielsweise dann der Fall, wenn ein muslimisches Ehepaar seinen gemeinsamen gewöhnlichen Aufenthalt in einem Staat mit einer islamischen Rechtsordnung hat und beide Parteien (auch) die Staatsangehörigkeit eines bestimmten Mitgliedstaates besitzen. Außerdem können auch Drittstaaten-

987 Vgl. insbesondere Erwägungsgrund 9 der Verordnung (EU) Nr. 1259/2010 des Rates.

988 Vgl. Gärtner, Die Privatscheidung im deutschen und gemeinschaftsrechtlichen Internationalen Privat- und Verfahrensrecht, S. 300.

989 Vgl. Gonzáles Beilfuss, in: International Family Law for the European Union, Rn. 33.

angehörige die Freizügigkeitsgarantie geltend machen, wenn sie dem Anwendungsbereich der oben genannten Richtlinien unterfallen.[990]

Allerdings ist fraglich, ob der einheitliche Umgang mit dem islamischen Familienrecht überhaupt erforderlich ist, um die Personenfreizügigkeit zu gewährleisten. Denn aufgrund der bereits bestehenden Anerkennungsregeln der Brüssel IIa VO können sich Ehegatten, die vor einem mitgliedstaatlichen Gericht geschieden worden sind, ziemlich sicher sein, dass ihre Scheidung innerhalb der EU anerkannt werden wird.[991] Die Anerkennung findet dabei unabhängig von dem anwendbaren Recht statt, also auch dann, wenn die Scheidung drittstaatlichem islamischem Recht unterlag. Bestehen jedoch große Unterschiede im Umgang mit den islamischen Rechtsinstituten, so besteht die Gefahr, dass eine in einem anderen Mitgliedstaat ergangene Entscheidung wegen eines Verstoßes gegen den nationalen ordre public (Art. 22 a Brüssel IIa VO) nicht anerkannt wird. Das ist bei der Anwendung islamischen Rechts auch wahrscheinlicher als bei der Anwendung eines anderen mitgliedstaatlichen Scheidungsrechts, zumal einige Staaten bisher ausschließlich die lex fori auf Scheidungsverfahren anwenden. Ein einheitlicher Umgang mit dem ordre public ist deshalb zwar de lege lata nicht erforderlich, aber aus Gründen der Rechtssicherheit durchaus wünschenswert.

2. Voraussetzungen für die Entstehung eines unionsrechtlichen ordre public

Die Entwicklung eines eigenständigen ordre public Begriffs setzt voraus, dass in allen Mitgliedstaaten gemeinsame Rechtsprinzipien vorliegen. Ob diese bestehen, kann nur durch eine rechtsvergleichende Untersuchung der mitgliedstaatlichen Rechtsprechung ermittelt werden, die zwar für sich alleine nicht ausreichen mag, um einen unionsrechtlichen ordre public zu begründen,[992] aber zumindest den maßgeblichen Ausgangspunkt darstellen muss. Denn die autonome Auslegung ist nicht losgelöst von den nationalen Rechtsordnungen zu sehen, sondern als eine, die auf den bestehenden Verfassungstraditionen der Mitgliedstaaten aufbaut.[993]

Eine solche rechtsvergleichende Analyse wurde im zweiten Kapitel durchgeführt. Als Ergebnis hat sich ergeben, dass sich alle Mitgliedstaaten auf die Vorbehaltsklausel berufen, wenn das islamische Scheidungsrecht die Frau im Einzelfall

---

990 Vgl. Fn. 976.

991 Vgl. Gärtner, Die Privatscheidung im deutschen und gemeinschaftsrechtlichen Internationalen Privat- und Verfahrensrecht, S. 273.

992 Vgl. Thoma, Die Europäisierung und die Vergemeinschaftung des nationalen ordre public, S. 126, die auf die Notwendigkeit der autonomen Auslegung durch den EUGH hinweist.

993 Vgl. Scholz, Das Problem der autonomen Auslegung des EUGVÜ, S. 175.

gegenüber dem Mann benachteiligt.[994] Allerdings ist es – soweit ersichtlich – nur in Deutschland zulässig, dass der Richter eine Scheidung auf der Grundlage eines nach dem Scheidungsstatut erklärten Talaqs ausspricht. Der einzige Unterschied zwischen Deutschland und den anderen untersuchten Mitgliedstaaten besteht somit darin, dass eine Scheidung vor deutschen Gerichten auch dann möglich ist, wenn die Voraussetzungen des inländischen materiellen Rechts nicht gegeben sind, aber die Ehefrau der Scheidung zustimmt. In den anderen Ländern beurteilt sich das Scheidungsbegehren des Ehemannes dagegen selbst dann nach der lex fori, wenn die Ehefrau mit der Verstoßung durch den Ehemann einverstanden ist. Trotz dieser geringfügigen Abweichung zeigt die rechtsvergleichende Präsentation der Rechtsprechung, dass den nationalen Rechtsordnungen ähnliche Rechtsprinzipien zu Grunde liegen. Die Entwicklung eines eigenständigen europäischen ordre public durch den EUGH wäre somit bei der Berufung islamischen Scheidungsrechts durchaus denkbar; es fehlt jedoch de lege lata an der erforderlichen Rechtsgrundlage.

V. EU-weite einheitliche Regeln für die Anerkennung von ausländischen Talaq-Scheidungen?

Die Anerkennung und Vollstreckung von drittstaatlichen Entscheidungen richtet sich nach wie vor überwiegend nach dem autonomen Recht der Mitgliedstaaten. Gemeinsame europäische Regeln gibt es bisher in diesem Bereich nicht, auch wenn manche Autoren ein Tätigwerden des europäischen Gesetzgebers durchaus für wünschenswert halten.[995] Das gilt vor allem für den Umgang mit typischen islamischen Rechtsinstituten, wo ein Teil der Literatur eine einheitliche Anerkennungspraxis fordert, um Beeinträchtigungen der Freizügigkeitsgarantie zu verhindern.[996]

1. Erfordernis eines Tätigwerdens der EU

Fraglich ist zunächst, ob tatsächlich ein Bedarf für den Erlass von EU-weit einheitlichen Regelungen in Bezug auf die Anerkennung von islamischen Talaq-Scheidungen besteht.

994 Vgl. oben 2. Kapitel I. 1. g) bb) aaa).
995 Vgl. Basedow, in: FS Sonnenberger, 291 (309).
996 Vgl. Gonzáles Beilfuss, in: International Family Law for the European Union, Rn. 33.

Für ein Tätigwerden des europäischen Gesetzgebers spricht, dass es zu Beeinträchtigungen der Personenfreizügigkeit kommen kann, wenn die ausländische Scheidung nur in manchen Mitgliedstaaten anerkannt wird. Denn auch wenn diese in der Regel zum Schutz hochrangiger Rechtsgüter gerechtfertigt sind, würden einheitliche Regelungen erheblich zur Rechtssicherheit der Betroffenen beitragen. Dies lässt sich auch nicht mit dem Einwand begegnen, dass sich die Problematik meist in Bezug auf Drittstaatenangehörige stellt, die sich grundsätzlich nicht auf Art. 21 AEUV berufen können. Denn es ist zu beachten, dass gerade in Ländern wie Frankreich oder den Niederlanden viele muslimische Einwanderer häufig auch die Staatsbürgerschaft ihres Aufenthaltsstaates besitzen, so dass das Problem durchaus relevant werden kann. Das muss umso mehr gelten, weil eine Anerkennung gerade in diesen Fällen oft unter Berufung auf die inländische Staatsangehörigkeit versagt wird. Hinzu kommt, dass die Brüssel IIa VO in Bezug auf drittstaatliche Entscheidungen keine Anwendung findet, so dass die Anerkennungsentscheidung im jedem Land separat zu treffen ist. Die Unterschiede im Umgang mit dem Talaq wirken sich deshalb auch mehr aus als bei der unmittelbaren Anwendung islamischen Scheidungsrechts durch die nationalen Gerichte. Ein Tätigwerden der EU wäre deshalb aus Gründen der Rechtssicherheit und Rechtsklarheit durchaus erstrebenswert.

2. Lösungsmöglichkeiten de lege ferenda

Wurde in einem ersten Schritt geklärt, dass eine Rechtsvereinheitlichung im Anerkennungsrecht wünschenswert wäre, soll nun im Weiteren untersucht werden, wie ein etwaiger Verordnungsvorschlag aussehen könnte.

Ausgangspunkt für die weiteren Überlegungen müssen dabei die gemeinsamen Rechtsprinzipien der Mitgliedstaaten sein, wie sie bereits im zweiten Kapitel dieser Arbeit herausgearbeitet wurden. Denn nur auf diese Weise besteht überhaupt die Chance, dass die erforderliche Einstimmigkeit[997] für den Erlass einer Verordnung erzielt werden kann.

Die rechtsvergleichende Analyse hat jedoch ergeben, dass die Anforderungen der Mitgliedstaaten an eine wirksame ausländische Privatscheidung zum Teil erheblich divergieren. Einigkeit besteht nur insoweit, dass alle Mitgliedstaaten der Zustimmungserklärung der Frau Bedeutung beimessen. Weist der Sachverhalt jedoch einen hinreichenden Bezug zum Forum auf, ist eine Versagung der Exequatur in England und Belgien selbst dann möglich, wenn die Frau mit der Auflösung der Ehe einverstanden ist. In fast allen EU-Staaten spielt zudem der

997 Art. 81 Abs. 3 AEUV.

Grad der Inlandsbeziehung eine Rolle; das gilt jedoch nicht für das spanische und niederländische Recht, wo die Anerkennung einer gegen den Willen der Frau erfolgten Scheidung selbst dann nicht in Betracht kommt, wenn im Zeitpunkt der Verstoßungserklärung keinerlei Bezug zur inländischen Rechtsordnung bestand. In Spanien, Frankreich und Deutschland wird zudem die Einhaltung der verfahrensrechtlichen Garantien überprüft. In den übrigen Mitgliedstaaten stellt die Wahrung des rechtlichen Gehörs dagegen keine Wirksamkeitsvoraussetzung dar, was aber mitunter mit der Tatsache zusammenhängt, dass eine Anerkennung ohnehin nur in Betracht kommt, wenn die Frau mit der Scheidung einverstanden ist.

Die Untersuchung der mitgliedstaatlichen Rechtsprechung zeigt mithin, dass gewissen Kriterien, wie beispielsweise die Einverständniserklärung der Ehefrau und der Grad der Inlandsbeziehung, in den meisten Mitgliedstaaten Bedeutung zukommt. Bezüglich der anderen Faktoren besteht hingegen Uneinigkeit, so dass ein gemeinsamer Nenner auf den ersten Blick nicht so leicht zu erkennen ist. Dennoch ist es m. E. möglich, eine Anerkennungsnorm zu schaffen, die den Verfassungstraditionen aller Mitgliedstaaten gerecht wird, und die zudem geeignet wäre die zum Teil bestehenden Widersprüchlichkeiten in den nationalen Rechtsordnungen zu beseitigen. Als Kompromiss zwischen dem eher großzügigen Anerkennungssystem des deutschen, niederländischen und englischen Rechts, und der eher rigiden Anerkennungspraxis in Belgien und Frankreich wird deshalb folgende Regelung vorgeschlagen:

Eine ausländische Privatscheidung, die auf dem alleinigen Willen des Ehemannes beruht, ohne der Frau ein entsprechendes Auflösungsrecht einzuräumen, kann in den Mitgliedstaaten der EU nur noch unter folgenden Voraussetzungen anerkannt werden:

1. *die Auflösung der Ehe muss nach dem Recht des Staates wirksam sein, in dem die Scheidung vorgenommen wurde, und die Ehefrau muss entweder:*
2. *der Auflösung der Ehe eindeutig und ohne Ausübung von Zwang zugestimmt oder sich nachträglich damit einverstanden erklärt haben oder*
3. *es müssen folgende Voraussetzungen kumulativ vorliegen:*
   a) *keiner der beiden Ehegatten darf im Zeitpunkt der Scheidung Angehöriger eines Mitgliedstaates der EU gewesen sein und*
   b) *keiner der beiden Ehegatten darf im Zeitpunkt der Scheidung seinen gewöhnlichen Aufenthalt in einem Mitgliedstaat der EU gehabt haben und*
   c) *die Frau muss während der Verstoßungserklärung entweder zugegen gewesen sein oder unmittelbar vor der Scheidung von der bvorstehenden Auflösung der Ehe in Kenntnis gesetzt worden sein.*

Die vorgestellte Lösungsmöglichkeit stellt nach der hier vertretenen Auffassung einen guten Ausgleich zwischen der sehr restriktiven Rechtslage in Belgien und der eher liberalen Rechtsprechung in den meisten anderen Mitgliedstaaten dar. Dennoch erscheint es aufgrund der Divergenzen im nationalen Anerkennungsrecht fragwürdig, ob die erforderliche Einstimmigkeit für einen derartigen Verordnungsvorschlag erreicht werden könnte. Denn in manchen Mitgliedstaaten deutet sich mittlerweile eine generelle Ablehnung des Rechtsinstituts Talaq an, wie etwa in Belgien und Frankreich, wo eine Anerkennung nur noch unter ganz engen Voraussetzungen in Betracht kommt. Die Bedenken könnten aber womöglich ausgeräumt werden, wenn den Mitgliedstaaten ein ordre public Vorbehalt eingeräumt wird. Allerdings kommen die ordre public Erwägungen bereits in den einzelnen Vorschriften zum Ausdruck und eine Berufung auf das eigene Recht würde auch dem Sinn und Zweck der Harmonisierung entgegenlaufen. Eine europäische Regelung macht deswegen im Bereich der Anerkennung von islamischen Privatscheidungen nur Sinn, wenn auf eine Vorbehaltsklausel verzichtet wird.

VI. Zwischenergebnis zu Kapitel 3

Die Mitgliedstaaten dürfen durch die Anwendung islamischen Rechts oder durch die Anerkennung einer ausländischen Scheidung nicht gegen die Vorgaben des Unionsrechts oder die europäischen Menschenrechte verstoßen. Die deutsche Rechtsprechung nimmt jedoch im Rahmen der ordre public Kontrolle immer nur auf die nationalen Grundrechte Bezug, was so lange nicht zu beanstanden ist, wie diese in Übereinstimmung mit der EMRK ausgelegt werden. Problematisch erscheint jedoch, dass manche deutsche Autoren und Richter einer ausländischen Sorgerechtsentscheidung nur dann die Anerkennung versagen möchten, wenn sie zu einem Ergebnis führt, das offensichtlich mit dem Kindeswohl unvereinbar ist. Diese Meinung ist nach der hier vertretenen Auffassung nicht mit Art. 8 i. V. m. Art. 14 EMRK und Art. 3 Abs. 2 GG vereinbar.

Die Vorgaben des EU-Rechts stehen der Rechtsprechung der Mitgliedstaaten hingegen nicht entgegen und auch eine unionsautonome Auslegung des ordre public ist de lege lata nicht erforderlich. Allerdings wäre eine einheitlicher Umgang mit dem ordre public aus Gründen der Rechtssicherheit ein durchaus erstrebenswertes Ziel für künftige Rechtssätze der EU.

Ausblick

Das völkerrechtliche Prinzip der comitas gebietet es, dass die Staaten sich im Verhältnis zueinander freundlich verhalten, was auch beinhaltet andere Wertvorstellungen zu respektieren und unter bestimmten Umständen die Anwendung fremden Rechts zuzulassen oder einer ausländischen Entscheidung im Inland Wirksamkeit zu verleihen. Der im Internationalen Privatrecht aller Mitgliedstaaten geltende Grundsatz nur das konkrete Ergebnis der Rechtsanwendung zu überprüfen geht deshalb letztlich auch auf das Prinzip der Völkerrechtsfreundlichkeit zurück.

Allerdings scheint sich in den Mitgliedstaaten mehr und mehr die Meinung durchzusetzen, dass der Einhaltung der europäischen Menschenrechte Vorrang gebührt vor den grundlegenden Zielbestimmungen des Internationalen Privatrechts. Denn der Grundsatz, dass alle Rechtsordnungen der Welt prinzipiell als gleichwertig anzusehen sind, wird zunehmend durch das universalistische Verständnis der europäischen Menschenrechte eingeschränkt. Und auch die neuesten Entwicklungen im unionsrechtlichen Internationalen Privatrecht legen die Schlussfolgerung nahe, dass die Toleranz für fremde Rechtserscheinungen dort ein Ende hat, wo Grund- und Menschenrechte tangiert werden. So bestimmt etwa Art. 10 Rom III VO, dass immer die lex fori anzuwenden ist, wenn das nach Art. 5 oder Art. 8 maßgebliche Recht einem der Ehegatten keinen gleichberechtigten Zugang zur Ehescheidung gewährt. Und auch die objektiven Anknüpfungspunkte des Art. 8 Rom III VO begünstigen die Anwendung des eigenen Rechts, so dass von vornherein die Konfrontation mit Problemen vermieden werden, die durch die Anwendung eines fremden und vor allem eines drittstaatlichen Rechts entstehen können. Hier zeigt sich, dass die Anknüpfungsprinzipien des Europäischen Kollisionsrechts sehr stark von den Leitbildern des materiellen Unionsrechts überlagert werden.[998] Denn vorliegend dient Art. 10 Rom III VO ganz klar dazu, die Frau als schwächere Partei zu schützen, was nur als Ausprägung einer die soziale Gerechtigkeit fördernden Unionspolitik gewertet werden kann.

Im deutschen autonomen Internationalen Privatrecht wird dagegen der kulturellen Diversität ein großer Stellenwert eingeräumt, was in der Vergangenheit nicht selten dazu führte, dass bei Sachverhalten mit Auslandberührung innerstaatliche Gerechtigkeitserwägungen hinter kulturellen Besonderheiten

998 Weller, IPRax 2011, 429 (433).

der Rechtsordnung, denen die Beteiligten entstammten, zurücktreten mussten. Denn es sollte um jeden Preis der Eindruck vermieden werden, dass Deutschland versuche, anderen Staaten unsere Wertvorstellungen aufzuoktroyieren. Von der Literatur wurde diese Rechtsprechung nur selten in Frage gestellt; umso mehr verwundert es deshalb, dass sich keinerlei Kritik an der geplanten EU-Verordnung regt. Es scheint deshalb fast so, dass Deutschland ganz froh ist, den Paradigmenwechsel unter dem Deckmantel der Harmonisierung des EU-Rechts vollziehen zu können. Für diese Ansicht spricht auch, dass der deutsche Gesetzgeber den Anwendungsbereich der Verordnung freiwillig ausweiten und auch die Anerkennung von im Ausland vorgenommenen Privatscheidungen zukünftig den Kollisionsnormen der Rom III VO unterstellen möchte, was auch im Bereich der Wirksamkeitsüberprüfung islamischer Talaq-Scheidungen zu einer Verschärfung der Anerkennungsvoraussetzungen führen wird.

Literaturverzeichnis

Ağırbaşlı, Sennur: Vom akzessorischen Diskriminierungsgebot zum allgemeinen Gleichheitsgebot, Frankfurt am Main 2008

Aguilar Grieder, Hilde: Multiculturalidad, reconocimiento en España de repudios islámicos pronunciados en el extranjero y actuales tendencias del orden público en el D.I.Pr., Cuestiones actuales de derecho comparado: actas de las reuniones académicas del 2003, 235 ff.

Ahmad, Kazi N.: Muslim Law of Divorce, New Delhi 1984

Aldeeb, Sami/Bonomi, Andrea: Le droit musulman de la famille et des successions à l'épreuve des ordres juridiques occidentaux, Zürich 1999

Ali, Firasat/Ahmad Furqan: Divorce in Mohammedan Law, New Delhi 1988

Ancel, Marie-Elodie: The New Policy Of The Cour De Cassation Regarding Islamic Repudiations: A Comment On Five Decisions Dated 17 Feb. 2004, Yearbook of Private International law 2005, 261 ff.

Andrae, Marianne: Internationales Familienrecht, 2. Auflage, Baden-Baden 2006

An-Na'im, Abdullahi Ahmad: Islamic Family Law In A Changing World, London 1988

Arabi, Oussamma: Studies in Modern Islamic Law and Jurisprudence, Den Haag 2002

Audit, Bernard: Droit international privé, 3. Auflage, Paris 2000

Basedow, Jürgen: Die Verselbständigung des europäischen ordre public, in: Privatrecht in Europa – Vielfalt, Kollision, Kooperation. Festschrift Hans Jürgen Sonnenberger zum 70. Geburtstag, München 2004, 293 ff.

Baumann, Herbert/ Ebert, Mattias: Die Verfassung der Mitgliedsländer der Liga der arabischen Staaten, Berlin 1995

Bergmann, Alexander/Ferid, Murad: Internationales Ehe und Kindschaftsrecht, Loseblattsammlung, Frankfurt am Main. Stand: 190. Lieferung, Februar 2011 (zit: Bergmann/Ferid, Länderteil)

Bogdan, Michael: Svensk Internationell Privat – och Processrätt, 5. Auflage, Stockholm 1999

Bolz, Michael: Verstoßung der Ehefrau nach islamischem Recht und deutscher ordre public, NJW 1990, 620 ff.

Calvo Caravaca, Alfonso-Luis/Carrascosa González, Javier: The Proof of Foreign Law in the new Spanish Civil Procedure Code 1/2000, IPRax 2005, 170 ff.

–: Derecho de Familia Internacional, 4. Auflage, Madrid 2008
Carlier, J. Y.: Les Conventions entre la Belgique et le Maroc en matière de droit familial, rev. trim. dr. fam. 1994, 447 ff.
–: Volonté, ordre public et fraude dans la reconnaissance des divorces et répudiations intervenus à l`étranger, rev. trim. dr. fam. 1991, 165 ff.
–: La reconnaissance des répudiations, rev. trim. dr. fam. 1996, 131 ff.
Carrascosa González, Javier: Divorcios Extranjeros Sin Intervención Judicial: Practica Del Tribunal Supremo, in: Calvo Caravaca/Alfonso Luis/Carrascosa González, Javier, Estatuto personal y multiculturidad de la familia, Madrid 2000, 39 ff.
Charisius, Maren: Das niederländische Internationale Privatrecht, Frankfurt am Main 2001
Clarkson, C M V/Hill, Jonathan: Jaffey on the Conflict of Laws, 2. Auflage, London 2003
Coester, Michael: Sorgerecht und Ehewohnung bei getrenntlebender iranischer Familie, IPRax 1991, 236
–: Sorgerechtliche Impulse aus Straßburg, NJW 2010, 482 ff.
Collier, J. G.: Conflict of Laws, 3. Auflage, Cambridge 2001
Collins, Lawrence u. a.: Dicey and Morris on the Conflict of
Laws (zit: Dicey and Morris on the Conflict of Laws), Second Supplement to the eleventh edition, London 1989
Courbe, Patrick: Droit de la famille, 3. Auflage, Paris 2003
–: Droit international privé, 3. Auflage, Paris 2003
Denker, Hendrik: Eine Studie zur Reform des Personalstatusrechts im islamischen Rechtskreis am Beispiel des ägyptischen Gesetzes Nr. 1 von 2000, in: Tellenbach, Silvia/ Hanstein, Thoralf (Hrsg.), Beiträge zum Islamischen Recht IV, Band 15, Frankfurt am Main 2004, 125 ff.
Dornblüth, Susanne: Die europäische Regelung der Anerkennung und Vollstreckbarkeitserklärung von Ehe- und Kindschaftsentscheidungen, Tübingen 2003
Dörner, Heinrich: Zur Beerbung eines in der Bundesrepublik Deutschland verstorbenen Iraners, IPRax 1994, 33 ff.
Dreier, Horst: Grundgesetz Kommentar, Band I Präambel, Artikel 1–19, 2. Auflage, Tübingen 2004
Dutton, Yasin: The Origins of Islamic Law, Surrey 1999
El Alami, Dawoud Sudqi/Hinchcliffe, Doreen: Islamic Marriage and Divorce Laws of the Arab World, London 1996
El-Husseini Begdache, Roula: Le Droit International Privé Français Et La Répudiation Islamique, Paris 2002
–: Le droit international privé français et la répudiation islamique, Rev. crit. internat. privé 1999, 427 ff.

Elwan, Omaia/Menhofer, Bruno/Otto, Dirk: Gutachten zum ausländischen Familien- und Erbrecht, Naher und Mittlerer Osten, Afrika und Asien, Frankfurt am Main 2005

Engel, Christoph: Ausstrahlung der Europäischen Menschenrechtskonvention auf das Kollisionsrecht, RabelsZ 53 (1989), 3 ff.

Esposito, John L.: Women in Muslim Family Law, 2. Auflage, Syracuse University Press 2002

Esteban de la Rosa, Gloria: El Nuevo Derecho Internacional Privado De La Inmigración, R.E.D.I. 2007, 103 ff.

Fawcett, James/Carruthers, Janeen M.: Cheshire, North & Fawcett Private International Law, 14. Auflage, Oxford 2008

Farani, M.: Manual of Family Laws in Pakistan, Lahore 1988

Ferid, Murad/Sonnenberger,Hans Jürgen: Das französische Zivilrecht, Band III, 2. Auflage, Heidelberg 1987

Fernández Rozas, José C./Sánchez Lorenzo, Sixto: Derecho Internacional Privado, Madrid 1999

Fischer, Gerfried: Abschied vom ordre public bei Börsentermingeschäften im Ausland, IPRax 1999, 450 ff.

Foblets Marie Claire: The Admissibility Of Repudiation: Recent Developments In Dutch, French And Belgian Private International Law, HAWWA 2007, 10 ff.

–: Femmes marocaines et conflits familiaux en immigration: quelles solutions juridiques appropriées? Antwerpen 1998

Föhlisch, Julia: Der gemeineuropäische ordre public, Frankfurt am Main 1997

Fritzsche, K. Peter: Menschenrechte, Paderborn 2004

Frowein, Jochen/Peukert, Wolfgang: Europäische Menschenrechtskonvention, EMRK-Kommentar, 2. Auflage, Kehl 1996

Fulchiron, Hugues: L`éducation de l`énfant étranger, in: le droit de la famille à l`épreuve des migrations transnationales, Paris 1993, 197 ff.

Gärtner, Veronika: Die Privatscheidung im deutschen und gemeinschaftsrechtlichen Internationalen Privat- und Verfahrensrecht, Tübingen 2008

Georganti, Philia: Die Zukunft des ordre public – Vorbehalts im Europäischen Zivilprozessrecht, München 2006

Gonzáles Beilfuss, Christina: Islamic Family Law in the European Union, in: Meeusen, Johan/Pertegas, Martha/Straetmans, Gert/Swennen Frederik (Hrsg.), International Family Law for the European Union, Antwerpen 2007, 425 ff.

Gordon, David: Foreign Divorces: English Law and Practice, Avebury 1988

Grabau, Fritz-René/Hennecka, Jürgen: Die Verteilung der elterlichen Sorge nach islamischem Recht, in: Ebert, Hans-Georg (Hrsg.), Beiträge zum Islamischen Recht, Band 9, Frankfurt am Main 2004, 91 ff.

Grabenwarter, Christoph: Europäische Menschenrechtskonvention, 4. Auflage, München 2009
Großfeld, Bernhard: Rechtsvergleichung, Wiesbaden 2001
Haeri, Shahla: Divorce in Contemporary Iran: A Male Prerogative in Self-Will, in: Mallat Chibli/Connors, Jane (Hrsg.), Islamic Family Law, London 1991
Harris, DJ/O'Boyle/, MWarbrick C: Law of the European Convention on Human Rights, London 1995
Heine, Peter: Der Islam, Düsseldorf 2007
Henrich, Dieter: Scheidung wegen Unterhaltsverweigerung nach islamischem Recht, IPRax 1995, 166f.
–: Elterliche Sorge in den islamischen Rechten und ordre public, IPRax 1993, 81ff.
Herfarth, Christoph: Scheidung nach religiösem Recht durch deutsche Gerichte, IPRax 2000, 101ff.
Hoffman, Bernd von: Internationales Privatrecht, 9. Auflage, München 2007
Iskander, Sameh: Hinkende Ehen zwischen islamischem Recht und europäischem internationalen Privatrecht, Hamburg 2009
Jayme, Erik: „Talaq" nach iranischem Recht und deutscher ordre public, IPRax 1989, 223f.
–: Wandlungen des ordre public im internationalen Kindschaftsrecht, StAZ 1980, 301ff.
–: Scheidung gemischtnationaler Ehen nach deutschem Recht und Auslegung des Art. 17 Abs. 1 S. 2 EGBGB, IPRax 1987, 167f.
Joubert, Natalie: La notion de liens suffisants avec l'ordre juridique en droit international privé, Paris 2008
Kegel, Gerhard/Schurig, Klaus: Internationales Privatrecht, 9. Auflage, München 2004
Khan, Tauqir Muhammad: Law of Marriage and Divorce in Islam, New Delhi 2007
Kilkelly, Ursula: The Child and the European Convention on Human Rights, Aldershot 1999
Klüng, Hans: Der Islam Geschichte, Gegenwart und Zukunft, München 2004
Krämer, Gudrun: Geschichte des Islam, München 2007
Kreuzer, Karl: Clash of civilizations und Internationales Privatrecht, RW 2010, 143ff.
Kropholler, Jan: Internationales Privatrecht, 6. Auflage, Hamburg 2006
Krüger, Hilmar: Allgemeine Ehewirkungen im Recht der orientalischen Staaten – Zugleich eine Anmerkung zu Aufregungen einer Richterin – FamRZ 2008, 649ff.

–: Beharrung und Entwicklung im islamischen Recht (unter besonderer Berücksichtigung des ehelichen Vermögensrechts), in: Internationales Familienrecht für das 21. Jahrhundert – Symposium zum 65. Geburtstag von Ulrich Spellenberg, München 2006, 171 ff.

Looschelders, Dirk: Die Ausstrahlung der Grund- und Menschenrechte auf das Internationale Privatrecht, RabelsZ 65 (2001), 463 ff.

–: Internationales Privatrecht – Art. 3–46 EGBGB, Düsseldorf 2003

–: Schutz des Adoptivkindes vor Änderung seines Geburtsnamens – Grundrecht auf Wahrung der personalen Identität und ordre public – IPRax 2005, 28 ff.

Lopez-Tarruella Martinez, Aurelio: El Reconocimiento De Decisiones Extranjeras De Divorcio, Separación Judicial Y Nullidad Matrimonial En España, Revista de la Facultad de Ciencias sociales y jurídicas de Elche, 2006, 108 ff.

Lorenz, Stephan: Islamisches Ehegattenerbrecht und deutscher ordre public: Vergleichsmaßstab bei der Ergebniskontrolle, IPRax 1993, 148 ff.

Loussouarn, Yvon/Bourel, Pierre/Vareilles-Sommières, Pascal: Droit international privé, 9. Auflage, Paris 2007

Mahmood,Tahir: Islamic Family Law Latest Developments in India, in: Mallat, Chibli/Connors, Jane (Hrsg.), Islamic Family Law, London 1991, 295 ff.

Mannan, M. A.: Mulla on The Principles of Mohomedan Law, New Delhi 1984

Mansel, Heinz-Peter/Thorn, Karsten/Wagner, Rolf: Europäisches Kollisionsrecht 2010: Verstärkte Zusammenarbeit als Motor der Vereinheitlichung, IPRax 2011, 1 ff.

Mansel, Heinz-Peter: Abänderung ausländischer Sorgerechtsentscheidungen und perpetuatio fori im FGG-Verfahren, IPRax 1987, 298 ff.

Marchal Escalona, Nuria: El Repudio Ante La Jurisprudencia Del Tribunal Supremo, Revista Facultad de Derecho Univ. Gr. 2002, 367 ff.

Martín Casals, Miquel/Ribot, Jordi: Neue Entwicklungen im Bereich des Familienrechts in Spanien, FamRZ 2004, 1433 ff.

Martiny, Dieter, Die Zukunft des europäischen ordre public im Internationalen Privat- und Zivilverfahrensrecht, in: Privatrecht in Europa – Vielfalt, Kollision, Kooperation. Festschrift Hans Jürgen Sonnenberger zum 70. Geburtstag, München 2004, 523 ff.

Mayer, Pierre/Heuzé, Vincent: Droit international privé, 9. Auflage, Paris 2007

McClean, David/Beevers Kisch: Morris The Conflict of Laws, 6. Auflage, London 2006 (zit: Morris, The Conflict of Laws)

Meyer-Ladewig, Jens: Europäische Menschenrechtskonvention Handkommentar, 2. Auflage, Baden-Baden 2006

Mir-Hosseini, Ziba: Marriage on Trial, London/New York 1993

Moinuddin, S.A.H.: Divorce and Muslim Women, New Delhi 2000

Monéger, Françoise, Vers la fin de reconnaissance des répudiations musulmanes par le juge français, Clunet 1992, 347 ff.

Münchner Kommentar zum BGB: Kommentar zum Bürgerlichen Gesetzbuch (zit: Müko-Bearbeiter)

- Band 10, Internationales Privatrecht, Rom I-Verordnung, Rom II-Verordnung, Einführungsgesetz zum Bürgerlichen Gesetzbuche (Art. 1–24), 5. Auflage, München 2010
- Band 8, Familienrecht II (§§ 1589–1921 SGB VIII), 5. Auflage, München 2008

Nagel, Tilman: Das islamische Recht, Westhofen 2001

Nasir, Jamal J.: The Islamic Law of Personal Status, Den Haag 2002

Nelle, Dietrich: Neue Entwicklungen im Maghreb (Marokko, Algerien, Libyen, Mauretanien und Tunesien), StAZ 2004

Otto, Dirk, Islamisierung des Rechts in Pakistan und Bangladesch, in: Kronke, Herbert/Reinhart, Gert/Witteborg, Nina (Hrsg.), Islamisches und arabisches Recht als Problem der Rechtsanwendung, Frankfurt am Main 2001

Pattar, Andreas Kurt: Islamisch inspiriertes Erbrecht und deutscher Ordre public, Berlin 2007

Pauli, Hans-Georg: Islamisches Familien- und Erbrecht und ordre public, München 1994

Pearl, David: Muslim Family Law, London 1998

Pérez Àlvarez, Salvador: Las tradiciones ideológicas islámicas ante el repudio. Su eficacia civil en el derecho del estado español, Revista de Ciencias de las Religiones 2008, 183 ff.

Pérez Vera, Elisa/Abarca Junco, Ana Paloma//González Campso, Julio D./Guzmán Zapater, Mónica/Miralles Sangr, Pedro Pabloo/Virgós Soriano, Miguel: Derecho Internacional Privado, Vol. I, 3. Auflage, Madrid 2001

Posch, Willibald: Bürgerliches Recht VII. Internationales Privatrecht, 4. Auflage, Wien 2008

Poulter, Sebastian: The Claim to a Seperate Islamic System of Personal Law for British Muslims, in: Mallat Chibli/Connors, Jane (Hrsg.), Islamic Family Law, London 1991, 147 ff.

Pousson-Petit, Jacqueline: Les Droits Maghrébins Des Personnes Et De La Famille À L'épreuve Du Droit Français, Paris 2009

Quiñones Escámez, Ana: Derecho e inmigración: el repudio islamico en Europa, Barcelona 2000

Qureshi, M. A.: Muslim Law Of Marriage, Divorce and Maintenance, New Delhi 1992

Rauscher, Thomas: Sharī'a, islamisches Familienrecht der sunna und shī'a, Frankfurt am Main 1987

–: Talaq und deutscher ordre public, IPRax 2000, 391 ff.
–: Iranischrechtliche Scheidung auf Antrag der Ehefrau vor deutschen Gerichten, IPRax 2005, 313 ff.
–: Iranische Sorgerechtsbestimmungen – Deutscher ordre public, JR 1994, 184 ff.
–: Internationales Privatrecht, 2. Auflage, Heidelberg 2002
Renfert, Markus: Über die Europäisierung der ordre public Klausel, Frankfurt am Main 2003
Rieck, Jürgen: Ausländisches Familienrecht, München, Stand: Januar 2011
Rohe, Mathias: Das islamische Recht, München 2009
–: Islamisierung des deutschen Rechts, JZ 2007, 801 ff.
–: Das neue ägyptische Familienrecht: Auf dem Weg zu einem zeitgemäßen islamischen Recht, StAZ 2001, 193 ff.
Rutten, Susanne: Recognition of Divorce by Repudiation (talaq) in France, Germany and the Netherlands, MJ 2004, 263 ff.
Schilling, Theodor: Internationaler Menschenrechtsschutz, 2. Auflage, Tübingen 2010
Schlosser, Peter F.: EU Zivilprozessrecht Kommentar, 2. Auflage, München 2003
Scholz, Ingo: Das Problem der autonomen Auslegung des EUGVÜ, Tübingen 1998
Schulte-Nölke, Hans: Rom III-Verordnung – erster Fall der verstärkten Zusammenarbeit, ZGS 2010, 296.
Shaber, Ali. G: The Concept of Talaq under Muslim Law: Modern Judicial Solicitudes, in: Ansari, Abdul Haseeb (Hrsg.), Islamic Law, 302 ff.
Siahpoosh, Hassan: Das Familien- und Erbrecht im Iran, Frankfurt am Main 2005
Siehr, Kurt: Internationales Privatrecht, Heidelberg 2001
Sonnenberger, Hans Jürgen: Europarecht und Internationales Privatrecht, ZvglRWiss. 95 (1996), 3 ff.
Staudinger, Julius von, Kommentar zum Bürgerlichen Gesetzbuch mit Einführungsgesetz und Nebengesetzen
– Band: Art. 13–17 EGBGB Anhang zu Art. 13 EGBGB: Verlöbnis und nichteheliche Lebensgemeinschaft, Berlin 2011 (zit: Staudinger-Bearbeiter)
– Band: Einleitung zum IPR; Art. 3–6 EGBGB (Internationales Privatrecht-Allgemeiner Teil). Berlin 2003 (zit: Staudinger-Bearbeiter)
Stone, Peter: The Conflict Of Laws, London 1995
Süß, Rembert/Ring, Gerhard: Eherecht in Europa, Baden-Baden 2006 (zit: Süß/Ring-Bearbeiter)
Thoma, Ioanna: Die Europäisierung und Vergemeinschaftung des nationalen ordre public, Tübingen 2007

Umbach/Clemens: Grundgesetz Mitarbeiterkommentar, Band I Art. 1–37 GG, Heidelberg 2002 (zit: GG Mitarbeiterkommentar-Bearbeiter)
Velden, F. J. A. van der: Talaq in de rechtszaal? Amsterdam 2003
–: Het Marokkaanse huwelijksontbindingsrecht en het Nederlandse IPR, WPNR 2004, 351 ff.
Verma, B. R.: Islamic Law, 6. Auflage, Allahabad 1986
Villinger, Mark E.: Handbuch der europäischen Menschenrechtskonvention (EMRK), 2. Auflage, Zürich 1999
Voirin, Pierre/Goubeaux, Gilles: Droit civil, Paris 2005
Wagner, Rolf: Zur Kompetenz der Europäischen Gemeinschaft in der justiziellen Zusammenarbeit in Zivilsachen, IPRax 2007, 290 ff.
Waletzki, Stephanie: Ehe und Ehescheidung in Tunesien, Berlin 2001
Watté, Nadine/Barnich, Laurent/Jafferali, Rafaël: Chronique de jurisprudence belge, Clunet 2011, 981 ff.
Welchmann, Lynn, Women's Rights & Islamic Family Law, London 2005
Weller, Philippe: Anknüpfungsprinzipien im Europäischen Kollisionsrecht: Abschied von der klassischen IPR-Dogmatik? IPRax 2011, 429 ff.
Yassari, Nadjma: Das iranische Familienrecht und seine Anwendung im Teheraner Familiengericht, in: Tellenbach, Silvia/ Hanstein, Thoralf (Hrsg.), Beiträge zum Islamischen Recht IV, Band 15, Frankfurt am Main 2004, 59 ff.
Zweigert, Konrad/Kötz, Hein: Einführung in die Rechtsvergleichung, 3. Auflage, Tübingen 1996

Materialienverzeichnis

Bundesamt für Migration und Flüchtlinge: Studie „Muslimisches Leben in Deutschland" vom 25.06.2009, abrufbar unter: http://www.bmi.bund.de/cae/servlet/contentblob/566008/publicationFile/32019/vollversion_studie_muslim_leben_deutschland_.pdf

Belgisches Bundesjustizministerium: Rundschreiben vom 23.09.2004 zum neuen IPRG in Hinsicht auf das Personalstatut, abrufbar unter: http://www.revuedu-notariat.be/Divers/circ.23.09.04.DIP.htm#O

EURO ISLAM-INFO: Muslims in European Politics, abrufbar unter: http://www.euro-islam.info/key-issues/political-representation/

Europäische Stelle zur Beobachtung von Rassismus und Fremdenfeindlichkeit (EUMC): Muslims in the European Union, Discrimination and Islamophobia (2006), abrufbar unter: http://fra.europa.eu/fraWebsite/attachments/Manifes-tations_EN.pdf

Haager Konferenz: Haager Übereinkommen über die Zuständigkeit, das anzuwendende Recht, die Anerkennung, Vollstreckung und Zusammenarbeit auf dem Gebiet der elterlichen Verantwortung und der Maßnahmen zum Schutz von Kindern, abrufbar unter htpp://www.hcch.net

Orientdienst: Muslime in Europa, abrufbar unter: http://www.orientdienst.de/muslime/muslimeeuropa.shtml

Tagungsbericht der GTZ: Frauenrechte in der arabischen Welt: Überblick über den Status von Frauen im Familienrecht unter besonderer Berücksichtigung islamischer Einflussfaktoren, Dezember 2008, abrufbar unter: http://www.gtz.de/de/dokumente/de-frauenrechte-arabische-welt-2008.pdf

Vorträge und Ausarbeitungen

Weltzer, Jeremy, Actualité du divorce en droit commun et conventions bilaterales, in: Dernières actualités en droit international privé (colloque organisé par le centre de Droit Privé Fondamental, Strasbourg 2007), abrufbar unter: http://cdpf.unistra.fr/fileadmin/upload/CDPF/Colloques/Dernieres_actualites_en_DIP_13_avril_2007/Actualite_du_divorce_en_droit_commun.htm

Jordens-Cotran, Leila, Some aspects of the new Moroccan family law, in: Report of the conference (3 and 4. March 2004) „Legal and practical aspects of par-

ticipation by women in the Arab world“, abrufbar unter: http://www.internationaldialogues.nl/islamic_arab_world/part_soc_e_a_dialogue/conf_part_women/ReportLegalPractAspectsParticipWomenArabW.htm
Quiñones Escámez, Ana/Rodríguez Benot, Andrés/Berjaoui, Khalid/Tagmant, Mohammed, Matriomonio Y Dicorcio En Las Relaciones Hispano-Marroquíes, (Proyecto ADL de Fortalecimiento y Modernización de la Administración de Justicia de Marruecos), Volumen I, abrufbar unter: http://fiiapp.org/uploads/publicaciones/MATRIMONIO_Y_DIVORCIO_vol_I.pdf

Rechtsprechung

Urteile der belgischen *Cour de cassation* und die im Text zitierten Urteile der unterinstanzlichen Rechtsprechung sind im Volltext abrufbar unter: http://jure.juridat.just.fgov.be/?lang=fr
Urteile der Französischen *Cour de cassation* sind im Volltext abrufbar unter: http://www.legifrance.org/initRechJuriJudi.do
Urteile des spanischen *Tribunal Supremo* sind im Volltext abrufbar unter:
http://www.poderjudicial.es/search/index.jsp

Berliner Schriften zum internationalen und ausländischen Privatrecht

Herausgegeben von Helmut Grothe

Band 1 Petra Wutzo: Arzneimittelwerbung des Herstellers und Verbraucheransprüche im deutschen und französischen Recht. 2009.

Band 2 Ilias Chamos: Die Umsetzung der Verbraucherkreditrichtlinie 87/102/EWG in Deutschland und Griechenland. Unter besonderer Berücksichtigung personaler und dinglicher Kreditsicherheiten. 2010.

Band 3 Eva Schäper: Gewinnzusagen. Materiellrechtliche, international verfahrensrechtliche und kollisionsrechtliche Untersuchung des Anspruchs aus § 661a BGB. 2010.

Band 4 Bernhard Kunkler: Das internationale Zivilverfahren im französischen Rechtskreis. Eine rechtsvergleichende Untersuchung des autonomen internationalen Zivilverfahrensrechts Frankreichs, Belgiens und Québecs. 2010.

Band 5 Ulrike von Paris: Die Streitverkündung im europäischen Interventionsrecht. 2011.

Band 6 Julia Parastandeh-Chehr: Die Geschäftsbesorgung im schweizerischen und deutschen Recht. 2012.

Band 7 Julia Koch: Die Anwendung islamischen Scheidungs- und Scheidungsfolgenrechts im Internationalen Privatrecht der EU-Mitgliedstaaten. Eine rechtsvergleichende Analyse unter besonderer Berücksichtigung des nationalen und europäischen ordre public. 2012.

www.peterlang.de

Isabella Toscano

Ehescheidungen mit grenzüberschreitendem Bezug

Von divergierenden nationalen Scheidungsvoraussetzungen zu einem einheitlichen europäischen Scheidungsrecht?

Frankfurt am Main, Berlin, Bern, Bruxelles, New York, Oxford, Wien, 2011.
XX, 255 S.
Studien zum deutschen und internationalen Familien- und Erbrecht.
Herausgegeben von Martin Lipp, Christoph Benicke und Marina Wellenhofer.
Bd. 8
ISBN 978-3-631-60660-5 · geb. € 54,80*

Mit der Mobilität der Menschen in der EU steigt die Zahl der Eheschließungen mit grenzüberschreitendem Bezug und damit auch die der Ehescheidungen. Trotz der geltenden „Brüssel IIa-VO" bestehen aufgrund abweichender nationaler Scheidungsrechte erhebliche Probleme. Diese verdeutlicht die Arbeit anhand einer rechtsvergleichenden Analyse der Sach- und Kollisionsnormen einiger Mitgliedstaaten sowie deren Zusammenspiel mit der „Brüssel IIa-VO". Eine Harmonisierung des Scheidungsrechts erscheint daher unumgänglich. Bereits vorgebrachte Lösungsvorschläge, insbesondere auch „ROM III" und das Modell „Europäische Ehe", vermögen die Probleme nicht vollends zu lösen. Damit war die Ausarbeitung einer völlig neuen Lösung vonnöten: Ein einheitliches materielles europäisches Ehescheidungsrecht.

Aus dem Inhalt: Ehescheidungsrecht der Mitgliedstaaten, Rechtsvergleichung, divergierende Sach- und Kollisionsnormen · „Forum Shopping" · Europäische Rechtsvereinheitlichung · „Brüssel IIa-VO" · „ROM III" · Modell „Europäische Ehe" · Notwendigkeit eines einheitlichen materiellen europäischen Scheidungsrechts

*inklusive der in Deutschland gültigen Mehrwertsteuer. Preisänderungen vorbehalten